# 우주를 향한 골드러시

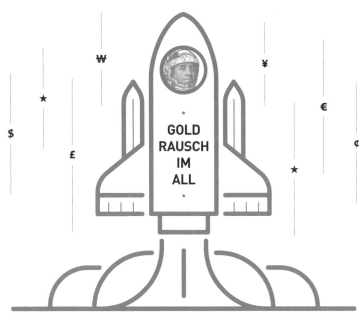

GOLD
RAUSCH
IM
ALL

페터 슈나이더 지음 | 한윤진 옮김

# 우주를 향한 골드러시

나의 아버지, 노버트 슈나이더 박사에게

1926-2010

# 인류의 운명은 우주에 있다

트위터 세상에 화려한 우주 전쟁이 펼쳐졌다. 아마존Amazon과 스페이스XSpaceX의 창업자이자 억만장자인 제프 베조스Jeff Bezos와 일론 머스크Elon Musk가 우주를 놓고 사적이고 치열한 전투 중이었다. 우주에서 귀환한 머스크의 상단로켓이 폭발하지 않고 착륙에 성공하자 베조스는 머스크를 향해 이렇게 말했다. "클럽에 들어온 걸 환영한다."[1]

그것은 자신의 로켓이 세계 최초로 지상에 무사히 착륙했을 때, 머스크가 얼마나 분통을 터트렸는지 잘 알고 있는 베조스의 까칠한 인사였다. 그렇지만 오히려 베조스에게 훅을 날린 건 머스크였다. 머스크는 베조스의 로켓이 궤도 비행(특정 시설을 중심으로 하여 일정 반경으로 선회 비행을 하는 일 -옮긴이) 후 아주 잠깐(그리고 살짝) 우주 경계선을 넘어갔던 것에 불과하다는 뜻의 "우주는 궤도가 아니다."[2]라는 일침을 날렸다. 지금까지 두 사람은 각자가 그들만의 구간 우승을 자축했지만, 그 누구도 상대를 이 분야에서 완전히 쓰러트리지는 못했다.

두 사람의 일화가 회자된 이유는 단지 재활용 로켓의 착륙, 새로운 캡슐 우주선의 등장 때문만이 아니었다. 이런 억만장자들의 '대결' 그 자체가 센세이션이었다.

우주 산업은 섹시하다. 그 주역인 첨단기술뿐 아니라 산업의 목적마저도 그렇다. 전통적인(?) 억만장자들이 서로 슈퍼요트를 가지고 다투는 동안("내 요트가 더 크다고!"), 실리콘밸리의 슈퍼스타인 두 사람은 자체 개발한 로켓으로 일간지 헤드라인을 채워나간다. 이 우주의 구루Guru와 엄청난 규모의 모험자본은 인류의 새 시대를 열고 있다. 인류는 다시금 불가능한 것에 손을 뻗고 있다. 1969년 달 상륙을 끝으로 인류에게 오늘만큼 황홀한 꿈과 계획(궤도 호텔, 달 거주지, 화성 탐사 등)이 있던 적은 없었다.

실제로 이런 우주 혁신은 누군가의 머릿속이 아니라 첨단기술설비들로 가득한, 전 세계 곳곳의 공장에서 실현되고 있다. 우주산업에 간접적인 피해를 준 2000년대의 닷컴 버블dot-com bubble 붕괴 이후, 개인투자자들은 우주산업 스타트업에 시선을 돌리고 약 200억 달러(한화 약 24조 원 -옮긴이)를 투자했다.[3] 이는 앞서 5년간 발생했던 우주산업 관련 전체 투자금액의 절반을 상회하는 규모로, 국가 지원금과는 별개인 독자적 자금이었다.

이러한 골드러시가 언제까지 지속될지는 아무도 모른다. 자체적으로 자금을 조달하는 민간 우주산업의 발전과정에는 예컨대 거대한 목표, 거인들의 전투, 전 세계를 무대로 한 영원한 명성 등 옛 신화에나 나올 법한 요소들이 두루 갖춰져 있다.

우주산업계는 여러 계획을 품은 슈퍼리치들과 새로운 IT 첨단기술, 비즈니스모델로 무장한 스타트업이 이끄는 새로운 움직임을 '뉴스페이스'라고 부른다. 이것은 마치 무법천지의 서부 개척과 같다. 이 책에서 설명하는 우주산업의 다수가 미국에서 이뤄지기 때문에 꽤 잘 어울리는 표현이기도 하고, 오늘날의 우주는 19세기 미국 서부 개척 시대만큼이나 위험하고 개간되지 않은 미지의 영역이기 때문이다. 그런 만큼 기업을 운영함에 있어 몹시 대담해야 할 뿐만 아니라, 과열된 위험을 감수해야 하는 분야이다. 또 한편으로는 결과적으로 막대한 부를 쌓을 수 있는 '황금빛' 전망이 열려있는 곳이기도 하다. 뉴스페이스 사업은 갑부들의 취미활동이 아니다. 민간 우주산업은 우리 삶을 변화시킬 문화적, 경제적 발전에 이바지한다. 저렴한 비용의 로켓 서비스, 우주 관광, 실시간 글로벌 감시, 우주에서의 천연자원 채굴, 우주 공장 등 앞으로 이 책에서 살펴볼 여러 새로운 우주 활용방안은 이를 훨씬 더 명확하게 보여준다.

젊은 우주 기업인들은 여러 혁신적인 첨단기술을 적극적으로 활용하며 그 덕을 톡톡히 보고 있다. 디지털화는 비교적 단순한 방법으로 효과적인 디딤돌이 되었다. 발사, 착륙, 비행경로 분석, 통신, 위치 파악, 로봇화된 미션 등 디지털 첨단기술이 없었더라면 현재의 우주 산업은 불가능에 가까웠을 것이다. 또한 이미 상용화된 (가성비 좋은) 하드웨어를 활용하여 훨씬 적은 예산으로 위성과 우주선을 제작하는 것이 가능해졌다.

　물론 우주산업에 부정적인 시선이 없는 것은 아니다. 수십 년 전부터 현재에 이르기까지, 조 단위의 화폐가 움직이는 역사를 지녀온 항공우주산업은 많은 부분을 공적 자금으로 충당했다. 우주산업 회의론자들은 할 수만 있다면 이런 모험을 전부 파기하고 그 돈을 지적 허영에 찌든 학자나 억만장자의 욕구 충족을 위해서가 아니라, 현실적인 지구문제 해결에 투자하기를 바란다. 그렇지만 이것은 십 리 밖을 내다보지 못한 판단이다. 우주산업은 지구에 사는 모든 사람을 대상으로 한, 미래를 위한 투자이며 그 여정은 이미 시작되었다.

　참고로 이 책은 블루 오리진Blue Origin(아마존의 제프 베조스가 만든 미국의 우주 로켓 기업)의 신형 로켓 뉴 글렌New Glenn 혹은 유인 드래건 캡슐 우주선처럼 이미 완성되었거나 구체적인 개발단계에 착수한 우주선만을 다룬다. 그 외에 낯설지만, 독창적인 아이디어로 업계와 언론에 청사진을 제시하는 기업은 무수히 많다. 이 기업들이 "여기 주목하라! 미래의 우리는 이렇게 살 것이고, 시간과 차원을 넘나들며 여행할 것이다!"라고 소리치는 모습은 믿을 수 없을 정도로 매력적이다. 그러나 현재와 다가올 미래의 모습이 너무 동떨어진, 마치 SF 영화와 같은 일들을 이 책에 인용하는 것은 위험하다. 그런 사례 중 예외적으로 이 책에서 언급할 만한 것은 일론 머스크가 추진하는 화성 계획뿐이다. 그가 지금까지 발표한 화성 탐사 계획은 이미 많은 부분이 실현되었기 때문이다.

# 4부 · 창업자: 파괴하라!

# 1부

# 우주를 향한 자아

### 억만장자들의 전쟁

# 우주산업의 원동력, 슈퍼리치

> **"**
> **나는 다가올 미래를 생각하며 마냥 슬퍼하고 싶지 않다.**
> 왜 하필 우주산업 및 여러 미래 기술을 추진하느냐는 질문에 대한 일론 머스크의 답변
> **"**

## 일론 머스크의 골대

2015년 12월 22일 1:29 협정세계시UTC(국제 사회가 사용하는 과학적 시간의 표준으로 세슘원자의 진동수에 따른 초의 길이가 기준이다. -옮긴이), 미국 플로리다주 케이프 커내버럴. 팰컨9Falcon9(스페이스X가 개발한 재사용 가능한 로켓 -옮긴이)이 밤하늘을 향해 날아오른다. 일론 머스크는 좁은 관제실에서 발사과정을 지켜보고 있었다. 로켓의 상황보고가 있을 때마다 걱정스러운 표정을 감추지 못하는 머스크의 불안이 주변 사람에게도 고스란히 전해졌다.[1] 머스크는 진짜로 긴장하고 있었다. 로켓이 몇 차례 더 추락한다면 별을 향한 그의 꿈은 먼지처럼 사라질 터였다. 머스크는 밖에서 벌어지는 상황을 두 눈으로 확인하려는 듯 뛰쳐나갔다. 마침내 분리된 로켓 하단이 지표면을 향해 떨어졌고, 이어 로켓의 상단

은 화염을 뿜으며 우주를 향해 날아갔다. 관제실에서는 환호성이 터져 나왔고, 팰컨9을 제작한 엔지니어들은 헹가래를 쳤다. 그러나 칠흑 같은 하늘을 뚫어지라 바라보던 머스크는 로켓 하단이 안전하게 지표면으로 되돌아올 수 있을지 확신하지 못했다. 머스크는 불안한 마음을 드러내며 "좋지 않은데요!"라고 외쳤다. 로켓의 하단이 아직 빛나는 점 하나에 불과했기 때문이다. 그러나 이내 추진 장치가 점화되고, 착륙 장치가 회전하더니 로켓 하단은 귀가 먹먹할 정도의 굉음을 내며 지면으로 떨어졌다. "섰어요! 제대로 서 있네요!" 머스크는 환호하며 관제실로 달려가 들뜬 표정으로 동료들의 손을 연신 흔들어댔다. 그는 골문을 향해 골을 쏘아 올린, 그것도 아주 제대로 된 한 방을 날린 어린 소년처럼 기뻐했다.

팰컨9 플라이트20[2]은 항공우주산업 역사상 로켓의 이륙 후 부스터 로켓(로켓 하단)이 지표면에 착륙한 첫 사례였기 때문에 분명 일반적인 로켓 발사와 차원이 달랐다. 신세대 항공우주산업의 간판 인물로 명성이 자자한 머스크도 성공과 실패의 순간만큼은 감정에 휩쓸리고 그것을 가감 없이 드러낸다. 이런 그들의 솔직한 모습은 완벽한 홍보 전략 뒤에 숨어서 그 속내를 조금도 드러내지 않는 우주기관 NASANational Aeronautics and Space Administration(미국항공우주국) 및 ESAEuropean Space Agency(유럽우주기구) 그리고 에어버스, 보잉과 같은 대기업이 보여주는 항공우주산업의 관행과는 근본적인 차이가 있다. 자명하게도 머스크를 비롯한 억만장자들은 항공우주산업 역사상 가장 눈에 띄는 행보를 보이며, 인류사를 새롭게 기록하고 있다.

큰 성공을 거둔 유명인사와 슈퍼리치들의 몰락이 대중에게 주는 여파는 크다. 이는 스페이스 빌리어네어space billionaire라고 불리는 그들이 우주 개척과 이주에 관한 영향력 있고, 환상적인 청사진을 공공연히 제시했기 때문이기도 하다. 자신의 왕국인 기업을 마치 근대의 절대군주처럼 다스리는 이 억만장자들은 누구인가? 그 억만장자들의 동기와 목표는 무엇인가? 일론 머스크의 로켓이 화성에 착륙하는 것을 두 눈으로 목격할 날이 정말 올까? 과연 머지않아 알프스 마테호른 행 헬리콥터 투어를 예약하는 것처럼, 리처드 브랜슨Richard Branson의 우주선을 타고 떠나는 우주여행을 예약할 날이 올까? 아니면 머스크와 브랜슨이 그저 우주산업의 매력을 앞세워 대중의 이목을 끌고 있는 것에 불과한가?

전통적인 항공우주산업이 지금까지 이어져 왔다고 전제한다면, 머스크와 베조스 같은 이들이 현재 항공우주산업 분야를 새롭게 개척하고 있다는 것은 확실하다. 오늘날 이 분야에서 가장 강한 인상을 남기고, 이목을 끄는 것은 NASA와 ESA 그리고 유명 우주비행사들이 아니기 때문이다. 항공우주산업이 아닌 다른 분야의 사업으로 부를 쌓은 기업이 바로 그 중심에 있다. 미국의 억만장자 중 최소 25명 이상이 신세대 항공우주산업에 대규모 투자를 하고 있다.[3] 유독 미국의 슈퍼리치들이 이 시장에 뛰어드는 것은 우연이 아니다. 이유는 간단하다. 현재 민간 우주 비행 테스트가 대부분 미국에서 시행되고 있기 때문이다. 또한, 앞으로 로켓과 그 발사 비용을 산출하는 데 여러 지수가 달러로 표기될 것이다. 지난 몇 년간 단 1명의 우주비행사도 우주로 보내지 못했지만, 미국은 여전히 명실상부 전 세계 항공우주 분야의 선두주자다.

현재 미국 항공우주산업 분야에서 활발한 활동을 하는 3명의 억만장자가 있다. 스페이스X와 테슬라의 수장인 일론 머스크, 아마존의 창업자인 제프 베조스 그리고 수많은 프랜차이즈를 보유한 버진 그룹의 소유주 리처드 브랜슨이다. 그 밖에 디지털 사업을 통해 일약 스타 반열에 오른 기업인들도 있다. 그중에는 마이크로소프트의 공동창업자인 폴 앨런Paul Allen, 인터넷 인베스트먼트구루의 주리 밀너Juri Milner, 페이스북 창업자인 마크 저커버그Marc Zuckerberg, 페이팔의 공동창업자인 피터 틸Peter Thiel 그리고 구글 알파의 세르게이 브린Sergey Brin과 래리 페이지Larry Page 등이 있다.

이들의 공통점은 큰 성공을 거둔 기업가일 뿐 아니라, 그들이 전부 너드Nerd(컴퓨터만 아는 괴짜 -옮긴이)라는 점이다(최소한 그렇게 불렸다). 또한 그들은 상품 개발에 직접 관여하며, 자신의 기업에서 나오는 상품을 누구보다 잘 아는 사람들이다. 그 밖에도 각 나라의 대표 슈퍼리치들이 있다. 이를테면 세계적인 경제매거진 〈포브스〉에서 선정한 51세 중국인 마화텅(텐센트 홀딩스 회장 -옮긴이)은 보유한 자산이 409억 달러(한화 약 49조 800억 원 -옮긴이)에 달한다(2018년 초 기준, 바로 전해에는 160억 달러였다). 마화텅의 부는 다양한 서비스를 제공하는 인터넷기업에 기반한다. 컴퓨터공학자이자 자칭 항공우주산업의 광팬인 마화텅은 자산의 일부를 문익스프레스Moon Express 사를[4] 비롯하여 여러 스페이스 스타트업에 투자했다. 실리콘밸리에 입성한 문익스프레스는 달에 탐사

자동차를 상륙시키고, 달 관련 수송서비스를 제공할 뿐만 아니라, 향후 달에서 원료를 채굴하려는 계획을 추진 중이다.

90억 달러의 자산을 보유한 멕시코인 리카르도 살트나스Ricardo Saltnas는 멕시코 재계 5위에[5] 들며, 그가 운영하는 여러 사업 중 핵심은 텔레커뮤니케이션이다. 멕시코 전역을 케이블이나 전신주로 연결하는 것이 불가능하다고[6] 생각한 살트나스는 자신의 기업 그루포 살트나스Grupo Saltnas를 통해 원웹OneWeb에 투자했다. 위성 업체인 원웹은 위성을 활용하여 전 세계 방방곡곡에 인터넷을 보급하고자 한다. 300억 달러(한화 약 36조 원 -옮긴이)의 자산을 보유한 미국 라스베이거스 카지노 및 호텔 업계의 거물 셸던 아델슨Sheldon Adelson 또한 우주를 향한 포부를 밝혔다. 그는 스페이스X의 팰컨9과 협력하여 이스라엘산 로봇의 첫 달 상륙을 추진 중인 텔아비브의 비영리기구 스페이스II에 1,600만 달러(한화 약 192억 원 -옮긴이)를 투자했다.[7] 미국의 체인 호텔 버짓 스위트 오브 아메리카Budget Suites of America의 소유주인 로버트 비글로우Robert Bigelow는 단 한 번도 〈포브스〉 선정 전 세계 400대 갑부 리스트에 이름을 올리지 못했다. 그러나 약 7억 달러(한화 약 8,400억 원 -옮긴이)의 자산을 소유한 것으로 추정되는 비글로우를 슈퍼리치의 일원으로 뽑는 것에는 누구도 이의를 제기하지 않을 것이다. 라스베이거스 출신인 이 괴짜는 풍선처럼 부풀릴 수 있는 우주정거장 모듈 개발에 약 5억 달러를 투자할 것이라고 공식적으로 발표했다. 그렇게 제작된 우주정거장 모듈(소형 테스트 버전)은 이미 국제우주정거장ISS에 걸려있으며 현재도 계속해서 개발되고 있다.

**로켓 스타트** 가장 중요한 건 바로 kg당 가격이다

누구나 한 번쯤 발리 여행을 꿈꾼다. 우주도 마찬가지다. 더욱이 경비마저 저렴해진다면 우리는 가능한 한 자주 우주를 여행하고 싶어질 것이다. 우주로 향하는 수송비용을 최대한 낮추기 위해 힘쓰는 베조스와 머스크가 있기에 우리의 꿈, 우주여행은 한 발 앞으로 다가왔다.

로켓의 경제적 관건은 단순히 탑재량 혹은 발사 비용이 아니라 화물 1kg을 우주에 보내기 위해 드는 비용이다. 익히 알려진 스페이스셔틀 Space shuttle(우주와 지구 사이를 반복해서 왕복하도록 만들어진 유인우주선 - 옮긴이)을 예로 들어보자(이 프로그램은 이미 종료되었기 때문에 투여된 비용의 총액이 정확히 산출되었다).

물가상승률을 고려했을 때 NASA는 해당 프로그램에 현 시가로 총 2,000억 달러(한화 약 240조 원 -옮긴이)를 지불했다.[8] 총 135회의 발사로 미션 당 평균 15억 달러(한화 약 1조 8,000억 -옮긴이)에 달하는 기하학적 금액이 투여된 것이다! 이 금액을 지구저궤도에 수송 가능한 실 탑재량인 2만 2,500kg으로 나눈다면 이론상으로 1kg당 약 6만 달러라는 수치가 나온다. 그렇지만 135회의 발사 미션 동안 스페이스셔틀이 궤도에 운송한 화물은 총 159만 3,759kg에 불과했다(스페이스셔틀 자체 중량은 이 수치에 포함되지 않는다). 따라서 최종적으로는 1kg당 12만 5,000달러가 소요됐다. 엄밀히 말하면 스페이스셔틀은 우주선을 조종하는 우주비행사까지 우주와 국제우주정거장에 수송했다. 재활용이 가능한 이 유인우주선이 지구에 다시 복귀하지 않는 무인 로켓보다 훨씬 더 많은 비용이 든 것이다. 결과적으로 이런 천문학적인 비용은

미국 정부가 민간 기업의 우주산업을 장려하게 된 계기가 되었다.

그러나 지금은 공급자가 발사 서비스를 제공할 때 드는 '발사 비용'이 더 중요해졌다. 팰컨9의 경우 머스크는 기타 비용을 제외한 가격을 평균 6,200만 달러(한화 약 744억 원 - 옮긴이)로 책정했다. 지구저궤도에 수송 가능한 탑재량을 2만 2,800kg으로 계산한다면 이는 1kg당 평균 2,720달러인 셈이다. 반면 미국 로켓 산업의 대표 로켓이라 할 수 있는 아틀라스V$_{AtlasV}$와 델타IV$_{DeltaIV}$의 상업용 기본 패키지는 최소 9,500달러에서 최대 1만 4,000달러에 달한다(24쪽 그림1 참조). 게다가 성공적이라는 평가를 받은 아리안5$_{Ariane5}$도 비용이 8,000달러를 상회했다. 이런 상황이다 보니 정기 운항이 어려운 스페이스X의 대기목록에 이름을 올리고도 한참을 기다려야 하는 상황이 벌어지는 것이다.

조금 더 보태자면 개발, 제작, 발사에 투여된 비용의 세부 내역은 매우 불투명하다. 다시 말해, 각 로켓에 투여된 비용을 직접적으로 비교하기는 몹시 힘들다.


## 꿈을 현실로

억만장자들은 항공우주산업에 있어 복덩이 같은 존재다. 이들은 자체 개발한 로켓을 통해 저렴한 비용으로 우주를 여행하게 해줄 뿐만 아니라, 민간 우주선을 위한 전 세계적 움직임을 선도한다. 이들의 역할은 단순히 민간 우주산업의 유행을 이끄는 것으로 끝나지 않는다. '뉴 스페이스 물결'의 일환이라 일컫는 우주산업2.0의 디지털화에서 그

| 국가 | 종류 | 형태 | 발사 공급처 | 발사 예상 가격 (100만 달러) | 저궤도용 사용 하중(kg) | kg당 비용 |
|---|---|---|---|---|---|---|
| 중국 | Langer Marsch 2D | | 중국 인민 해방군 / | $30 | 3,500 | 8,571 |
| | Langer Marsch 3A | | 중국 그레이트월 컴퍼니 | $70 | 8,500 | 8,235 |
| 유럽 연합 | Vega | | 아리안스페이스 | $37 | 1,963 | 1만 8,849 |
| | Ariane5 | | | $178 | 2만 1,000 | 8,476 |
| | Sojus | | | $80 | 4,850 | 1만 6,495 |
| 인도 | PSLV | | 인도 우주 연구소(Indian Space Research Organisation, ISRO) / Antrix | $21~31 | 3,250 | 6,462~9,538 |
| | GSLV | | | $47 | 5,000 | 9,400 |
| 일본 | Epsilon | | 일본 우주국(JAXA) / Antrix | $39 | 700~1,200 | 5만 5,714~3만 2,600 |
| | H-II A/B | | 미쓰비시 중공업 발사 서비스 | $90~112,5 | 1만~1만 6,500 | 6,817~9,000 |
| 러시아 | Proton M | | VKS/로스코스모스/국제 발사 서비스(ILS) | $65 | 2만 3,000 | 2,826 |
| | Rocket | | VKS/유로콧 | $41.8 | 1,820~2,150 | 2만 2,976~1만 9442 |
| | Dnepr | | ISC 코스모트로스 | $29 | 3,200 | 9,063 |
| 미국 | Falcon 9 | | 스페이스엑스 | $61,2 | 2만 2,800 | 2,684 |
| | AtlasV | | ULA/록히드 마틴 상용 발사 서비스 | $137~179 | 8,123~1만 8,814 | 9,514~1만 6,888 |
| | DeltaV Medium / Heavy | | 유나이티드 론치 얼라이언스(ULA) | $164~400 | 9,420~2만 8,790 | 1만 3,894~1만 7,410 |
| | Minotaur-C | | 오비탈 ATK | $40~50 | 1,278~1,458 | 3만 1,299~3만 4,294 |
| | Antaros | | | $80~85 | 6,200~6,600 | 1만 2,879~1만 2,903 |
| | Pegasus XL | | | $40 | 450 | 8만 8,889 |

그림1 현 상업용 로켓의 실용 탑재량과 발사 비용. 비교적 저렴한 가격을 제시하는 기업은 정기적으로 운항 중이나 요금이 높은 업체는 예약이 드물거나 아예 없는 곳도 있다(출처: GAO).

결과가 나타난다. 물론 의심할 여지 없이 항공우주산업 기업들은 수십억 달러를 웃도는 투자를 바탕으로 더 빠르고 저렴한 우주여행을 개발하기 위해 과열된 경쟁을 한다. 이러한 현상은 분명 우주를 향한 억만장자들의 무한 경쟁이자 골드러시다. 저렴한 비용으로 실용 탑재량을 충족시키는 기업에게 지금껏 손에 넣어보지 못한 황금이 기다리고 있을 것이기 때문이다. 머스크가 개발한 로켓 팰컨9과 오비탈 ATKOrbital ATK 사의 로켓 안타레스Antares가 이를 입증했다. 현재 두 업체는 우주정거장에 수송서비스를 제공하고 있다.

　비록 우주여행의 초창기라 하더라도 이미 스타팅블록에 선 기업은 수두룩하다. 우주용 3D프린터를 개발하는 메이드 인 스페이스Made in Space의 CEO, 앤드루 러시Andrew Rush는 "업계를 이끌어갈 활력적이고 성공한 사람들이 이렇게나 많으니 정말 멋지지 않은가. 열정과 비전으로 가득한 이들은 우리에게 우상이 되고 있다."라는 소감을 전했다.[9] 그뿐만이 아니다. 억만장자 너드들은 광범위한 목표를 설정하며 추종자들이 항공우주산업 분야를 경청하게 만들었고, 확실한 신뢰를 안겨주었다. 지구궤도를 벗어나는 경우는 극히 드물었지만 지난 50년 동안의 우주 비행으로 우리는 그저 공상에 가까웠던 60년대의 사고방식에서 서서히 벗어났다. 소행성의 물을 채취하려는 야망을 품은 딥 스페이스 인더스트리Deep Space Industry의 피터 스티브래니Peter Stibrany는 "이 사람들이 항공우주산업에 끼친 영향력은 정말 상상을 초월한다. 10년 전만 해도 언젠가 사람이 화성으로 여행을 떠난다거나, 우주에 거주할 수 있을 거라는 말을 꺼내지도 못했다. 그랬다가는 비웃음을 사기 십상이었고, 절대 어디에도 초대받지 못할 것이 확실했기 때문이다."라고 말했다.

오늘날은 다르다. 언젠가 수천 명을 화성에 거주시키는 것이 목표라고 밝힌 머스크의 프레젠테이션에서 그를 비웃은 사람은 단 한 명도 없었다! 그때 나는 지금이 바로 전환점이라는 생각을 했다. 억만장자들이 수십억 달러를 항공우주산업에 쾌척하는 모습을 보며 많은 사람들이 이러한 계획을 '정상적'으로 받아들이기 시작한 것이다.[10]

이런 갑부들의 막대한 재산은 어느 정도 자의식을 바탕으로 한 독자적인 행보를 허락한다. 일부 국가보다 강한 재력을 소유한 제프 베조스 같은 인물들은 리스크가 아무리 크더라도 자신이 품은 계획의 실행 여부를 직접 결정할 능력이 있다. 하물며 매우 공상적인 비전을 추구하는 성향의 초대형기업 CEO들은 기업의 이윤감소까지 감수한다. 물론 실제로 그런 상황에 처하면 감사위원회에서 해당 프로젝트의 생존을 논하고, 그 계획이 백지화되기도 한다.

하지만 평균을 훌쩍 뛰어넘는 능력과 우주를 향한 감동으로 무장한 이들은 자신의 목표를 똑바로 주시하며 모든 협력자를 미지의 여행에 전적으로 동참하게 했다. 그 덕택으로 현 우주산업은 인류의 미래 프로젝트일 뿐만 아니라 커다란 스페이스 쇼space show로 자리매김했다. 성공의 힘과 전설 같은 부가 세상을 비추는 눈부신 후광임을 제대로 알고 있는 현대판 절대군주들은 우주를 향해 세운 목표에 그것을 유감없이 활용한다. 그 목표가 우주행 티켓을 판매하는 것이든 막대한 공적 후원을 정당화하는 것이든 말이다.

그렇지만 이런 갑부들이 전부 항공우주산업 분야의 기업을 설립한 것은 아니다. 그들은 때로 기존에 있던 우주 기업에 투자하기도 하는데, 수백만 달러를 투자한 사람도 있고 수억 달러의 투자자도 있다. 그러나 지금은 우선 눈앞의 명확한 목표를 위해 기업을 설립한 이들을 집중 조명해보고자 한다. 바로 일론 머스크, 제프 베조스, 폴 앨런, 리처드 브랜슨 그리고 로버트 비글로우다. 물론 그 밖에도 외계생명체 및 성간 공간탐사를 위해 1억 달러 투자 의사를 밝힌 인터넷 투자자 주리 밀너처럼 매혹적인 계획에 매료된 슈퍼리치들이 있다. 그러나 이들을 우주산업 개발에 있어 앞서 언급한 5대 기업과 동급으로 보기에는 부족한 감이 있다.

우주의 골드러시 혹은 신新우주 경쟁을 논하자면 우주산업의 다양한 면모를 짚어봐야 한다. 민간 우주 수송수단, 즉 로켓 및 궤도 활공기, 소행성 및 기타 천체의 채굴, 지구관찰용 인공위성을 활용한 비즈니스모델 그리고 무엇보다도 화성 탐사가 있다. 이런 계획들은 유기적으로 얽혀있고 서로 영향을 미친다. 그러나 이 산업의 선구자들은 직접 경쟁 대신 각자의 영역을 구축하며 그 안에서 주도권을 쟁취하려고 노력한다.

최근 디지털 분야 슈퍼기업의 사례에서 우리는 이러한 경향을 미리 체험했다. 초창기 각 기업의 역할분담은 매우 명확했다. 이베이의 경우 필요한 물건을 전부 경매를 통해 구입할 수 있었고, 아마존은 도서 구입, 구글은 특정 목적을 위해 웹 세상을 제약 없이 활용할 수 있었으며, 페이스북으로 친구들이 올린 포스팅을 곧바로 읽을 수 있었다. 그러나 오늘날 이들은 여러 회사의 상품이나 서비스 정보를 데이터에 기반하여 하나의 웹사이트에 모아 제공하는, 인터넷이라는 동일 시장의 경쟁자가 되었다. 이들의 핵심 타깃은 사람 그 자체다. 각 개인의 선호도, 삶의 패턴을 분석해야만 그 사람의 지갑이 열린다. 마찬가지로 우주 시장 역시 점차 확장되면서 자력으로 유지되는 단계에 이르면 이와 유사한 방식으로 흐를 가능성이 있다.

그전까지 우주에서 벌어지는 경쟁은 좀 더 단출한 결투로 축소될 것이다. 대형로켓을 개발한 베조스와 머스크는 로켓의 화물탑재량을 늘리기 위해 애쓴다. 폴 앨런과 리처드 브랜슨은 소형로켓이 아닌 중형로켓 발사를 위해 비행선을 개발 중이다. 로버트 비글로우는 아직까지 다른 경쟁자(억만장자) 없이 단독으로 사업을 확장할 수 있는 우주 정거장을 개발하고 있다. 그리고 브랜슨과 베조스는 사상 최초로 우주여행을 상용화하려는 목표를 두고 경쟁한다. 접근방식은 전부 다르지만, 이들의 목표는 하나다. 인류가 우주 한가운데로 당당히 들어서는 것. 이들은 언젠가 인류가 우주 공간으로 수월하게 이동할 수 있도록 각각의 방식으로 우주에 기초공사를 시행하고 있다. 다시 말해 이들은 우리가 우주 그리고 다른 천체에서 거주하고 일할 수 있는 환경을 모색하고 있는 것이다.

이는 그저 막연한 가정이 아니다. 이를테면 베조스가 지금까지 구축해 놓은 설비를 바탕으로 촘촘하게 구상한 계획을 들어보자. 베조스는 랜초 팰로스 버디스에서 개최된 코드 콘퍼런스Code Conference에 참석한 청중에게 이렇게 설명했다. "항공우주산업의 발전을 살펴보면 지난 50년 동안 솔직히 그렇게 많은 사건이 있었던 것은 아니다. 지금은 전 세계에서 매년 40기의 로켓이 발사되고 있지만, 수치상으로는 과거보다 발사횟수가 감소했다. 로켓 발사의 정점은 1970년대였다. 인터넷으로 하는 일상적인 업무와 비교하면 오히려 이 분야에서 훨씬 더 많은 성장 동력을 발견할 수 있다. 지금 이 분야에 동참하고 있는 기업은 수천 곳에 이른다." 이 콘퍼런스에는 일반적으로 상위 10위권의 글로벌 테크놀로지 엘리트 기업(기본 입장권이 6,500달러, 프리미엄 입장권이 9,000달러(한화 약 1,080만 원 -옮긴이)이며 초청받은 기업만 구매 가능하다)이 참석하고 강연자는 예외 없이 실리콘밸리의 거대 글로벌 기업 CEO 및 CTO(최고기술책임자)다.

그렇지만 베조스가 언급한 수치가 모두 맞는 것은 아니다. 지난 25년간 전 세계 궤도 로켓 발사횟수를 기록한 아래 표(그림2)를 보면, 콜롬비아 대참사가 있던 2001년과 2005년 사이에는 분지처럼 들어간 골짜기의 양상을 보인다. 하지만 그럼에도 로켓 발사횟수는 연간 60~90회에 이른다. 이 수치는 베조스가 말한 내용의 거의 2배이다. 베조스의 말처럼 실제로 지금보다 과거에 훨씬 더 많은 로켓을 우주로 발사하긴 했지만, 그 정점은 70년대가 아니라 60년대이다. 반면 2005년 이후에 가벼운 상승기류가 나타나지만 로켓 발사횟수로 보았을 때 붐이 일었다고 할 수 없다는 베조스의 주장은 타당하다.

인류가 처음으로 달에 상륙하기 2년 전인 1967년에는 무려 141기의 로켓이 우주로 발사됐다. 그중에는 유인우주선도 있었다. 또한 그중 128기는 우주 궤도에 도달했으며, 나머지는 다양한 이유로 실패했다.

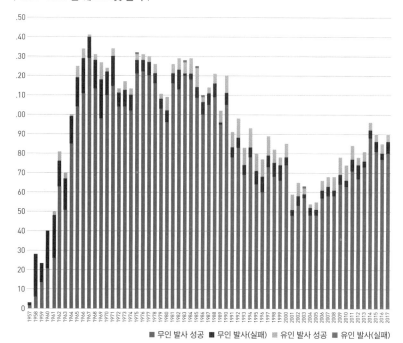

**그림2** · 지금까지 우주궤도에 발사한 로켓의 수는 1960년대에 가장 많았다. 이후 발사횟수는 점차 감소하며 세기가 전환된 2000년에는 최저치를 찍었다. 그러나 그 뒤로 일론 머스크의 팰컨9 때문이 아니더라도 로켓 발사횟수는 필연적으로 약한 성장세를 보인다. 스페이스X는 로켓 외에도 스페이스셔틀이 맡았던 임무의 일부를 책임지고 있다. 반면 러시아는 경제적인 문제로 인하여 우주 산업계의 민영화 계약에서 점점 쇠퇴하고 있다(출처: www.spacelaunchreport.com).

코드 콘퍼런스에 참가한 청중은 베조스가 말하려는 취지를 정확히 이해했다. "아마존 설립 당시 회사에는 나를 비롯하여 직원이 몇 명뿐이었다. 나 역시 직접 포장작업을 하며 언젠가 지게차를 마련할 수 있다면 참으로 좋겠다고 희망했다. 그러나 그로부터 20년이 흐른 지금 우리는 거의 3억 명에 육박한 고객을 위해 서비스를 제공하며 매출액은 무려 1,000억 달러(한화 약 120조 원 -옮긴이)에 달한다. 우리는 의심의 여지 없이 지난 수십 년간 세상에 없었던 글로벌 기업 중 하나다. 이것은 지금 항공우주산업 분야에서 벌어지는 상황과는 매우 상반된 것이기도 하다." 참고로 온라인 기반 기업인 아마존은 1994년, 구글은 1997년, 페이스북은 2004년, 왓츠앱은 2009년에 설립됐다. 남녀노소 누구나 어떤 방식으로든 스마트폰 혹은 다른 IT 기기를 사용하며 해당 기업의 서비스를 접한다. 하지만 이런 소셜 네트워크 서비스가 없는 세상에서 살아가기란 불가능이라고 생각하는 것은 일부 젊은 세대에 불과하다. 이와 같은 서비스가 출시된 지 15년밖에 되지 않았기 때문이다.

반면 로켓은 기하급수적인 발전단계를 거치지 못한 채 70년 동안 우주로 발사되며* 우리 삶에 의식적으로 스며들었다. 베조스는 항공우주산업의 더딘 발전을 간단하게 설명했다. "아마존의 초창기를 살펴보면 당시에도 사업에 필요한 토대는 전부 구축되어 있었다. 이를테면 신용카드 결제 시스템은 이미 훨씬 전에 개발된 것이었기에 별도로 개발할 필요가 없었다. 또한 물류 업체인 포스트POST, UPS가 전자상거래에 도입되지는 않았지만, 별도의 운송체계를 구축할 필요가 없었다. 만약 20년 전에 이런 물류시스템을 처음부터 개발해야 했다면 수천억 달러 이상이 추가로 투여됐을 것이다(아마존 같은 스타트업에게

---

* 아그레가트4, 알리아스V2는 처음으로 우주에 도착한 독일 로켓이다. 1944년 이 로켓은 다시 지상에 떨어지기 전 고도 189km의 테스트비행에 성공했다. 안타깝게도 이 로켓은 전쟁용으로 개발됐다. 히틀러는 이 로켓에 탄두를 탑재하고 폭격 전의 '보복 무기'로 민간지역에 투하했다.

는 불가능한 일이었다). 컴퓨터 산업도 마찬가지다. 이미 어느 정도 필요한 제반이 갖춰져 있는 상태였다. 인터넷이 이렇게까지 빠르게 확산될 수 있었던 이유는 용도는 달랐어도 근본적인 필수 제반 체계가 구축되어 있었기 때문이다. 이것이 바로 내가 해야만 하는 일이라고 생각한다. 이런 체계를 구축하고 화물을 우주에 수송하기 위해 난 내게 있는 자원을 아낌없이 활용할 것이다. 그로써 오늘날 우리가 인터넷에 무한한 관심을 보이는 것처럼 향후 차세대 기업들이 태양계에서 사업을 이끌어가기를 바란다. 그리고 그것을 실현하려면 우주에 도착하는 비용을 현저히 낮춰야만 한다."[11]

| 1990년~2016년 상업용 로켓 발사 |

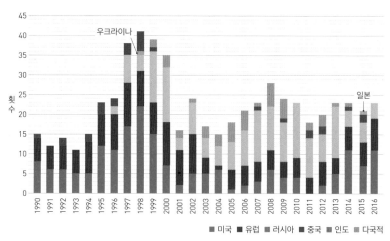

**그림3** · 정부 혹은 기관에서 지원하지 않은 민간경제 성향의 로켓 발사(출처: Heise/FAA).

# 무엇이 억만장자들을 우주로 내모는가

슈퍼갑부인 이들에게 우주를 향한 경쟁은 다음 세대를 위한 큰 사업거리다. 오늘날의 주역들, 선견지명을 가진 이 갑부들은 어떤 경우에도 미래 영역을 선점할 기회를 놓치지 않으려고 한다. 이들은 자신의 재력을 바탕으로 자신이 이 세계를 바꾸는 데 일조할 수 있다고 판단했다. 그들을 움직이는 동기는 무엇일까? 혹시 불멸을 꿈꾸는 것인가? 아니면 억만장자를 넘어 역사상 처음으로 조 단위 재력을 보유한 갑부, 다시 말해 더 많은 돈에 대한 탐욕 때문인가?

상식적으로 억만금을 보유한 갑부들은 조금 더 많은 부가 보장된다고 거기에 코를 빠트리지는 않을 것이다. 만약 처음부터 물질적인 조건이 이들을 우주로 향하게 했다면 우주산업은 아마 여기까지 오지도 못했을 것이다. 그렇다고 해서 슈퍼리치들이 자신들의 재력을 즐기지 않는다는 의미는 아니다. 머스크는 어느 정도의 재력을 갖추자마자 고가의 F1 맥클라렌Maclaren 스포츠카를 샀다. 그리고 얼마 지나지 않아 여러 벤처 캐피털 기업이 산재해 있는 실리콘밸리의 샌드 힐 로드에서 그 차를 산산조각 내버렸다.[12] 무자비한 교통사고 이후 그는 투덜거리며 "정말 기가 막힌 건, 이 차가 아직 보험도 들지 못했다는 거죠!"*라고 말했다. 폴 앨런은 여러 슈퍼리치처럼 126m에 이르는 초대형 슈퍼요트를 소유했고, 리처드 브랜슨은 카리브해에 위치한 네커

---

*　몇 년 전 머스크는 새로운 장난감을 추가로 구입했다. 제임스 본드가 '007』를 사랑한 스파이(The Spy Who Loved Me)'에서 그의 연인과 함께 타고 탈출한 로터스 에스프리다. 영화에서 로터스 에스프리는 버튼 하나로 잠수함으로 변신한다. 머스크는 우연히 컨테이너에서 발견됐다는 설이 있는 이 차를 거의 100만 유로 가까이 주고 경매에서 취득했다.

섬Necker Island을 사들인 후 해먹에 누운 채 자신의 제국을 운영했다(브랜슨의 표현을 빌리자면 그랬다).

금고에 수백억 달러를 쌓아놓고, 나름 명예로운 것들을 이뤄냈다면 그 사람의 인생에는 앞으로 어떤 의미가 남을까? 베조스는 이 질문에 매우 명확한 답을 내놓았다. 머스크 역시도 자신이 일궈낸 부를 인류를 위한 새로운 거주공간을 개척하는 일에 흔쾌히 쏟아부었다.

머스크는 멕시코에서 개최한 콘퍼런스에서 "내가 재산을 축적하는 이유는 (화성 탐사) 자금을 조달하기 위해서다."라고 설명했다. 그가 쌓아온 부가 황당무계할 정도로 대단했음에도 불구하고 그는 자신의 부는 다른 행성에서의 생활을 현실화하는 데 기여하기 위한 것으로, 그 밖에 다른 동기는 전혀 없다[13]고 다시 한번 일축했다. 우주에는 머스크가 재융자할 만한 구체적인 비즈니스모델이 없는데도 스페이스X는 화성 탐사 장비개발에 엄청난 금액을 투자하고 있다. 만약 그의 머릿속에 기업 가치를 끌어올리는 생각만 가득했다면, 투자금을 회수하지 못할 수도 있는 이런 전략을 어떻게든 피해갔을 것이다.

머스크는 지금까지 스페이스X의 상장을 심히 주저했다. 자유로운 결정의 부재와 기업의 숙원사업인 화성 탐사를 확정하지 못할 수도 있다는 우려 때문이었다. 제아무리 머스크가 단 한 발의 샷으로 막대한 자금을 회수할 가능성이 있는 아이템(우주와 관련된)을 가지고 있다더라도, 주주들은 그것을 허락하지 않을 것이다. 모름지기 주주란 돈을 조금이라도 더 벌기 위한 베팅에 뛰어든 사람들이기 때문이다. 따라서 주주 대다수가 이윤을 창출하는 로켓 발사에만 만족하고, 그 밖의 머스크의 다른 야망은 사전에 차단해버리는 상황이 벌어질 수도 있다. 그래서 머스크는 오직 선별된 투자자에게만 투자 기회를 '부여했다.' 그중에서도 피터 틸이 운영하는 파운더스 펀드Founders Fund는 약 2,000만 달러를, 그것도 팰컨1호가 3번째 발사에 실패하기 바로 2일 전인 2008년 8월 3일에 투자했다. 지금까지 스페이스X의 가장 큰 투자자는 2016년 10억 달러(한화 약 1조 2,000억 원 –옮긴이)를 투자한 구글이다. 머스크는 디지털 첨단기술 기업의 투자가 아무런 보증 없이 막대한 자금이 투여되는 자신의 계획에 장기적이고 안정적이라고 판단한 것 같다. 현재 머스크가 소유한 스페이스X의 지분은 알려지지 않았다. 2015년 말 미국연방통신위원회FCC에 따르면 그의 지분은 최소 54%일 것으로 추정되며 그는 총 78%의 의결권을 위임받았다.[14]

제프 베조스는 머스크 못지않은 야심찬 그의 꿈을 실현하기 위해 조금 다른 방식을 선택했다. 그는 사뭇 진지한 표정으로 "우주에 호텔을 짓고, 테마파크를 건설하고, 궤도에 200~300만 명이 거주할 수 있는 집단 거주지를 구축하는 것이 나의 꿈이다. 이는 지구를 보존하기 위한 아이디어이기도 하다. 종국에는 이주가 가능하고, 행성을 벗어난 공원을 조성할 수 있을 것이다."라고 말했다. 일간지 〈마이애미 헤럴드The Miami Herald〉와의 인터뷰에서 자신의 비전을 열정적으로 답변하던 베조스가 겨우 18살이었다는 사실을 기억하시라. 역사의 아이러니는 이런 순수한 10대 청소년이 훗날 아마존의 창업주가 되고, 수십억 달러를 항공우주산업 기업인 블루 오리진에 투자할 것이라고는 그 누구도 예상하지 못한다는 점이다. 그때의 열정적인 베조스의 꿈은 지금도 크게 달라지지 않았다. 다만 '최대한 저렴한 비용으로'라는 과제가 더해졌을 뿐이다.

"우리는 정말 화성에 가고 싶은 걸까요?" 2015년 말 베조스는 기자들에게 반문했다. 그리고 답했다. "당연히 어떻게든 그곳에 가고 싶잖아요!"[15] 베조스는 1980년대에 자신이 했던 발언에 보태어 "블루 오리진의 비전은 매우 단순합니다. 수백만 명이 우주에서 생활하며 일하는 거죠. 그러기까지 많은 시간이 필요하겠지만 그래도 그럴 만한 값어치가 충분한 목표입니다."라고 말하기도 했다. 베조스가 이런 꿈을 갖게 된 동기는 불분명하지만, 그가 이 산업에 진지하다는 것만큼은 분명하다. 베조스 또한 항공우주산업 사업자금을 조달하기 위해 아마존의 주식을 거래해 연간 수십억 달러를 이 분야에 쏟아붓고 있다.[16]

우주산업을 이끄는 억만장자 삼두정치의 3번째 거물인 리처드 브랜슨은 다른 두 사람에 비해 이타적인 부분이 다소 부족하다. 그가 이끄는 우주 관련 사업은 상업적인 성향이 뚜렷하다. 그의 핵심사업인 스페이스십투SpaceShipTwo는 언젠가 우주에 관광객을 보낼 것을 목표로 한다(물론 비용은 엄청나겠지만). 브랜슨을 움직이는 동기는 바로 기업가로서의 스릴이다. 브랜슨은 "학생신문을 창간하며 사업에 처음 뛰어든 16세 이후, 버진 갤럭틱Vergin Galatic처럼 큰 포부를 품은 기업을 일궈내기까지…, 내가 최우선으로 삼은 철학은 한결같았다. 가시적인 뭔가가 뚜렷이 없다는 이유로 해당 프로젝트 혹은 비즈니스모델이 내기업가적 구미를 당기지 못할 때일수록 난 그것이 바로 새로운 것을 개척할 기회라고 생각했다. 그러면 그 일이 훨씬 흥미로워진다! 그런 철학을 유지해오던 어느 날 나는 나를 감동시킬 만한 것을 찾았다."[17]

이러한 동기가 억만장자들이 우주여행에 흥미를 갖게 된 계기를 어느 정도 설명해줄 수 있을지는 몰라도, 그들이 어째서 이 모험의 끝을 보려고 하는지는 설명하지 못한다. 평범한 사람 역시 꿈을 꾸지만 그렇다고 하여 매우 낯선 목표를 향해 무작정 돌진하지는 않는다. 특히 물질적으로 걱정할 필요가 없는 상황이라면 더더욱 그렇다. 머스크, 베조스, 브랜슨은 왜 불나방처럼 불구덩이에 자진해서 뛰어드는 것일까?

"부로 축적할 수 있는 모든 것을 이룬 억만장자들이 있다. 그들은 기념비가 될 만한 것을 개척하고 싶은 의욕에 불타올랐다." 샌프란시스코에 위치한 위성 서비스 기업인 스파이어Spire의 CEO 피터 플랫처Peter Fletcher는 이런 실리콘밸리의 행보를 긍정적으로 바라보며 말했다. "우주는 사람을 매혹한다. 그것은 스페인 탐험가 콜럼버스가 신세계 발견을 위해 자금을 조성하던 14세기, 15세기에도 마찬가지였다. 인류는 사실상 탐험가다. 인류는 항상 미지의 것을 찾아 발견하려 한다. 그리고 우주는 가장 크고 탐구되지 않은 미지의 영역이다. 다만 얼핏 무제한에 가까운 재력을 바탕으로 우주산업을 실현하겠노라고 주장하는 개인이 역사상 처음으로 등장했을 뿐이다."[18]

# 머스크 vs. 베조스,
# 로켓 개발사의 정면승부

**"**————

**우주와 궤도 사이의 차이를 확실히 하는 것이 중요하다.**

베조스의 로켓 뉴 셰퍼드가 우주에서 귀환하여 무사히 착륙했다는 소식을 접한 머스크의 입장

————**"**

## 우정을 나누기에 지나치게 가까운

'블루 오리진은 개발을 시작한 지 벌써 10년이 넘었음에도 궤도를 벗어난 우주선 개발에 성공하지 못했다. (…) 블루 오리진이 향후 5년 안에 NASA의 유인 탐사 규정에 적합하고 우주정거장, 그것도 발사대 LC-39ALaunch Complex 39A(NASA의 가장 강력한 로켓이었던 새턴V 발사체 용으로 설계된 발사대 -옮긴이)에 도킹 가능한 우주선을 운행한다면 우리는 기꺼이 자리를 양보할 것이다. 솔직히 그런 상황이 실현된다면, 아마 플레임 챔버flame chamber에서는 춤추는 유니콘이 발견될 것이다.'[1] 우주 전문 매거진 〈스페이스뉴스Space News〉에 보낸 이메일을 통해 머스크는 케이프 커내버럴Cape Canaveral에서 있었던 분쟁에 대한 불편한 심기를 고스란히 드러냈다.[2] 플레임 챔버란 로켓발사대 아래, 콘크리트로 벽

을 세운 공간을 말한다. 로켓엔진이 지옥 같은 화염을 내뿜으면 뜨거운 배출가스를 받아냄과 동시에 로켓과 발사대에 피해가 없도록 제어하는 것이 플레임 챔버의 역할이다. 유니콘 같은 전설적인 동물도 발사 중인 로켓의 플레임 챔버 안에서는 버티지 못한다.* 머스크는 블루오리진의 야망에 대한 자신의 생각을 여과 없이 드러냈다. 물론 해당 잡지의 편집국에서 자극을 극대화하기 위해 약간의 양념을 친 것일 수도 있다.

머스크가 일반적인 CEO가 아닌 것처럼 발사대 LC-39A 역시 일반적인 발사대는 아니었다. 이 플랫폼에서 달 탐사 로켓과 스페이스셔틀이 발사됐다. 이곳을 둘러싼 싸움의 배경은 이랬다. 2013년 스페이스X와 블루 오리진 두 기업 모두 이 역사적이고 상징적인 장소를 독점하려 했다. 스페이스X가 그곳을 독점하려고 시도하던 그때, 블루오리진은 '모든 스타트업에게 열려있는' 일종의 상용 우주정거장 구축 계획을 추진 중이었다. 비슷한 시간대에 머스크는 NASA와 발사대 LC-39A의 민간 임대 계약을 추진하고 있었고, 베조스는 이 성급한 계약에 항의했다. 그러나 NASA가 별 반응을 보이지 않자 미국 회계감사기관Government Accountability Office, GAO에 또 한 번 이의를 제기했다. 그렇게 모든 우선권이 전면 보류되면서 머스크는 큰 타격을 입었다. 베조스는 여전히 1년 후에야 사업을 시작할 수 있었지만, 머스크는 당

---

* 로켓 발사의 강력한 힘을 제대로 감상하고 싶다면 유튜브에서 엔진 옆에 설치된 카메라 앵글에서 느린 화면으로 촬영된 새턴V의 발사 영상을 살펴보라. 해당 동영상의 제목은 '아폴로11 새턴V 런치 카메라 E-8'이다.

장이라도 시작할 준비가 되어있었기 때문이다. 베조스의 이의 제기로 인해 발사대 LC-39A는 다시 한번 재검토를 거쳤다. 분노한 머스크는 베조스의 행보를 '거짓말투성이인 봉쇄 전략'이라고 비난했다. 결국 미국 회계감사기관은 베조스의 이의를 기각했고, 2014년 4월 NASA 는 스페이스X의 로켓 팰컨9와 팰컨 헤비 발사에 이 역사적인 발사대 를 20년 동안 사용할 것을 허가했다. 1라운드는 머스크의 승리였다.

예상한 것처럼 우주를 둘러싼 경쟁은 각각의 기업이 다양한 구도 로 벌이는 각축전이다. 그중에서도 머스크와 베조스의 대결이 가장 치열했다. 가장 많은 언론이 주목했으며 가장 많은 업계의 자금이 움 직였다. 이유가 무엇일까? 지금까지 머스크는 우주 수송서비스 제공 기업이자 국제우주정거장 화물공급업체로서, 베조스는 우주 관광기 업으로서 세상의 이목을 끌었다. 그러나 이것은 단기적이고 피상적인 목표에 불과하다. 실상 두 기업 모두 사람을 우주 한가운데로 수송하 려는 공통된 장기 목표를 추진 중인, 우주수송업계의 극렬한 경쟁자 이기 때문이다.

이들은 경쟁기업이 자사의 야심과 사업에 관한 집중도 그리고 관 련 기술개발에 관한 정보를 알아차리지 못하도록 보안에 공력을 기울 인다(단순히 화성과 우주 개척뿐 아니라 훨씬 일상적인 사안까지 포함한다). 이제 이 두 거물이 어떻게 우주산업에 이르게 됐는지, 그리고 그들의 생각 과 계획은 무엇인지, 또한 어떤 성과가 있었는지를 더 자세히 살펴보 려 한다. 그리고 그들이 아이들처럼 티격태격 싸우면서 개발한 로켓 과 우주선에 관해서도 살펴볼 것이다.

사실 분쟁이 이렇게까지 지속될 이유는 조금도 없다. 만약 두 사람이 상대에게 직접적인 대화를 요청했다면, 대부분 평화로운 방식으로 해결되었을 것이고, 두 기업 사이의 공통점을 함께 이끌 수도 있었을 것이다. 베조스는 경쟁자에 대한 질문에 "대규모 산업은 어느 한 기업만으로 활성화될 수 없다. 우주에는 여러 챔피언이 등극할 만한 공간이 충분하다."라고 답했다.[3] 이어 머스크는 코드 콘퍼런스에서 만난 유명 IT 전문기자 월터 모스버그Walter Mossberg에게 "내 생각에 제프와 난 어느 정도 의견이 일치하는 것 같다. 우리 두 사람은 항공우주산업 분야와 최종적으로 별을 정복하는 것이 우리 문명과 더불어 인류의 미래에 매우 중요하다고 생각한다."[4]라고 설명했다.

바로 며칠 전 베조스도 머스크와 같은 자리에 앉아 "머스크와 난 매우 유사한 계획을 품고 있다. 내가 아는 한 아마 우리는 여러 가지 똑같은 계획을 세우는 중일 것이다."라고 말했다. 그러면서도 단호하게 선을 그었다. "그렇지만 구상하는 방식조차 쌍둥이인 것은 아니다. 화성 여행은 내가 이루고 싶은 일부 목표 중 하나다. 그러나 머스크에게 화성 여행은 핵심 목표이다. 그 밖에도 머스크가 주장하는 플랜B의 개념은 내가 크게 공감할 수 없는 부분이다. 물론 틀린 것은 아니다. 근본적으로 (우주산업을 위한) 다양한 동기가 있는 것이 좋다고 생각한다. 그렇지만 이것을 지구의 플랜B로 생각하지는 않는다. 나는 플랜A가 제대로 작동하기 위한 플랜B만을 원한다. 그리고 내 생각에 그 (머스크)는 지구를 구하기 위해 우주로 향하려는 것 같다. 하지만 우리는 이미 태양계 곳곳에 우주탐사선을 보냈다. 단언컨대 지구가 최고의 행성이라는 것은 확실하다! 우리는 지구를 보호해야 한다. 그렇기에 우주로 향해야 하는 것이다."[5]라는 일침을 날렸다.

베조스는 이런 식으로 머스크를 비방했고, 그다음 날 그의 발언을 인정하지 못하는 상대(머스크)의 맹렬한 공격에 맞서야 했다. 가운데 낀 모스버그 기자만 난감해졌다. 모스버그는 까다롭기로 유명했던 스티브 잡스와의 인터뷰도 거뜬히 진행한 저널리스트였지만, 시간차를 두고 이어졌던 두 인물의 인터뷰로 녹초가 되어버렸다. 모스버그는 동료 저널리스트 카라 스위셔Kara Swisher와 함께 다음과 같은 인터뷰를 진행했다. 머스크의 인터뷰다.

**모스버그** 언젠가 인류가 지구를 떠나야 한다고 생각하십니까?

**머스크** 아니요, 그건 절대 아닙니다. 지구가 이렇게나 멋진데 우리가 왜 이 굉장한 지구를 떠나야 할까요? 지구는 정말 아름답습니다!

**모스버그** 하지만 머스크 씨는 우리가 지구를 떠나야 할 수도 있기에 플랜B를 세워놓는 것이 좋다고 하지 않으셨나요.

**머스크** 아니요, 그건 제가 한 말이 아닙니다.

**스위셔** 정확히 말하면, 머스크 씨가 그렇게 말했다고 베조스 씨가 말했죠.

**머스크** 그건… 생각해보면, 베조스가 한 말인 것 같은데요. 어쨌든 제가 한 말이 아니기 때문에 잘 모르겠습니다.*

---

* 머스크는 심지어 비꼬기까지 했다. "It wasn't me, like Shaggy"에서 셰기(Shaggy)는 2000년에 '내가 아니었어요(It wasn't me)'라는 노래로 전 세계적으로 히트 한 레게 가수다.

모스버그는 입 밖으로 꺼내지는 않았지만, 어느 정도 베조스의 발언을 지지했던 것 같다. 머스크의 날 선 반격에 베조스 탓을 하는 대신 인터뷰의 주제를 서둘러 바꿔버렸기 때문이다.

이런 터무니없는 에피소드에서 엿볼 수 있듯이 두 거물의 갈등은 단순히 미래계획과 목표 혹은 그것을 향해 가는 길목에서 생기는 부수적인 차원을 넘어섰다. 이미 두 사람의 관계는 너무 벌어져 있었다. 모든 문제를 차치하더라도 이 두 거물 사이의 경제적 마찰은 훨씬 심각하다. 두 기업은 유사한 크기와 기술력을 바탕으로 로켓을 개발한다. 스페이스X는 팰컨 시리즈를 개발한다. 소형 팰컨1, 중형 팰컨9, 팰컨 헤비 그리고 헤비 리프터Heavy Lifter라는 이름이 붙여진 화물용 로켓이 있다. 한편 블루 오리진은 단층 구조의 소형선인 뉴 셰퍼드* 그리고 3층 구조이며 역시 화물수송을 위한 대형로켓 뉴 글렌**을 개발한다. 이는 이 두 기업이 로켓개발을 위해 유사한 전문 인력을 필요로 한다는 의미이기도 하다.

머스크의 자서전을 집필한 애슐리 반스Ashlee Vance는 머스크가 유능한 인재들을 스카우트해버린 베조스의 만행에 항의했다고 전했다. 반스는 머스크의 자서전에서 '베조스가 전 세계 마찰교반용접 분야(얇은

---

\* 1961년 머큐리 캡슐을 타고 미국 최초의 저궤도 탄도 우주 비행에 성공한 우주비행사 앨런 셰퍼드(1923-1998)의 이름을 붙였다. 10년 후 셰퍼드는 아폴로14호에 탑승해 달로 비행한다.

\*\* 미국인으로는 첫 번째로 궤도 비행에 성공한 존 글렌(John Glenn, 1921-2016)의 이름을 붙였다. 앨런 셰퍼드가 우주의 탄도 궤도에 도착하는 동안 글렌은 1962년 지구에 귀환하기 전 지구의 둘레를 3차례나 돌았다. 26년 후 글렌은 77세의 나이로 다시 한번 우주 비행을 했으며 그 이후로 최고령 우주비행사라는 기록을 남겼다.

금속을 용접하는 섬세한 기술)의 일인자 중 한 명인 레이 미레크타Ray Miryekta
를 낚아채면서 머스크와 심각한 분쟁에 접어들었다.'라고 설명했다.
이에 머스크는 '제프는 레이를 영입했고 레이가 스페이스X에서 심혈
을 들여 완성한 프로젝트 성과물의 특허 출원을 감행했다.'라는 불만
을 터트렸다. '블루 오리진은 역량 있는 전문가를 영입하기 위해 조직
에 칼을 뽑아 드는 행위를 서슴지 않게 종용했고 그럴 때마다 원래 급
여의 2배를 제안했다.' 반스는 그 과정에서 머스크가 더 많은 인력이
빠져나가는 것을 방지하기 위해 사내에 '블루'와 '오리진'이라는 단어
를 포함한 메일을 전부 걸러내는 필터까지 설정했다고 설명했다.[6] 두
거물의 정면승부는 냉정하고 잔혹했지만, 기업 사이에는 문제가 조금
도 없었다는 점이 놀랍다.

두 기업의 제품 유사성을 고려했을 때, 두 기업이 경쟁 구도에 놓
이는 것은 불가피한 일이다. 게다가 머스크와 같은 거물급 인사가 우
주산업 경쟁에 참여하고 있다는 사실만으로도 엄청난 사건이다. 머스
크는 마치 스타트렉 에피소드에 등장하는 클링곤의 공격처럼 우주산
업의 깊숙한 곳까지, 아무런 예고 없이 혜성처럼 등장했다.


## 인터넷 가이에서 트랜스포트 가이로

이 책은 민간 우주산업과 관련된 인물을 집중조명 한다. 업계 전반의
어느 곳에서도 빼놓을 수 없는 머스크는 단연 핵심 인물이다. 그리고
그건 머스크가 항공우주산업 분야에서 일궈낸 혜성 같은 성장세에 매

료되었다거나, 그가 통속 언론매체 가십난에 주로 등장하는 유명인사이기 때문만은 아니다. 바로 머스크의 기업 운영 방식이 뉴스페이스 업계 전체를 대표하고 있기 때문이다. 머스크는 항공우주산업 기업을 자체적으로 운영한다. 그는 현대식 공정을 사용하며 가시적인 기업의 목표를 능가하는 비전을 추구한다. 게다가 그 자신도 '신기술에 집착하는 너드Technic nerd'로서 엔지니어들을 잘 이해한다.

평소에도 로켓 제조기업인 스페이스X의 수석설계자를 자처하는 머스크의 커리어는 예상과는 다르다. 아마 머스크 자신을 제외한 모든 사람이 그렇게 생각했을 것이다. 1971년생인 일론 머스크는 남아프리카공화국 출신이다. 그는 군대에 입대하지 않아도 된다는 이유로 17세가 되던 해 캐나다로 이주했다. 그 후 미국으로 옮겨와 펜실베이니아대학교에서 경제학과 물리학을 전공한다. 그는 첨단기술대학의 메카라 불리는 실리콘밸리의 스탠퍼드대학교에서 석사과정을 시작했지만(그의 우주산업 관련 커리어 중 가장 가시적인 것이다), 불과 이틀 만에 인터넷기업을 창업하기 위해 학업을 포기했다. 이런 상황이 오면 대다수의 부모는 아마 깜짝 놀라 머리털을 쥐어뜯을 것이다. 그렇지만 머스크의 어머니, 메이는 달랐다. 메이는 어느 인터뷰에서 "내 아들이 원래 좀 이상한 행동을 해요. 그래도 특별히 걱정하지는 않아요. 지금의 일론은 대학원을 그만두고 싶어 하지만 언젠가 공부를 다시 시작할 수도 있지요."7라고 말했다. 빌 게이츠, 스티브 잡스, 마크 저커버그 등 여러 중퇴자가 오늘날 디지털 비즈니스 업계에서 엄청난 성과와 부를 거머쥐었다. 그리고 스탠퍼드 재학생 중 학업을 끝까지 마치지 못하더라도 좋은 사업 아이템으로 졸업 전에 창업하는 학생은 점점 늘어나는 추세다. 머스크의 경우 단지 다른 중퇴한 창업자보다 석사과정을 더 빨리 집어던졌다는 점이 눈에 띄었을 뿐이다.

머스크는 그의 형제인 킴, 그리고 또 다른 파트너와 함께 스타트업 집2Zip2를 설립했다. 이 기업은 온라인 도시 지도를 프로그래밍하여 대형 출판사에 관련 서비스를 제공했다(구글맵이 아직 등장하지 않았던 시절이었다). 이후 머스크는 이 서비스에 기업 웹사이트를 삽입했다. 집2의 설립 4년 뒤인 1999년에 머스크는 많은 돈을 받고 집2를 매각했다. 매각 당시 28세 청년이었던 머스크는 약 2,200만 달러(한화 약 264억 원 -옮긴이)에 이르는 자산을 전망이 불투명하고 위험부담이 큰 신생 인터넷 스타트업에 모조리 투자했다(현재 스타트업 중 위험부담이 없거나 불투명하지 않은 기업은 존재하지 않는다).

만약 당신이 수백만 달러를 보유하고 있고, 은행의 자산운용가가 그 돈을 소규모 인터넷기업에 전부 투자하라고 제안하는 것을 상상해보라. 당신은 그 사람을 믿을 수 있는가? 그러나 머스크는 그 자체가 일종의 은행이었던 온라인 뱅크 스타트업에 투자를 강행했고, 머스크가 투자한 그 기업은 훗날 페이팔PayPal의 전신이 되었다. 그리고 머스크는 엄청난 수익을 남기며 화려하게 퇴장한다.* 2002년 이베이eBay는 15억 달러(한화 약 1조 8,000억 원 -옮긴이) 상당의 페이팔 주식을 매수했다. 당시 11.7%의 지분을 보유하며 페이팔의 최대주주였던 머스크는

---

* 스타트업 세상에서 젊은 기업의 매각이란 자신이 투자한 선 투자금의 몇 배를 돌려받는 것을 의미한다.

현재 가치로 1억 6,500만 달러에 이르는 금액을 배당받았다. 그리고 이 돈은 규모가 더 크고, 훨씬 모험적인 기업의 투자 기반이 되었다.[8]

페이팔 매각으로 얻은 금전적 해피엔딩을 제대로 맛보기도 전에 머스크는 항공우주산업 커뮤니티로 자신의 촉을 뻗기 시작했다. 당시 머스크는 수많은 언론인과 우주산업 관리자의 레이더망 아래에 머물렀다. 이를테면, 쓸데없이 머스크는 화성에 소규모 식물 실험 키트를 쏘아 보내려고 했다. 그렇게 대륙 간의 로켓 비용을 문의하기 위해 떠난 몰락한 초대강국의 수도 모스크바에서 머스크는 그가 정확히 무엇을 목표해야 하는지 깨달았다. 애슐리 반스는 머스크와 그의 수행원이 상대가 자신을 얕잡아 보고 터무니없이 높은 가격을 제시한 건 아닌지 확인하기 위해 끝없는 잡담을 나눴고, 수많은 보드카를 마셨다고 설명했다. 반스는 머스크가 신뢰하는 짐 켄트렐Jim Cantrell을 통해 모스크바의 일화를 소개했다. 켄트렐은 "러시아인들은 우리를 못 미더운 눈빛으로 바라봤다."며, "수석책임자 중 1명은 우리가 그에게 말도 안 되는 소리를 늘어놓는다고 생각했기 때문에 나와 일론을 조롱하기까지 했다."[9]라고 말했다. 러시아 측의 냉랭한 반응에 실망한 머스크는 협상을 중단했다. 그 후 머스크는 2002년 스페이스X를 설립하고 자체 로켓개발에 뛰어들었다.

이때쯤 미국 우주 비행 전문학술지인 〈스페이스뉴스〉에 머스크 관련 기사가 나왔다. 기사는 "나에게 있어 기업은 3가지 조건을 충족시켜야 한다."라는 머스크의 말을 인용해 포석을 깔았다. "첫째, 경제적으로 자립할 수 있어야 한다. 둘째, 진행하는 사업이 흥미롭고 즐거워야 한다. 그리고 셋째, 세상에 무언가를 기여할 정도로 성공적이어야 한다."[10] 이 한 문단의 글로 머스크는 자신을 움직이는 3가지 동력을 표현했다. 당시 언론에 공개된 머스크의 사진이라곤 페이팔 로고가 빛나고 있는 낡은 CRT 모니터를 뚫어지라 주시하는 모습뿐이었다 (지금보다 포동포동한 머스크 곁에는 현재 실리콘밸리의 거물이자 또 다른 억만장자 너드인 피터 틸이 포즈를 취하고 있었다).

머스크는 오래전부터 기업가로서 통감해온 바를 다음과 같이 표현했다. "모든 것이 밝게 빛나 보이기보다 암울해 보일 때 그 시장을 장악하는 것이 낫다고 생각한다. 아마도 난 엉뚱한 생각을 하는 사람 중 하나인 것 같다."

그러나 활동 분야에서 새로움을 추구하는 그의 전략에 모두가 납득하는 것은 아니었다. 당시 퓨튼Futron Corp에서 우주산업 애널리스트로 활동했으며 지금은 유명 학술 기자로 이름을 날리고 있는 제프 파우스트Jeff Foust는 머스크가 굳이 암울한 시장을 찾아다닌다면 장소를 제대로 찾아야 할 것이라며 비판했다. 공급자만 넘쳐나고, 고객이 적은 그런 곳을 찾으라고 말이다.[11]


무엇보다 가장 먼저 머스크가 해야 할 일은 로켓개발에 착수하고, 로켓을 궤도에 발사하는 것이었다. 그가 로켓을 직접 제작하기로 결정한 것은 현시점에서 보았을 때 분명 현명한 판단이다. 옛 우주비행사의 지혜에 따르면 로켓은 모든 우주산업의 어머니이기 때문이다.

스페이스X의 첫 자식은 팰컨1이었다. 스페이스X의 로켓에 시리즈로 붙여진 이 이름은 스타워즈 3부작에서 밀수꾼이자 무법자인 한 솔로 Han Solo가 타고 다니는 우주선, 밀레니엄 팰컨Millennium Falcon에서 따왔다. 이 우주선은 제국의 행성을 오가는 우주선보다 훨씬 빨랐지만 크기가 작고 전투력이 높지 않았다.

팰컨1은 실제로 미진한 추진력과 좋지 않은 발사 성과로 강렬한 인상을 남기지 못했다. 처음 발사한 3기는 미군의 인공위성을 탑재한 채로 태평양에 추락해버렸다(연이은 발사실패에 장군들은 더 이상 우주 신예인 스페이스X에게 고가의 화물을 맡기지 않았다). 그때 머스크는 수석엔지니어를 맡고 있었는데, 이에 대해 "내가 하고 싶어서 맡은 것이 아니다. 그 자리를 누구에게도 맡길 수 없었기 때문이다. 그렇다 보니 우연히 내가 그 자리를 맡게 됐다."라고 말했다.[12] 이어 머스크는 자신이 전공한 물리학 지식이 꽤나 유용했으며, 그 밖에도 평소 독서를 즐기고 지성을 갖춘 인재들과 대화하기를 좋아하며 무엇보다 자신에게 있는 유능한 팀의 지원을 받고 있다고 밝혔다.[13] 머스크에게는 별도의 수석 엔지니어가 굳이 필요하지 않은 것 같았다(이것만으로도 충분해 보였기 때문이다).

2008년 9월, 테스트 화물을 적재한 팰컨1의 제2단段이 4번의 시도만에 궤도에 안착하면서 머스크는 민간 로켓의 우주 발사가 가능하다는 것을 입증했다.[14] 그를 바라보던 세간의 시선은 순식간에 달라졌다. 머스크는 하이퍼루프Hyperloop(진공 튜브에서 차량을 이동시키는 형태의 운송수단으로 차세대 이동수단이라 꼽힌다. -옮긴이) 프로젝트의 일환으로 지구상의 수송체계에 혁신을 일으키고자 하는 자신을 빗대어 이렇게 말했다. "처음 사업을 시작했을 때 사람들은 나를 '인터넷 가이'라고 불렀다. 그러나 이제 나는 '트랜스포트 가이Transport Guy'다."[15]

팰컨1은 이후 한 차례 더 비행한 다음 본질적인 경제적 수요가 이어지지 못했다는 이유로 중단됐다. 그러나 머스크에게는 국제우주정거장 화물공급이라는 또 다른 기회가 있었다.

### 궤도 속력의 문제

일론 머스크는 궤도는 고도가 아니라 속도가 관건이라고 거듭 설명했다. 예컨대 대포를 발사하면 대포가 쏘아 올린 포환은 하늘을 향해 날아오르다 어느 지점에서 지면으로 방향을 전환한다. 중력은 포환을 끌어당기고 그 과정에서 공기의 저항도 생긴다. 이 과정을 통틀어 '탄도'라고 부른다. 스페이스십투는 이런 비행의 꼭짓점이 우주 한가운데인 곡선을 따라 비행한다.

이때 발사 속력을 가속하면 발사체는 그만큼 더 멀리 날아가며 더 높은 비행 곡선을 따라 이동한다. 그 후 (물리학적으로) 다시 낙하하지만, 지표면에는 아무것도 닿지 않는다. 거의 완전한 진공상태인 우주이자 해발 100km인 카르만선(지구와 우주를 구분하는 경계 -옮긴이) 이상으로 이동할 때는 속도를 줄여도 멈추지 않는다. 이렇게 발사체는 아무런 저항 없이 지구 둘러싼 무한의 활주로를 따라 비행한다. 이것이 바로 궤도다.

앞서 말한 것처럼 우주선은 매우 빠른 속도로 날아올라야 한다. 최소한 포환보다는 빨라야 한다. 독일 육군군용전차 레오파드2Leopard2의 포신은 약 초속 1,750m의 속도로 탄환을 발사한다. 이것을 시속으로 환산하면 시속 6,300km로, 일반 여객기에 비해 거의 7배나 빠르다. 그렇지만 400km 상공에 위치한 국제우주정거장에 날아오르려면 초속 7,770m, 즉 시속 2만 8,000km의 속력을 낼 수 있는 우주선이 필요하다. 그래야만 지표면에서 끌어당기는 중력과 우주를 향해 날아오르려는 추진력 사이에서 균형을 잡을 수 있다. 우주비행사들이 국제우주정거장에서 무중력 상태가 되는 것도 그런 이유에서다. 궤도란 근본적으로 우주선이 포물선 형태의 무한 비행을 하는 것이나 다름없다. 이때 고도는 중요하지 않다. 체중이 70kg인 우주비행사가 400km 상공의 탑에 서 있어도 체중은 63kg 정도이다.

이 과정에서 우주선의 속도를 끊임없이 가속하면 본래 원형이었던 궤도는 타원형으로 늘어나고 결국은 열린 형태의 궤도가 완성된다. 이 궤도에 오르면 지구의 중력장에서 벗어나 화성 비행이 가능할 정도로 속도가 빨라진다.

## 다이아몬드 메이커

머스크는 개발 프로세스와 팰컨1의 성공적인 처녀비행으로 자신의 결과물을 입증하는 한편, 최고의 성과를 끌어냄에 있어 주변인에게 동기부여가 되는 사람임을 증명했다. 일주일에 100시간 이상을 근무하면서도[16] 가족에게 소홀하지 않도록 사전에 여유 시간을 정해놓는다는 그의 말에서 느껴지듯이 머스크는 독할 정도로 쉬지 않고 일하는 일벌레로 유명하다.

온라인 뉴스 사이트인 '비즈니스 인사이더Business Insider'는 스페이스X의 전 인사담당이었던 돌리 싱Dolly Singh과의 인터뷰를 통해 "다이아몬드는 압력에 의해 생긴다. 그리고 일론 머스크는 가히 다이아몬드 장인이다."라고 평했다.[17] 머스크의 기업에서는 많은 직원이 주말 근무를 당연하게 생각했다.[18] 유럽인의 시각에서는 생소하고 힘든 근무 조건, 비교적 무분별해 보이는 미국의 직장문화, 실리콘밸리 출신의 창업자 마인드를 전부 고려해도 스페이스X의 고된 업무에 적극적이고 자발적으로 참여하는 직원들의 모습은 미국에서조차 이례적인 일이었다.

한 기업의 수장이 회사의 목표와 직원들의 동기부여에 얼마나 많은 공을 들였는지는 비관적인 상황이 닥쳤을 때 여실히 드러난다. 그리고 다른 우주산업 기업과 마찬가지로 스페이스X에는 그런 위기가 셀 수 없이 많았다. 싱은 자신의 블로그에 팰컨1을 우주로 쏘아 올리기 위한 발사시도가 3번째 실패했을 때, 모두가 좌절한 상황에서 머스크가 직원들의 사기를 어떻게 북돋웠는지 소개했다.

머스크가 수년 동안, 늘 3번의 발사시도 이상으로는 자금조달이 어려울 거라 통보해온 터라 당시 스페이스X는 정말 끝장난 것처럼 보였다. 머스크는 이미 이 사업에 1억 달러(한화 약 1,200억 원 -옮긴이)를 투자했었고,[19] 그 이상의 자금은 없었다. 스페이스X와 더불어 그가 운영하는 또 다른 초대형기업인 테슬라가 머스크의 엄청난 재산을 쉬지 않고 먹어치웠다.

싱은 당시 모두가 얼마나 지쳤었는지, 머스크가 뱉은 한 마디가 얼마나 중요했는지를 설명했다. "일론과 엔지니어 예닐곱 명이 공장 뒤편 트레일러 안에서 발사 미션을 지휘했다. 마침내 문이 열리고 우리는 무슨 일이 일어났는지 누군가 설명해주기만을 하염없이 기다렸다. 공기는 좌절감으로 가득했다. 사람들은 피땀과 눈물을 흘려가며 기술적, 경제적, 정치적 장애물을 제거하려 일주일에 70~80시간 근무해온 일을 떠올렸다." 머스크는 자기 사람들 앞에 서서 그들을 다시 일으켜 세웠다. 싱에 따르면 머스크는 매우 의미심장한 투로 "우리는 처음부터 이 과정이 매우 험난하다는 것을 알고 있었다. 그러나 결국에는 이 모든 것이 쌓여 '로켓학'이 될 것이다!"라고 말했다고 한다. 로켓의 제1단을 우주로 발사하는 프로젝트는 지금까지 단 한 번 성공했고, 여러 나라에서 실패를 거듭했다. 머스크는 다음 2번의 발사를 위한 자금을 마련해왔고, "우리는 벌떡 일어나서 우리에게 붙은 먼지를 털어내야 한다. 앞으로 우리를 기다리는 일이 산더미처럼 쌓여있지 않는가."라고 외쳤다. 싱은 그 후 머스크가 확신에 찬 음성으로 어떻게 20시간 동안 잠을 자지 않고 버틸 수 있었는지 설명하며, "난 한 번 꽂힌 것을 절대 포기하지 않는다. 그리고 진심으로 말하지만 그럴 일은 절대 없다."라고 말했을 때, 좌절감이 팽배하던 공기가 비로소 굳은 결의로 역전되었다고 전했다. 집단의 전환점에 선 사람들은 다시 한번 앞을 바라보았다.[20]

그동안에 쌓아온 노하우와 팰컨1의 하드웨어를 바탕으로 마침내 스페이스X의 대표 수송마로 자리 잡은 오늘날의 팰컨9이 완성되었다. 두 로켓 모두 멀린Merlin이라는 이름의 엔진을 사용했다. 팰컨1은 엔진 1대를, 팰컨9은 엔진 9대를 장착했다. 팰컨9의 우주를 향한 초기 비행은 다소 불안정했지만 팰컨1처럼 발사과정에서 바다로 추락하지는 않았다. 팰컨9은 첫 발사에서 로켓의 제2단이 지구저궤도에 도달하는 성공을 거뒀다. 하지만 엔진이 계획처럼 다시 점화되지 않았다. 결국 통제실은 행여 로켓이 폭발하여 지구궤도를 폐허로 만들 수도 있었기에 남은 연료를 방출해야만 했다. 때문에 호주에서는 UFO 경고신호가 작동되기도 했다. 방출된 연료가 태양 빛과 어우러져 기묘한 양상을 일으켰기 때문이다. 이 광경을 본 목격자에 따르면 '롤리팝 형태의 소용돌이' 같았다고 한다(그러나 로켓 동작 과정을 떠올려본다면 전혀 특별하지 않은 일이다!).[21] 팰컨9은 점차 성취 곡선에 올랐다. 2017년 말까지 발사시도 총 46회 중 45회가 궤도에 도달하는 데 성공했다.[22] 무려 97.8%에 이르는 이 성공률은 미국 내 모든 로켓의 성공률을 합한 91%의 수치를 상회한다.[23]

그러나 2016년 9월 3일 팰컨9은 발사준비 중이던 램프에서 폭발했다. 무엇보다 심각한 비극은 이 로켓에 인공위성 아모스6호Amos6(페이스북이 중앙아프리카에 인터넷을 공급하기 위해 제작한 인공위성 -옮긴이)가 탑재되어 있었다는 것이다. 페이스북의 창업자 저커버그는 스페이스X의 발사실패로 아모스6호가 파괴됐다는 소식에 유감이라는 말을 전했다.

스페이스X의 다음 단계는 2.5t 화물을 포함하여 총 8t에 이르는 무인 화물 우주선, 드래건V1을 싣고 국제우주정거장에 도킹하는 것이었다. 이런 곡예는 지금까지 그 어떤 항공우주산업 기업도 시도하지 않았던 것으로, 오롯이 국가적 항공우주기관의 몫이었다. 그러나 스페이스X는 2017년 기준으로 무려 14차례나 이 미션을 성공시켰다.[24] 또한 그게 전부가 아니었다. CRS-11(SpX-11로도 알려진 국제우주정거장에 대한 상업적 재공급 서비스 임무 - 옮긴이)의 드래건 캡슐은 스페이스서틀이 재정비된 이래로 우주 비행에 성공한 첫 우주선이었다(실제로 열막이판과 배터리만 교체했다). 현재까지 모든 캡슐 우주선은 지구대기권 혹은 박물관에 안착했다.

사실 드래건이라는 이름에는 나름의 사연이 있다. 70년대 포크 그룹 피터, 폴&마리Peter, Paul & Mary의 '마법의 용 퍼프Puff the Magic Dragon'라는 곡에 등장하는 피규어에서 따온 이름이다. 이 곡은 드래건과 함께 하는 소년의 이야기로, 둘은 함께 모든 어려움을 이겨내지만 결국 혼자 남게 된 드래건은 세상에 대한 두려움으로 쓰러진다. 머스크가 이런 결말의 유사성까지 고려한 것인지는 확실하지 않다(드래건은 아이가 커서 자신을 더 이상 필요로 하지 않자 사라진다).

머스크는 현재 NASA의 요청으로 우주비행사 7인을 위한 우주선, 드래건2를 개발 중이다. 그 다음으로는 국제우주정거장에 우주비행사의 이송을 넘어 식량 보급을 위한 NASA의 수십억 달러 프로젝트를 수행하기 위해 대기 중이다.

팰컨9의 후속 모델인 팰컨 헤비Falcon Heavy는 팰컨 3기가 결합한 형태로, 9,000만 달러(한화 약 1,010억 원 - 옮긴이)의 기본 비용이 들고[25] 64t의 화물을 약 400km 상공의 지구저궤도에 수송한다. 팰컨 헤비는

150명의 승객과 연료를 가득 채운 상태의 비행기 보잉 737과 흡사한데, 무엇보다 달 탐사 로켓 새턴V 이래 세계에서 가장 강력한 로켓으로 인정받는다. 머스크의 로켓은 그새 위성 수송 시장에서 큰 입지를 다졌다. 이는 머스크가 우주산업의 무법자(그의 이미지를 보라)를 자처하지 않고, 오히려 가장 규모가 큰 핵심 기관과 협력했기 때문이다.

숨이 멎을 정도의 속도로 달려가는 스페이스X의 성공신화를 머릿속에 그려보면 머스크가 어떻게 이 모든 것을 해냈는지 궁금할 것이다. 물론 머스크가 험난한 항공우주산업 분야에 뛰어든 첫 번째 인물은 아니다. 그리고 우주산업에 종사하는 사람들과 대화를 나눌 때마다 매번 '우주는 어렵다!'는 이야기를 듣는다. 스페이스X의 성공신화를 푸는 비밀 열쇠는 분명 일론 머스크라는 개인이지만, 첨단기술 및 외부환경도 성공의 핵심요소이다. 또한 머스크는 초지일관 목표를 향해 돌진하며 직원들을 자신의 이상에 동참하게 했고, 혹여라도 실패하면 그들을 다시 일으켜 세웠다.

한편 머스크는 과거의 다른 로켓 제조기업에게는 부족했던 몇 가지 전제조건을 추가로 충족시킬 필요가 있었다. 그가 이곳에 쏟아부은 실제 자금은 1억 6,500만 달러였다. 이 자금은 스페이스X가 팰컨 1의 개발에만 집중할 수 있도록 기틀을 잡아준 기반이었다. 물론 이런 자금조달이 당연한 수준인 것은 아니다. 완성된 로켓 기획안을 가지고도 자금 압박 때문에 실행에 옮기지 못한 항공우주산업 기업들이 수두룩했다. 이들은 말 그대로 수년에 걸쳐 사업계획을 완성하고도 넘치는 재력의 투자자를 만나기만을 바라며 허송세월해야만 했다. 그러다 보면 다른 계획이 시행되고, 그 사이에 있던 자금마저 소진되어 우주산업은 미처 시작도 전에 사라지는 상태에 머무를 수밖에 없었다.

그러나 일론 머스크는 달랐다. 머스크는 사업의 진척을 위해 오랫동안 고대해왔던 계약을 성사시키기고자 전용기에 올라탄 적도 있었다. 머스크는 부하직원들이 모두 소화하지 못할 정도의 빡빡한 일정을 세우는 것으로 유명하다. 한때 멕시코에서 화성 탐사 계획을 발표하던 머스크가 "일정에 관한 부분에서 나는 최고가 아니다."라고 시인하자 큰 웃음이 일기도 했다.

팰컨1은 2004년에 첫 발사시도를 계획하고도 2년 후에야 시행될 수 있었다. 팰컨9, 국제우주정거장 공급 비행도 마찬가지였다. 그러나 스페이스X의 첫 시연비행이 지연되었을 때[26] 스페이스X의 트레이너나 다름없는 NASA의 책임자 앨런 린드모이어Alan Lindenmoyer는 이렇게 말했다. "새로운 로켓개발은 본래 계획보다 평균 27개월 이상이 더 걸린다." 이것은 NASA의 책임자가 업계의 정점에 선 머스크에게 면죄부를 준 것과 같았다.

스페이스X는 '지연'되는 것에 전혀 타격을 입지 않았다. 든든한 뒷배, NASA가 있었기 때문이다. 당시 NASA의 스페이스셔틀은 도태되었고, NASA는 국제우주정거장의 물자 공급을 러시아, 일본, 유럽에 의존해야 했다. 전반적으로 보면 미국 로켓의 성능은 다른 국가와 비교했을 때 그리 나쁜 편이 아니었지만, 비용이 엄청나게 비쌌다. 이때 일론 머스크가 선보인 저렴한 비용의 로켓이 NASA의 문을 두드렸다. 그 이후 머스크는 꾸준하게 NASA에 감사를 표했는데, 본인이 생각할 때 대중이 국제우주정거장의 진가를 잘 알지 못하는 것 같다거나,[27] 오랫동안 자신의 패스워드가 'I love NASA!'였다[28]라는 등 NASA를 향한 태도가 지나칠 정도였다. 물론 머스크가 감사할 이유는 충분했다. NASA는 팰컨1이 이륙 과정에서 폭발하고, 발사를 한 차례도 성공시키지 못한 상태였음에도 로켓 선발 과정에서 스페이스X의 손을 들어주었기 때문이다.

제프 베조스는 자신이 무한대로 자금을 뿜어내는 이 원천NASA을 선점하지 못했다는 사실을 뒤늦게 알아채고 통탄했을 것이다. 블루 오리진이 스페이스X보다 2년 먼저 설립된 터라 베조스가 우주산업에 가장 많은 개발 자금을 투여했을 것이기 때문이다. 물론 블루 오리진 역시 NASA의 지원금을 받았지만, 구조시스템 및 소형우주선 디자인 개발에 관한 2,500만 달러(한화 약 300억 원 -옮긴이)에 불과했다. 그것은 드래건 캡슐 우주선과 국제우주정거장 화물 공급(스페이스X에서 추진한)을 위한 개발에 투여된 수십억 달러에 비하면 새 발의 피나 다름없다.

## 늙은 드래건과의 결투

머스크는 NASA와의 관계뿐 아니라 정치에서도 그 재능을 가감 없이 뽐냈다. 그리고 이런 감각은 미국에서 우주수송산업에 뛰어들려는 기업가에게 꼭 필요한 부분이다. NASA는 항공우주산업이라는 홀케이크의 작은 조각만 가졌을 뿐, 가장 큰 부분은 미국 국방성에서 분배했다. 미국 국방성은 고가의 첩보 위성을 우주까지 안전하게 수송하는 기업에 막대한 대가를 지급했다. 보잉Boeing과 록히드 마틴Lockheed Martin이 항공우주산업을 위해 설립한 조인트벤처 기업 유나이티드 론치 얼라이언스United Launce Alliance, ULA가 엄청난 비용 문제로 상업 시장에서 퇴진했음에도 지금까지 명맥을 유지하는 이유가 바로 이 때문이다. ULA의 대형 추진 로켓은 2017년 말까지 오점 없는 성과를 자랑했다. 아틀라스V는 실패 없이 연속 74회 발사에 성공했다.[29] 델타 IV는 총 35회의 발사과정 중 상단로켓이 의도하지 않은 궤도에 진입한 단 한 번의 실패만을 허락했다. 새로운 대형로켓의 시험비행을 진행하는 과정에서 화물무게가 충분하지 못했던 것이 원인이었다. 병사가 알맞은 장비를 찾는 것처럼 로켓 분야에서 발사에 관한 신뢰도는 그만한 가치가 있었다.

지난 몇 해 동안 머스크는 정부의 고수익성 계약을 수주하기 위해서 베조스보다 ULA를 견제했다. 이러한 머스크의 판단은 틀리지 않았던 것으로 보인다. 이미 설명했던 것처럼 플로리다의 발사대 LC-39A로 촉발된 두 거물의 싸움에서조차 머스크는 베조스의 불순한 동기를 포함하여 ULA의 행보를 경계했다. ULA가 베조스에게 지원을 약속했기 때문이다. ULA는 "그들이 보유한 발사기반시설 부문의 기술 감정서로 블루 오리진을 지원하기로 협의했다. 이는 블루 오리진이 해당 시설을 관리하면 다른 기업은 물론 그중에서도 특히 ULA가 이 시설을 이용할 수 있도록 합의했기 때문이다."라고 말했다. 이러한 사례만 보아도 상용 항공우주산업 분야의 분쟁선은 하나가 아니라는 것을 알 수 있다.

LC-39A를 둘러싼 분쟁 후 1년도 되지 않아 미 공군은 110억 달러 가치의 로켓발사대 36개의 거대한 발주공고를 내고 입찰에 부쳤다. ULA는 22곳의 발사대를 고정가에 맞춰 입찰할 수 있었고, 나머지 14곳은 정확한 액수를 기입해야만 했다.

2014년 3월 5일에 개최된 미국 의회에서는 신규 및 기존 항공우주 산업 사업자(다시 말해 머스크와 당시 ULA의 대표였던 마이클 개스Michael Gass) 사이에 격렬한 논쟁이 이어졌다.[30] 의회에 참석한 국회의원들이 향후 미국을 위해 얼마나 저렴한 비용으로 로켓을 운영할 수 있는지를 묻는 90분 동안 개스는 그리 좋은 인상을 남기지 못했다. 그는 단순히 무결점 발사성과를 제시하는 데 그쳤다. 또한 그 비용이 터무니없을 정도로 높다는 평을 받았다. 발사 미션 1건에 ULA는 3억 8,000만 달러(한화 약 4,560억 원 -옮긴이)를 책정했으며 이것은 전체 비용의 일부분에 불과했다. 게다가 ULA는 아틀라스V와 델타IV의 고정비 및 관리비로 연간 10억 달러(한화 약 1조 2,000억 원 -옮긴이)라는 조건을 덧붙였다. 실제로 발사되지 않았을 때도 청구되는 금액이었다. 이는 2011년부터 미국 정부가 발사와 관련한 처리사항을 ULA와 일괄 협의하기 시작한 근본적인 이유이기도 했다. 머스크는 여기에 이의를 제기했다. 스페이스X는 그 비용을 9,000만 달러로 산출했기 때문이었다. 이에 ULA는 이 천문학적으로 높은 비용 안에는 미 공군의 특별 요구사항이 반영되어 있다고 해명했다.

곧이어 머스크는 살짝 더듬거리는 목소리로 의원들을 향해 말했다. "그래도 스페이스X의 비용은 1억 달러다. 그것은 발사 1회마다 거의 3억 달러를 절약할 수 있다는 의미다. 그 금액만으로 대부분의 발사 및 인공위성 비용을 보충할 수 있다. 예컨대 GPS 위성이 약 1억 4,000만 달러라고 가정하면 발사 1회마다 가만히 있어도 위성 1기의 예산이 남는다." 머스크는 그 밖에도 2가지 사항을 더 지적했다. ULA 로켓 아틀라스V는 러시아제 엔진을 사용하며, 2014년 푸틴이 이끄는 러시아는 미국 입장에서 흠잡을 데 없는 민주주의 국가라고 볼 수 없었다. 엔진이 푸틴 대통령의 승인 아래 묶인 상황에서 아틀라스V는 국가의 필연적이고 안전한 우주 진입을 보장하지 못한다는 주장이었다. 머스크는 장기적인 관점으로 ULA가 로켓 2기를 운영하는 것은 아무런 의미가 없다고 보았다. 이제 아틀라스V를 대체할 팰컨 라인이 있으므로 아틀라스V는 안심하고 운행을 중단해도 괜찮을 것을 당부하며 머스크는 이렇게 덧붙였다. "솔직히 말해서 우리의 로켓이 NASA에 적합하다면, 공군에 적합하지 않을 이유가 어디 있겠는가?" 그때까지 팰컨9은 별다른 문제 없이 발사에 성공했었다. 단지 4번째 발사과정에서 멀린 엔진 9대 중 하나가 떨어지는 사고가 있었다. 이 사건으로 로켓에 탑재된 화물인 국제우주정거장 도킹용 드래건 캡슐 우주선이[31] 다른 위성과 충돌한 후 화염에 휩싸인 채 대기권으로 추락했다.[32] 그렇지만 팰컨9의 이 2가지 오점은 나중에 생긴 일이라 머스크가 의회에서 성과를 발표하던 시점에 팰컨은 무결점 상태였다.

그러나 이렇게 강렬한 인상을 남기며 등장한 머스크의 상황도 그리 좋지 않았다. 며칠 뒤 미 국방부는 입찰을 내건 발사대 14개를 7개로 축소하려 했고, 머스크는 항의했다(고소장을 보냈다). 스페이스X가 최소한 위성 발사 입찰에 참여하고, 충분한 성능을 보유한 팰컨9에게 기회를 제공하며, ULA에 수혜를 주는 매듭을 풀어야 한다는 취지의 소장이었다.[33] 그렇지만 스페이스X는 위성 수송능력을 공식적으로 증명하지 못했던 터라 법정에서 승소할 가능성이 크지 않았다. 결론적으로 이 공방은 조정으로 끝이 났고, 2015년 1월 머스크는 소송을 취하했다. 결국 미 공군은 조속히 스페이스X에 증명서를 발급하고, 앞으로 발사기회가 생기면 스페이스X에 공고하기로 했다. 유독 '커다란 생크림'으로 가득한 미 공군의 케이크는 현재 군용 정찰위성 대다수를 ULA와 스페이스X 로켓에 의존하고 있기에 이 사건은 머스크에게 적잖은 성공을 가져다주었다.[34] 그렇게 그해 5월, 스페이스X는 염원하던 고가의 군용위성 수송을 승인하는 증명서를 취득했다. 그 이후로 스페이스X는 특히 무인 스페이스서틀 X-37B처럼 베일에 싸인 군용위성과 우주선을 수송하고 있다. 대담하고 논리 정연한 논거에 따라 강렬한 인상을 남긴 그의 워싱턴 등장은 그만한 값을 톡톡히 했다.


## 팰컨9: 자체제작 브랜드

머스크가 이룬 성공을 설명하는 또 다른 열쇠는 로켓을 위해 스페이스X에서 자체 개발한 다수의 기술에 있다. 항공우주산업에 있어 우주에서 사용 가능한 전자 하드웨어 시장은 한눈에 파악할 수 있을 정도로 한정적이다. 물론 비용은 매우 높다. 하지만 머스크가 고가의 우주 전용 하드웨어를 구입하지 않고 여러 부품을 자체 개발하려고 했던 것은 돈 때문만이 아니었다. 엔지니어인 존 무라토어John Muratore는 한 인터뷰에서 그것은 단순한 비용의 문제가 아니라고 언급했다.[35] "우리의 목적은 가능한 최상의 부품을 재활용하는 것이다. 거기에 많은 비용이 투여된다고 해도 필요하다면 그 자금을 마련할 것이다." 스페이스X에서 부품인증을 담당한 무라토어는 당시 케이프 커내버럴(미국 플로리다반도 동쪽 연안에 있는 항공우주국 기지 -옮긴이)의 발사를 책임지고 있었다.[36] 그는 스페이스X는 각 부품의 성능이 핵심이며, 전력 소모량, 저장 공간, 클록 주파수, 크기 등이 무엇보다 중요함을 역설했다. 게다가 스페이스X는 운영체제로 리눅스Linux(MS윈도우나 NT와 같은 컴퓨터 운영체제이나 사용자 개선이 가능한 오픈 소스 프로그램 -옮긴이)를 사용하며 매우 보편화된 프로그래밍언어 C++로 소프트웨어를 개발했다. 또한 항공우주산업 발사체 부품개발과는 관련 없는 유능한 프로그래머로 가득한 인력 시장에 손을 뻗어 필요한 인재들을 붙잡았다.

일명 COTSCommercial off the Shelf(때로는 Components off the Shelf)는 우주에 적합한 모듈 혹은 자체개발 대안으로 꼽힌다. COTS는 산업 시장에서 제공하는 비교적 저렴한 비용의 산적화물로, 스페이스X는 이를 활용하여 적재중량을 다방면으로 테스트하고 우주의 진입 자격을 갖추고 싶어 한다. 팰컨 로켓과 무인 드래건 캡슐 우주선은 지구저궤도에서 수송할 수 있는 기간이 길지 않기 때문에 이런 부품이 적절하게 사용될 수 있다. 이것이 가능한 또 다른 비결은 비교적 성능이 떨어지는 부품 대신에 스페이스X가 양방향으로 오류를 검증하고 문제 발생 시 대체할 수 있는 최고 사양의 컴퓨터를 종류별로 구비했기 때문이다.

이에 무라토어는 "해당 부품이 우주에 적합하지 못해도 시스템 전체로 놓고 본다면 충분히 시도해볼 만한 가치가 있다."라고 말했다.

이런 스페이스X의 특별공급은 로켓과 부품의 대량생산으로 이어진다. 예컨대 팰컨은 로켓 제1단에 멀린 엔진 9대와 더불어 제2단에 멀린 엔진 1대를 추가로 장착했다. 이것은 팰컨에 비용 절감 차원으로 진행된 대량생산의 결과물이다. 본래 우리가 학창시절 책으로 접하는 포드의 자동차생산 원칙(대량생산과 비용 절감)은 로켓의 경우 극미한 생산량 때문에 적용되지 못했다. 예를 들어 유럽의 아리안5는 로켓 중심부에 하나의 엔진만을 장착했으며, 미국의 로켓 델타IV와 아틀라스V 역시 그랬다.* 그러나 머스크는 "당시 우리는 한 해에 멀리 엔진 300대를 생산했으며, 로켓엔진의 대량생산 방식을 고안해냈다."[37]라고 발표했고, 정말로 스페이스X는 당시 1년에 최소 20기 이상의 로켓을 제작했다. 그리고 그 수는 점차 늘어나 2018년에는 무려 40기가 생산될 예정이다.[38]

저렴한 비용으로 로켓을 제작하는 일이 머스크에게 그토록 손쉬운 일이라면, 다른 사람들은 어째서 그 뒤를 따르지 못하는 것일까? 우주비행사 토마스 라이터Thomas Reiter는 "때로는 기존의 방식이 문제가 되기도 한다. 지금까지 축적되어온 노하우가 새로운 발전의 발목을 잡을 때가 있다."고 평가했다. 라이터의 관점에서 보았을 때 바로 그 점이 보잉과 록히드 마틴 같은 기업들이 머스크처럼 하지 못하는

---

* 아틀라스V의 러시아제 RD-180는 예외다. 터보 펌프처럼 2개의 제트가 엔진 부분과 구분되기 때문이다.

이유였다. 보잉과 록히드 마틴은 부품 생산에 필요한 노하우와 설비를 전부 보유하고 있다. 그러나 그들은 결코 지금까지 자신이 걸어왔던 방향을 완전히 틀어버리는 일을 하지 않을 것이다. 반면 처음부터 모든 걸 새롭게 시작하는 사람(머스크처럼)은 현재 상황을 더 합리적으로 바라보고, '노하우를 활용하되 필요한 부품을 최대한 저렴한 비용으로 생산하는 법'을 고안해낸다. 그리고 "어떻게 하면 더 저렴하게 만들 수 있을까요?"[39]라고 말하며 그것을 실행에 옮긴다.

## 디자이너의 드래건 캡슐 우주선

드래건 캡슐 우주선은 위성 외에 스페이스X의 핵심적인 수입원이다. NASA는 기존의 우주선과 무인 공급 비행선 20기를 위해 약 31억 달러(한화 약 3조 7,200억 원 -옮긴이), 즉 비행 때마다 평균 1억 5,000만 달러를 지불한다.[40] 세기의 인상적인 장면은 팰컨의 착륙과 발사과정이 조명을 받으며 연출했지만, 드래건 캡슐 우주선 역시 숨어있는 스타였다. 드래건 캡슐 우주선은 최근에 우주에 사람을 데려간 우주선이기도 하고, 머스크의 유인 탐사 계획의 기반이 되는 것이기 때문이다. 로켓은 이들을 궤도까지 올려보내기 위한 수단으로 10분이면 그 임무가 완료되지만 드래건 캡슐 우주선의 모험은 그때부터 시작된다.

국제우주정거장 화물공급 캡슐 우주선의 후속 모델인 드래건2는 앞으로의 시대를 위한 스페이스X의 다목적 무기다. 드래건2는 언젠가 요금을 지불한 승객을 태우고 달 여행을 떠나거나, 로버트 비글로우가 환희에 차 건설한 우주정거장으로 승무원들을 수송할 것이다. 물론 제약은 있겠지만 이론상으로는 화성 탐사도 가능하다. 하지만 머스크는 "나는 누구에게도 드래건 캡슐 우주선으로 화성을 방문하는 것을 추천하지 않을 것이다. 드래건의 크기는 SUV 1대 정도이다. SUV 속에서의 6개월은 너무 긴 시간이다. 게다가 아직 화성에서 지구로 복귀하는 기능을 갖추지 못했다."[41]고 말했다(불가능하다는 소리다). 그러니 시도할 생각은 접어두자.

그것보다 드래건2의 핵심 임무는 우주비행사를 국제우주정거장에 데려간 뒤, 우주비행사와 함께 지구로 귀환하는 것이다. 이 드래건 캡슐 우주선은 미국이 고대하던 미국제 제품이었다. 탑승 인원 1명당 약 7,000만 달러를 러시아에 내야만 했던 상황과 비교했을 때, 인당 2,000만 달러라는 비용은 실로 파격적이었다.[42] 그렇다 보니 드래건 캡슐 우주선은 언제나 만석이었다. 하지만 이는 러시아의 소유스 캡슐 우주선처럼 여유 좌석이 없어서가 아니다(소유스 캡슐 우주선은 좌석이 3개밖에 없다). 드래건 캡슐 우주선의 좌석은 기존의 스페이스셔틀과 마찬가지로 7좌석이었기 때문이다. 스페이스X에 따르면 이 우주선은 7~10회의 재활용이 가능하며 국제우주정거장에 구조선으로 도킹할 예정이기에 이론상으로는 우주에서 약 2년 동안도 체류가 가능했다.

한편 드래건2와 함께 비행할 NASA의 우주비행사 중 옛 스타일에 익숙한 조종사들은 낯선 환경을 받아들여야 했다. 크림색상의 인조가죽 쿠션, 검은색 합성소재 의자, 조종석 위에 위치한 터치스크린 모니터 그리고 기하학무늬의 벌집 구조 분위기의 벽 등. 테슬라의 최신 버전이라는 점을 감안하면 이러한 내부 인테리어는 놀랄 만한 것도 아니다. 공정하게 하기 위해 타업체의 캡슐 우주선 중 보잉의 '스타 라이너' SLT-100과 NASA의 오리온은 기존의 평범한 스위치와 버튼을 배제한 인테리어를 채택했음을 언급하고 싶다. 러시아의 새로운 캡슐 우주선과 소유스Sojus Rocket의 후속 모델인 PTK PT '페데라치야'도 다량의 터치스크린이(비록 뭐라 정의하기 힘든 오싹한 구소련의 스타일이 여전히 묻어나지만) 장착되어 있다. 체스 천재의 조합지성과 초연설가의 기억력이 필요할 정도로 조종석 벽과 천장이 수많은 스위치의 기하학적 무늬로 뒤덮인 이 캡슐 우주선 중 대다수가 스페이스셔틀에 실려 날아올랐다. 어쨌거나 지금은 우주선 기술과 안전에 중점을 두고 설비하는 것이 최우선이었다. 멋진 디자인은 곤경에 빠진 우주선을 구해주지 못하지만, 우주로의 개방 밸브를 닫는 스위치는 모두를 구할 수 있다.*

　그렇다고 해서 꼭 매력적인 디자인과 실용성을 추구하는 조종석이 서로 상극일 필요는 없다. 스티스 잡스의 말을 빌리자면 '디자인은 보이고 느끼는 것이 전부가 아니다. 디자인은 그 기능에 달렸다.' 아이폰 이용자들은 잡스가 하고자 하는 말의 의미를 이해할 것이다. 아마 머스크도 이것을 의식하고 있었던 것으로 보인다. 캡슐 우주선을 공

---

* 여기에는 비극적인 배경이 있다. 소유스11 미션에 참가했던 3명의 우주비행사는 지구로 복귀하는 과정에서 통풍시스템 오작동으로 개방 밸브가 열리고 우주선 내부 공기가 우주로 배출되는 참사로 전원이 목숨을 잃었다. 우주비행사들은 열린 환풍구를 수동으로 닫을 수도 있었지만, 그곳에 닿기조차 힘든 상황이었다. 압력손실의 원인이 무엇이었는지 그리고 이들이 그것을 발견할 시간이 있었는지는 불투명하다. 1분도 지나지 않아 우주비행사들은 의식을 잃었고 약 2분 후 전원 사망했다.

식적으로 소개할 때마다 간단하게나마 기존의 관습적인 부분에 대한 개선을 언급했기 때문이다. 예컨대 이런 식이다. "우리는 드래건2의 인터페이스와 전체적인 스타일을 간단하게 조작하는 것을 최우선으로 구상했다. 특히 조종사가 머리 위의 스크린을 통해 우주선을 조종하고 제어할 수 있도록 하는 데 중점을 뒀다. 그 밖에도 위기상황에 사용하는 모든 안전기능에 수동 스위치를 추가로 배치했다."

머스크는 우주복도 새롭게 디자인했다. 스페이스X 우주비행사들 가운데 NASA 출신 베테랑 우주비행사들은 수십 년간 볼품없는 녹색과 갈색의 우중충한 제복만 입다가 갑자기 이탈리아 디자이너 감성의 세련된 푸른 제복을 입은 함부르크 경찰이 된 심정이었을 것이다. 머스크는 SNS에 신상 우주복의 이미지를 게시하며 "바로 이것이 스페이스X 우주복의 첫 이미지다. 그리고 실제로 기능성도 추구했다."라는 코멘트를 남겼다. 머스크가 선보인 이 세련된 우주복은 그저 전시용 모형이 아니라 진공상태에서 테스트를 거친 진짜 우주복이었다. 그의 말에 따르면 미적인 외관과 기능적인 측면의 균형을 맞추기 위해 믿기 힘들 정도의 공을 들였다고 한다.[43]

머스크는 세련된 디자이너 표 우주선을 공급하려는 노력을 다른 억만장자들과 공유했다. 베조스의 뉴 셰퍼드 우주선에는 방송국 타워 꼭대기에 있는, 파노라마 레스토랑 같은 대형 유리창이 설치되어 있다. 이 광경을 보려고 수천 달러를 내고 이 우주선을 예약한다고 해도 전혀 이상하지 않을 정도다. 블루 오리진의 디자인에 맞춰 설계된 창틀은 은은한 푸른빛으로 빛났고, 내부는 금욕적인 세련미가 넘쳐흘렀다. 기업개발부서의 책임자인 아리안 코넬Ariane Cornell은 2017년에 블루 오리진의 소형 캡슐 우주선을 소개할 때 "이 우주선은 고객을 위해 제작되었다. 이곳에 앨런 셰퍼드 시대의 둥근 창문은 없다."라는 점을 강조했다.[44] 그녀의 평가는 정확했다. 머큐리 우주선(미국의 최초 유인우주선 -옮긴이)을 탄 앨런 셰퍼드는 인류의 시선으로 우주를 내다보기 위해 자신의 목숨을 걸었다. 그렇지만 베조스의 우주선은 엄청나게 쌓인 통장 잔고를 털기 위해 모험을 하려는 여행객들을 위한 것이다. 심지어 이 우주선은 전자동으로 조종되기 때문에 조종석 자체가 필요 없다.

리처드 브랜슨은 한 걸음을 더 나아갔다. 그는 스페이스십투와 우주정거장 내부를 필립 스탁Philippe Starck, 듀오 딕 파웰Duo Dick Powell, 리처드 세이모어Richard Seymour와 같은 유명 디자이너에게 맡겼다.[45] 베조스와 브랜슨의 우주선 내부 인테리어는 그들의 우주선이 순수하게 관광객을 위한 이동수단이라는 것을 방증했다.

반면 스페이스X의 드래건2는 실제 우주비행사, 조종사와 같은 전문가를 위한 이동수단으로, 장식적인 요소가 불필요했다. 지금까지 우주비행사 중에서 조종석이 멋지지 않다고 탑승을 거부하는 사람은 없었기 때문이다. 드래건2는 내부 인테리어뿐 아니라, 슈퍼 드라코스 Super Dracos라 불리는 8대의 엔진이 특징이었다. 로켓이 폭발하는 비상 시에 이 엔진은 우주선을 다시 회항시킬 수 있을 정도로 강력한 성능을 자랑한다. 그리고 대망의 하이라이트는 바로 이 우주선이 헬리콥터처럼 가볍게 착륙할 수 있다는 점이다. 이 기능은 스페이스X의 드래건 캡슐 우주선 임무를 위해 추가로 개발된 기술이었다. 이전의 모든 미국 소형우주선과 마찬가지로 스페이스X의 첫 유인우주선도 꼼짝없이 낙하산에 매달려 물속으로 동체착륙을 시도했다. 그 결과 계획되어 있던 화성 무인 탐사선 레드 드래건은 옛 유물 취급을 당했다. 화성에는 수상 착륙을 시도할 바다가 없었고, 낙하산으로 하강하기에는 대기층이 너무 얇았다. 하지만 머스크는 화성 탐사를 포기하지 않았다. 그는 여전히 철저하게 제어된 상태로 화성에 착륙하려는 계획이지만, 훨씬 더 큰 우주선으로 대체할 것[46]이라고 흔들림 없는 포부를 밝혔다. 다만 확실한 건 머스크의 첫 화성 탐사가 훗날로 미뤄졌다는 사실이다.

머스크는 국제우주정거장 R&D 콘퍼런스 2017에서 기술적으로 드래건2는 자체 착륙이 가능하다고 발표했다. 이어 "하지만 열막이판에서 펼쳐지는 소형 착륙 다리를 제거했기 때문에 비교적 거칠지 않은 지표면에 착륙해야 한다. 그러나 우리가 이것을 계속 추진하지 않는 이유는 승객 수송과 안전에 관련하여 드래건2에 유인 운송수단의 자격을 부여하는 것이 엄청난 부담이기 때문이다. 한동안 화성 착륙의 핵심은 열막이판과 측면의 제트 노즐이라 생각했다. 그러나 지금은 그것이 올바른 방법이 아니며 그것보다 나은 해법이 있다고 확신한다. (…) 이후에는 이런 기능을 구현할 수 있겠지만 지금 그것에 재원을 소모하는 건 부적절하다."[47]고 밝혔다. 이는 드래건2가 곧 화성에 착륙하기를 염원했던 사람들에게 엄청난 충격을 안겨주었다. 드래건2의 3D프린터 방식으로 제작된 노즐은[48] 수년 동안 여러 우주산업 단체에서 바라왔던 것이다. 드래건 같은 캡슐 우주선은 태양계의 모든 천체를 방문하고 일부는 다시 복귀할 수도 있다. NASA에서 개발한 고가의 착륙기술 없이도 화성, 소행성 혹은 행성 등의 방문이 가능했을 것이다. 다소 억눌린 목소리로 계획 변경을 발표하며 힘든 결단을 내려야 했던 머스크도 이 점을 잘 알고 있었다. "조금 이상하게 들리겠지만 외계인이 낙하산을 매고 대서양에 착륙한다고 해도 괜찮다. 그렇다고 해도 걱정할 일이 조금도 없다."[49] 이렇게 몇 년 전만 해도 조소를 금치 않았던 머스크였다.

한편 항공우주산업의 안전성은 계속 전진했다. 그리고 이는 머스크의 화성 계획에 전적으로 도움이 되는 성과다. "언젠가 화성에서 죽는다고 해도 여한이 없다. 착륙 때문만이 아니라면 말이다!"라는 머스크의 외침처럼.[50]


## 내 생에 최고의 순간

일론 머스크는 개인적으로도, 공적으로도 비열한 반칙이 난무하는 다사다난한 삶을 살고 있지만, 그 가십난이 점점 갱신되고 있다. 그것은 머스크가 언급한, 그가 자신의 삶에서 가장 중요한 순간으로 꼽은 사건으로부터 시작한다.

"2015년 12월은 내 인생의 가장 멋진 순간 중 하나였다. 로켓의 제1단이 우주에서 되돌아와 케이프 커내버럴에 착륙했던 바로 그때다!"

앞서 말했던 것처럼 팰컨9의 상단이 우주로 부드럽게 날아가고, 부스터 로켓(제1단 로켓)이 정해진 위치로 하강하는 모습을 보며 머스크는 입을 다물지 못했다. 이 사건은 머스크와 스페이스X뿐 아니라, 신세대 항공우주산업 전체에 획을 긋는 순간이었다. 이 기술이 완성 단계에 이르고 나면(아직 최종적으로 확정된 것은 없지만), 항공우주산업 분야에 커다란 지각 변동이 있을 것이기 때문이다.

머스크는 '지구저궤도와 딥 스페이스Deep Space의 연결고리는 신속하고 완전한 재활용'[51]이라고 생각했다. 로켓의 제1단은 전체 비용의 3분의 2를 차지한다. 팰컨9의 경우 약 3,000~3,500만 달러에 달했다. 머스크는 스페이스X의 엔지니어팀이 재활용이 가능한 로켓을 만들수 있도록, 또 그들에게 재활용 로켓에 대한 확신을 심어주기 위해 노력했다. 그는 틈만 나면 엔지니어팀을 불러, "생각해보세요. 돈뭉치가 대기권에서 떨어지며 불타버린다고 상상하면 어떨까요? 여러분은 돈뭉치를 건지려고 하지 않을 건가요? 여러분은 분명 그럴 거예요. 나역시도 그럴 겁니다."라고 말했다.[52]

절대 간단해 보이지 않는 그 기술(재활용 로켓)은 모든 기술이란 기술이 총망라된 걸작이었다. 팰컨9의 제1단은 높이가 무려 40m 이상이었고, 넓이 3.66m에, 아무것도 싣지 않은 순수한 로켓의 중량만 해도 22t이었다. 팰컨9 부스터 로켓은 하부의 끝부분이 무거운 긴 관 형태의 낙하물체로, 기체역학적으로 보았을 때(사실 어느 모로 보아도) 연착륙에 적합한 외양이 아니었다. 또한 팰컨9의 발사 이후 커피를 주문하고 잠시 수다를 떠는 사이에 제1단 착륙을 놓쳐버릴 확률이 높았다.

로켓이 아무리 우주와 지표면의 경계선을 넘어 2단으로 분리되는 과정을 거친다 하더라도, 팰컨의 발사와 제1단의 착륙은 10분 이내에 완료되기 때문이다.

스페이스X는 공식적인 온라인 중개를 통해 실시간으로 각 미션의 일정을 발표했다(정확한 발사 시간은 계속 변동된다). 발사 60분 전에 로켓용 연료가 채워지고, 그로부터 25분 뒤 얼음처럼 차가운 액체 산소가 주입된다. 발사 2분 전이 되면 발사관리책임팀Range Control Officer이 발사지역을 비우고, 45초 전 발사 책임자가 로켓의 발사과정을 입력한다. 마지막 1분은 컴퓨터에게 주어진 시간이다. 컴퓨터는 자료를 인계받아 최종 점검을 시행하며 연료탱크의 압력을 높인다. 발사 3초 전 엔진이 점화되고, 탑이 분리되며 이륙한다. 1분 뒤 팰컨은 1만m의 추정속도로 높이 날아오르며 MAX Q에* 도달한다. 역학적인 힘에 의해 로켓이 강하게 흔들리면 개발자는 가장 두려운 순간을 마주하게 된다. 그 상황을 극복해야 기술진은 잠시나마 긴장을 늦출 수 있다. 로켓은 가속도가 붙어 더 높이 비행하고, 대기층은 덮개 분리 과정의 흐름을 막지 못할 정도로 얇아진다.** 미션 목표에 따라 로켓이 2분 30초 이내에 대략 고도 70km에 도착하면, 로켓의 제1단 엔진이 정지한다. 단이 분리되고 로켓의 제2단이 점화되면서 시속 약 6,000km의 속도로 궤도를 향해 날아갈 때, 이 모습을 지켜보는 사람들은 고삐 풀린 망아지처럼

---

* Q는 로켓이 대기를 통과하며 비행할 때 로켓의 표면에 영향을 미치는 일명 충격이다. 이는 공기의 밀도와 속도에 좌우된다.
** 일명 페어링이라 불리며 로켓의 탑재체를 보호하는 덮개는 해당 고도에서 그 기능이 사라지고 엔진의 효율을 저지하기 때문에 추후 2단계에서 분리된다.

펄쩍 뛰며 환호성을 지르게 된다. 본 미션이 계획대로 모든 고비를 넘긴 것이기 때문이다.

　모든 사람의 시선이 로켓 제2단에 고정되어 있는 동안 부서지기 쉬운 로켓 제1단은 보통 커다란 아치를 그리며 지구 방향으로 선회한다. 그리고 밀집해 있는 대기에 의해 작열 온도(섭씨 700~1,000℃)로 상승한 후 산산조각이 나 쓸모없는 고철이 되어 바다로 떨어진다. 우주 비행 역사상 로켓 제1단의 숙명은 늘 그래왔다.


## 귀환

이제 우리는 향후 20년 동안 완전히 새로운 체계를 구축하게 될 뉴스페이스 산업의 중심에 있다. 팰컨9의 미션 목표와 탑재체의 중량보다 연료탱크에 남은 연료가 많아지면, 일반적인 제1단 로켓의 숙명(불타올라서 산산조각이 나는)을 벗어날 가능성이 농후했다. 오늘날 로켓은 끝부분이 새까만 허공 속으로 사라질 때까지 축을 그리며 위험한 곡예를 한다. 그리고 제2단 로켓의 엔진이 다시 점화되고 불이 붙지 않도록 시속 수천 km의 속도로 감속한다.

　소형 위성을 지구저궤도에 수송해야 하는 임무라면 팰컨은 출발점으로부터 호를 그리며 플로리다, 케이프 커내버럴 혹은 캘리포니아, 반덴베르그 미공군기지(그림4)를 향해 다시 하강한다. 로켓은 너무 뜨거워지지 않도록 중간 제동을 걸어야 할 정도의 빠른 속도로 대기권 상층을 뚫고 떨어진다. 착륙 직전 로켓에 부착된 다리가 펼쳐지고,

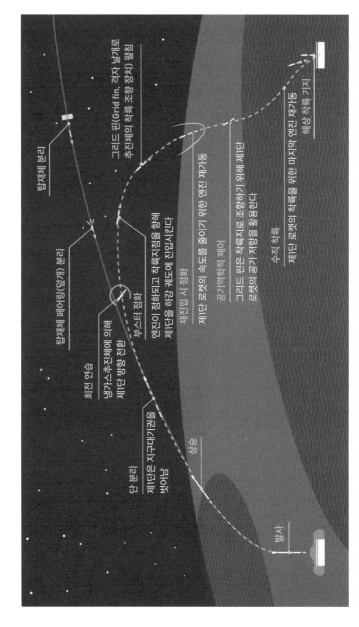

**그림4** · 우주로 쏘아진 뒤 지구로 귀환하는 재활용 로켓 팰컨9의 비행궤도. 연료탱크에 탑재 화물보다 탑재 화물보다 많은 연료가 남아있어 자체자동 가능한 경우에 한한다(출처: 스페이스X).

탐지체 분리

그리드 핀(Grid fin, 격자 날개로 추진체의 착륙 조항 장치) 펼침

탐지체 페어링(덮개) 분리

부스터 점화
엔진이 점화되고 착륙지점을 향해 제1단을 하강 궤도에 진입시킨다

재진입 시 점화
제1단 로켓의 속도를 줄이기 위한 엔진 제가동

회전 연습
냉가스추진체에 의해
제1단 방향 전환

공기역학적 제어
그리드 핀은 착륙지로 조항하기 위해 제1단
로켓의 공기 저항을 활용한다

수직 착륙
제1단 로켓의 착륙을 위한 마지막 엔진 재가동

해상 착륙 기지

단 분리
제1단은 지구대기권을
빗어남

상승

발사

우주를 향한 자아: 억만장자들의 전쟁    75

로켓은 영속도Zero velocity(속도가 0인 상태)로 케이프 커내버럴 착륙 지역1에 X자로 표시된 지점 한가운데에 착륙한다.[53] 그리고 이 모든 과정은 단 몇 분 내에 이뤄진다.

이 장면은 모두가 매료될 정도였고 심지어 간단해 보였다. 그러나 그 이면에는 수년에 걸친 개발과 막대한 자금 그리고 몇 차례의 착륙 실패로 인한 말 못 할 고통이 숨어있었다. 2012년 가을, 머스크는 존엄한 영국 왕립항공학회Royal Aeronautical Society에서 확신에 찬 모습으로 스페이스X의 로켓이 향후 몇 개월 안에 훨씬 더 높고 빠르게 쏘아 올려질 것임을 표명했다. 그리고 현재 화성에 돔을 만드는 방안을 검토하고 있다고 전했다.

민간 항공우주산업에서의 성과를 인정받은 머스크는 영국 왕립항공학회의 상을 받기 위해 런던을 방문했다. 그날은 분명 그의 인생에 기념비가 될 만한 저녁이었을 것이고, 제8대 아가일 공작이 세계에서 가장 오래된 항공학회(1866년에 설립되었다)의 대표자 자격을 갖추고 그의 곁에 있었다.[54] 남아프리카공화국 출신의 미국 시민권자이자, 미국의 항공우주산업 대표의 감투를 쓴 머스크는 지난 150년 동안 왕립항공학회가 대변해온 전형적인(?) 우주산업에 걸맞은 인물이 아니었다. 그럼에도 머스크는 영국 여왕에게 작위를 받은 장성들로 구성된 이 학회 지도부의 마음을 사로잡는 데 성공한 것처럼 보였다. 그가 화성 식민지 계획뿐만 아니라, 로켓을 지상에 착륙시키려는 시도(수차례의 실패에도 불구하고)를 포기하지 않고 성공시켰기 때문이었다.

머스크는 당시 텍사스에서 착륙용 다리가 부착된 거대한 시험용 로켓 그래스호퍼Grashopper의 착륙 훈련을 계획하고 있었다. 그리고 그것으로 왕립항공학회 내에서 제대로 된 위치를 선점했다(어느 정도 그렇게 보였다). 그래스호퍼는 발사와 착륙에 성공했고, 8번의 비행 및 마지막 발사과정에서 지상 744m의 높이까지 수직으로 상승했다. 3번째 비행에서는 사람만 한 카우보이 인형을 착륙 장치에 앉혀놓기까지 했다(텍사스 개발팀의 즐거움을 위한 이벤트였을지도 모른다). 그러나 2014년 8월 22일, 다소 단조로운 이름의 그래스호퍼 후속 테스트모델 F9R Dev1은 분화구에 도달하기는커녕 공중에서 폭발했다.

그렇게 어느 정도 숙련을 거쳤다고 여긴 스페이스X는 예정되어 있던 3번째 그래스호퍼 테스트모델 개발을 단념했다. 그렇지 않아도 이미 실제 우주로 쏘아 올린 팰컨 로켓으로 귀환 및 착륙 테스트를 시도했던 터였기 때문이다. 이때 사용된 로켓은 물 위로 정밀하게 착륙하여 전복할 수 있도록, 지상 착륙 플랫폼을 활용하지 않은 채 진행되었다. 때문에 스페이스X는 드론 바지선 2대를 제작했는데, 드론 바지선은 무선조종 및 자율 운항 무인 선박으로 GPS를 활용하며 각 모서리에 장착된 프로펠러가 몸체를 지탱하고, 크기가 50m짜리 플랫폼의 90배에 이른다. 이 드론 바지선은 발사 시 더 높은 궤도로 오르기에 필요한 연료가 충분하지 못할 때 발사지점으로 복귀하는 로켓을 회수하는 데 쓰이며, 무인 플랫폼이 회항하는 제1단 로켓을 기다리는 동안 비행궤도를 따라 해안에서 약 350km까지 이동한다.

도대체 그 누가 거대한 탑과 같은 로켓을 배 위로 낙하시켜 받을 생각을 할 수 있을까? 실제로 머스크의 1차 테스트에서 제1단 로켓은 폭발했다. 조종날개의 유압유가 떨어져 로켓이 수직으로 착륙하지 못하고 전복된 것이다. 그러자 머스크는 트위터에 "아주 가까웠지만, 성공은 아니다close, but no cigar"라는 말을 남겼다. 다행히 드론 바지선의 피해는 없었다.[55] 유튜브에서 세기의 장관이었던 이 착륙 장면을 볼 수 있다.*

팰컨9의 제1단 로켓을 본 사람은 이런 로켓이 어떻게 정확한 장소에 수직으로 착륙할 수 있는지, 의문을 가질 것이다(사진4 참조). 지금껏 NASA가 단 한 번도 진지하게 고려해보지 않은 것(해상 플랫폼은 그만큼 위험한 장소다)을 머스크는 시도했다. 그리고 스페이스X는 인상적인 착륙을 연이어 성공시키며 점차 숙련도를 입증했다. 로켓의 발사 방향에 따라 드론 바지선 '그냥 설명서를 읽어보시오Just Read the Instructions.'호는 태평양을, '여전히 당신을 사랑하오Of Course I still Love You.'호는 대서양을 횡단했다. 두 바지선의 이름은 이언 뱅크스Iain Banks의 SF 소설에 등장하는 두 인공지능 우주선에서 따왔다.[56]

머스크는 더 저렴한 우주 수송을 가능하게 할 열쇠는 로켓의 재활용뿐만 아니라 그것을 얼마나 빨리 완성할 수 있는지에 있다고 주장했다. 2017년 머스크는 한 인터뷰에서 "우리는 내년까지 24시간 내 제1단 로켓의 재발사 준비를 완료할 수 있으리라고 믿는다. 이때 페인트 하나 덧칠하지 않고 온전한 하드웨어를 그대로 사용하는 것이 무엇보

---

* 그리고 또 다른 실패 사례도 확인할 수 있다. "궤도 로켓 부스터를 착륙시키는 방법(How Not to Land an Orbital Rocket Booster)"이라는 제목 아래 스페이스X는 지금까지의 모든 실패 사례를 모아서 웅장한 행진곡에 맞춰 편집한 동영상을 소개했다.

다 중요하다."[57]라고 밝혔다. 머스크에 따르면 만약 일반 항공기가 착륙할 때마다 새롭게 도색을 한다면 운임은 당연히 2배로 오를 수밖에 없을 거라고 설명했다. 즉, 연료만 가득 채운 뒤 곧바로 비행이 가능한 여건이 마련되어야 한다는 것이다.[58] 이것은 수많은 사람이 비슷하게라도 따라하고 싶어질 만큼 야심에 찬 계획이 아닐 수 없다. 실로 주 단위 이착륙이 스페이스X의 계획이었다. 그러나 2017년에도 스페이스X의 제1단 로켓의 착륙과 그다음 대체 로켓의 출발까지는 여전히 몇 달이 소요되었다.

## 하이테크 레시피를 향한 전쟁

오늘날 해상 플랫폼을 찾는 일은 지상 랜딩존1의 X마크를 찾는 일만큼이나 쉽다. 그렇지만 망망대해에 부표하는 작은 플랫폼에 착륙하는 과정은 여전히 예측하기 힘들 정도의 정밀도가 뒷받침되어야 한다. 이는 학문적, 기술적 수단과 진보를 넘어선 디지털 혁명의 증거다. 문제는 해상 플랫폼 착륙이 스페이스X가 재활용 로켓 팰컨으로 사업을 하느냐 마느냐와는 별개로, 블루 오리진과의 또 다른 분쟁 거리를 낳았다는 것이다.

블루 오리진의 제프 베조스 역시 지상 착륙이 가능한 로켓을 구현할 능력이 있음을 입증했다. 그리고 로켓이 재착륙할 수 있는 장소를 물색하고 있는 상황이었다. 베조스는 이미 오래전에 해상 착륙을 염두에 두었던 것으로 보인다. 그가 2010년부터 〈우주비행선의 해상 착류과 관련 시스템 및 방식〉이라는 주제를 미국 특허청에 신청해놓았기 때문이다. 간추린 내용은 다음과 같다. '제1단 엔진이 점멸하고 로켓의 분리 과정이 시작되면 로켓 하단은 우선 대기권으로 재진입한다. 이때 엔진이 재점화되며 분리된 제1단 로켓은 해상에 지정된 위치에서 대기 중인 플랫폼에 수직으로 착륙한다.'[59]

스페이스X가 구현한 기술도 이와 다르지 않았을 테지만, 블루 오리진은 각각의 기술에 특허권을 요구했고 그로부터 4년 후인 2014년 3월, 마침내 특허권을 따냈다. 베조스가 로켓 발사조차 시도하지 않았던 그때, 해당 테스트를 진행하고 있던 머스크는 이 소식에 극도로 분노했다. 머스크의 자서전을 집필한 반스에 따르면 베조스의 특허권은 완전히 허무맹랑한 것이었다. "바다에 뜬 플랫폼에 착륙하는 것은 이미 지난 10여 년부터 제기되어 왔다. 이런 특허권이 승인된다는 것은 전적으로 불가능한 일이다. 해상 플랫폼은 50여 년 전부터 이 분야를 숙고하던 사람들의 프로젝트임은 물론 학계, 문학에서조차 언급되었던 부분이다. 하물며 아이들이 읽는 동화책에도 이런 내용이 등장한다. 이런 상황에서는 그것을 현실화할 수 있는 로켓을 개발하는 것이 관건이다."[60] 그리고 당연하게도 머스크는 베조스의 특허권에 대항한 법적 절차를 밟았다.

머스크의 일침이 틀린 것만은 아니다. 어쨌든 베조스의 특허권은 상식의 수준을 넘어선 것이었다. 실제로 머스크의 주장 때문이 아니라, 베조스의 기술진이 자체적 아이디어를 명확하게 공식화하지 못했다는 것이 이의 제기의 명목이 되었다. 첫 중재판정에서 특허청위원회는 머스크의 이의 제기를 판가름하기 힘들 정도로 베조스의 특허가 몇몇 부문 불분명하다고 지적했다. 결국 베조스는 특허권을 철회하고 새로운 특허를 출원하겠다고 통보했다(그렇다고 머스크가 승리했다는 것은 아니다).

해상 착륙 특허 분쟁으로 베조스를 비롯한 다른 고안자들과는 차별화된 스페이스X의 행보가 수면 위로 떠 올랐다. 몇 해 전 머스크는 스페이스X의 개발과 관련된 특허를 신청하지 않기로 결정했다. 기술협회Tech Community는 "장기적으로 보면 중국은 우리의 핵심 경쟁국이 될 것이다. 그런 상황에서 우리가 기술의 특허를 신청하는 것은 터무니없는 행동이다. 중국은 그것을 레시피처럼 사용할 것이기 때문이다."라는 이야기를 해가며 머스크의 결정을 반겼다. 하지만 머스크를 '박애주의자'처럼 칭송하는 것에는 많은 이가 회의적이다.

머스크는 자신들이 보유한 기술을 적용하면 로켓을 매우 저렴한 비용으로 제작할 수 있지만, 누구도 따라할 수는 없을 거라고 강조하면서,[61] 스페이스X에서 보유한 독점기술의 특허를 출원하는 대신 기술의 보안 유지 쪽을 택했다. 하지만 그 이유는 머스크가 박애주의자여서가 아니라, 이와 유사한 일로 곤욕을 치렀기 때문이었다(해상 플랫폼 역시 전 스페이스X 출신의 직원이 블루 오리진의 특허를 주도했다). 게다가 향후 그와 경쟁하게 될 아시아의 국가는 중국뿐만이 아니었다. 이미 항공우주당국에는 인도우주연구기구Indian Space Research Organisation, ISRO 및 일본우주항공연구개발기구Japan Aerospace Exploration Agency, JAXA가 다양한 유형의 수송 로켓을 이용해 우주의 상용 화물수송을 맡고 있었다. 또한 대한민국의 과학부에서는 한국형우주발사체 누리호 KSLV-2Korea Space Launce Vehicle-2라는 3단 로켓을 개발 중이며, 2021년부터 약 1.5t 중량의 위성을 궤도로 수송할 것으로 예측한다.[62]

믿기 힘들겠지만 베조스는 특허권 옹호자가 아니다. 그저 특허 기회주의자일 뿐이다. 그의 자서전을 집필한 브래드 스톤Brad Stone은 베조스가 오히려 기업들이 단순한 기술과 프로세스를 과보호하지 못하도록 특허 개혁의 필요성을 두둔한다고 이야기했다. 그러나 이어 스톤은 '확실히 베조스는 현 상황에서 가능한 모든 걸 이용하기로 결정했다.'라는 시사적인 글을 발표했다. 첫 희생양으로 스페이스X가 걸려들지 않았더라면 베조스는 분명 특허를 유지했을 것이다. 비슷하게 바로 1년 전 베조스는 원클릭구매기술을 도입한 대형 도서 유통업체 반스 앤 노블Barnes & Noble의 고소에 성공적으로 대처했었다. 하지만 고소를 취하할 수밖에 없었던 반스 앤 노블은 기묘한 선택을 했다. 원클릭구매기술이 도입되지 못하자 되려 온라인 구매에 인공적이고 불필요한 단계를 추가한 것이다.[63] 스톤의 설명에 따르면 베조스식 특허 기회주의에 대한 행태는 머스크와 베조스의 근본적인 공통점, 즉 그들이 인간의 자유의지 발현과 '기술적으로 진보'하는 세계를 추구한다는 신념[64, 65]을 뒤덮어버렸다.

베조스와 머스크의 수많은 갈등을 고려하면 둘 사이 공통점이 존재한다는 것이 놀라울 정도다. 두 사람 모두 부의 축적은 최종 목표가 아닌, 더 큰 목적을 이루기 위한 수단이라고 강조한다. 베조스의 최종 목표도 우주산업이다. 베조스도 아폴로11호를 보고 우주비행사를 꿈꿨다. 어린 제프는 끊임없이 스타트렉 대사를 외우고, 고등학교 졸업 연설에서 "우주, 무한대로 펼쳐져 있는 그곳…"[66]을 외쳐댔다.

## 베조스의 모든 것

우주비행사를 꿈꿨던 다른 아이들과 베조스의 차이점은 남달랐던 지성과 집중력, 문제해결능력 그리고 과하다 싶을 정도의 패기였다. 이런 성향을 발휘하여 베조스는 '무중력 상태가 집파리에 미치는 영향'이라는 주제로 전국 청소년 학술대회에서 우승했다.[67] 베조스의 부모님은 일찍이 그의 재능을 알아보고 그를 세계에서 뛰어난 수재들이 모이는 프린스턴대학교로 이끌었다. 1980년대 말 베조스는 전자기술 및 전산학 학사를 취득한다. 프린스턴대학교에서 베조스는 인터넷을 통해 처음으로 천체물리학 세미나에 눈을 뜬다.

베조스는 아마존을 창립하기 전 몇 년간 월 스트리트에서 근무했다. 마지막으로 근무했던 디이쇼D.E. Show& Co.(이곳에서 베조스는 아내를 만났다)에서 베조스는 뛰어난 머리를 활용해 전자거래소의 수익 창출을 위한 컴퓨터 알고리즘을 개발하고 부사장 자리에 올랐다. 얼마 지나지 않아 베조스는 '모든 것을 취급하는 상점everything store' 사업을 구상했고, 이 사업 아이디어가 아마존의 전신이다. 베조스는 온라인 상거래 기업을 창업하기 위해서 안정적인 신분과 경제적 위치를 포기하고 시애틀로 이주했다. 그리고 차고에서 회사를 시작했다.

제일 처음 베조스는 높은 수익률이 기대되는 온라인 상품, 즉 도서만 취급해 팔았다. 글로벌 온라인 서점이라는 그의 아이디어는 확고한 기반을 둔 경쟁사의 거센 저항은 물론, 이미 형성된 시장으로 소규모 스타트업(아마존)은 진입조차 못 할 거라는 보수적인 시선과 싸워야 했다. 스톤은 베조스가 어느 경제학도와 나눴던 대화를 언급했다. 그들은 베조스에게 경쟁사가 아마존을 넘어뜨리고 말 것이라며, 빈털터리가 되기 전에 경쟁사에게 회사를 매각하라고 조언했다. 그러나 베조스는 "맞다. 이미 형성된 전통 소매점 혹은 특정 방식에 익숙해진 기업이 새롭게 등장한 채널에 재빠르게 대응하거나 집중하기란 힘들수 있다. 그러나 우리는 곧 그 첫 사례를 보게 될 것이다."[68]라고 대답했다. 그리고 머지않아 그는 곧 모든 것을 인터넷으로 판매할 수 있으리라는 확신이 생겼다. 우주산업과 관련하여 보잉과 에어버스처럼 블루 오리진에 비해 크고 경험이 많은 경쟁사에 대한 질문에도 베조스는 유사한 반응을 보였다.

베조스는 아마존의 첫 프로그래머 구인 공고에서 인재상으로 시스템 구조에 해박한 자, 뛰어난 의사소통능력을 가진 자 그리고 미국 프로그래머의 전설 앨런 케이Alen Kay의 말을 인용했다. "미래를 예측하는 것보다 창조하는 것이 훨씬 더 간단하다."[*][69]

---

\* 1963년 출간된 데니스 가보르(Dennis Gabor)의 저서 《미래를 창조한다(Inventing Future)》의 인용문을 살짝 변형했다.

## 베조스의 슈퍼 로열 로켓

베조스는 해상에서는 머스크와 경쟁할 여건이 못 되었어도 육지에서는 상황이 달랐다. 베조스는 지난 몇 년간 상대를 주시하며 출범을 준비했다. 2015년 4월 29일, BE-3(블루 오리진에서 개발한 LH2/LOX 로켓엔진)*가 110초 동안 점화되면서 15m 높이 로켓인 뉴 셰퍼드가 우주 경계선인 93km 상공까지 날아올랐다. 추진 로켓 상부에 탑재된 우주비행 사용 테스트 캡슐 우주선은 성공적으로 분리되어 낙하산에 매달린 채 지상에 착륙했다. 일말의 아쉬움은 수력 시스템이 로켓에서 제대로 작동하지 않아 원래 계획했던 것처럼 연착륙하지 못하고 부서졌다는 점이었다.

약 6개월 후 첫 로켓(뉴 셰퍼드1)의 후속 모델이 공식적으로 우주에 도착했을 뿐만 아니라, 101km 상공을 찍고 텍사스 사막에 착륙했다. 첫 비행에서 낙심한 연구진을 위로하는 데만 무려 반년 이상이 소요된 것이었다. 첫 비행과의 차이점이라면 뉴 셰퍼드 로켓의 성공적인 착륙 영상이 남았다는 것이다. 첫 비행 당시 블루 오리진이 공식적으로 발표한 짧은 영상에는 캡슐의 착륙만 보일 뿐 로켓의 충돌은 보이지 않았다.

그저 우주의 문을 살짝 두드리고 하나의 돌덩이처럼 지상으로 떨어질 뿐인 화물 탑재용 제1단 로켓의 발사가 그렇게까지 주목받는 이

---

* 모델명은 사람들이 일반적으로 생각하는 것처럼 베조스의 B가 아니라 블루 엔진(Blue Engine)의 약자다.

유는 무엇일까? 우주에 잠깐 머문 성과가 인상적인 것은 아니었다. 그것보다 위대한 것은 바로 베조스가 완성한 하드웨어다. BE-3은 수소와 산소로 점화하는 로켓엔진이다. 이 엔진은 고도의 추진력을 산출하기 때문에 로켓에 있어 일종의 슈퍼 로열super royal이었지만 다루기가 상당히 까다로웠다. 무엇보다도 퇴역한 스페이스서틀과 아리안5에 사용된 고가의 기술이었고, BE-3를 구성하는 수소와 산소는 실온에서 기체상태가 되었다. 그렇기에 이를 연료로 활용하려면 두 원소가 액체화될 때까지 냉각해야 한다. 산소는 섭씨 영하 135℃, 수소는 섭씨 영하 252℃까지 냉각시킨다(이 온도에서는 공기도 액체가 된다). 문제의 핵심은 블루 오리진의 연구진조차 액체 산소는 능수능란하게 다루는 반면, 액체 수소로 꽤나 애를 먹었다는 데 있었다. 수소는 모든 유형의 벽에 스며들어 방을 눅눅하게 만들었다. 그 밖에 수소와 공기는 폭명爆鳴가스라는, 이름도 의미심장한 극단적인 폭발성을 띠는 혼합물을 형성했다.

스페이스서틀 챌린저가 추락할 때 생겼던 장엄한 화염을 모두가 기억할 것이다. 수소탱크가 폭발하면서 생긴 결과였다. 게다가 수소는 밀도가 가장 낮은 원소이므로 넓은 공간이 필요했기 때문에 스페이스서틀의 연료탱크는 유독 거대했다. 수소와 산소의 혼합물인 이 연료는 일반적으로 사용되는 연료인 등유燈油와 산소 혼합물에 비해 3배 이상의 부피를 차지했다. 따라서 이러한 연료 혼합물의 극단적인 차이를 성공적으로 해결했다는 것은 베조스의 로켓 제작 능력을 입증하는 것이나 다름없었다.

그 이후에도 뉴 셰퍼드는 여러 차례의 비행을 감행하는 과정에서 가혹한 시련들을 이겨냈다. 5차 비행에서 기술진은 위급 상황을 시뮬레이션했다. 당시 캡슐 우주선은 로켓이 가장 높은 기체역학적 하중을 받는 상태, 즉 최대출력이 이뤄지는 지점인 Max Q(73쪽 참고)에 도달해 있었다. 본래 로켓은 이런 혹사를 견딜 정도로 설계되지 않았기에 이 과정을 극복하기란 불가능했다. 그럼에도 블루 오리진의 로켓은 모든 상황을 벗어나 연착륙에 성공했다.

성공에는 언제나 전력이 있게 마련이다. 그리고 성공적인 연착륙을 위해 오랜 시간과 막대한 자금을 쏟은 블루 오리진의 성과도 실패 없이 이룩한 것이 아니었다. 블루 오리진은 처음에 고다드 우주선 Goddard Vehicle이라는 이름의 캡슐 우주선 형태의 고전적인 로켓을 제작했다.* 고다드는 약 100m를 날아오른 후 4개의 얇은 다리로 다시 착륙했다. 베조스는 착륙 성공에 관해 "발사과정 동안 내가 한 일은 샴페인을 따는 것뿐이었다."라고 말했다.[70] 베조스는 핵심적인 테스트를 보기 위해 주기적으로 텍사스를 방문했는데, 자신의 비즈니스 제트기(걸프스트림 G-650ER)를 타고 곧장 날아온다고 하더라도 왕복 8시간이 걸리는 거리였다. 고다드의 호퍼hopper(발사체 내에 각종 재료나 배출물을 일시적으로 저장하는 곳 -옮긴이)가 가동되기까지 30초도 걸리지 않았지만, 베조스에게는 여러 시간을 투자해서 올 만한 가치가 충분했던 것이

---

\* 미국의 엔지니어이자 로켓 분야의 선구자인 로버트 고다드의 이름을 붙였다.

다. 그 모습을 보며 베조스는 그의 엔지니어들이 '로켓제어를 통한 착륙 원칙'을 제대로 구현하고 있으며 동시에 뉴 셰퍼드의 다음 버전도 곧 완성될 거라고 확신했다.

특히나 개인이 출자한 로켓개발에 있어 베조스의 확신은 절대 당연한 것이 아니다. 최근 로켓 제작에 뛰어든 유명 게임개발자 존 카맥John Carmack 또한 정확히 이 단계에서 실패를 거듭하며 '테스트 과정이 무산되는 고통을 여러 차례 겪었다. 한편으로는 베조스 역시 지금까지 모든 로켓 제작자들이 겪어야만 했던 경험이자 크게 사랑받지 못하는 '불의의 비행 변칙 클럽'의 일원이 되기까지 얼마 남지 않아 보인다.

2011년 9월 3일, 〈월 스트리트 저널Wall Street Journal〉은 블루 오리진이 시험비행에서 가장 빨리 통신이 끊기고, 뉴 셰퍼드와 유사한 형태의 시험로켓을 통째로 잃어버렸으며 겨우 로켓의 일부만 회수하여 추가 조사가 필요하다고 전했다.[71] 한 마디로 로켓이 추락한 것이다. 베조스는 자신의 웹사이트에 '우리는 약 1만 3,700m 고도에서 시속 1,200~2,500km의 발사체를 잃어버렸다. 이것은 우려했던 결과를 벗어난 상황이었다. 그렇지만 우주로의 과정이 고되고 힘들 것임은 처음부터 알고 있었으며, 블루 오리진은 제 역할을 훌륭히 수행 중이다. 우리는 이미 다음 시험발사체에 돌입했다'*라고 밝혔다. 이것은 앞서 2007년 1월 2일(로켓 충돌이 담기지 않은 뉴 셰퍼드1의 첫 비행 영상)에 발표된 정보에 비하면 이례적인 것이었다.[72] 이 소식은 베조스가 값비싼 충돌

---

* http://www.blueorigin.com/news/blog/successful-short-hop-setback-and-next-vehicle

에도 우주로의 결심을 바꾸지 않았다는 것을 그의 팀뿐 아니라 전 세계에 알리는 수단이었다. 그에게는 그럴 만한 재력이 있었다. 그러나 카맥은 아니었다. 카맥은 결국 그의 기업 아르마딜로 에어로스페이스 Armadillo Aerospace를 닫고야 말았다.

## 의미 없이 공허한 말다툼

블루 오리진의 뉴 셰퍼드가 성공적인 비행을 마친 뒤로는 모든 것이 과거가 되어버렸다. 로켓은 새로운 기록을 세웠다. 뉴 셰퍼드는 우주까지 비행한 뒤 회항하여 수직 착륙한 첫 로켓이다. 베조스는 이 재활용 로켓을 '역사상 가장 희귀한 괴물'이라 표현했다. 약 1시간 뒤 머스크는 자신의 SNS에 '베조스와 블루 오리진 팀의 수직 착륙 성공 축하!'라는 우호적인 글을 남겼다. 그렇지만 약 1분 뒤 베조스의 착륙 위치에 대한 비난을 퍼부었다. 그 모습이 마치 지킬 앤 하이드 같았다.

머스크는 '늘 그렇듯 우주와 궤도의 차이를 명확히 구분하는 것이 중요하다!'라고 선방을 날린 뒤, 자신이 타고난 너드임을 과시하듯 참고할 만한 사이트의 링크를 첨부했다.[73] 5분 뒤에는 또 다른 견책이 이어졌다. '우주여행을 하기 위해서는 시속 약 3,600km, 정지궤도에 이르려면 시속 약 3만 6,000km가 필요하며 여기에 사용되는 에너지는 그 제곱이어서 우주에 가려면 9유닛, 궤도에는 900유닛이 필요하다.'는 것이었다.

우주산업 엔지니어이자 기업가인 베조스에게 머스크의 훈계는 이미 알던 지식에 불과했다. 당연하게도 머스크의 글은 베조스가 아니라 대중을 향해 있었다. 누가 진정한 항공우주산업의 일인자인지 잊지 말라는 경고였다. 행여 기억이 가물가물해졌을까를 염려한 머스크는 4시간 뒤 또 다른 글로 쐐기를 박았다(이후에도 2개의 글이 더 올라왔다).

'솔직히 @JeffBezos가 '가장 드문 케이스'는 아니다. 스페이스X의 그래스호퍼(77쪽 참고)는 이미 6차례의 지구저궤도 비행을 시행했고 여전히 그곳에 있다.'

그러나 공식적인 언론 발표를 앞두고 있던 베조스는 머스크의 장광설에 맞서지 않았다. 대신 최근 로켓 착륙에 성공한 스페이스X의 노고를 언급하며 속에 담아둔 말을 꺼냈다. "나는 스페이스X에 대해 3가지를 말하려 한다. 우선 제1단 로켓은 분명 지구저궤도용이다. 둘째, 스페이스X의 제1단은 재진입을 견디기 위해 우주에서 속도를 줄인다. 우리 블루 오리진의 제1단 로켓은 재진입 시 속도를 줄이지 않은 채 모든 걸 관통하며 비행했다. 그리고 마지막으로 수직 착륙과 부스터의 재활용에서 있어 가장 어려운 부분은 착륙 단계로 이는 블루 오리진과 스페이스X, 양 로켓 단에 동일하다."

이로써 베조스가 말하고 싶었던 것은 블루 오리진이 전적으로 스페이스X와 동일한 선상에 있다는 것이다.[74] 이런 생각 때문인지, 베조스는 그로부터 1달이 채 되지 않아 머스크의 제1단 로켓이 우주에서 회항하여 지상 착륙에 성공했을 때 오만한 태도를 보이며 '클럽에 온 걸 환영한다.'라는 글을 남겼다(어쩌면 그냥 단순한 인사였을지도 모르지만).[75] 그렇지만 이 시점에 머스크는 이미 궤도진입이 가능한 로켓과 드래건 캡슐 우주선으로 국제우주정거장에 수년간 화물수송을 맡고 있었으므로, 베조스의 거만한 태도는 전 세계 대중들의 조롱을 받았다.

이런 공공연한 말다툼은 베조스와 머스크, 두 사람을 모두 재조명했다. 우주에 대한 열망이라는 공통점을 빼면 경영상의 거친 충돌 외에 두 사람의 성격 차이 또한 갈등을 부추기는 가연성 물질이었다. 머스크는 스스로를 로켓, 캡슐선 그리고 모든 발사체에 판타지 및 팝 문화계의 이름을 붙일 기회를 절대 놓치지 않는 너드라고 소개했다. TV 시리즈인 '빅뱅 이론The Big Bang Theory'에 카메오로 출연하기도 하고, 자신의 시간 80%를 엔지니어 회의에 할애했다.[76] 이런 면면이 일론 머스크의 너드 성향을 드러냈지만, 분명 초기에 머스크는 다른 면모에서 빛을 발했다. 이미 확고한 입지를 점한 테크놀로지 기업들을 손끝으로 튕겨내고, 미래지향적인 아이디어를 구체화하기 위해 기업을 세운 머스크는 난공불락의 공상가로 그려졌다. 테슬라의 전기차, 하이퍼루프Hyperloop, 보링 컴퍼니Boring Company의 초고속터널은 물론 솔라시티Solar City의 태양광시설은 그가 구상한 기업과 세계관의 일부이자 핵심 키워드다. 물론, 머스크가 언젠가 경제적인 부분뿐 아니라, 신념(개념)적인 부분에서도 힘이 빠지게 될 거라고 우려하는 이들도 적지 않다. 기술적인 견실과 비전을 향한 갈망 사이에 사적인 부분이 영향을 미쳤기 때문이다.

머스크는 결혼을 2번 했다. 캐나다 출신 판타지 소설 작가인 제니퍼 저스틴 윌슨Jennifer Justine Wilson과의 첫 번째 결혼생활은 8년간 지속되었다. 슬하에 5명의 자녀가 있었다. 이후 그는 미국 영화배우인 탈룰라 라일리Talulah Riley와 재혼했다. 이 두 번째 결혼이 특이한 것은 머스크와 라일리가 결혼과 이혼 그리고 재결합을 반복하며 4년간의 파란만장한 결혼생활을 끝으로 결국 이혼했다는 점이다. 머스크는 주변 사람들에게 자신의 목표를 밝히는 데 스스럼없었다. 오히려 그는 자신이 반년 뒤 본래 세웠던 원대한 계획의 절반을 철회하고, 새로운 계획을 발표하리라는 사실을 알면서도 매번 초기 계획의 세부사항을 거침없이, 하나하나 공개했다. 머스크는 목표에 도달하기 위해 여론을 이용하는 데 누구보다 빠삭한 사람이다. 머스크가 의도적으로 자신의 다양한 인격을 비춰 보이며 그 상황을 즐겼다는 것에는 반론의 여지가 없다.

'머스크 계획'의 기술적인 실현 가능성과 그의 현실적인 모습을 참고하여 (그리 적절하지 않지만) 기자들은 머스크를 영화 '아이언 맨Iron man'의 주인공 토니 스타크에 견주었다. 어쨌든 머스크가 기술에 대한 반감이 커져 가는 시대에 오히려 기술의 믿음을 부흥시켰으므로, 기술에 열광하는 팬과 야망을 품은 엔지니어들에게 그는 거의 헌신과 같은 존재가 되었다.

반면 제프 베조스는 이런 식의 자기 연출을 거부했다. 베조스는 오히려 자신과 관련한 모든 것들을 통제했다. 제프와 그의 아내 맥켄지Mackenzie는 1993년에 결혼했으며, 결혼생활로 인한 감정의 파고를 공적으로 드러내지 않았다. 그와 관련해서는 새로 산 슈퍼카의 성능을 떠벌리는 반항아 시절의 유튜브 동영상도 찾아볼 수 없다.

베조스는 여러 꿈과 열정을 머스크와 공유했다. 자신이 스타트렉의 진정한 팬 '트레키Trekkie'라고 고백했던 베조스는 영화 '스타트렉 비욘드'에서 외계인 카메오로 출연했다(그의 호적수와 똑같은 짓을 하고 있다). 그래도 머스크와 달리 알아보기 힘들 정도의 특수 분장을 하고 나왔는데, 아마 베조스의 성향이 투영된 결과일 것이다.[77]*

하지만 베조스는 그의 우주선에 SF 영화 등장인물의 이름을 붙이는 것만큼은 사양했다. 지금까지 블루 오리진의 우주선은 대부분 애국심의 표상으로, 미국 항공우주산업의 선구자 이름을 따서 붙여졌다. 거의 3만㎡에 이르는 거대한 블루 오리진 시애틀 본사 입구에는 프랑스 작가 쥘 베른Jules Verne의 소설 《지구에서 달까지》에 등장하는 우주선이 아르데코 모형으로 걸려있다.

베조스는 자기 확신이 강한 사람이다. 어느 인터뷰에서든 그는 리포터나 박수갈채가 자신의 소리를 막아도 자기 얘기를 해댔다. 베조스는 상대가 자신의 말을 이해하지 못했을지라도 개의치 않고 계속 자신의 말을 이어갔다. 일반적으로 그런 경우는 극히 드물지만, 이때 표정을 조금도 찡그리지 않고 틀에 박힌 듯 친절한 미소를 유지했다. 그리고 때때로 뭔가 재미있는 생각에 빠지면 몸이 휘청거릴 정도로 갑작스럽게 폭소했다.

---

* 영화감독 저스틴 린(Justin Lin)에 따르면 베조스는 자신이 등장하는 장면을 위해 하루를 통째로 비웠다고 한다. 그렇지만 "그가 모든 장면에서 NG를 냈기 때문에…" 온종일 촬영했어야 했다고도 덧붙였다.

## 그 어디에도 없는 비밀

베조스는 밖으로 새어나가는 새로운 소식과 정보를 매우 조심스러워했다. 스페이스X, 일론 머스크와 비교하면 제프 베조스의 구체적인 계획과 블루 오리진의 진척상황이 공식적으로 발표되는 일은 드물었다. 베조스가 우주산업 회사를 창업했는지조차 오랫동안 불분명할 정도였다(블루 오리진이 스페이스X보다 먼저 세워졌다). 베조스는 블루 오리진을 2000년에, 머스크는 스페이스X FMF를 2002년에 설립한다. 다만 베조스는 자신의 기업을 2003년 중반까지 비밀에 부쳤다. 이즈음 텍사스 소도시 밴혼Van Horn의 농장주들은 자신의 부지를 매입하겠다고 찾아온, 비밀스러운 변호사 군단을 맞이하느라 눈코 뜰 새 없이 바빴을 것이다. 이러한 전략은 잠재적 매도인이 매수자가 부자라는 것을 알고 매매가를 높게 측정하는 것을 방지하기 위한 것이며(매우 일반적이다), 당시의 슈퍼리치는 베조스였다. 〈월 스트리트 저널〉의 밀렌 망갈린단Mylene Mangalindan이 보고한 것처럼, 이 무명의 기업은 매수 계약서에 제임스 쿡James Cook L. P., 졸리에 홀딩스Jolliet Holding, 코로나도 벤처스Cornonado Ventures, 캐벗 엔터프라이즈Cabot Enterprise 등 탐험가들의 이름을 딴 기업명에 동일한 주소 'c/o Zefram LLC'를 적었다.[78]

2005년 베조스는 멕시코 국경에서 불과 50km 떨어진 사막 지역의 땅 3억 6,300만 평을 매입하기 위해 이 비밀을 공개했다. 베조스는 구독자가 2,000명쯤 되는 주간지(매년 감소하고 있다) 〈밴혼 어드보케이트Van Horn Advocate〉에 돌연 등장해 "안녕하십니까. 제가 제프 베조스입니다."라고 자신을 소개했다. 그러고는 해당 신문사 소유주인 래리 심슨

Larry Simpson에게 자신이 거대한 로켓 단지Roket Complex를 구상하고 있으며, 뉴 셰퍼드라는 이름의 지구저궤도용 3인승 재활용 로켓을 우주에 발사하고자 한다고 설명했다. 그리고 우주로 이주하려는 자신의 목표가 매우 오래된 염원임을 덧붙였다. 그렇게 모든 사실이 밝혀졌다. 아마존의 창업주는 소매업을 넘어 항공우주산업 분야에도 혁명을 일으키려 했다.

아마존과 블루 오리진, 이 둘은 떼어놓고 보면 썩 어울리지 않는다. 하지만 베조스가 아마존을 정의한 방식을 고려하면 그 연관성을 이해할 수 있다. 베조스는 아마존이 테크놀로지 기업이며, 많은 애널리스트와 비평가의 생각처럼 절대 비루한 온라인 소매상이 아니라고 (베조스가 가장 분개하는 부분이다) 단언했다.[79] 베조스가 구매의 세계에 기술적인 방식을 도입하려 했던 것처럼, 그는 우주산업에서도 기술을 개혁하고자 했다.

베조스의 항공우주산업 관련 소식이 들려오자 미국 대형 미디어가 그에게 달라붙었지만 큰 수확은 없었다. 일테면 내로라하는 AP통신도 고작 래리 심슨의 이야기를 그대로 소개하는 것 외에 달리 방도가 없을 정도였다.[80] 말을 극도로 아끼는 베조스를 따라 블루 오리진의 홍보실 또한 홍보부가 있는 건가 싶을 정도로 베일에 싸여있었기 때문이다(지금까지 크게 달라지지 않은 점이다). 2015년 블루 오리진의 뉴 셰퍼드 시험 발사 역시 사전 고지가 없었다. 다만 평소 수다스러웠던 미국항공기관 공무원이 블루 오리진이 몇 주 이내로 로켓을 발사할 계획이니 뉴스를 통해 확인해보십사 떠들었을 뿐이었다.[81] 더구나 베조스의 우주정거장 소식을 단독 보도한 거나 다름없던 〈밴혼 어드보케이트〉에도 2017년 말까지 베조스 관련 기사는 20개도 안 되었다. 뉴욕의 대중들이 각 신문사에 투서를 쓰고, 베조스에게 불평할 명분은 충분했다. 그들은 "15년 전에 이런 대규모 프로젝트를 가지고 그곳에 간 이유는 무엇인가, 왜 여전히 공고를 내지 않는가? 우리는 도무지 이해할 수 없다. 신문에 관련 보도는 대체 왜 안 내는 것인가?"[82]라고 소리쳤다.

한편, 밴혼의 주민들은 베조스의 신비주의적 행동을 정보의 홍수 속 사람들(뉴욕 시민들)보다 이해하는 듯해 보였다. 〈밴혼 어드보케이트〉의 새로운 발행인은 '공정하게 말해서 베조스와 같은 성공한 기업가는 익명으로라도 대중들의 알 권리를 보장해야 한다. 그러나 비록 우리는 베조스가 그렇게 하지 않고, 의문스러운 모습을 보일지라도 베조스를 위하여, 그를 믿을 수밖에 없다.'라고 답했다. 그들은 베조스가 밴혼 지역에서 많은 사람을 고용했고, 이 지역에서 가장 많은 세금을 내는 납세자이며, 법에 저촉되지 않는 한 세금을 제대로 납부하는 것 외에 어떤 것도 기대하지 말아야 한다는 태도를 보였다. 그는 "우리는 이웃을 배려하고 대도시의 비명이 없는 소도시의 분위기를 존중한다. 베조스가 이런 우리 혹은 그들의 분위기를 바꿔보고자 우리 지역사회에 들어오지 않은 것에 오히려 감사를 표한다."[83]고 덧붙였다.

베조스도 요란한 깡통 같은 외부 상황에 종지부를 찍어야 한다는 것을 직감했다. 그가 드러내지 않으려 할수록 미디어가 더 집요하게 추적해왔기 때문이다. 이를테면 베조스의 SNS 게시글에 관한 추측성

기사가 난무했다. 베조스는 2017년 중반까지 SNS에 200개도 되지 않는 게시글을 작성했는데, 다수가 블루 오리진에 관한 내용이었다. 같은 시기 일론 머스크는 약 3,500개의 게시글을 올렸고, 리처드 브랜슨은 1만 7,000개 이상이었다!

자신이 추구하는 미래상을 최대한 영향력 있게 대중에게 알리기 위해 베조스가 택한 방법은 세계 일류 무대, 즉 코드 콘퍼런스에 서는 것이었다. 베조스는 홍보에 있어서 더 이상 뒷걸음치지 않았다. 캘리포니아 팜스프링스에서 개최한 MARS 콘퍼런스에 참석한 베조스는 4m 높이에 중량이 1.5t에 이르는 로봇 조종석에 올랐다. 그리고 로봇의 팔과 다리를 흔들며 이렇게 외쳤다. "어째서 제가 마치 시고니 위버 Segourney Weaver(영화 '에일리언'의 주인공으로 로봇에 탑승하여 외계인과 전투한다 - 옮긴이)가 된 것 같을까요?" 그의 발언과는 달리 MARS의 주제는 외계 행성이 아니라 기계학습, 가정자동화, 로봇공학 및 우주 탐사였다.[84] 그가 콘퍼런스 개최 장소를 잘못 찾아가기란 불가능했다. 호텔을 둘러싼 외곽 담장에서부터 이미 블루 오리진의 뉴 셰퍼드 로켓의 제1단 모형이 우뚝 솟아있었기 때문이다.[85] 베조스가 비록 자신이 어떤 사업을 구상하고 있는지에 대한 구체적인 기획안을 소개하지 않았을지라도 그의 등장은 베조스의 목표가 지구저궤도로 향하는 관광용 로켓이 아니라, '우주로의 이주'라는 것을 추측하게 했다. 그것이 대규모의 무한한 값어치를 가진 그의 첫걸음이었다.

## 경쟁사 로켓

머스크처럼 베조스도 제1단 로켓을 재활용하는 것이 목표였다. 또한 베조스도 로켓의 재활용을 이미 여러 차례 성공했으며, 경제적인 부담 없이 체계 잡힌 우주 비행을 가능하게 해주는 계약도 수주했다. 블루 오리진은 앞서 언급한 것처럼 보잉과 록히드 마틴이 공동 투자로 만든 우주산업 기업 ULA를 위해 로켓엔진을 개발하는 중이다. 이는 마치 자동차 제조회사 다임러AG(메르세데스 벤츠, 다임러 트럭 등을 생산한다 -옮긴이)와 벤츠의 S클래스 모델의 엔진을 공동개발하는 것이나 다름없다. 더구나 이 제휴에는 정치적, 국제적 요소가 포함되어 있다.

ULA의 대형수송 로켓, 아틀라스V는 러시아산 엔진을 장착했었다. 러시아 정부는 세기가 변화하는 시점에 그들의 재정 구멍을 메우기 위해서 구소련 시기에 축적한 우주 비행 비법을 서구에 매각하려고 했다. 그러나 푸틴 대통령이 이끄는 러시아 정부는 이것을 점포 정리 수준의 협상이라 여겼고, 2014년 러시아 드미트리 로고진Dmitri Rogosin 부총리가 우크라이나 분쟁의 결과로써 미국에 러시아산 로켓엔진의 군용 목적 사용 금지를 요구하자 ULA는 곤란해졌다. 그때 베조스와 그의 엔진 BE-4가 백마 탄 왕자처럼 등장했다. BE-4는 ULA 로켓인 불칸Vulcan의 엔진을 대체했을 뿐만 아니라, 블루 오리진이 제작한 초대형로켓 뉴 글렌의 중심에도 장착됐다. BE-4의 특장점은 연료로 액체 메탄과 액체 산소를 사용한다는 것이었는데, 이 연료는 모두 화성에서 구할 수 있는 성분이었다. 그렇지만 BE-4를 장착한 이 로켓들은 절대 화성으로 비행하지 않을 것이다. 불칸과 뉴 글렌은 팰컨9의 제1단 로켓처럼 다시 지상에 착륙하도록 설계되었기 때문이다. 뉴 글렌의 2단 로켓은 82m 높이에 지름이 7m에 달한다.[86] 그리고 개발비용은 약 25억 달러(한화 약 3조 원 -옮긴이)이다.[87]

베조스는 "뉴 글렌은 운반하기조차 힘들 정도로 거대하다. 따라서 미 공군기지의 발사대36 근처에서 로켓을 조립했다."라고 밝혔다.[88] SNS에서 찾아볼 수 있는 뉴 글렌 제작 동영상에서 9개의 거대한 조립 공장시설 지붕 위에 선글라스를 쓰고 앉은 베조스와 그의 손에 들린 '로켓 공장 곧 운영Rocket factory coming soon' 팻말을 확인할 수 있다.[89]

케이프 커내버럴 NASA 부지의 발사대 LC-39A를 두고 머스크와의 경쟁에서 패배한 후 베조스는 LC-39A 근처에 위치한 약 2만 평 크기의 공장[90]을 임대했다. 서베이어Surveyor(달 표면에 연착륙하여 달 상륙에 필요한 자료 수집하는 목적의 미국 무인탐사기 -옮긴이), 파이오니어Pioneer(미국의 행성 간 탐사기 -옮긴이), 마린 탐사선 등이 발사된 이곳 역시 역사적인 가치가 떨어지는 장소는 아니었다. 이런 탐사선이 없었더라면 우리는 태양계와 행성에 대해 제대로 알지 못했을 것이기 때문이다. 더구나 이곳에서는 오늘날 전설의 새턴V에 뒤지지 않는 95m 높이의 3단 로켓 뉴 글렌의 제작이 계획되어 있었다.

곧 2가지 새로운 대형로켓이 시장에 출시될 것이다. 베조스의 뉴 글렌, 머스크의 팰컨 헤비다. 물론 초대형로켓이 이 2개만 있는 것은 아니다. ULA의 불칸과 더불어 자금만 확보된다면 NASA의 우주비행사들을 태우고 화성으로 비행할 수 있는 대형로켓, 우주발사시스템 SLSSpace Launch System도 있다. 그리고 물론 그 밖의 다른 국가, 특히 유럽, 러시아, 중국, 인도, 일본의 화물운송로켓이 있다. 어쨌든 이런 중량화물운반로켓heavy lifter으로 어떤 화물을 우주로 운반하는지가 관건이다(그림1 참조).

항공우주산업 중 우주 비행의 관례처럼 베조스는 아직 단 한 번도 발사하지 않은 로켓의 사전예약을 진행했다. 기업용 통신 신호를 송출하기 위해 발사된 유럽의 인공위성 유텔샛Eutelsat과 원웹이 위성 수송을 신청했다. 뉴 글렌은 약 45t을 지구저궤도까지 운반할 수 있을 정도로 힘이 세다. 원웹 위성 하나의 중량은 약 200kg이다. 계산 상으로 보면 뉴 글렌은 1번에 원웹 위성 200대 이상을 우주로 쏘아 올릴 수 있다. 즉 뉴 글렌 3대의 수용력은 단 1번의 발사로 648개의 원웹 위성을 우주에 운반하는 격이다.

2016년에 전 세계적으로 어림잡아 54억 달러(한화 약 6조 4,800억 원 -옮긴이) 가치의 로켓 발사가 시행되었다. 그러나 그중 민간 산업체는 3분의 1밖에 없었다.[91] 그렇다면 현재 대형로켓의 발사는 충분히 순환하고 있을까? 안타깝게도 확실하지 않다. 우주산업은 순환 주기를 가진다. 그리고 새로운 사업의 출현은 대체로 갑작스러운 상황에서 시작된다. 1990년대 말, 항공우주산업에 예기치 못한 '우주 수송 사업'이 돌연 등장했다. 그러나 2017년에는 수송될 거라 예측되었던 위성 25기 대신 정지궤도용 대형 위성 10기만이 우주 수송의 예약 버튼을 눌렀다.[92]

**위성 궤도** 우주의 고속도로

위성의 궤도는 다양한 넓이의 원과 타원형으로 이루어진 단순한 기하학적 형태이기 때문에 위성의 발사 및 조종은 복합적이다(103쪽 그림5 참조). 가장 손쉽게 도착할 수 있는 궤도는 지구저궤도Low Earth Orbit, LEO다. 지구저궤도는 지상에서부터 고도 2,000km까지의 높이를 칭한다. 이 궤도를 따라 국제우주정거장, 허블망원경 그리고 지구관측위성(약 90~100분 주기로 움직이는)이 지구 주위를 돈다. 지구관측위성은 대부분 남극에서 북극으로 움직이는 극궤도를 따라 이동하고, 지구가 이 위성 아래에서 자전하므로 시간의 흐름에 따라 지구표면의 많은 부분을 탐사한다. 이 위성은 그 수가 특정 개수를 넘기면서부터 지구의 모든 지역에 닿게 되었는데, 최종적인 목표는 원웹과 같은 대규모 초소형위성 군집, 콘스텔레이션Constellation이다.

극궤도의 가장 용이한 점은 태양동기궤도Sun Synchrone Orbit, SSO로 고도 600km에서 800km 사이에 위치한다. 또한 지구의 플래트닝flattening(평탄화)에 의해 위성이 움직이는 전체 궤도 면적이 1년에 정확히 36도 회전한다. 이것에는 2가지 긍정적인 효과가 있다. 위성은 하루 동안 특정 시간에 지구의 한 지점을 지나간다. 따라서 그 지역의 변화를 훨씬 잘 규명할 수 있다. 그리고 여명이 이는 지역을 따라 움직일 때는 절대로 지구 그림자에 가려지지 않기 때문에 태양전지에 필요한 태양광을 확보할 수 있다.

한편 지구저궤도LEO의 단점은 지구의 한 장소에서 400km 지점의 지구저궤도에 있는 위성까지 15분간의 시차와 무선 통신점이 있다는 것이다. 이러한 간극 없이 지구 전부를 커버하려면 여러 위성 혹은 더 높은 고도가 필요하다(그림5 참조). 따라서 지구정지궤도GEO(지구에서 보았을 때 항상 정지하고 있는 것처럼 보이는 궤도 -옮긴이)는 정말 독창적이고 특별하다. 지구정지궤도는 지구의 자전 속도와 같은 속도로 회전하는 물리적 성질을 가지고 있어 위성은 정확히 적도 위의 상공 3만 5,786km에서 움직이며, 지구 선회에 딱 하루가 걸린다. 때문에 위성의 안테나가 고정된 채로 송신이 필요한 해당 지점을 향해 있을 수 있다. 이에 따라 전자통신 및 TV 통신 위성은 전부 지구정지궤도에서 움직인다. 그러나 그곳에 도착하는 것은 그리 간단한 문제가 아니다. 우선 특정 로켓이 위성을 지구 주변에 길게 뻗은 타원형의 정지천이궤도GTO(지구정지궤도에 이르는 중간 단계의 궤도 -옮긴이)까지 운송한다. 그리고 그곳에서 지구정지궤도로 향하기 위한 엔진 점화를 준비한다. 참고로 수명이 다한 위성은 마지막 엔진을 가동시켜 폐기궤도(묘지 궤도라고도 불리는 이 궤도는 일반적인 운영궤도에서 멀리 떨어진 궤도이다. -옮긴이)로 발사된다.

머스크와 베조스 그리고 다른 많은 우주산업 투자자들이 높은 위험률이 다반사인 실리콘밸리의 디지털산업 출신이라는 점을 잊지 말아야 한다. 이것이 우주로 향하는 운송 비용을 파격적으로 낮춰 새로운 가능성을 찾으려는 베조스와 머스크의 전략을 설명하기 때문이다.

모든 항공우주산업의 새로운 활용 방안을 수송하는 것이 바로 뉴글렌과 팰컨 헤비다. 만약 비용을 맞추는 데 성공만 한다면 ULA의 불

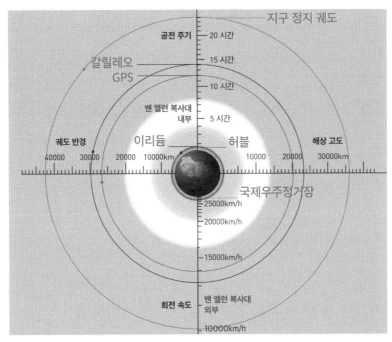

**그림5** · 궤도와 그곳에 상주하는 위성들. 국제우주정거장, 허블망원경 그리고 밴 앨런 복사대 내부에 지구저궤도(LEO)가 위치한다. 그에 따라 광범위하고 다양한 우주 광선으로부터 보호받는다. 그렇지만 그 뒤, 지구정지궤도(GEO)에 위치한 모든 GPS 위성과 우주선은 훨씬 척박한 환경을 감수해야만 한다.

칸도 그 대열에 합류할 것이다. 이들은 수십억 달러의 투자금으로 현존하지 않는 새로운 시장을 개척하기 위한 여건을 조성하고자 했고, 그 시장에 자신들의 서비스를 공급하기 위해 노력했다. 베조스는 한 인터뷰에서 "내 꿈은 내가 지난 20년 동안 인터넷 산업에서 경험했던 것처럼, 우주로 향하는 원동력을 직접 체험할 수 있을 정도로 오래 사는 것이다."라고 자신의 포부를 설명했다. 그리고 "기업가에게 우주산업이 매력적인 이유는 그 대가가 혹독할 정도로 비싸기 때문이다. 몇 가지의 흥미로운 것을 구현하기 위한 초기비용만 해도 몇억 달러를 훌쩍 뛰어넘는다. 우리는 (우주에 있어서) 두 남자가 기숙사에 앉아 매우 멋진 일을 벌이는 경험은 못할 것이다. 페이스북 같은 경우에는 가능할지도 모르지만."[93]이라고 덧붙였다. 대학 기숙사가 본거지인 페이스북은 현재 확고한 경제적 기반과 안정적인 비즈니스모델을 갖춘 기업으로 성장했지만, 이러한 성장이 스페이스X(블루 오리진도 마찬가지로)에게 적용되지는 않을 거라는 이야기다. 여기에는 기존에 있던 항공우주산업의 시장과 아직 존재하지 않는 미래 시장에서 언급되는 불확실성 외에도 다양한 이유가 있다.

놀랍게도 머스크와 베조스가 저렴한 우주 수송의 핵심이라고 주장하는 것이 바로 이들의 비즈니스를 위협하는 가장 큰 리스크다. 제1단 로켓이 로켓의 다른 단과 분리된 후 우주에서 회항하여 재착륙하려면 로켓의 무게는 물론 탑재된 화물무게에 1대1로 대응하는 연료가 필요하다. 즉 팰컨9이 귀환(왕복)하려면 편도로 발사할 때에 비해 우주로 운반할 수 있는 화물 용량이 약 30~40%가 줄어든다.[94]

전보다 성능이 향상된 로켓인 팰컨9 풀 트러스트Falcon 9 Full Thrust 모델의 경우 허용된 탑재량은 22.8t이지만, 지구저궤도까지는 약 10t 정도만 운반할 수 있다. 이보다 더 좋은 성능의 팰컨 블록5Falcon Block5와 베조스의 로켓도 상황은 비슷하다. 모든 로켓이 동일한 물리법칙을 따르고 있기 때문이다. 차이가 있다면 재활용 가능한 횟수와 수리비용 정도다. 더군다나 한 번 사용된 재활용 팰컨 로켓을 예약한 사람은 처음 가격에서 최대 6,200만 달러까지 요금이 인하된다.[95, 96] 당연하게도 요금이 인하된 만큼 스페이스X의 수익은 감소한다.

게다가 우주선을 여러 차례 재활용하는 것이 생각만큼 저렴하지 않다는 시선도 존재한다. 전 독일 우주비행사이자 뮌헨 기술대학교의 우주비행기술 교수로 재직 중인 물리학자 울리히 발터Ulich Walter는 자신의 첫 저서에 이렇게 설명했다. "발사 당시 로켓의 모든 부품은 물리적 최대하중까지 사용된다. 특히 300~400°C에서 압력 100bar를 견뎌내야 하는 팰컨의 동력장치는 더욱 그렇다. 따라서 한 차례의 비행 후에는 30만km를 달린 자동차 엔진과 같아진다. 그러면 기계를 총 점검해야 한다. 즉 모든 것을 각각의 부품으로 해체하고 엑스레이 및 초음파 장비를 총동원해 갈라진 틈새가 없는지 검사하고 균열이 생겼거나 그 밖에 오류가 생긴 부품을 교체한 뒤 전부 재조립해야 한다. 이런 복구 작업은 그만큼 손이 많이 가는 일거리이고 동시에 새로운 엔진을 제작하는 비용에 약 50%가 소요된다."[97] 이것은 드래건 캡슐 우주선도 마찬가지다. 머스크도 자신의 회계팀이 산출한 바, 드래건 캡슐 CRS-11을 수리하고 재점검하는 비용이 완전히 새로운 캡슐을 제작하는 것만큼 든다고 밝혔다. 당시 그 사실에 당황한 머스크는 멋쩍은 웃음을 지을 수밖에 없었다. 머스크가 밝힌 정보가 2014년 CRS-4(NASA와 계약한 국제우주정거장에서의 재공급 서비스 임무 -옮긴이) 임무의 일부였기 때문이다. CRS-4의 재비행에 필요한 정비에는 약 3년이라는 시간이 걸렸고, 그 비용은 머스크가 기대했던 것보다 터무니없이 높았다. 그러나 그때가 스페이스X에서 캡슐 우주선을 재활용한 첫 번째 사례였기 때문에, 머스크는 시간이 갈수록 그 비용이 줄어드리라 기대했다. '다음에는 수리비용이 새로 제작하는 것에 50%가 될 것이다!'라고 말이다.[98]

2017년 말, 캡슐 우주선 7기가 우주 비행 준비를 마치고 대기하고 있었다.[99] 머스크와 베조스는 나중에야 재활용 부스터 로켓(제1단 로켓)으로 경쟁자의 로켓에 비해 저렴한 비용을 제시한다고 하더라도, 우선은 개발비용에 많은 투자를 해야만 했다. 스페이스X만 해도 이미 10억 달러(한화 약 1조 2,000억 원 -옮긴이) 이상을 해당 기술 연구와 테스트에 투자했다.[100] 이는 초기비용이라는 걸 고려해도 엄청난 액수다. 새로운 슈퍼로켓은 그렇게 등장했다. 왜 유럽과 미국이 그들의 우주비행사들을 러시아산 구식 기체에 태워 국제우주정거장으로 보내는지, 그리고 관련인들이 어째서 자발적으로 그 기체에 탑승하는지 한 번이라도 의문을 가져본 적이 있는가? 이유는 단순하다. 서방 우주비행협회의 관점에서 보면 러시아의 소유스 시스템Sojus System은 가격경쟁력이 매우 뛰어날 뿐만 아니라, 우주비행사들에게 매우 중요한 요소인 높은 안전성과 신뢰도를 갖췄다. 그것은 오래된 우주산업의 역사로 인해 러시아 기술진이 해당 시스템의 초기 단계 결함을 계속해서 근절시킬 수 있었기 때문이다(성공적인 디자인 때문이 아니라). 동시에 구소련 정부를 위해 사용되었던 초기 버전 발사체의 개발비용이 전부 회수되었다는 점도 러시아산 기체의 저렴한 비용을 유지하는 데 매우 중요한 요인이다.

캡슐 우주선과 로켓의 개발은 막대한 자금과 더불어 오랜 시간을 요구하는 장기 프로젝트다. 2006년부터 현재까지 개발 중인 우주왕복선 오리온Orion은 유인 캡슐 우주선(승무원 모듈)과 기계선service module(아폴로 우주선에서 사람이 타지 않는 기계 장치 부분, 오리온의 서비스 모듈이기도 하다 -옮긴이)으로 구성된다. NASA는 2023년까지 오리온에 소요될 투자비용이 200억 달러(한화 약 24조 원 -옮긴이)에 이를 것이라고 추정했다.[101]

이와 관련하여 미국은 국제우주정거장 관리보수비용 중 8.3%를 할당받고 있는 유럽의 비용을 상계처리하여 서비스 모듈(기계선)을 유럽에서 무상으로 받아갔다. 기계선은 캡슐 우주선에 에너지를 공급하고 조종하는 우주선 장치다. 우리는 달 탐사 과정에서 기계선의 문제로 산소탱크가 폭발해버린 아폴로13호의 임무를 통해 기계선이 무엇인지 알 수 있다. 아폴로13호의 우주비행사들은 달에 착륙하는 대신 지구로 회항하기 위해 달 주변을 비행했는데, 당시 우주선에 탑승했던 우주비행사 3명이 전원 살아 복귀했던, 위기관리의 모범이 되는 사건이었다.

유럽우주기구ESA는 기계선을 독일 브레멘에 위치한 에어버스Air Bus에서 제작하도록 했고, 이는 매우 주목할 만한 판단이었다. 유럽에서 제작을 허용하지 않았더라면 미국은 꿈에서라도 아폴로와 같은 우주선 개발을 상상하지 못했을 것이기 때문이다. 결국 에어버스는 모듈 제작에 실패했지만, 유럽우주기구의 편의를 위해 추후 오리온의 제작사인 록히드 마틴이 모듈 제작 프로젝트에 투입되었다. 2017년 초 NASA의 부국장인 제임스 프리James Free는 두 번째 공급 모듈 계약

체결을 위해 브레멘을 방문했고, NASA는 유럽의 성과에 만족해 했다. 그 밖에 국제우주정거장의 운영 기간이 연장됨에 따라 유럽우주기구는 국제우주정거장에서 그들이 차지하고 있는 지분을 충족시킬 만한 무언가가 재차 필요했다.[102] 그들은 멀리서나마 자신들이 제작 중인 첫 모듈을 언론에 선보였다. 에어버스는 이런 이벤트가 열릴 때마다 방문객이 우주선의 각 장치와 부품을 중앙관제실에서 바라보는 것처럼 꾸민 특별전시공간을 마련했다.

그렇지만 유럽의 프로젝트 역시 그 비용이 저렴하거나 덜 복잡한 것은 아니었다. 유럽우주기구는 신형 로켓 아리안5에 거의 47억 달러가 투여되었다고 보았다. 이러한 자금이 운용되는 기획이 성공으로 이어지기란 쉽지 않았다. 유럽의 첫 번째 추진 로켓 프로젝트의 로켓은 실질적이고도 정치적인 실패나 다름없었다. 그럼에도 막대한 자금력을 보유한 NASA와 유럽우주기구는 자금 낭비와 다년간의 지체에도 살아남을 수 있는 국가 기관이다. 반면 (수십억 달러의 자금을 확보하였다고 해도) 민간 기업은 절대 그들처럼 살아남을 수 없다.

따라서 베조스와 머스크가 개발한 신형 로켓은 난항을 겪을 수밖에 없었다. 앞서 머스크를 좌절시켰던 팰컨1의 실패를 언급했다. 머스크 역시도 그때가 스페이스X에 있어 절대 잊지 못할 시기였음을 인정했다. 머스크의 불평에 노련한 옛 우주산업 기술자들은 '신형 로켓'에도 십수 년간 겪어온 오류가 반복되고 있다는 사실에 내심 기뻐했다. 머스크는 "27대의 엔진이 동시 점화로 가동되기 때문에 팰컨 헤비는 뭔가 잘못될 가능성이 매우 높았다. 즉 발사과정이 흥미진진하리라는 걸 보장할 수 있었기에 케이프 커내버럴로 올 것을 강력 추천했다."[103]
라는 현실감과 궁지에 몰린 억지 익살로 주기적인 비웃음을 샀다.

머스크는 팰컨 헤비가 많은 위험을 안고 있음에도 불구하고 발사
장소를 훼손하지 않을 정도로 충분히 멀리 날아가기만을 바랐다. 이
는 시험 발사에서 BE-4 엔진 1대를 통째로 날려버린 베조스를 겨냥한
것이었다. "어제 우리는 시험발사대에서 터빈을 잃어버렸다. 개발과
정에는 남아나는 것이 아무것도 없다."[104]라는 베조스의 말 뒤에는 한
번의 '사고'가 모든 일을 몹시 지연시킨다는 뜻이 숨어있었다. 그러나
BE-4는 여전히 성공적인 개발로 간주될 것이다. ULA에서 개발하는
신형 로켓 불칸의 엔진으로 BE-4가 물망에 올랐기 때문이다. 물론 이
윤이 높은 거래(ULA의 로켓엔진 공급)를 희망하는 것이 베조스만은 아니
다. 저명한 엔진 제조사 에어로제트 로켓다인Aerojet Rocketdyne도 불칸을
위한 로켓엔진 AR-1을 개발 중이다. 그리고 ULA에서는 굳이 한 공급
업체와의 '의리'를 지키기 위해 노력하지 않을 것이다.

유인우주선은 또 다른 주제다. 일반적으로 NASA에서 정한 형식을
따르지 않고, 기업에서 영리적인 목적으로 제작할 경우라면 특히 그
렇다. 수십억을 단번에 불태워버리는 위험성은 사람의 목숨마저 위험
에 빠트릴 수 있다. 유인우주선 개발에서도 머스크는 특유의 블랙 유
머를 유감없이 드러냈는데, 그는 "첫 비행에 참여하는 사람은 용감함
이 도를 지나쳤다!"[105]고 표현했다. 그리고 국제우주정거장으로 우주
비행사를 운송하는 ISS R&D 회의가 개최되었을 당시, 그곳에 참석한
우주비행사가 머스크의 발언에 긍정표를 보냈다면 머스크는 결코 비

난을 받지 않았을 것이다.

　그러나 항공우주산업의 억만장자들이 사람을 우주로 보내기 시작하면서 이들은(머스크 포함 다수) 대중의 비난을 수시로 받게 되었고, 여기에 정치적 영향력이 행사되었다. 연이은 실패는 곧 국가 간의 계약이 끝남을 의미했고, 최악의 경우 무기한의 그라운딩, 즉 발사금지로 이어질 수 있었다. 그리고 이 영향으로 한 기업의 잠재력은 종식될 수도 있었다.


　머스크와 베조스의 우주로 향하는 경주는 쉽지 않을 것이다. 또한 이 두 사람 중 누가 마지막에 웃게 될지 예측하기란 매우 어렵다. 현재 기술적으로도, 경험적으로도(스페이스X가 국제우주정거장 공급 계약을 맺은 것처럼) 머스크가 베조스보다 한발 앞서 있다. 하지만 누차 이야기한 것처럼 블루 오리진의 진척에 대해서는 많이 알려지지 않았다. 어쩌면 블루 오리진은 우리가 예상하는 것보다 훨씬 더 큰 발전을 이루고 있을 수도 있다. 최소한 블루 오리진이 최악의 상황을 잘 견뎌내고 있다는 사실은 자명하다.

　2017년 크리스마스이브, 베조스가 보유한 아마존 주가가 1,000억 달러까지 상승했다. 베조스는 명실상부한 세계 1위 부자였으며(오랫동안 1위를 지켰던 빌 게이츠는 2위였다),[106] 약 140억 달러에 이르던 머스크의 재력에 7배 이상에 달하는 자본가였다. 베조스의 재력은 총 17%(2017년 기준)에 달하는 아마존 주식시가에 달렸는데[107], 이에 발맞춰 블루 오리진의 가치가 부상하는 중이다. 베조스는 "지금 나의 비즈니스모델은 10억 달러 상당의 아마존 주식을 매각하여 블루 오리진에 투자하는 것이다. 경제적 측면에서 자립하고 이윤을 남기는 기업이 되는 것이 블루 오리진의 핵심 과제다."[108]라는 포부를 남기기도 했다. 베조스는 실패를 향한 시도라도 큰 후회를 남기는 것보다야 낫다[109]는 것을 잘 알고 있는 사람이다. 베조스의 탄탄한 자본은 블루 오리진의 실패에도 베조스가 쓰러지지 않도록 잡아줄 것이다.

반면, 머스크의 억만장자 신분은 스페이스X의 상황에 크게 좌우되었다. 머스크가 이뤄낸 성공을 그가 보유한 기업들과의 상호작용으로 보는 시선이 적지 않다. 그중 일부가 무너진다면 머스크에게는 도미노와 같은 치명적인 영향이 미칠 것이다. 추정된 기업 가치와 그곳에 투자 가치를 분석하는 기업평가는 성공한 기업가인 '머스크'의 명성만으로 해결되지 않기 때문이다.


## 고수익 대신 미미한 흑자를

스페이스X의 재정상태는 허용 가능한 범위 내에서 살펴볼 만한 가치가 있다. 사실 스페이스X는 민간 기업이므로 내부 정보를 공식적으로 발표하지 않아도 되며, 실제로도 그렇다. 그러나 〈월 스트리트 저널〉에서 근무했던 한 직원의 내부 누설 때문에 우리는 2015년을 포함하여 스페이스X와 관련된 경제적 숫자를 일부 들여다 볼 수 있다. 물론 이런 내부 정보가 없더라도 스페이스X가 로켓을 발사해야지만 이윤을 창출할 수 있다는 것은 당연하다.

〈월 스트리트 저널〉에 따르면, 2014년에 스페이스X는 무엇보다 발사에 성공한 팰컨 6기, 드래건 캡슐 우주선 2기로 약 10억 달러의 매출을 올렸으며, 약간의 흑자로 돌아섰다.[110] 스페이스X가 이런 성과를 내기 위해 지불했던 비용을 합하면 약 7억 달러에 이른다.* 이는 스페이스X가 추가수익을 고려했을 수도 있다는 의미가 된다. 그 밖에 스페이스X는 NASA에서 유인 드래건 캡슐 우주선 개발자금을 획득하여 개발비용을 절감했다.

그다음 해 6월 말, 팰컨9 1기가 폭발했고 로켓은 6개월 동안 발사되지 못했다. 그리고 그해 연말 스페이스X는 6차례의 발사 성공으로 9억 4,500만 달러(한화 약 1조 1,340억 원 -옮긴이)의 매출을 달성했지만, 그럼에도 약 2억 6,000만 달러의 적자를 봤다.[111] 그다음 해에도 로켓이 폭발하는 사건이 터지면서 이번에는 약 4개월 동안 로켓을 재발사하지 못했다. 그리고 같은 해 9월 '끔찍한 참사'가 발생하기 전까지 스페이스X는 로켓 8기를 성공적으로 발사했다. 이 해의 결산은 공식적으로 발표되지 않았지만, 인터넷 재정 매체 〈모틀리풀The Motley Fool〉은 스페이스X가 2016년에 다시금 흑자로 돌아섰을 것으로 추정했다. 이후 2017년 스페이스X의 로켓 18기가 우주로 발사되었다(이는 미국 및 유럽 경쟁기업인 ULA와 아리안스페이스Arianespace의 총 발사횟수만큼 잦은 것이었다).[112]

---

\* 스페이스X의 팰컨9 비행 요금은 최소 6,200만 달러다. 국제우주정거장에 화물을 공급하는 12차례의 비행으로 16억 달러의 수익을 달성했다. 이는 1회당 1억 3,300만 달러에 해당한다. 팰컨9 6회 발사 및 국제우주정거장의 화물 운송 2회에 드는 비용은 총 7억 400만 달러다. 그렇지만 NASA를 위해 시행하는 팰컨9 발사 비용은 이보다 조금 더 비싼 것으로 알려져 있다.

이러한 수치만 봐도 스페이스X의 재정이 몇 차례 되지 않던 발사 실패에 얼마나 민감하게 반응하는지, 그리고 스페이스X가 황금알을 낳는 고수익 단계에 이르기까지 얼마나 많이 남았는지를 짐작할 수 있다. 항공우주산업에서 오랜 경험을 쌓았어도 모든 방면에서 제대로 된 평가를 받지 못하는 ULA만 해도 연간 약 4억 달러의 수익을 목표로 하고 있다. 그러나 스페이스X의 전망이 그리 나쁘기만 한 것이 아니다. 스페이스X의 우주 항공권 대기목록이 가득 차 있는 상황이기 때문이다. 이러한 대기목록은 로켓 발사 제공업체의 성과를 보여주는 지표다(2017년 초 스페이스X는 70차례의 발사로 100억 달러 이상의 가치를 냈다).[113] 또한 스페이스X가 ULA 및 아리안스페이스보다 요금이 훨씬 저렴하기에 이런 대기표는 점점 늘어나는 추세다. 게다가 스페이스X는 부채가 없으며 스페이스X의 신고 자료에 따르면, 유동성 재원으로 10억 달러를 보유 중이다.[114] 이는 스페이스X가 블루 오리진만큼이나 연구 및 개발을 위한 다량의 자금을 확보하고 있다는 것을 의미한다.

솔직히 머스크는 민간 위성은 물론 군용 위성까지 관습적인 위성 발사 시장에 미국이 진출할 수 있는 포석을 깔았다고 볼 수 있다. 만약 스페이스X가 투자자를 찾는다면(실제로 그렇지는 않지만) 선발된 자본가는 이런 유리한 투자에 쌍수를 들 것이다. 단, 스페이스X의 수장이 무조건 화성으로 여행을 떠나려는 사람이 아니었다면 말이다.

– ③ –

# 화성, 여러 계획의 계획

> 66 ───
>
> 여러 세기 동안 그리고 어제까지도 불가능하고
> 그저 꿈에 불과하다고 생각했던 것들이
> 이제는 실질적인 도전과제가 되었다. 분명 내일 실현될 것이다.
> 인류의 상상을 가로막는 장애물은 없다!
>
> 세르게이 파블로비치 코롤료프(Sergei Pavlovich Korolev), 1996년, <프라우다>
> ─── 99

## 공상적인 60년대

일론 머스크가 NASA 홈페이지에서 미국 항공우주국의 화성 탐사 계획을 찾으려 했지만, 아무런 세부사항을 발견하지 못했다는 일화는 잘 알려져 있다. 머스크는 "처음에는 '맙소사, 내가 웹사이트를 잘못 찾았나? 아니면 왜 계획이 없는 거지?'라고 생각했다. 그렇지만 정말로 아무것도 없었다! NASA가 제정신이 아닌 것 같았다."라고 말했다. 이어 그는 유인 탐사 연구에 5,000억 달러(한화 약 600조 원 -옮긴이)가 투여된다고 평가된 1989년 이후로 이 주제는 그림의 떡이 되어버렸으며, 정치인은 향후 공격을 받을 수 있는 고예산 프로그램을 꺼리게 되었다'는 것을 그 이유로 들었다.

첫 유인 탐사선으로 달 탐사 임무를 나선 아폴로8호가 달 주변을 비행하던 때 제프 베조스는 5살이었다(그는 64년생이다). 그리고 달에서 돌아온 최초이자 마지막 우주비행사 유진 서난Eugene Cernan이 아폴로17호에 탑승했을 때 베조스는 9살이었다. 확실히 1960년대 말부터 1970년대 초는 우주 개척 시대의 장면을 보며 삶의 목표를 우주에 던져버릴 만한 인상적인 시대였다.

일론 머스크의 계획과 그의 화성 탐사 프로젝트를 살펴보기 전에 항공우주산업 개척기에 추진했던 미래 계획은 어떠한 결과를 냈는지부터 살펴보자. 머스크는 현 항공우주산업에서 누구보다 큰 차이로 앞서 있는 유명인사다. 1969년 달 착륙 이후 모든 아이가 21세기에는 달과 화성에 지어진 멋진 로프트 형식의 방갈로에서 거주하는 것은 물론, 거대한 우주정거장을 통해 우주 곳곳을 누빌 수 있을 거라 믿었다. 몹시 환상적인 동시에 획기적인 믿음 아래 일명 오닐 실린더O'Neill Cylinder가 개발되었다.

프린스턴대학교의 물리학자인 제라드 오닐Gerard O'Neill은 학생들과 함께 우주에서 비교적 편안하고 지구와 유사한 방식으로 생활할 방법을 고민했다. 그 결과 지름 8km, 길이 32km인 원통 2개가 회전하는 형태의 우주정거장이 탄생했다. 회전으로 대체된 중력이 사람을 바닥에 서듯이 실린더의 외벽 방향으로 누른다. 흙, 식물, 탁자(당연히 당시의 국제우주정거장에서보다 우주 공간을 훨씬 더 살기 편한 환경으로 조성할 화장실도)를 포함한 모든 것들도 마찬가지다. 또 다른 거대한 우주정거장 프로젝트는 1976년 발표된 스탠퍼드 토러스Stnford Torus(사진10 참조)와 NASA의 공동 연구로 등장했다. 지름 2km에 달하는 회전 도넛 형태인 이 거대 우주정거장에는 약 1만 명이 거주할 수 있었다. 이 우주정거장의 생활 공간은 좁고 끝이 없어 보이는 협곡의 형태였다(둥근 도넛 모양 때문에 계곡을 벗어나면 또 다른 출발점에 도착한다). 이 토러스는 무게가 무려 천만 톤에 이르며 이것은 연료를 가득 채운 초대형 유조선 40대와 맞먹는다.

결국 이 두 프로젝트는 기대와 달리 구현되지 못했다. 지금도 화물 1kg마다 값을 흥정하려 드는데, 이렇게나 많은 건설자재를 우주로 운반하려는 항공우주산업 기업이 없기 때문이다. 오닐도 이 점을 알고 있었다. 그렇기에 그는 자신의 저서 《더 하이 프론티어The High Frontier》에서 우주정거장을 짓는 데 필요한 건축 자재 운반은, 중력을 이겨내야 할 필요가 (거의) 없는 달과 소행성에서 조달하기를 바란다고 밝혔다. 그 결과 오늘날 우주정거장에는 수백만 명 대신 국제우주정거장 승무원인 우주비행사 6명만이 거주 중이다.

## 화성이라는 성배

모든 우주비행사의 성배는 단연코 유인 화성 탐사 임무다. 이는 항공우주와 관련된 단체의 머릿속에 생기를 불어넣었다. 그리고 그것이 지구의 예비 화성인들이 자신들에게 무한한 인내를 요구함에도 불구하고 일론 머스크를 바라보는 이유이기도 하다. 그만큼 화성은 이미 그곳을 다녀온 것만 같은 인상을 심어주는 영화, 계획, 토론의 목표이자 중심이다. 지구에서 2억 2,280만km 거리에 있는 화성은 주 대기층이 이산화탄소로 구성되어 있으며 매우 얇고 얼음처럼 차다. 즉 화성은 단순히 여행하기에 불편한 곳을 넘어 극도로 위험한 곳이라는 소리다.

탐사 임무 자체는 깜깜한 우주 공간에만 국한되지 않는다. 1769년 봄, 제임스 쿡이 타히티섬의 마타바이 베이에[2] 닻을 내리자 평균 섭씨 26℃의 온도, 8시간의 일조량, 약 섭씨 28℃의 수온[3] 그리고 우호적이며 매력적인 원주민이 그를 맞이했다. 물론 쿡이 타히피를 방문한 최초의 이방인은 아니었다. 하지만 무모한 모험심과 여행가로서의 능력이 합쳐져 그는 하와이에서 죽음을 맞기 전까지 수많은 위기를 이겨낸 탐험가라는 칭호를 얻었다.

우주로 나간 탐험가 중 우리에게 잘 알려지지 않은 인물로 유리 가린Yuri Gagarin이 있다. 그는 러시아 우주비행사로, 유능한 인재였다. 가가린의 우주 탐험 재능과 157cm라는 조건은 그를 캡슐 우주선 보스토크1호의 조종사이자 세계최초의 우주비행사로 이끌었다. 없던 폐소공포증도 생길 정도로 좁디좁은 우주선에서 그를 기다렸던 것은 신나는 댄스음악이 아니라 척박한 환경이었다. 끊임없이 방출되는 이온 방사선에 노출되는 과정은 상상 이상으로 고되었다. 게다가 미세한 운석이 우주선에 구멍을 내버릴 위험도 있었다. 만약 당시에 가가린이 우주선에서 내렸다면 음지에서는 우주복의 표면이 순식간에 영하 영하 100℃로 냉각되고, 양지에서는 영상 100℃로 달궈졌을 것이다. 알다시피 화성에는 공기가 없다. 그럼에도 무엇이 이 척박하고 자비 없는 우주로 가가린을 이끌었을까?

물론 오늘날 발사과정에서 오는 불편(협착증, 비좁은 화장실, 로켓 발사

시에 순식간에 모든 것이 타 버릴지도 모르는 상황들…)은 확실히 덜한 편이다. 그러나 이 모든 것이 한 번의 화성 여행으로 인해 나빠질 가능성이 있다. 그런데도 이들은 왜 꼭 화성에 가려는 걸까? 화성은 쾌적하지 않을뿐더러 한 번 떠나면 거의 2년 동안 지구로 돌아올 수 없다. 지구와 화성은 서로 다른 속도로 태양을 회전하고 그로 인해 약 2년 2개월\*에 한 번씩 우주선이 통과하기에 에너지 및 시간 효율이 가장 적합한 화성행 시간 창이 열린다. 약 6개월의 비행으로 화성 대기권을 뚫고 화성에 착륙하는 임무에 성공한다더라도, 화성을 방문한 우주비행사들은 지구로 복귀할 적절한 시간 창이 열릴 때까지(18개월 동안) 모든 위험을 감수해야 한다.\*\*

우주에는 다량의 방사선이 가가린을 기다리고 있었다. 따라서 가가린은 지구저궤도 밑, 비교적 보호 기능을 동반하는 밴 앨런 보호대 Van Allen Belt를 따라 비행했다. 즉 전체 여정 동안 가가린은 화성에서 우주선에 닿을 것으로 예측되는 방사선의 일부만 감수하면 되었다. 게다가 가가린은 지구 주변을 한 바퀴 돌고 난 약 2시간 뒤 지구 대기권으로 돌아올 수 있었다. 화성에 머물러야 하는 우주비행사에게는 절대 불가능한 일이지만 말이다.

---

\* 태양 주변을 도는 지구와 행성이 다시 태양을 향해 같은 각도에 서는 평균회합주기를 말한다. 화성의 경우 이 주기에 779.94일이 소요된다. 지정 집결지점이 태양을 마주 보고 서 있을 경우 이 여정이 지나치게 오래 걸리기 때문에 화성으로 떠나지 못한다는 점을 고려하면 매우 중요한 계산이다. 따라서 지구와 화성이 흡사 '마주치는' 것처럼 보일 때 우주선이 가장 빠른 길로 두 행성의 궤도를 갈아타는 것이 영리한 방법이다.

\*\* 여기서는 모범적인 사례로 여정 일을 예측했다. 스타트 윈도우(Start window), 미션 개념 및 사용된 테크놀로지는 각기 다른 시대의 결과물일 수도 있다.

## 화성에서의 일상

잠옷을 입은 채로 커피를 마시며 스마트폰으로 화성 빌리지 주민들의 소식을 확인한다고 상상해보자. 그 전날 에어 로크Air lock(문 개방 시 급속한 기체의 유출입을 막고 내부 공기가 직접 외부 공기와 접촉되지 않도록 하는 구조물 -옮긴이)에 문제가 있었다는 소식이 전해졌다. 에스프레소를 한 잔 더 마셔야 할까, 말까를 고민하며 앉아있는 순간 앞서 언급된 에어 로크 주변에 작은 틈이 생기면서 여러분이 스테이션에서 붕 떠오른다. 신호가 끊기기 전 실시간으로 본 방송의 마지막 장면 또한 잠옷을 입은 2명의 거주민이 얇은 화성의 대기권으로 날아가는 모습이다. 이것은 SF 영화의 한 장면이 아니라 실제로 일어날 수 있는 일이다. 상상을 초월하는 이 장면의 원전은 앤디 위어Andy Weir의 소설 《마션》이다. 마션은 우주비행사 이야기를 다룬 매우 흥미진진한 책으로 주인공은 혼자 화성에서 1년을 보낸다(SF판 '로빈슨 크루소'다). 작중 다행히도 주인공은 우주복을 착용하고 있었지만…, 연이은 불행에 좌절하기도 한다.

유토피아적 발상의 경계를 허물기 위해 이 책에 SF 소설을 인용하는 것은 적절하지 못하다. 그럼에도 마션의 이야기를 선택한 이유는 화성인(화성 식민지 거주민)에게 일어날 수 있는 일을 이보다 입체적으로 표현할 방법이 없기 때문이다. 더욱이 화성 중개 방송은 실제로 화성 정착을 목표로 하는 네덜란드 비영리단체 마스원Mars One의 비즈니스 모델 중 하나다. 마스원의 공동설립자인 바스 란스도르프Bas Lansdorp는 화성 계획의 천문학적 비용을 단순한 트릭으로 대폭 낮추려 했다. 란스도르프는 '편도 티켓'으로 사람들을 화성에 정착시키고 그곳에서 여생을 보내게 하는 프로젝트를 계획했다. 그곳에서 생활하며 복편 비용을 마련하는 것이 이 프로젝트의 핵심이었다. 따라서 전체 비용은 약 80%까지 저렴해질 수 있었다. 마스원은 1,200억 달러로 추정한 프로젝트의 나머지 20% 수익은 방송 방영권을 판매하여 거둬들이려 했다. 화성에서 보는 히트 영화 '빅브라더Big Brother'로 말이다.

그렇다면 다시 실시간 방송과 우주복 없이 밖으로 밀려난 화성 컨테이너 주민으로 되돌아가 보자. 저기압은 차를 끓이는 물처럼 우리 몸의 피를 제대로 흐르지 못하게 할 수 있다. 화성의 대기압은 6.36hPa로 이는 지구 압력의 0.63%다. 따라서 곧 혈액 속에 용해된 기체가 피부밑 혈관에서 기포를 형성하고(엄격히 말해 끓는 상태) 신체가 그로테스크하게 팽창하는 상태에 다다를 것이다. 많은 의학자가 화성의 상황이 영화 속에 표현된 압력 손실처럼 그렇게 심각하지는 않을 것이라며 위험성을 과소평가했다. 그렇다 한들 영화에서 본 모습보다 처참하지 않은 상황도 끔찍하기는 매한가지다. 결과적으로 의학자들의 냉소에 대한 항변으로 인하여, 그 상황에 처한 사람은 약 15초 후 실신해서 신체에 일어나는 일을 제대로 인지하지 못한다는 것으로 마무리되었다.

그런 사고를 당한 사람을 공기로 채워진 여압실로 신속하게 옮길 수 있다는 가정 아래 생존 가능성이 있다는 의학자들의 주장은 특히 홍미롭다. 그렇게 주장하는 사람들은 부족한 공기압에 오래 노출될수록 해로운 기포가 혈액순환 과정을 통해 장기를 손상시키고 최종적으로는 뇌를 손상시키므로, 이동이 빠를수록 좋다고 말한다.[4] 그러나 그 상황에 놓인 희생양에게는 그저 압력 손실로 인한 고통이 폭발적으로 오는가, 지속적으로 오는가의 차이일 뿐이다. 해로운 기체에 노출되는 시간이 길어질수록 신체는 자발적으로 그것을 보완할 방법을 찾기 때문이다. 결국은 페스트와 콜레라 중 하나를 선택하는 거나 다름없다.[5]

어쨌거나 어떤 환경에서도 뇌 속 혈중산소함량이 1~2분 정도만 떨어져도 모든 장기의 끝, 즉 사망을 각오해야 한다. 우리는 모두 한 번씩만 죽으므로 그 후 신체가 꽁꽁 언 통나무처럼 완전히 냉동되는 건 그리 중요하지 않다. 오직 낮과 화성의 적도 근처에서만 기온이 섭씨 20℃가 되고, 밤에는 온도가 섭씨 영하 85℃까지 떨어지기 때문이다. 대기가 거의 없는 수준이라 체온이 우주를 향해 매우 느리게 전도된다는 것이 그나마 아주 사소한 위안거리다.

이렇게 실시간으로 중계되는 죽음은 아폴로 우주비행사들에게 한 걸음 다가갔다. 운이 없었던 챌린저 승무원들은 대중의 눈앞에서 죽음을 맞이했다. 그들의 죽음은 상업적인 연출의 일부가 아니다. 그들의 숭고한 죽음이 없었더라면 탐사는 아예 실현되지도 못했을 것이다.


마스원 프로젝트는 지금의 관점에서 보면 언급할 가치가 없을 정도로 비현실적이다. 일반인 신분으로 화성 여행을 꿈꾼 란스도르프는 자신이 억만장자가 아니라는 사실을 큰 걸림돌로 여겼다. 게다가 지금까지 풍력발전시설 공급기업의 대표였던 란스도르프의 산업 분야는 행성 간의 비행이 탄생할 만한 곳으로 그리 적절하지 않다. 어쨌든 란스도르프는 이미 60만 유로 투자를 유치했고 미래 TV 마션Marsian을 선발하는 캐스팅 신청을 전 세계적으로 진행했다. 놀라운 건 실제로 이 프로젝트에 자원하는 사람들이 있었다는 것이다. 그렇지 않았더라면 이 프로젝트는 처음부터 진전도 없고, 대중의 후원도 얻지 못했을 것이다.

학계는 이런 현상에 깜짝 놀랐다. 이들은 할복자살과 다를 바가 없는 이런 프로젝트가 화성 탐사를 위해 심혈을 기울여 노력하는 학계의 목표마저 위협할까 봐 심히 우려했다. 또한 홍보 면에서도 우주항공산업의 이미지에 좋지 않은 영향을 주었다. 하지만 누구도 란스도르프를 막을 수 없었고, 그의 프로젝트는 어떻게든 명맥을 유지했다.

앞서 말한 상황에 의해 화성 이주는커녕 화성 유인 탐사 임무 자체가 인류 역사상 가장 힘든 미션이 되어버렸다. 화성 광팬인 머스크조차 란스도르프식의 여정은 굉장히 우려된다고 밝혔다. "그런 방식은 위험하고 쾌적하지 못하며 사람이 죽을 수도 있다. (…) 안전을 중시한다면 나는 그런 프로젝트로 화성을 향해 떠나지 않을 것이다."[6] 팽창한 혈관 풍선의 화성인 시나리오가 현실이 되지 않으려면 여러 문제를 신뢰할 만한 기술적 해법으로 풀어가야 하기에 화성 이주 프로젝트는 아마 역사상 가장 값비싼 미션이 될 것이다.


화성이 지구식민지로써 가치가 있는 장소일까? 혹은 우주에 생명체가 살 수 있는 환경이 존재하기는 할까? 그리고 신선한 공기와 푸른

들판으로 가득한 고향별을 등지도록 인류를 자극하는 것은 무엇일까? 제프 베조스는 '삼라만상에서 가장 아름다운 곳은 분명히 지구'라고 표현했다.

물론 학자들이 화성에 큰 관심을 보이는 이유도 이해가 된다. 화성은 토성이나 목성과 비교해보았을 때 지구와 유사한 부분이 있다. 우선 화성은 기체가 아니라 고체로 이뤄진 행성이다. 화성에는 차디찬 추위와 모든 것이 암흑 속으로 가라앉지 않을 수준의 태양광이 존재한다. 또한 지구 물리학적인 측면에서도 지구와 유사한 역사를 가진다. 이 모든 조건이 모여 지구 밖 생활이 가능하고 생명체가 존재했을지도 모르는 후보지로 화성을 선택하게 했다.

그렇다면 로봇을 활용하여 화성 탐사와 나아가 화성에 거주하는 외계생명체의 존재 여부를 밝힐 수는 없을까? 적지 않은 학자들과 특히 우주비행사들은 현지 탐사를 제대로 판단하는 데 사람의 역할이 얼마나 중요한지 강조했다. "정말 놀랍게도 기상관측기구 파일리Philae가 혜성 추리Tschuri에 착륙했던 당시를 떠올려보라. 오늘날 로봇을 활용한 미션으로 정말 많은 것이 가능해졌다. 소프트웨어 분야 및 인공지능의 진보로 미래에는 가능한 미션이 훨씬 증가할 것이다."라고 러시아 우주정거장 MIR 및 국제우주정거장에서 근무한 토마스 라이터는 말했다. 더하여 "하지만 유난히 우주 비행은 감각적으로 매료된다. 로봇을 활용한 미션과 사람이 감각한 결과물은 비교할 수 없다. 감각적 능력과 미리 훈련받지 못한 돌발 상황에서도 자신의 두 손으로 우주선을 조종하는 상황은 이 세상에 어떤 것과도 비교 불가다."라고도 이야기했다. 틀린 말은 아니다. 유인 우주 비행선을 옹호하는 사람은 항상 그 증거로 아폴로17호 우주비행사와 지질학자 해리슨 슈미트Harrison Schmitt가 달에서 발견한 주황색 땅바닥을 언급했다.[7]

라이터는 모든 서유럽 출신 우주비행사 중에서도 가장 많은 시간을 우주에서 보냈다. 총 350일, 즉 거의 1년을 우주에서 보낸 셈이다. 라이터는 지구에 복귀한 후 많은 주변의 냄새가 무척이나 반가웠다고 설명했다. 그의 말처럼 사람이 화성에 가야 하는 이유의 사무적인 설명 뒤에는 철학이 담겨있었다. "화성에 도착해도(로봇이 사람과 같은 인지력을 지니게 될 경우) 사람들은 또 다른 미지의 세계를 발견하고 탐험하는 일에 열광할 것이다. 따라서 난 항공우주산업을 단순히 '쇼' 효과로만 보지 않는다. 사람에게는 타인과 자신이 인지한 인상을 나누고 공감하는 능력이 있지만, 기계에는 그런 기능이 없다. 로봇 미션의 경우 우리는 TV 앞에 앉아 화면만 보면 된다. 반대로 누군가 다른 행성의 표면에 발을 딛는 장면을 보게 되면 감격에 온몸을 떨 수 있다."

미지의 세계를 향한 호기심은 오랫동안 우주비행사로 활동했던 라이터뿐만 아니라 머스크와 베조스의 공통점이다. 그렇지만 실제로 우주에서 생활했던 라이터는 머스크나 베조스와 근본적으로 차이를 보였다. 라이터는 "평생을 화성 같은 환경에서 산다는 건 상상하기 힘들다."라고 말했다. 우리가 사는 지구는 진화적 측면에서 보면 부족함 없는 행성이다. 따라서 무엇보다 우리는 선을 넘지 말고, 이 지구를 지속하기 위해 노력해야 한다는 입장이다. 라이터는 만약 우리가 계속해서 지구를 훼손한다면 우리는 결국 새로운 보금자리를 찾아야 하고, 그때는 정말로 달과 화성을 택해야 할지도 모른다며 우주로의 이주를 선택이 아닌 '불가항력'적인 것으로 보았다. 그러면서도 그는 일정 기간 우주에 머무는 일은 충분히 고려해볼 만한 가치가 있다고 생각했다.

우주로의 일시적 방문은 분명 매혹적이지만, 딱 한 번 방문하는 데 약 6,000억 달러 상당(유인 화성 미션에 필요한 여러 예산안 중 하나로 더 낮은 3,600억 달러로 평가하는 시각도 있다)[8]의 가치가 있는지는 되짚어보아야 한다. 사실 화성 계획과 구상만 보면 부족한 부분이 없다. 화성행 유인우주선만 해도 1950년대부터 지금까지 총 50종 이상이며 미국, 중국, 유럽, 러시아 항공우주기구와 기업에서 지속적으로 개발 중이다. 달 탐사 로켓 개발자 베르너 폰 브라운Wernher von Braun은 화성 미션을 위한 구체적인 안을 수립하여 리처드 닉슨Richard Nixon 전 미국 대통령에게 발표했다. 그렇지만 해당 프로젝트는 무산된 것으로 보인다. 폰 브라운이 떠난 NASA는 화성 탐사 대신 지구저궤도용 스페이스셔틀(왕복우주선), 달착륙선 그리고 우주화물선을 개발했기 때문이다.[9]

당시 항공우주산업 분야에서 가장 신뢰받는 기관이었던 NASA가 선택한 전략은 여러 행성에 사람을 보내는 것이었다. 그러나 준비 자세에서 화성을 향해 날아가기 위해서는 미국의회의 출발신호와 더불어 예산이 떨어져야 했다. 2017년 초 NASA 부국장 제임스 프리는 "이제 우리는 책정된 예산에 맞춰 기반시설부터 개발할 것이다."라고 밝혔다.[10] 프리는 우리가 화성에 갈 시기가 온다면 그때는 이미 필요한 기초설비들이 구축되어 있을 것이라 보았고, 그의 발언은 NASA에서 초기에는 달로 보낼 오리온 우주선, 이후 화성으로 쏘아 올릴 대형로 켓 SLSSpace Launch System 개발을 염두에 두었음을 뜻했다. 그는 "우리는 우주 장기체류 훈련을 위해 먼저 오리온 우주선으로 달을 향해 날아 갈 것이다."라고 말했다. 예정된 달로 향한 첫 비행은 2021년이다.

## 우주 비행 붐을 일으킨 머스크

일론 머스크가 대중 앞에 설 때면 항공우주산업계에 범상치 않은 일 들이 발생한다. 거의 구세주급 믿음이 넘쳐난다. 머스크가 연설하는 강연장은 꽉 들어차 있고 청중은 그의 말을 오랫동안 기다려온 구원 의 메시지처럼 고대한다.

2016년 멕시코 과달라하라에서 열린 제67회 국제우주대회 IAC 에서 머스크는 향후 화성 여행에 관한 생각을 발표했다. 그는 앞으로 100m 이상의 높이와 수천 kg 중량의 로켓에 우주 관광객 100명을 태 우고 화성으로 쏘아 올릴 것이라고 말했다. 머스크가 등장하기 훨씬 전부터 강연장은 사람들로 가득 찼다(현장에 있었던 현 독일 우주비행사 토 마스 라이터는 5,000명의 청중이 갑자기 물 밀듯 몰려왔다고 말했다*). 머스크는 연 설하는 동안 제1단 로켓에서 분리된 우주선이 궤도로 선회하여 탱크 로켓에서 연료를 공급받는 애니메이션을 상영했다. 이어 우주선은 성

---

* 토마스 라이터는 머스크가 등장하던 당시 느낀 점을 묘사했다. "머스크가 강연했던 홀의 문 이 열리고 보이는 모습은 마치 팝가수의 콘서트장을 방불케 했다. 사람들은 그 안으로 뛰어 들어갔다. 머스크가 무대에 오르자 환호와 비명을 질렀다. 정말 대단했다."

간공간Interstellar Space(항성과 항성 사이의 공간 - 옮긴이)을 향해 출발하고 화성에 도착한 후 붉은 행성에 착륙한다. 마침내 우주선에서 승객들이 내리고 화성 땅을 밟으며 화성 이주의 서막이 열린다. 청중은 마치 록 콘서트에 온 팬마냥 박수갈채를 보내고 환호했다. 마지막에는 청중의 질문이 쏟아졌다. 한 여성은 화성 여행 승객이 되려면 특별한 훈련을 받아야 하는지 알고 싶어 했다. 머스크는 "아니요."라고 대답했다. 그는 "어쩌면 며칠 수준의 준비과정이 필요할 수도 있겠네요."라고 말하고는 "실례가 되지 않는다면 그때 제가 당신에게 직접 행운의 인사를 해드려도 될까요?"[11]라고 되물었다. 머스크는 환호하는 대중의 반응에 매우 적극적으로 응했다. 호기심에 찬 질문이 계속 이어졌고 머스크의 강연은 센세이션을 일으켰다. 그때 한 사람이 자리에서 일어나 화성에 가고 싶은데 방법을 알고 싶다고 말했다. 그 이후 항공우주 산업계에 관한 구상이 밀도 있게 논의되었고, 이 주제는 300쪽 분량의 학계 분석으로 이어졌다.

그로부터 1년 뒤 머스크는 다시 한번 화성 계획을 언급했는데 이번은 호주에서였다. 또다시 수천 명의 청중이 강연장에 모였고, 머스크가 스페이스X에서 이뤄낸 기술적 성과를 소개하는 동안 청중은 열광했다. 한 청중은 머스크의 발표 도중 "당신은 할 수 있어요, 일론!"이라고 크게 외쳤다. 열광적인 환호에도 불구하고 곧 머스크가 화성 계획의 정수라 할 수 있는 자금 조달에 관해 설명하려 했기 때문에 연설장에는 긴장감이 맴돌았다. 그의 연설을 현장에서 듣고자 먼 호주의 애드레이드 섬까지 몰려온 사람들은 수천 명이었다. 그 밖에 스페이스X 유튜브 채널의 100만 구독자가 이 연설을 실시간으로 시청했다.

예외적으로 머스크는 질의시간 없이 연설 후 무대 뒤로 사라졌다. 앞서 진행한 인터뷰에서 그가 멕시코 연설 시 청중의 질문에 다소 당황했었다고 언급했기 때문이다. 대중들의 열성적인 대우와 연설장의 분위기는 이전 아폴로11호의 우주비행사들과 가가린처럼 머스크를 위대한 업적을 이룬 사람으로 보이게 했다. 그가 단 한 번도 우주에 가보지 않았는데도 말이다. 실제로 머스크는 우주 비행을 대중문화 일부로 만들었다.

사실 머스크는 달변가도 재미있는 엔터테이너도 아니었다. 인터넷에 올라와 있는 수많은 머스크 관련 영상을 본 사람이라면 누구나 인정하는 점이다. 그의 연설은 다소 퉁명스럽고 사무적이다. 특히 그가 카메오로 출연한 TV 시리즈 '빅뱅이론'에서는 그런 성향이 두드러진다. 슈퍼 너드인 하워드 월로위츠Howard Wolowitz 역을 맡은 사이먼 헬버그Simon Hellberg는 머스크가 극 중 일론 머스크 역으로 등장할 때 무료 급식소에서 접시를 닦고 있다. 자신의 우상을 눈앞에서 보는 순간 그는 거의 주저앉는다. 배우 헬버그가 과장된 몸짓으로 이 장면을 표현하고 불꽃이 이는 표정 연기를 펼치는 동안 연기에 문외한인 머스크는 그저 미소로만 일관하는 이른바 '로봇 연기'를 선보인다.

머스크가 항공우주산업 역사상 누구나 인정하는 뉴 스타임은 분명하다. 그로 인해 항공우주산업 분야는 다시금 많은 사람에게 절망적인 미래가 아닌, 외계를 향한 긍정적인 미래를 꿈꾸게 하는 곳이 되었다. 지금은 머스크가 자신이 한 약속을 지킬 수 있을지, 혹은 그에게

이 약속을 실현하려는 의지가 있는지가 관건이다. 머스크는 베조스와 달리 언론에 스페이스X의 세부계획을 발표한다. 새로운 소식이 있을 때마다 누구보다 앞장서는 머스크이기에 우리는 그에게서 화성 계획의 진척상황, 실현 가능성에 대한 답변이 나올 때마다 흥미로운 시선을 감추지 못한다.

## 화성인, 일론

멕시코와 호주에서 머스크의 연설을 직접 들은 관중은 머스크의 전형적인 모습을 경험했다. 머스크는 "음" 등의 추임새를 자주 썼고, 적당한 말이 떠오르지 않으면 하던 말을 잠시 멈추고 처음부터 다시 시작했다. 머스크는 능숙한 연설가가 아니었다. 그렇지만 다소 더듬는 그의 연설 방식은 각종 미사어구를 늘어놓는 달변 없이도 사람들의 마음을 사로잡는 데 성공했다. 머스크는 자신의 모든 계획을 누구나 이해할 수 있도록 쉽게 설명했다. 그는 전문용어(예컨대 연료의 성분인 메탄과 산소를 극저온으로 액체화한 '딥 크라이오 메탈락스deep cryo methalox')를 꼭 필요할 때만 가끔씩 사용했다. 이를테면 멕시코 연설에서 머스크는 생명체가 생존하기 힘든 금성의 혹독한 환경 혹은 태양, 지구, 화성 그리고 기체로 이뤄진 목성형 행성을 언급했다. 솔직히 이것은 천문학의 아주 기초상식 수준이었다. 그렇지만 머스크는 강연장에 모인 청중과 항공우주산업계만이 아닌 그 이상의 사람을 강연의 대상으로 삼았다. 그의 메시지는 구글 맵의 기능이 우주에 떠 있는 위성에 달려있다는 것조차 알지 못하는 일반인을 향한 것이었다. 더구나 학계 전문가들이 포함된 청중의 입장에서는 연설 도중 등장하는 비속어에 흠칫 놀랄 정도였다.

머스크는 스스로 인류의 미래라고 칭하는 목표가 단순 화성 탐사가 아닌, 새로운 문화적 관점을 열고 그것을 실현하는 것임을 제대로 알고 있었다. 따라서 우주에 관한 일반적인 상식 혹은 쉬운 정보가 머스크의 목표에 있어서 핵심이었다. 무엇보다 초상위 계층이나 항공우주국의 선발된 우주비행사로 완벽한 훈련을 받은 사람뿐만 아니라 비교적 평범한 일반인들에게도 그 기회가 열려 있다는 것이 머스크의 계획이기 때문이다. 화성 유인 탐사 임무가 지금 현세대의 눈앞에서 실현된다면 모든 사람이 여기에 특별한 의미를 가질 것이 분명했다.

머스크가 지난 2년 동안 공들여 소개하고 지속적으로 강조한 부분은 성간 수송시스템 계획으로, 과거에는 부분적인 관점만 대중에게 공개되었다.[12] 성간 수송 프로젝트를 설명하고자 머스크는 엔지니어가 아닌 기업가로서 접근했다. 머스크는 자신의 화성 계획이라는 큰 그림을 민간 우주산업 기업에게 중요한 경제적인 관점으로 스케치했다. 즉 그가 핵심으로 설정한 것은 프로젝트의 기술적인 숙련도가 아닌, 경제적인 측면의 사업성이었다. 머스크는 달 착륙 임무를 위해 지금까지 미국이 투자한 금액은 현 가치로 2,000억 달러(한화 약 240조 원 -옮긴이)였고 그것으로 12명이 달 표면에 발을 디뎠다고 말했다. "모든 시기를 아울러 어쩌면 이것이 인류가 이뤄낸 최고의 업적이다. 하지만 여기에 투여된 티켓 1장의 가격은 너무 높다. 티켓 1장 가격이

100억 달러(한화 약 12조 원 -옮긴이)를 상회하는 상황에서 자급자족 가능한 문명을 형성하기란 불가능하다."는 것이었다. 머스크가 목표한 티켓 가격은 현재 미국의 집 한 채 가격인 약 20만 달러(한화 약 2억 4,000만 원 -옮긴이)다. 그의 계획이 실현되려면 우선 4가지 조건이 충족되어야 한다. 우주선과 로켓의 재활용성, 우주에서 화성행 우주선의 연료 공급, 화성에서의 연료 추출과 올바른 연료 선택. 그럼 이제 머스크가 이 길을 선택한 이유에 대해 더 자세히 살펴보자.

지구저궤도에 위성 및 식량 보급품을 수송하는 스페이스X의 주요 사업처럼, 머스크에게 있어 매우 결정적인 사안은 화성 탐사비용이었다. 머스크는 무엇보다 모든 구성요소의 재사용 여부가 가장 중요하다고 판단했다. 이것이 실현되어야만 일반인이 화성으로 가는 길목에 뿌려지는 돈을 무시하고 여행을 떠날 수 있을 것이다(물론 그래도 엄청난 비용이긴 하지만). 여기서 주목해볼 것은 지속적인 비행의 복편이다. 머스크가 화성을 한 차례 슬쩍 들여다보려는 것이 아니라, 수천 명이 화성에서 거주할 수 있는 초석을 놓으려 한다는 사실을 잊지 말아야 한다! 머스크는 "자동차, 자전거, 말 등 선택할 수 있는 이동수단은 여러 가지다. 그러나 딱 한 번만 사용 가능하다는 전제가 붙는다면 그 누구도 우주선을 선택하지 않을 것이다. 한 번 타고 말기에 비용이 너무 크기 때문이다. 비행기의 복편에 드는 비용은 9,000달러다. 이런 비행기도 단 한 차례만 운항해야 한다면 항공권 1장의 가격은 거의 50만 달러가 될 것이다. 그렇지만 오늘날 누구나 43달러만 내면 로스앤젤레스에서 라스베이거스로 날아갈 수 있다. 그것도 부가세 포함 가격으로 말이다."라고 말한다. 다시 말해, 수송산업의 열쇠는 바로 재활용에 있고, 그러려면 정기 운행이 필요하다는 것이다.

한때 머스크가 예측한 것처럼 그의 우주선을 30년간 사용한다면 화성까지 약 12~15회를 오갈 수 있을 것이다. 화성의 하늘 문이 열리는 시간인 '스타트 윈도우start window'는 약 26개월마다 열린다. 지구궤도에서 우주선이 화성을 향해 비행하도록 연료를 주입하는 탱크 로켓을 더 자주 운항해야 하는데, 더욱이 화성 우주선은 탱크가 가득 채워지기까지 몇 차례의 추가 연료 공급이 필요하다. 따라서 기존에 사용되는 우주선보다 작은 사이즈로 제작하게 되면 개발비가 감소될 테지만, 그로 인해 연료 탱크 로켓의 역할이 더욱 중요해진다. 추가 연료 공급 없이 화성까지 직행하려면 냉철한 콘스탄틴 지올코브스키Konstantin Ziolkowski(다음 내용 참조)의 로켓 기본공식 결론에 따라 로켓은 지금보다 5~10배 이상 커져야 한다. 화성에 연료생산 혹은 연료 탱크 공급처를 구축하는 것도 장기 목표에 속한다. 마스원 프로젝트에서 설명했지만, 화성 계획 비용의 상당 부분은 복편에서 발생한다. 다음의 내용은 절대적으로 처음부터 복편에 필요한 연료를 싣고 화성으로 가는 전통적인 계획에 따른 것이다. 이런 소모적인 운반이 배제되는 순간 모든 비용은 감소한다.

## 우주선은 어떻게 작동하는 걸까?

간단히 보면 로켓은 화물칸, 연료탱크, 조종용 컴퓨터 및 엔진으로 구성되어 있다. 주로 액체 산소 및 케로신이 연소실에서 화염을 일으킨다. 다른 대안으로는 고체 연료 로켓이 있다. 고체 연료 로켓은 제작이 훨씬 용이하지만 한 번 점화되면 멈출 수 없다. 이 2가지 유형의 로켓 모두 노즐을 통해 뜨거운 배기가스를 분출하며 로켓을 가속한다. 누구나 집에 있는 샤워기의 반동 원리를 알고 있을 것이다. 수도관에서 흐르는 물을 사용하기 위해서 샤워기 헤드를 들어 올려야만 한다면, 로켓은 궤도에 오르기 위해 비축해둔 모든 연료를 활용해서 하늘 높이 쏘아 올려져야 한다. 로켓은 목적지까지 가는 도중에 연료를 다시 보충할 수 없다. 이것이 탑재되는 적재량에 비해 로켓의 몸체가 거대한 이유다(로켓의 커다란 부품에 대해서는 '아틀라스V를 사례로 한 부품 무게와 로켓 비용' 참조). 달 탐사 우주선인 새턴5의 탑재허용량은 2,935t이지만 실제로는 거우 122t만을 궤도에 운송했다. 즉 이 우주선은 탑재된 화물보다 로켓의 중량이 무려 24배 더 무거웠다.[13]

로켓의 성능을 좌우하는 건 연료 및 엔진의 품질 외에도 로켓에 채워진 연료와 화물 탑재 공간의 비율이 결정적이다. 러시아의 지올코브스키는 이미 100년 전에 이 결정적인 요소를 일명 로켓 공식으로 표현했다.

$$v\,End = vImp \times \ln(m0/m)$$

v End   로켓의 최고속도 m/s

vImp   연소실을 벗어날 때 m/s마다 생성되는 배기가스의 속도

m0      발사를 시작한 로켓의 총량

m      연료가 연소된 후 로켓 안에 비어있는 양

글로 표현하자면, 로켓의 엔진 성능과 전후 중량을 안다면 로켓이 연료의 도움을 받아 얼마나 빨리 날아갈지 파악할 수 있다. 유감스럽게도 기존 로켓의 일부가 하나둘 분리되면 분리된 로켓에 적용되었던, 궤도로 화물을 수송하기 위한 하중은 거의 쓸모가 없어진다. 따라서 여러 단으로 분리되는 로켓은 각 부분을 독립된 로켓으로 간주해야 한다. 그래서 여러 단의 로켓을 영어로는 소모성 우주 발사체 Expendable Launch Vehicle라고 표현한다. 각 로켓 단의 연료가 소진되면 남은 로켓이 비어있는 탱크 부분까지 가속하지 않도록 해당 로켓 부분은 분리된다.

이것이 화성 지표면에서 얼음 조각을 찾았을 때 학자들이 환호했던 이유이기도 하다. 그 안에서 화성 대기권에 녹아있는 이산화탄소를 추출하여 연료의 구성요소인 수소, 메탄, 산소를 얻을 수 있다. 학계는 약간의 설비기술과 화학 분야의 발전이 이뤄지면 화성에 로켓 연료 생산기지를 건설할 수 있을 거라고 보았다. 그리고 머스크는 로켓의 연료로 수소보다 메탄을 선호했다. 메탄은 다루기가 훨씬 수월하여 까다롭고 예민한 수소에 비해 저렴하기 때문이다.

머스크의 계획처럼 100명의 지구 이주민을 우주로 실어 날라야 하는 로켓은 엄청나게 거대할 것이다. 이 로켓의 모델명은 BFR로 2개의 단으로 구분되어 있다(사진13 참조). 31기의 부스터와 6대의 엔진을 장착한 우주선. 두 부분을 합하면 그 크기는 총 106m 높이에 중량도 4,400t에 육박한다. 이는 컨테이너 화물선 중량에 맞먹는 수치다.

머스크는 연설하는 동안 BFR이라는 약자의 이중적 의미를 해석하지 않았다. 그의 전달력 때문에 로켓의 등장을 위험에 빠트리는 실수를 피하고 싶었기 때문이다. BFR은 기술적 약자[*]가 아니라 기존 모델명을 변형한 'Big Falcon Rocket'을 뜻한다(혹자는 'Big Fucking Rocket'이라고도 한다). 혹자가 말하는 별칭은 BFR의 정곡을 찌르는 것이다. BFR은 그 안에 실릴 우주선 BFS(S는 Spaceship을 의미한다)를 합쳐도 얇고 긴 3단 로켓인 새턴V보다 작았지만, 훨씬 무겁고 힘이 셌다. BFR은 이론적으로 235t을 지구궤도로 쏘아 올릴 수 있고 85t 중량의 우주선과 함께 150t의 화물을 탑재할 수 있다. 이는 현존하는 로켓들의 거의 10배에 이르는 수치다.

하지만 뭐니 뭐니 해도 승객들이 가장 관심을 두는 부분은 우주선의 내부 시설일 것이다. BFS는 지금의 캡슐 우주선과 닮지 않았다. 머스크는 "여압실은 825㎡로 이것은 에어버스 A380(프랑스의 에어버스 인더스트리가 개발한 완전 2층 구조의 초대형 여객기 -옮긴이) 이상의 크기다."라고 말했다. 화성으로 가는 여정은 최소 3개월에서 6개월이 걸리기 때문에, 달랑 좌석 하나가 아니라 객실이 있어야 한다. 따라서 화성행 우주

---

[*] 머스크는 약자를 쓰는 걸 선호하지 않는다. 머스크는 직원들에게 약자를 가능하면 사용하지 않도록 당부하고 있으며 특히 새로운 용어를 만들지 말라고 경고했다. 이런 점은 그가 남긴 메모만 봐도 알 수 있다. 'ASS, 축약은 진짜로 최악이다(Acronyms Seriously Suck)'.

| 아틀라스V를 사례로 한 로켓 중량구조 및 생산 원가 및 비용 비중 |

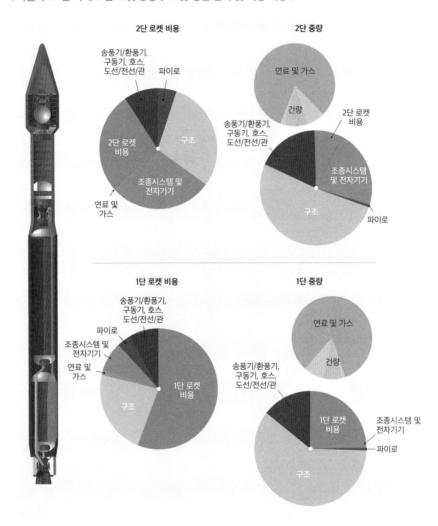

**그림6** · 아틀라스V의 비용 및 중량구조를 살펴보면 발사 시 로켓 중량의 가장 큰 부분을 차지하는 연료가 소모되는 부분이 크지 않다는 것을 알 수 있다. 로켓 스타트업이 새로운 엔진을 개발할 때마다 유독 신형 엔진을 소개하는 이유는 명확하다. 로켓에서 가장 고가의 장비이기 때문이다(출처: 살바토레 T. 브루노 유나이티드 런치 얼라이언스(ULA)의 CEO).

선 내부에는 5~6명이 사용할 수 있는 객실 40개가 설치됐다. 정말 만석일 경우를 제외하고는 일반적으로 2~3명이 한 객실을 사용할 거라 짐작된다. 그렇게 되면 정말로 약 100명이 화성으로 여행을 갈 수 있다.[14] 그 밖에 우주선에는 화물칸, 태양 폭풍 대피소, 엔터테인먼트 구역 등이 있다.

기존 모델에서 업그레이드된 점은 BFS 양측에 설치된 델타윙Delta Wing이다. 델타윙은 우주선이 글라이더 외관을 가지도록 한다. 머스크는 델타윙을 그다지 선호하지 않았다. 머스크는 "우리는 최대한 델타윙을 피해 보려 했지만, 태양계 어디에서든 착륙 가능한 우주선의 통용성을 보장하려면 필요한 선택이었다."[15]라고 말했다. 우주선이 착륙하는 장소에는 적든 많든 밀집된 대기가 형성되어 있다. 델타윙은 지구와 같은 환경에 착륙할 때 공기력(바람 이외의 기류에 의한 힘이나 정지 공기 중의 이동물체에 작용하는 힘을 총칭한다 -옮긴이)을 담당한다. BFS에는 그리 크지 않은 델타윙이 장착되면서 우주선의 균형과 제어력이 훨씬 개선되었다. 그러므로 적어도 머스크를 뺀 화성으로 가는 승객들은 델타윙의 등장을 반길 것이다. 지구와 비교하면 화성의 대기층은 얇디 얇지만, 작은 델타윙만으로도 우주선 착륙 시 제동 기능을 통해 운행속도를 감속하기에 충분하기 때문이다.

화성 로켓 및 우주선은 청사진일 뿐이었지만 머스크는 이미 오래 전부터 하드웨어 개발에 착수하면서 기술적 토대를 다지고 있었다. "우리는 이미 시스템 구축을 시작했다. 메인 탱크 구축을 위한 설비를 주문했고 생산시설이 완공됐다."[16] 그뿐만이 아니었다. 랩터Raptor 엔진이 이미 완성됐고 단번에 100초간 점화됐다. 머스크는 당시를 회상하며 "가동시간을 더 연장하는 것도 가능했지만 그것이 테스트 탱크로 버틸 수 있는 최고치였다."라고 말했다. 머스크는 랩터 엔진이 화성 착륙 시 엔진 가동에 40초가 걸릴 것이라고 말했는데, 만약 이 설명이 사실이라면 스페이스X는 엄청난 슈퍼엔진을 개발한 것이다. 팰컨 로켓의 멀린 엔진과 크기에 큰 차이가 없으면서도 추진력이 약 3배 이상이며, 최고 출력 시 연료를 20% 절약할 수 있다는 소리이기 때문이다. 이는 한 지점에 연착륙을 시도할 때 매우 중요한 열쇠가 된다. 머스크조차도 랩터 엔진이 제대로 작동할 거라 생각하지 못했던 것 같다. 머스크는 "이 엔진은 고도의 연소 압력 때문에 멀린보다 다루기 어렵다. 첫 번째 테스트에서 폭발하지 않아서 오히려 살짝 놀랐다. 다행히도 모든 것이 순조롭게 진행됐다."고 말했다.[17]

연소실 압력 외에 부분별로 작동하는 독특한 엔진 방식full flow staged combustion cycle도 랩터 엔진의 또 다른 병기다. 터보 펌프가 작동하며 전체 엔진이 터빈을 통해 가동되는 방식은 엔진을 과열시키지 않았고,[18] 그로써 엔진의 작동시간은 늘었으며 대기시간 또한 현저히 줄어들었다. 이런 성능은 머스크가 혼신을 다해 이루려던 목적을 제대로 설명했다.

또한, 탄소섬유로 만든 거대한 테스트 탱크가 우선 개발되어 실재 하드웨어가 존재했다. 신형 로켓개발의 가장 어려운 부분은 단연 엔진이었지만 연료탱크도 그만큼 중요하다. 로켓은 특정 방향으로 그 내용물이 제어되고, 연료를 연소하며 하늘을 나는 탱크나 다름없다. 스페이스X에서 개발한 이 연료탱크는 누가 봐도 화성행 로켓에만 사용할 수 있을 정도로 거대하다. 그 위에 올라서기 위해 계단을 10개나 설치해야 할 정도였다. 천장에 부착된 18개의 로봇 팔이 클래식 오케스트라의 공연장처럼 탱크를 비췄다. 스페이스X는 탱크가 압력을 어디까지 견디는지 확인하려고 해상 플랫폼으로 로켓을 가져갔다.[19] 그리고 테스트용이었던 만큼 탱크는 슬픈 운명을 맞았다. 머스크는 "우리는 탱크의 기준압력까지 성공적으로 실험했다. 그러나 어느 시점에 탱크가 찢어지는지 확인하고 싶었기에 한계치를 넘기고도 실험을 강행했고 결국 그 지점을 발견했다. 테스트 탱크는 약 100m 높이까지 비행한 뒤 바다로 추락했다."라고 보고했다.[20] 당시의 자료를 보면 엉망진창이 된 채 물가에 놓인, 바람 빠진 시커먼 바운싱 캐슬bouncing castle(공기주입식 성 모양 구조물 -옮긴이)처럼 보이는 탱크의 잔해를 확인할 수 있다.[21] 머스크는 곧 급속 냉동한 액체가 담길 탄소섬유 탱크의 제작 방식에 대해 좋은 예감이 든다고 밝혔다. 무엇보다 경량 우주선을 개발하려면 이는 매우 중요한 요소였기 때문이다.[22]

이런 예상치 못한 첫 단계의 성공은 머스크의 야심 찬 일정 브리핑으로 이어졌다. "나는 약 5년 후 우리의 첫 우주선 발사가 가능할 수 있도록 우주선 개발을 끝낼 것이다. 그때까지 성공하지 못한다고 해도 분명 오래 걸리지는 않을 것이다. 어떤 경우에도 화성과 지구의 랑데부를 2022년 이내에 성공시키는 것이 우리의 목표다."

머스크는 테스트 지역으로 지구를 활용하려고 했다. 그에 따라

BFR은 대기권을 오가는 로켓 비행물체로 비행을 시작하여 수백 km 높이의 발사부터 그 폭을 점점 확대할 예정이다. 열보호가림판heat protection shield이 필요 없기에 이는 BFR에게 주어진 비교적 간단한 임무다. 그 밖에도 스페이스X는 (착륙에 필요한) 연료를 충분히 비축해두었다고 답했다.[23]

그것이 2022년이든 그보다 2년 혹은 4년 뒤이든 머스크의 계획은 매우 당돌하고 저돌적이다. 우주선 2대를 실을 것으로 예정된 BFR의 첫 무인 과제는 물을 찾는 것이었다. 그리고 우주선 4대로 진행할 2번째 미션에서 2대는 유인우주선으로 화성-연료-공장으로 이어지는 우주 주유소를 건설하여 소형 함대가 우주선으로 복귀할 수 있도록 연료를 안배하려 한다(그렇지 않으면 재활용이라는 머스크의 공약이 시행될 수 없다).

이것은 시작에 불과하다. 머스크의 예측에 따르면 향후 10년 안에, 수십만 명의 사람들을 화성으로 수송하기 위한 우주선 수백 대가 화성을 오갈 것이다. 그러려면 또 뭐가 필요할까? 그렇다. 바로 돈이다.


## 쓸모를 정하다

멕시코에서 머스크는 122m 높이와 1만 500t의 로켓을 소개했고 이 로켓이 발사될 시 '구조적 사건'이 벌어질 것을 약속했다. 놀라운 점은 이 거대한 로켓의 제1단이 겨우 2억 3,000만 달러(한화 약 2,760억 원 -옮긴이)이며 로켓에 실릴 우주선이 2억 달러라는 점이다. 머스크는 1회 여정으로 산출되는 최고 비용을 마지막에 계산했기 때문에 우주기지, 로켓, 우주선 제작과 운행 견적을 내는 데 있어 (정중하게 표현해서) 지나치게 낙관적이었다. 2016년부터 머스크의 계획을 깊게 분석해온 퍼듀대학교 소속 과학자들의 보고서는 무려 300쪽에 달했고 그들은 다음과 같은 결론을 내렸다. "만약 일론 머스크가 우주행 티켓을 20만 달러 이하로 낮추려고 한다면 머스크는 이주지역의 기초시설을 건설하기 위해 이주민 1명당 수백만 달러에 이르는 보조금을 받아야 할 것이다." 그들에 따르면 머스크가 계산한 방식은 타당하지 않았다.

그때부터 머스크는 이 거대한 로켓의 자금을 어떻게 조달할 것인지 설명했다. "우리는 자금출처에 대해 고민했고 도출된 방법으로는 속옷 훔치기, 위성 발사, 국제우주정거장 공급, 킥스타터Kick Starter(미국에 대표적인 소셜 크라우드 펀딩 서비스-옮긴이), 그리고 당연히 기업 이윤이 있다!"

여기서 머스크는 스스로 삐딱한 대중문화 감성의 소유자라는 걸 다시금 증명한다. 머스크는 자신의 화성 계획을 말도 안 된다고 여기는 다수에게 흡사 심슨Simpsons의 가가 버전Gaga Version처럼 미국의 내적 모순을 그린 애니메이션 '사우스파크South Park'의 에피소드나 참고하라고 비난했다. 사우스파크의 주인공인 스탠, 카일, 카트맨, 케니, 트윅은 속옷을 훔치는 난쟁이(!)로 그들은 자신들의 3포인트 비즈니스모델을 이렇게 설명한다.[24]

1. 속옷을 수집한다
2. ?
3. 수익을 낸다[25]

물론 말도 안 되는 소리다. 이 괴상한 애니메이션을 인용하면서 오히려 머스크의 화성 계획의 거품이 더 명확해졌다. 2016년 당시 머스크는 자금 조달에 대한 제대로 된 계획이 없었다. 불행 중 다행으로 이런 모순을 비교적 빨리 깨달은 머스크는 얼마 되지 않아 (큰 비용이 들지 않는) 소형의 로켓뿐만 아니라 개선된 자금 조달 계획안을 내놓았다.

머스크는 2가지 요구사항을 하나의 아이디어로 결합했다. 머스크는 단순히 BFR 개발 및 제작 비용을 절약하기 위해 로켓을 원래 계획보다 훨씬 작은 크기로 만들고 싶지 않았다. 머스크는 타 행성 비행뿐만 아니라 지구궤도의 정기 미션까지 처리할 수 있을 정도의 크기로 대안을 냈다. 그렇게 수익도 내면서, 화성 여행 계획도 실행하도록 제작된 올인원 로켓으로 머스크는 정기적인(화성 왕복운행에 필요한) 자금을 확보했다. 그리고 더 나아가 지금까지의 제품, 즉 팰컨과 드래건 캡슐 우주선의 부품을 재활용하는 시스템을 구축하여 스페이스X가 보유한 거대한 자원을 하나의 시스템으로 통합하고자 했다.[26]

이것은 매우 기발한 생각이다. 우선 팰컨 브랜드는 신뢰할 수 있으면서도 저렴한 비용으로 우주 진입이 가능한 로켓으로 자리 잡았고, 둘째로 스페이스X가 현재 많은 자금을 들여 대형화물 버전인 팰컨 헤비를 개발하고 있기 때문이다. 이것을 가지치기하듯 재활용한다는 것은 스페이스X에게 비교적 유익한 방책이다. 머스크도 당연히 이 이점을 잘 알고 있었다. 머스크는 "우리에게는 매우 보수적인 사고방식으로 비행 이력이 있는 발사체를 예약하려는 고객들이 있다. 따라서 우리는 팰컨 로켓과 드래건 캡슐 우주선을 예비용으로 활용하는 계획을 세웠다. 굳이 누군가 낡은 로켓과 우주선을 사용하고 싶다고 한다면 그것을 활용할 것이다."라며 다소 무례하게 말했다. 정리하자면 그가 자신이 보유한 모든 자원을 BFR 제작에 적극활용할 것이며, 그때까지 위성 발사 및 국제우주정거장의 화물수송 수입으로 지속적인 수익을 낼 거라는 이야기다. 머스크의 말에는 지금 당장 자금이 없다면 사비를 털어서라도 화성 프로젝트에 비용을 댈 것이며 같은 배를 탄 스페이스X의 투자자들도 제 몫을 해야 한다는 의미가 담겨있다.

그러나 아직 BFR 운행이 팰컨만큼 저렴한 비용에, 수지 타산적일 거라는 근거는 없다. 따라서 머스크의 이런 자금 조달 계획은 기업이 보유한 위험성 높은 기술의 수정이나 혹은 더 복잡한 문제를 야기할 가능성이 농후하다. 그럼에도 머스크가 BFR을 역마役馬로 지구궤도에 내놓을 거라는 점 자체는 매혹적이다. BFR은 엄청난 중량을 우주로 운송할 수 있다는 장점 외에도 부피가 큰 화물을 수송할 수 있다는 이점이 있다.

BFR은 지름이 약 9m에 이르는 물체까지 궤도로 운송할 수 있다. 예컨대 새로운 허블망원경을 구축할 때 BFR을 이용한다면, 제작자는 허블망원경2.0에 기존 허블망원경 면적에 10배인 거울을 사용할 수도 있다. 나아가 머스크는 우주 쓰레기와 고장 난 위성을 수거하고 국제우주정거장과 다른 정거장의 화물공급은 물론 달 착륙에 이르는 기타 활용방안까지 언급했다. "BFR은 달 표면에서 연료를 다시 채우지 않고도 달 탐사를 완수할 수 있다. (…) 달기지 알파 건설 혹은 그 밖의 모든 임무를 가능케 한다."

그럼에도 머스크의 계획이나 개념, 일정에 여전히 딱 들어맞지 않았던 부분은 행성 간 수송체계의 불확실한 개발비였다. NASA는 2017년까지 우주선을 우주로 운송할 SLS 로켓과 딥 스페이스 탐사용 캡슐 우주선 오리온(서비스 모듈을 배제한) 개발에만 무려 150억 달러(한화 약 18조 원 - 옮긴이)를 지불했다. 그러나 머스크의 비용계획안에는 언제든 추가될 수 있는 개발비용과 임시 수리비가 보이지 않았다. 필연적인 사고, 결손, 그리고 구조 임무로 발생하는 추가 경비(영화 '마션'의 주인공 '마크 워트니 구조작전'에서도 매우 중요한 주제였다), 제작, 설치, 대기, 화성연료시설 운영비, 그리고 보험비와 세금이 책정되지 않은 것이다. 장기적으로 국가는 파손, 사고 보증에 대한 위험을 떠안으려 하지 않았고 기초설비 공급에서 제 몫을 회수하려고 했다. 그렇기에 이 모든 비용은 기업이 손익분기점에 도달할 때까지 고려해야 하는 총비용의 일부분이다. 머스크가 멕시코와 호주에서 언급했던 예산은 화성 이주라는 그의 장기 프로젝트에 걸맞지 않았다.

머스크의 계획을 회의적이면서도 낙관적 관망이 뒤섞인 시선으로 바라보는 캐나다 출신의 우주비행사 크리스 해드필드Chris Hadfield는 BBC와의 인터뷰에서 자신의 생각을 적절하게 요약했다. "나라면 로켓의 이름을 살짝 비현실적인 로켓Bit Far fetched Rocket이라 부르겠다. 어쨌든 지금은 그렇다. 하지만 내 말을 오해 말기를 바란다. 우주선을 운행하려면 낙관주의자가 되어야 한다. 스페이스X는 처음부터 먼 곳을 바라보며 성큼 걸어갔다. 그리고 그들은 세상에 항상 뭔가를 내놓았다. 정말 믿기 힘들 정도로 진취적인 기업이다. 어쩌면 머스크는 발표한 일정을 지키지 못할 수도 있다. 그렇지만 그는 매우 놀라운 능력의 소유자이고 정말 뛰어난 사람들이 그를 위해 일한다. 그 밖에도 그의 목표는 정말 멋지다."[27]* 이렇듯 옹호론자는 물론 회의론자들도 그가 또 한 번 믿을 수 없는 일을 실현할 수 있을지, 머스크의 다음을 주시하고 있다.

---

* 같은 인터뷰에서 캐나다 출신인 해드필드는 화성이 정말 꼭 가봐야 할 정도로 흥미로운 곳인지에 대한 질문을 받았다. 이에 그는 이렇게 대답했다. "글쎄요, 예전에 캐나다에 관해서도 그런 비슷한 질문이 있었죠."

# -④-
# 우주선의 전망:
# 우주 여행객

**사고가 나던 날 난 우주여행을 신청한 두 사람의 이메일을 읽고 있었다.**

리처드 브랜슨, 2014년 10월 31일 스페이스십투의 1호기가 시험비행 중 추락하던 날 스카이뉴스 방송국 인터뷰에서

## 모하비

로스앤젤레스에서 모하비까지의 거리는 그리 멀지 않다. 도시 외각을 따라 차로 1시간 30분 정도면 도착한다. 고속도로를 타거나 패서디나에서 시작해 태평양에 위치한 대도시의 고원을 가로지르는 산맥을 통과하고 유명한 제트추진연구소Jet Propulsion Laboratory, JPL까지 단번에 이어지는 국도를 이용하면 된다. 유럽과 달리 구불구불한 곡선 도로 주변에는 산속 마을은커녕 작은 휴게소나 매점조차도 보이지 않는다. 산의 다른 쪽에는 남부 스페인의 초원지대와 닮은 사막이 펼쳐진다. 이 뜨거운 지역에는 놀랍게도 많은 사람이 거주하며, 로스앤젤레스에서 출발한 교외선 열차가 이곳까지 다닌다. 그렇지만 사막지대로 진입하면, 갈수록 땅은 척박해지고 주변 지역도 소박해진다. 앞마당에 깔린

잔디는 누렇고, 주택은 초라하며 차고 앞에는 GM 픽업트럭 대신 낡은 토요타가 서 있다. 산 경사면에 설치된 풍력 발전 지대만이 에너지에 굶주린 이 도시를 가늠하게 한다.

바싹 타버린 고원이 사람이 살기에는 적의가 생길 정도로 힘든 곳이라면, 무모한 스턴트 비행을 고대하는 사람에게는 거울같이 매끄러운 함수호鹹水湖가 확장된 활주로 같은 환경을 선사한다. 에드워즈 공군기지Edwards Air Force Base에서 낮에는 60년대의 전설이었던 로켓 비행기 X-15를 타고 우주로 돌진하는 시험비행을 하고, 밤에는 그 두려움을 한 잔의 맥주로 씻어내던 파일럿의 모습을 떠올릴 수 있다.* 당시만 해도 캡슐 우주선에 탑승한 우주비행사들은 로켓 비행기 X-15 조종사들과는 달리 우주선 조종이 사실상 거의 불가능했기에 공군 조종사들은 이들을 캔푸드Can Food라고 조롱했다.**

이제 나는 당신을 민간 우주선을 개발한 스케일드 컴포지트Scaled Composite, 유임 승객용 민간 우주선의 최초 개발자 리처드 브랜슨의 스페이스쉽 컴퍼니Spaceship Company, 마이크로소프트의 공동설립자이자 억만장자인 폴 앨런과 초대형 비행기와 로켓시스템을 건설하는 세계적인 기업 BAE 시스템BAE Systems, 노스롭 그루만Northrop Grumman처럼 전 세계적 의의를 지닌 항공우주산업 기업의 글로벌 우주산업 관광 메카로 초대할 것이다.

---

* 톰 울프(Tom Wolfe)는 그의 저서 《영웅에게서 나오는 요소》에서 이 모습을 매우 흥미롭게 묘사했다.
** 테스트 조종사들은 미국의 첫 우주비행사인 '머큐리 세븐(Mercury Seven)'을 멸시하는 말로 그를 아침 식사용으로 유명한 통조림 햄 브랜드 '스팸 캔'이라 불렀다.

모하비 지역은 광활한 평야로 이뤄져 있다. 하지만 이곳은 로켓을 쏘아 올리기 위해서가 아니라 손상된 보잉747 기종을 항공기 묘지를 향해 이륙시키기 위해 존재한다. 유명한 에어로스페이스 하이웨이14가 가로지르는 이 지역 외곽에는 맥도날드가 줄지어 있고, 그 뒤로 소박한 방갈로식 주택이 늘어선 텅 빈 거리가 이어진다. 이곳의 분위기는 모하비의 동부에서부터 한눈에 실감할 수 있다. 대형 격납고 뒤에 또 다른 격납고가 줄지어 있고 마치 지역의 경계선처럼 모하비 우주항이 위치한다. 하지만 얼마 전 화려한 외관을 자랑하며 완공된 뉴멕시코 미국우주항Space port America만큼 장엄하지는 않다. 오히려 독일의 지거란트 공항과 닮았다. '공항' 입구에 놓여있는 테스트 우주선 로튼Roton(사진14 참조)만이 이곳이 특별한 장소라는 힌트를 준다. 이 우주선은 헬리콥터와 로켓이 제멋대로 섞인 듯한 외관을 지녔다. 로튼은 회전날개로 필요한 고도로 상승한 다음 로켓엔진을 통해 궤도로 날아가야만 했다. 로켓과 동명인 제조사는 대기시험비행체Atmospheric Test Vehicle를 제작했고, 테스트 조종사들의 생명을 위협한 시범비행을 3차례나 계획했다.

테스트 조종사들을 위한 로켓 위험도 측청 평가인 쿠퍼-하퍼 평가 기준에 따르면 이 잘린 오이 모양의 우주선은 중대한 결함을 뜻하는 10점 중 10점을(유튜브에서 이 비행 과정을 시청할 수 있다) 받았다. 그렇게 3,000만 달러가 공중에서 불타버렸다. 그중에는 80년대《붉은 10월》을 비롯한 다수의 베스트셀러를 집필한 유명 작가, 톰 클랜시Tom Clancy의 투자금도 포함되어 있었고, 2001년 마침내 로튼은 파산했다. 오늘날 로튼 프로젝트의 테스트 로켓은 점심을 먹기 위해 공항레스토랑 '보이저Voyager' 앞을 오가는 엔지니어와 기업가들에게 일종의 경고나 다름없는 기념비가 되었다(사진16 참조).

보이저 레스토랑의 푹신한 쿠션에 기대어 앉아있으면 활주로와 비행기 무덤이 한눈에 들어온다. 비행기 무덤은 퇴역 비행기를 부품용으로 또는 유사시 이용하기 위해 보관해 두는 장소를 말한다. 인근의 격납고와 우주선 작업장에 엔지니어들이 주로 방문하는 오후 무렵이 되어야 레스토랑이 가득 차기 때문에 오전에는 여유로운 편인 종업원들은 이곳에서 주기적으로 커피를 마시는 단골과 대화를 나눴다. 벽에는 이 지역 테스트 파일럿의 영웅담이 걸려있다. 그중에는 초경량항공기 보이저호를 타고 세계 일주에 성공한 딕 루탄Dick Rutan과 지나 예이거Jeana Yeager의 사진도 있었다.

"딕은 이곳에 꽤 자주 온다. 그리고 얼마 전에 그는 날 순회비행에 데려갔다." 한 종업원은 말했다. "그때 꽤 무서웠다. 딕은 어느 순간 내게 조종간을 넘겨주며 말했다. '이제 당신이 해봐요!' 물론 딕이 날 놀린 것이었다. 잠시 후 딕은 자신이 페달로 비행기를 계속 조종하고 있었다고 털어놓았다."

장난을 좋아하는 이 파일럿은 우주를 향해 날아가는 민간 우주선 기술의 주역이자 살아있는 전설인 버트 루탄Burt Rutan의 형제다. 루탄은 400대가 넘는 비행기를 설계하고 제작했다. 그중에는 구경꾼들의 시선을 훔친 마르트 슈탐Mart Stam의 캔틸레버 의자Cantilever Chair처럼 땅에 추락하지 않는 게 이상해 보이는 디자인도 있었다. 루탄은 (취미로)

비행기를 직접 제작하는 DIY 사업을 위해 자신 이름을 딴 루탄 에어크래프트 팩토리Rutan Aircraft Factory와 훗날 스케일드 컴포지트를 설립하며, 항공기 팬들에게 인지도를 쌓았다(그렇다, 당신은 지금 제대로 읽은 것이다, 이것이 바로 미국이다!). 아마 루탄도 자신이 최고의 항공우주 기술자라는 사실에 만족스러워한 것처럼 보인다. 누군가 루탄에게 어떤 지자체가 모하비에서 우주선 발사를 승인했는지 묻자 루탄은 이렇게 대답했다. "먼저 허락을 구하는 것보다 나중에 용서를 비는 것이 낫다."[1] 이런 루탄이 무려 7년이나 미 공군에서 활동했다는 사실은 정말 놀랍다. 어쩌면 당시 그의 상사는 기체역학 분야의 천재성을 알아보고 그의 기이한 행동을 이해해준 것일 수도 있다. 훗날 루탄은 스페이스셔틀 2기를 제작했다. 바로 불운의 스페이스십투 'VSS 엔터프라이즈'와 2004년 안사리 X-PRIZE를 수상했던 이전 모델 스페이스십원이었다. 이로써 모하비는 우주 비행 분야의 메카이자 뉴스페이스인을 양성하는 성지로 자리 잡았다.

안사리 X-PRIZE는 이번 장에서 살펴볼 뉴스페이스 관광의 핵심요소로 군림했다. 이번 장에서 다루고자 하는 것은 단지 며칠간 국제우주정거장에서 지내기 위해 고심하다가 재정난에 빠진 러시아 우주비행국에 수백만 달러를 송금한 몇 명의 민간인 이야기가 아니다. 로켓 엔진의 가속, 무중력 상태, 우주의 암흑을 체험할 미래 승객들이 탈 스페이스셔틀에 관한 것이다. 그리고 바로 리처드 브랜슨이 이 모험을 주도하는 기업가다. 브랜슨은 스페이스십원SpaceShipOne 기술을 적극

활용하여 신개념 관광 사업의 지평을 열려는 인물이다. 그런 브랜슨에게는 우주관광업의 강점을 가진, 자금력이 훨씬 좋은 경쟁자가 있었는데, 그가 바로 제프 베조스다. 베조스 역시 클래식한 캡슐 우주선으로 관광객을 우주에 보내는 계획을 세웠다. 브랜슨과 베조스가 풀어야 할 핵심 문제는 푯값을 지불할 수 있는 사람들을 확보할 수 있는지와 실제로 승객이 주저하지 않고 탑승할 수준의 안전성을 마련할 수 있는지였다.

전설적인 X-PRIZE와 브랜슨의 관광용 우주선에 마음을 빼앗긴 사람이라면 민간 항공우주산업에 촉매제 역할을 한 누군가를 아주 잘 알고 있을 것이다. 바로 피터 디아만디스Peter Diamandis다.

## 우주산업 급진화

항공우주산업계에는 마치 축구클럽처럼 뜨겁게 불타오르는 팬덤이 있다. 거기에는 항공우주산업 분야 억만장자들도 있지만 스티븐 호킹Stephen Hawking 및 할리우드 영화감독 제임스 카메론James Cameron처럼 저명한 학자 혹은 예술계 인물도 있다. 그 밖에 일반적으로 대중에게 잘 알려진 인물은 아니지만, 무대의 환희와 팬들의 환호를 즐기는, 마치 드러머 같은 피터 디아만디스도 있다.

이들은 대중에게 항공우주산업을 알리기 위해 최선을 다한다. "인류의 운명은 우주에 있다." 이것이 그들이 사람들에게 전하려는 메시지다. 그들은 우주 개척에 필요한 기술은 이미 오래전부터 구축되었지만, 아직 정신을 가다듬고 그것에 돈을 투자하려는 사람들이 부족하다고 보았다. 그들은 이 문제가 해결되면 우주 경제, 수익, 우주 속 인류 등 그 밖의 모든 것이 자연스레 따라오리라 생각했다.

지금까지는 그렇지 못했다. 처음 몇 해 동안 민간 항공우주산업은 형편없는 수익성의 표본이었다. 민간 우주산업이 유행할 것이라는 예측은 결국 아무 성과 없이 사라져버렸다. 90년대 말 어떻게 하면 민간 우주산업계에 놀라운 한 방을 날릴지 찾아 헤매던 항공우주산업 급진파 디아만디스에게 이 시기는 트라우마 같았다. 록 밴드 벨벳 언더그라운드Velvet Underground에게 있어 록 음악처럼 항공우주산업은 디아만디스에게 같은 의미였다. 항공우주산업이 대중에게 알려지지 않았어도, 자체 개발한 우주선이 우주 비행 순위권 밖 비행을 했어도 그 분야에 발 담그고 있다는 것만으로 디아만디스의 지적 갈증은 채워졌다(더욱이 디아만디스는 슈퍼리치도 아니었다).

디아만디스가 처음부터 우주산업 개척자의 길을 향했던 것은 아니다. 디아만디스는 부모의 뜻에 따라 의학을 전공했다. 우주 괴짜로 소문날 정도의 덕후 기질을 두고, 하버드 의대 전공 교수가 졸업시험 전 디아만디스에게 "그래요, 졸업시험은 보되 의사 실습은 하지 맙시다!"라고 통보할 정도였다.[2] 디아만디스는 결국 의사를 포기하고 메사추세츠공과대학MIT에서 항공우주 공학 학사를 취득했고, 졸업 전인 1988년에 국제우주대학교International Space University와 항공우주산업 기업 인터내셔널 마이크로스페이스를 설립했다. 그러나 이 기업은 그리 오래 가지 못하고 출범한 지 얼마 안 돼 매각되었다.

디아만디스는 찰스 린드버그Charles Lindbergh의 대서양 비행과 오르타이그 프라이즈Orteig prize에 관한 책을 읽는 순간 우주산업의 경쟁을 단번에 부흥시킬 아이디어가 떠올랐다고 한다. 2주 안에 가장 먼저 2차례, 2명의 승객을 태우고 우주 100km 상공까지 날아갔다가 (건강히) 지구로 복귀한 사람에게 (NASA와 정부 지원 없이) 독자적인 상을 수여하는 것이 그의 계획이었다. 1996년 디아만디스는 전 세계에 자신의 계획과 1,000만 달러(한화 약 120억 원 - 옮긴이) 상금을 발표했다.

그러나 대회를 실행하는 것은 종이에 계획을 끄적이는 것과 차원이 달랐다. NASA의 임원이자 린드버그의 후예인 버즈 올드린Buzz Aldrin은 디아만디스의 초청으로 세인트 루이스를 방문했다. 그리고 각 매체를 대표하는 언론인 50여 명도 참석했다. 그리스에서 올리브를 따던 아버지를 둔 디아만디스가 이만한 스포트라이트를 받은 것도 큰 성공이었지만, 프로젝트를 꾸리기에는 상금이 부족했다. 자금이 없었던 디아만디스는 오랜 탐색 끝에 스폰서를 찾았다. 이란 출신인 안사리Ansari 가문은 가업이던 텔레커뮤니케이션 비즈니스를 약 10억 달러에 매각한 자금가였다. 안사리 가문 중 특히 항공우주산업에 매료되었던 아누셰흐 안사리Anousheh Ansari 남편 하미드와 남편의 형제 아미르가 이 분야에 참여할 기회를 엿보고 있었던 것이다. "지금까지 우리의 사업 분야는 우주를 향한 내 열정과 직접적인 연관성이 없었지만, 최소한 난 항공우주산업의 기틀을 위한 자금을 마련할 수 있다."고 아누셰흐는 말했다. 그렇지만 그녀를 브랜슨, 베조스, 일론 머스크와 동일 선상에 놓아서는 안 된다.* 아누셰흐는 자신이 디아만디스를 선택한 이유에 관해 "X-PRIZE 프레젠테이션을 위해 피터 디아만디스가 우리를 찾아왔을 때 난 몹시 흥분했었다. 우리는 우주를 방문하고 항공우주산업에 열정을 쏟을 기회와 파트너를 찾는 중이었지만 믿음이 가지 않았다. X-PRIZE의 가장 근사한 장점은 현실적이고 안정적이며 유용성이 뛰어난 민간 우주선 제작기업을 우리가 직접 결정하지 않아도 된다는 점이다. 우리에게 그런 결정을 맡긴다면 여기에 참여한 업체를 모두 지원할지도 모른다."[3]라고 전했다. 이렇게 디아만디스는 우주산업으로 향하는 문을 활짝 열었고 2001년부터 X-PRIZE를 '안사리 X-PRIZE'로 명명했다.**

그렇지만 참가자를 모집하는 일도 쉬운 건 아니었다. 참가 모집이 안 되는 경우는 대체로 주최 측의 조건이 너무 엄격하거나 상금이 너무 적어서였는데, 안사리 X-PRIZE는 2가지 모두였다. 지구저궤도 우주선을 제작, 발사하고 특히 다시 안전하게 착륙하는 우주선을 만들기에 1,000만 달러는 턱없이 부족했다.

결국 아르헨티나, 영국, 루마니아 팀을 비롯한 26개 팀만이 도전장을 냈다. 에릭 시드하우스Eric Seedhouse는 이와 관련하여 자신의 책《버

---

진 갤러틱》에 '일부는 응시할 만한 자격이 있었지만 몇몇 팀은 (…) 어딘가 다치지 않을까 염려될 정도였다.'라고 썼다. 이런 그의 우려는 현실과 다르지 않았다. 루마니아 팀의 엔진 폭발로 발생한 굉음 탓에 몰려온 인근 경찰이 루마니아 팀 책임자 두미트루 포페스쿠Dumitru Popescu를 연행할 정도였다. 포페스쿠는 이 사건이 아니더라도 루마니아에서 어려움을 겪었다. 루마니아 팀에서 우주 방문 경험이 있는 유일한 우주비행사 두미트루 프루나리우Dumitru Prunariu는 포페스쿠의 로켓이 테러리스트의 손에 떨어질 수도 있다는 황당무계한 발언을 하기도 했다.[4] 그리고 모두가 예상했던 것처럼 루마니아 팀의 로켓은 대회 과정에서 폭발했다.

## 우주 비행 너드와의 거래

안사리 X-PRIZE에 응시한 다수의 참가자부터 루탄에 이르기까지, 이들의 문제는 자금 조달이다. 루탄은 첨단기술 마니아인 폴 앨런과 협약했다. 앨런은 스페이스십원처럼 우승팀이 우주선 제작에 필요한 소소한 자금을 지불할 수 있도록 루탄에게 수표를 적어줬다. 물론 자금 조달에 필요한 인물을 수배하고 서로의 제안을 수용하기까지도 다소 시간이 걸렸다. 흥미롭게도 이 모험의 주역인 브랜슨, 디아만디스, 앨런, 루탄은 이미 오래전부터 서로 관계를 맺었으며, 때로는 상황에 따라 위치가 역전되기도 했다.

버트 루탄 역시 아주 잠시 우주 경계를 넘은 뒤 다시 지구로 귀환할 정도로 매우 높은 고도까지 비행하는 지구저궤도용 로켓 발사를 고심했었다. 하지만 항공기 설계자이자 제작자인 루탄은 자신이 궤도용 우주선을 직접 제작할 수 없다는 걸 확실히 알고 있었다. 그래서 루탄은 약 50년 전 사무실에서 불과 몇 km 떨어진 에드워드 공군기지에서 발사한 X-15에서 영감을 얻었다. X-15는 탄도비행으로 우주를 비행했다. X-15는 로켓엔진 양옆에 작은 날개가 부착된 항공기로 닐 암스트롱Niel Amstrong과 같은 노련한 파일럿이 엔진이 멈춘 항공기를 에드워드 기지를 향해 글라이더처럼 힘들게 조종해야 했다. X-15는 지옥의 항공기라고 불릴 만큼 최고의 조종사에게만 비행이 허락됐다. 그러던 중 디아만디스의 안사리 X-PRIZE 소식을 접한 루탄은 계획 중인 콘셉트를 X-PRIZE 프로그램에 맞춰 응용할 수 있겠다는 생각을 했다. 같은 시기 브랜슨은 항공우주산업 기업 '버진 갤럭틱'을 보존하려 노력했지만, 아직 자체 개발한 우주선이 없었다. 1988년, 브랜슨은 한 TV 프로그램에서 전화 연결을 통해 우주여행을 꿈꿔본 적이 있는지 묻는 어린 시청자의 질문을 계기로 '버진 갤럭틱' 아이디어를 구상했다. 60년대에 유행했던 스타일과 비슷하지만, 그보다 살짝 가볍게 더 부룩한 사자머리를 한 젊은 브랜슨은 훗날 이 질문이 그를 항공우주산업에 뛰어들게 했다고 회고했다.[5] 브랜슨은 이 사업에 적극적으로 뛰어들기 전에도 우주여행이라는 주제를 간접적으로 경험한 적이 있었다. 1978년 그는 자신이 소유한 버진 필름으로 NASA를 위해 (아폴로 11호를 다룬) '더 스페이스 무비'라는 제목의 다큐멘터리 영화를, 그리고 당시 록의 슈퍼스타이자 영국 프로그레시브 록의 대표주자 마이크 올드필드Mike Oldfield와 버진 뮤직을 통해 사운드트랙을 제작했었다.

브랜슨은 아직 그 누구도 시도하지 않았다는 전제 아래 모험가로서의 사명을 다하려 노력했다. 그래서인지 1998년 브랜슨의 개인저택에서 브랜슨을 만날 기회를 얻은 피터 디아만디스는 비교적 낙관적이었다. 디아만디스는 브랜슨에게 자신의 계획을 설명할 수 있었고 브랜슨은 궁금한 점을 적극적으로 질문했지만 끝내 그 제안을 거절했다.[6] 브랜슨은 우주선 대회의 스폰서가 아니라 자신이 직접 우주선을 띄우려 했기 때문이다.[7] 언급했던 것처럼 브랜슨은 계속 마지막 한 방을 날릴 기회를 찾아다녔고 열기구로 지구를 일주하는 비행(브랜슨의 모험심은 뒤에 가서 또 다룰 예정이다) 준비과정에서 열기구에 부착된 선실을 개발해준 루탄을 만나게 된다. 그리고 로튼 테스트 비행선의 초라한 시범비행을 견학하러 모하비에 방문한 브랜슨은 루탄과 보이저 레스토랑에서 다시 만났다. 이 두 사람은 비행기 모습을 한 우주선의 모함母艦으로 순항고도까지 도달한 뒤 그곳에서 우주로 비행하는 스페이스서틀 프로젝트를 의논했다. 그렇지만 이 프로젝트의 자금을 담당한 건 브랜슨이 아니라 첨단기술에 빠진 또 다른 너드, 폴 앨런이었다.

앨런은 억만장자 중 최고의 행운아로 알려져 있다. 처음 차고에서 친구 한 명과 소규모 소프트웨어 업체를 설립한 앨런은 당시 존재하지 않았던 운영체제를 개발해 IBM에 판매했다. 1982년 건강상의 문제로 회사경영 일선에서 물러났지만, 영리하게도 주식만큼은 계속 유지했다. 당시 앨런과 함께 회사를 설립한 친구는 빌 게이츠이고, 차고에서 시작한 그 작은 기업이 마이크로소프트 사이며 그들이 개발했던 운영체제가 MS-DOS다. 현재 65세인 앨런은 200억 달러(한화 약 24조 원 -옮긴이) 가치의 자산을 보유 중이다. 앨런은 다른 '전형적인' 억만장자들처럼 매우 큰 슈퍼요트(126m)도 있지만, 미래 첨단기술 프로젝트에 적극적인 투자를 하는 것으로 유명하다. 폴 앨런은 파티에 참석한 할리우드 스타, 록 스타와 악수하며 친분을 과시하고 항공기, 자동차, 부동산에도 수천만 달러를 투자하지만,[8] 그마저도 대중에게 외향적이고 적극적으로 다가가는 브랜슨과 머스크를 따라가기에는 역부족이었다. 앨런은 전반적으로 부지런하고 호감형인 회계사처럼 보였다(앨런의 외모에서 눈에 띄는 특징은 커다란 터키석 인장 반지가 유일하다). 이는 대중이 턱수염이 특징인 천재 설계자 루탄은 알아도 앨런을 못 알아보는 이유다. 하지만 이는 외모를 떠나 앨런 스스로 의도한 결과로 볼 수 있다. 앨런의 후원에는 앨런이 자금을 부었다는 사실을 공개하지 않는다는 조건이 달렸기 때문이다.[9]

이미 여러 해 전부터 루탄을 알고 있었던 앨런은 예전부터 방송국 중계에 사용되는 원거리 통신을 위해 높은 고도와 장거리 비행이 가능한 항공기 및 우주선 관해 대화를 나눴다. 2000년 앨런과 루탄은 그들의 꿈을 실현하기로 결정한다. 그들은 이 비밀프로젝트를 '티어 원 테크닉Tier One Technic'이라고 명명하며 관련 기술을 개발할 기업 '모하비 에어로스페이스 벤처Mojave Aerospace Ventures'를 설립했다. 훗날 앨런이 스페이스십원의 설계도를 브랜슨에게 넘기면서 이 기술은 또다시 각광받았다. 앨런은 수백만 달러를 투자하며 루탄의 기업인 '스케일드 컴포지트'의 우주선 제작을 후원하기도 했다.[10]

아이러니하지만 디아만디스 역시 앨런에게 X-PRIZE 프로그램을 위한 수백만 달러의 협찬을 요청했지만 결국 거절당했다. 사실 앨런은 이런 프로그램에 후원할 준비가 되어있었지만, 그런 결심을 입 밖으로 내뱉지 않았다. 그리고 그런 앨런의 마음을 조금도 알아채지 못한 디아만디스를 냉랭하게 대했다.

## 우승자 유형

브랜슨은 2003년 전형적인 브랜슨식 프로젝트, 글로벌 플라이어Global Flyer의 상황 보고를 위해 윌 화이트혼Willl Whitehorn(버진 갤러틱 사장)을 루탄이 있는 모하비로 보내면서 자신의 영향력을 과시했다. 글로벌 플라이어는 보이저처럼 멈추지 않고 세계 일주가 가능한 항공기로 기업가이자 모험가인 스티브 포셋Steve Fossett이 혼자서 조종간을 잡았다.[*] 이 기회를 통해 루탄은 브랜슨이 파견한 화이트혼에게 자신이 제작 중인 우주선 스페이스십원과 수송기 화이트나이트WhiteKnight를 선보였다. 스페이스십원은 X-15처럼 날개가 달린 로켓이었다. 이 로켓은 우주에서 복귀한 뒤 엔진이 멈춘 상태에서 날개를 활용해 글라이더로 지상에 착륙한다. 루탄은 항공역학적인 측면에서 우주선에 간단한 트릭을 추가했는데, 급강하로 인한 파괴적인 추락을 방지하고자 우주에

---

[*] 또 다른 억만장자다! 그렇지만 그는 우주 경쟁에 참여하지 못했다. 포셋은 2007년 비행사고로 목숨을 잃었다. 아마도 하강기류가 난무하는 악천후에 휘말려 산과 충돌한 것으로 추정된다.

서 회항하는 로켓의 날개를 셔틀콕이 땅에 떨어질 때처럼 구부러지듯 위로 접히게 했다. 글라이더를 운반할 정도로 기층의 밀도가 높아지면 우주선의 날개는 뒤로 이동하며 다시 항공기 모드로 전환된다.[11]

스페이스십원은 간단하지만 엄격한 방식으로 제작됐다. 스페이스십원의 파일럿은 현대식 전자동 비행조종제어장치Fly by wire 대신 린드버그처럼 글라이더를 수동으로 조종해야 했다.* 이에 시드하우스는 '스페이스십원은 아우디 S4라기보다 토요타 코롤라에 가까웠다.'고 평했다.[12] 물론 이것조차 의도한 것이었다. 우주선의 프로토타입은 비용 절감이 필요했다. 무엇보다도 루탄은 안사리 X-PRIZE 우승이라는 하나의 목표를 위해 스페이스십원을 개발한 게 아니었다. 마이클 벨피오레Michael Belfiore는 자신의 저서 《로케티어Rocketeers》에 화이트혼이 스페이스십원을 처음 본 순간 어떻게 반응했는지 묘사했다. '루탄은 그에게 스페이스십원을 보여주지 않을 수 없었다. 화이트혼은 브랜슨이 고대했던 기회를 그 즉시 잡았다. 화이트혼과 브랜슨은 통화 중 '그에 비하면 글로벌 플라이어는 엿 같군!'이라며 흥분해서 외쳐댔다.'[13]

처음에 루탄은 브랜슨에게 자신의 뒤에 있는 사람(폴 앨런)이 누구인지 알리지 않으려 했고, 관광용 우주선 개발에 관한 제안을 '너무 바쁘다!'라는 이유로 거절했었다. 그러나 포기를 몰랐던 브랜슨은 앨런 및 루탄과 협상을 시도했고 결국 새 시대의 항공우주산업을 책임질 거래를 체결했다.

---

* 우주에서는 항공기의 꼬리날개 장치가 작동하지 않는다. 우주에서 파일럿은 스페이스십원의 상황에 따라 소형 냉가스동력장치로 조종한다.

그렇지만 그 전에 먼저 스페이스십원이 우주 비행에 성공해야만 했다. 2004년 6월 21일, 수천 명이 이 광경을 지켜보기 위해 발사 전날 밤부터 사막 한가운데서 줄지어 기다렸다.[14] 그리고 이른 아침 비행장의 가장자리에 서서 프로펠러가 달린 특이한 항공기 1대가 이륙하고 곧이어 두 기체 한가운데 조종실이 위치한 형태로 위용을 뽐내는 수송기 화이트나이트와 우주선의 모습을 지켜봤다. 이 조합은 약 1시간 정도 구름 한 점 없는 모하비 상공을 14km까지 날아올랐고, 그곳에서 파일럿 마이크 멜빌Mike Melvill은 우주선을 수송기와 분리하고 로켓엔진을 점화하여 마하3의 속도로 우주를 향해 수직 비행했다. 1982년 이후부터 루탄의 파일럿이었던 멜빌은 76초 후 고도 100km 지점인 탄도궤도의 정점에서 동력장치를 멈추고 여압실에서 M&M 초콜릿 봉지를 뜯어 초코볼이 둥둥 떠다니도록 했다.[15] 이제 멜빌에게는 지구로 귀환하는 숙제가 남아있었다. 우주 비행은 가는 길보다 돌아오는 길이 훨씬 더 힘들었다. 스페이스십원은 우주선을 중력가속도의 5배로 제동시키며 심하게 흔들어대던 대기를 버티고 몇 분 뒤 모하비에서 지켜보고 있던 미국 관중들의 환성 속에서 착륙에 성공했다.

3개월 뒤 스페이스십원은 다시 멜빌을 조종석에 태우고 발사되었다. 그렇지만 이 비행은 예정되지 않은 비행이었다. 원래 예정되어 있던 파일럿 피터 시볼드Peter Siebold가 탑승을 취소했기 때문이었다. 아이가 태어난 지 얼마 안 된, 새내기 아빠 시볼드는 막 태어난 아이를 고아로 만들고 싶지 않았을 것이다.[16]

멜빌의 첫 비행이 시험비행이었다면 그다음 이어진 비행은 안사리

X-PRIZE 규정에 부합하는 첫 우주 비행이었다. 5일 후 이번에는 브라이언 비니Brian Binnie가 엔진을 점화했고, 24분 뒤 또다시 우주선의 귀환을 축하하는 수천 명의 환호를 받으며 멜빌과 스페이스십원은 활주로에 착륙했다. 이 비행은 완전했다. 결국 루탄의 스페이스십원은 안사리 X-PRIZE 프로그램에서 우승했고, 1,000만 달러를 획득했다. 그리고 보험사는 그만큼 손실을 보았다.

스페이스십원은 역사상 처음으로 성공한 민간 우주 비행이지만, 지상에서 관람하던 관객의 눈에는 하늘에 남겨진 배기가스 선밖에 보이지 않았다.[17] 그러나 조종석에 앉은 멜빌은 그 짧은 순간 여러 예상치 못한 문제와 맞서야만 했다. 첫 비행에서는 우주선 전면이 엄청난 열기에 손상되며 멜빌이 그 위치를 제대로 파악조차 할 수 없던 폭음이 들리기도 했다. 게다가 우주선이 2초마다 한 번씩 강하게 회전하면서 기체는 거의 부서지기 직전이었다. 우주선은 최종 출발장소에서 35km 떨어진 지점의 대기권으로 진입했지만, 어쨌거나 멜빌은 착륙에 성공했다. 이 과정에서 내비게이션 디스플레이가 떨어져 나간 터라 멜빌은 린드버그의 비행처럼 육안으로 조종석 밖을 바라보며 우주선을 조종했다. 그리고 과거 로튼 테스트 항공기 시범비행 경험이 있었던 브라이언 비니 역시 항공기의 착륙 장치가 거의 부서질 정도의 험난한 여정을 이겨냈다.

이로써 피터 디아만디스는 목표한 바를 달성했다. 그가 이 프로그램에 건 상금은 세기의 관심사가 되었다. 이 프로그램에 참가한 팀들은 우주선 개발에 약 1억 달러를 투자했고 "언론에 따르면 이는 1억 2,000만 달러 가치"[18]를 지닌다고 디아만디스는 감격에 찬 목소리로 말했다. 우승 로켓 스페이스십원은 하늘을 날아올랐고, 현재 워싱턴 DC 국립항공우주박물관 천장에 설치되어 있다.[19]

에릭 시드하우스는 안사리 X-PRIZE 프로그램을 과거 항공 선구자들이 하늘을 나는 상자를 가지고 경쟁했던 시합에 제일 강하고 영리한 자만이 살아남는 진화론적 개념을 반영한 것만 같다고 기술했다. 시드하우스 평은 반은 맞았고, 반은 틀렸다. 유사성은 있었지만 분명 강자의 증명은 아니었기 때문이다. 다윈이 의도한 적자생존Survival of the Fittest은 강자의 생존이 아니라 적응한 자를 뜻하는 것으로, 우승을 거머쥔 스페이스십원을 표현하는 것이기도 하다. 이 우주선은 예컨대 보잉의 델타IV 로켓처럼 혈기왕성한 불도그와 달리 주행 부문에서 경량과 중력에 저항하는 항공역학 및 대기층의 힘을 이용하는 가냘픈 그레이하운드와 같았기 때문이다.[20]

이제는 옛이야기가 되어버린 스페이스십원 에피소드를 이렇게까지 세세하게 설명하는 이유는 안사리 X-PRIZE 프로그램의 경쟁이 흥미진진한 이야기임을 넘어, 스페이스십원이 현 항공우주산업 역사의 청사진이자 관광용 우주선 스페이스십투의 기틀을 마련했으며 당시의 주역인 브랜슨, 앨런, 루탄, 화이트혼이 열어갈 길을 설명해주기 때문이다. 쉴 새 없이 얽히고설키는 이 억만장자들의 관계와 서로 다른 길을 가다가도 또다시 하나로 이어지기를 반복하는 그들의 과정을 지켜보는 건 몹시 흥미롭다.

X-PRIZE 프로그램으로 한 가지는 분명해졌다. 항공우주산업 분야에서 대성하려는 사람은 설계계획뿐만이 아니라 그 계획을 실현할 만한 자금이 필요하다는 것이다. 폴 앨런이 이 업계에 출사표를 던진 이래로 스페이스십원의 경쟁자가 앨런의 자금을 출자받을 기회는 사라졌다. 게다가 제프 베조스도 항공우주산업의 자명한 이치를 따르고 있으며, 일론 머스크는 팰컨1 개발을 위해 백마 탄 왕자를 기다리는 대신 수백만 달러의 사유재산을 투자하며 우주를 향해 무섭게 돌진 중이다.

X-PRIZE 프로그램 2004의 우주 비행이 가장 성공적이었다는 데 모두가 동의했다. 또한 더 크고 개선된 신형 스페이스십원 개발을 위해 엄청난 금액을 추가로 투자하기로 한 브랜슨의 결단은 새로운 민간 항공우주산업을 선도하며 곧 다가올 폭넓은 우주 관광의 서막을 올렸다.*

13년 뒤 루탄은 X-PRIZE에 관한 책을 소개하던 유튜브 생방송 채널에서 "그래서 그 결과가 무엇이란 말인가? 아직 이룬 것은 아무것도 없다."라고 불만을 토로했다. 그사이 루탄은 은퇴 후 미국 북서쪽에서 보내던 생활을 청산하고 아이다호주 쾨르달렌으로 향했다. 이 지역의 온도계는 절대 40°C를 넘지 않는다. "상을 받던 그 영광의 순간 내가 했던 말을 기억하는가? 이제 이 업계에 여러 경쟁자가 등장하고 방법도 다양해질 것이기에 앞으로는 수천 명이 우주여행을 할 수 있을 거

---

\* 무중력 상태 체험을 원하는 사람은 앞으로 수년을 허송세월하며 몇십만 달러를 허비할 필요 없이 디아만디스의 기업인 제로G(ZeroG)의 웹사이트 "gozerog.com"에 접속하여 5,000달러로 보잉 747기의 포물선비행을 체험해볼 수 있다.

라 말했다."* 책꽂이에 꽂힌 모든 것이 약 12도씩 비정상적으로 틀어져 곧 쏟아질 것처럼 보일 정도로 몹시 뒤죽박죽인 사무실에서 루탄은 말했다. 루탄과 그가 제작한 항공기만큼은 여하튼 나무랄 데가 없었다. 이어 루탄은 디아만디스에 대해 다소 신랄하게 말했다. "그런데도 이렇게 혈색이 좋은 얼굴을 보니 몹시 놀랍다. 당신은 왜 실망하지 않는가?" 예전에 누구보다 확고하게 민간 항공우주산업 분야의 찬가를 불렀던 디아만디스였지만 이제는 인정해야만 했다. "2004년에 난 2017년이 되었을 때 민간인이 여전히 우주를 방문하지 못할 거라고 단 한 번도 생각해본 적이 없다.[21] 그렇지만 당시 내가 가장 매료되었던 부분은 국가에만 종속됐었던 이 프로젝트가 민간 기업이 출자하는 항공우주산업으로 변천하는 과정이었다."라고 디아만디스는 주장했다. 그는 루탄과 달리 이런 과도기를 후에 다가올 우주산업의 황금빛 미래로 바라보았던 것이다.

보이는 것처럼 항공우주산업 분야에서 변혁을 겪고 있는 건 비단 기술표준만이 아니다. 그렇기에 루탄의 실망도, 디아만디스의 감격도 이해가 된다. 그러나 지금까지 국가에서 규제하고 감독하던 우주수송 산업뿐만 아니라 그 변화가 우주 관광으로까지 이어지고 있는 상황을 고려하면 이번만큼은 디아만디스가 옳았다고 볼 수 있다. 그 사이에 이 분야에 뭔가 정신 나간 아이디어가 지배적인 비즈니스모델과 자금

---

* 실제로 루탄은 수십만 명에게 말했다. "이제 새로운 산업이 생성된다. 그리고 우리는 지금 그 시작 선상에 있다. 난 12년 혹은 15년 안에 수천 명, 어쩌면 수십만 명이 날아올라 우주의 까만 하늘을 볼 것이라 예견한다."

조달의 갈증을 해소할 두둑한 돈지갑을 지닌 사람들이 뛰어들었기 때문이다.

## 브랜슨, 갤럭시언

버진 갤럭틱 뒤에는 리처드 브랜슨이 있다. 브랜슨은 폴 앨런에게서 스페이스십원의 기술을 매입하고 신규 사업을 위한 글로벌 인프라를 구축했다. 우주선과 운반용 로켓뿐만 아니라 우주여행사, 우주정거장, 고객 이벤트 그리고 정교한 홍보 전략이 여기에 포함됐다. 원래 계획은 새로 설립한 버진 갤럭틱으로 스페이스십원의 라이센스를 취득하고 5,000만 달러 예산으로 루탄의 지원 아래 관광용 우주선 5기를 제작하며 그 밖에 수천만 달러를 운영 및 필수 발사시설에 투자하는 총 1억 2,000만 달러(한화 약 1,440억 원 - 옮긴이) 프로젝트였다.[22]

2005년 브랜슨을 위해 루탄의 작업장에서 스페이스십원을 발굴한 윌 화이트혼은 앞으로 3년 후면 첫 우주 여행객을 보낼 수 있을 것으로 발표했다.[23] 그렇지만 그로부터 4년이 흐른 뒤에야 대중은 우주선을 실물로 볼 수 있었고, 2013년에 첫 시험비행이 시행됐다. 그러나 그다음 해 우주선은 추락했고 사람들은 생각했다. 버진 갤럭틱에 미래가 있는 걸까? 기업 오너의 공상적 사고와 직감에 사업의 방향을 맡겨버린 이 기업은 태생부터 사산아인 것일까?

때때로 신규 기업의 경제성을 끌어올리고 성공적인 제품을 시장에 내놓기까지는 처음에 계획했던 것보다 더 많은 시간이 소요된다. 브랜슨 역시 이를 잘 알고 있었다. 글로벌 연쇄 창업자serial entrepreneur인 브랜슨은 지금까지 살면서 여러 기업을 설립했고, 아마 그 수는 다른 (항공우주산업 분야) 억만장자들의 기업을 전부 합한 것보다 많을 것이다. 브랜슨이 출자한 브랜드의 광고를 피하려면 두 눈과 귀를 막아야지만 가능한 수준이다. 그의 브랜드 로고는 호주 에어라인의 꼬리날개, 미국 호텔 체인, 영국 바이크 택시는 물론 카타르의 제대혈 은행, 포르투갈 피트니스 클럽에도 있다(심지어 이탈리아 라디오에서는 그의 브랜드 CM 송이 나온다).*

영국 태생인 브랜슨은 관습에서 벗어난 우주산업 선구자이다. 그는 항상 미소를 머금고 있는 소니 보이sonny boy의 면모와 사업을 할 때 인간적인 표정을 보이려는 영국 신사의 모습이 독특하게 결합된 사람이다. 2000년 영국 왕세자는 그가 이룬 기업의 성과를 치하하며 기사 작위를 수여했다.[24] 브랜슨은 보통 자유로운 스타일을 추구하는 것으로 유명하지만 작위를 받기 위해 클래식한 프록코트를 맞췄고, 이후 리처드 경으로 불리기 시작했다.

16살에 일찍이 학교를 자퇴한 브랜슨은 변변한 졸업장조차 없었다.** 영국 교육시스템에 심히 유감이지만, 이렇게 학업성과가 보잘것없던 데에는 그럴 만한 이유가 있었다. 브랜슨은 독서 장애에 시달리

---

* 게다가 콘돔패키지에도 그의 브랜드가 등장한다. 브랜슨은 콘돔에 있어서는 브랜드명 '버진(Virgin, 처녀)'을 포기하고 '메이츠 콘돔스(Mates Condoms)'를 선택했다.
** 브랜슨은 그 대신 실용 교육과정을 이수했고, 1997년 영국의 저명한 러프버러대학교에서 명예박사를 취득했다.

고 있었다. 하지만 학업이 아닌 사업에 있어서 브랜슨의 단점은 걸림돌이 되지 못했다(훗날 브랜슨은 신문사도 차린다). 이제는 거의 전설이 되어버린 이야기지만 학교를 떠나기 전 마지막 인사를 하러 간 브랜슨에게 교장은 그가 감방에 가거나 백만장자가 될 거라 전했다.[25] 제한적이긴 하지만 브랜슨은 2가지 모두를 실현했다. 그는 탈세 혐의로 하루 구속되었고, 브랜슨이 세운 버진 제국의 자산규모는 총 50억 달러(한화 약 6조 원 -옮긴이)에 달하니[26] 함축적으로 가히 백만장자라 할 수 있다.

처음에 통신판매 형태로 음반을 판매한 브랜슨은 초창기 아마존처럼 고객에게 어느 판매처보다 더 저렴한 가격을 제공했다. 그러나 그런 가격은 세금이 빠졌기에 가능한 부분이었다(탈세 혐의로 구속). 브랜슨이 갑부대열에 올라선 계기는 그가 버진 레코드Virgin Record를 설립한 후 당시 19살이었던 마이크 올드필드와 계약을 적기에 체결하면서였다. 기악 앨범이었던 올드필드의 첫 음반 '투블라 벨Tublar Bell'이 500만 장의 판매를 기록하며 버진 제국이 시작되었다.


자신의 경험에 구애받지 않고 여러 기업을 설립한 브랜슨은 브랜드명으로 '버진Virgin'을 선택했다. 버진 갤러틱의 이름에서도 나타나듯 당시에는 브랜슨이 아니고서야 우주관광산업에서 자체 개발한 우주유람선으로 우주관광 서비스를 제공하려는 이가 어디에도 없었다. 또한 '버진'이라는 이름은 다른 말로 리처드 브랜슨이 좋아하는 분야가 목숨을 걸어야 할 정도의 위험한 익스트림이라는 뜻이다.

외부에 자주 노출되지 않았지만 브랜슨의 값비싼 취미들은 말 그대로 삶을 담보로 걸어야 하는 수준으로, 기록 경신이 핵심요소였다. 1985년 잿빛 수염의 브랜슨은 최단 시간 내에 모터보트로 대서양을 횡단하는 '블루 라이밴드Blue Riband' 대회에 참가했다. 그렇지만 목적지에 도달하기 직전 영국 해안가에서 보트가 전복되어 영국공군 헬기로 구조됐다. 당시 버진 로고가 박힌, 반쯤 침몰한 배의 사진이 전 세계에 널리 퍼졌다.[27] 기업 홍보 측면에서도 재앙 같았던 이 사건은 오늘날 브랜슨이 세운 전설의 일부가 되어 버진 홈페이지에서도 찾아볼 수 있다(브랜슨은 그다음 해 신기록을 달성했기 때문에 이 해프닝을 웃어넘겼다). 사실 블루 라이밴드 주최 측은 대회에 참가한 브랜슨의 배가 라이너 여객선이 아니라 22m 길이의 스트리커였기에[28] 브랜슨의 기록을 인정하지 않으려 했다. 이런 논란이 일자 브랜슨은 직접 '버진 애틀랜틱 챌린지 트로피Virgin Atlantic Challange Trophy'라는 대회를 개최했다. 브랜슨은 자신이 무언가에 맞지 않는다면, 무언가를 자신에게 맞춰버렸다. 이듬해 브랜슨은 새로운 여행을 떠났다. 이번에는 열기구였고(루탄과 만나게 된), 첫 시도에 가뿐히 성공했다. 풍선 표면에 버진 로고를 새길 넉넉한 공간이 있는 거대한 열기구는 매우 실용적인 홍보수단이었다. "당시 우리는 항공기를 350대나 보유하고 있는 영국항공과 경쟁했다. 따라서 우리는 버진 애틀랜틱의 인지도를 높이기 위해 뭔가 흥미롭고 기발한 일을 벌여야만 했다."라고 브랜슨은 회상했다.[29] 버진 애틀랜틱은 1986년 항공기 3대로 세운 브랜슨의 항공사였다. 브랜슨은 열기구로 기록을 세우려는 시도를 이어갔고 세계 일주 과정에서 스티브 포셋과 태평양에 추락했다(이번에는 미국해안경찰의 구조를 받았다).

브랜슨은 아직 직접 우주를 방문하지는 않았다. 여행객을 위한 스페이스십투의 발사가 확정되면 브랜슨은 기꺼이 첫 승객이 되겠노라고 단언했다. 앞서 설명한 화이트나이트투WhiteKnightTwo와 스페이스십투는 나란히 팔짱을 끼고 11m 슛을 준비하는 3명의 축구선수처럼 보인다. 수송용 로켓 역할을 하는 두 항공기 가운데에 우주선이 달려있어 전면에서 보면 세 기체가 똑같은 모습으로 보인다. 이름만 봐도 이 기체가 X-PRIZE에서 우승한 팀의 작품이라는 걸 한눈에 알아볼 수 있다. 다소 성의 없는 이름 같지만 '스페이스십'이라는 것은 분명 신뢰를 주었다. 왜냐하면 지금까지 스페이스십원은 단 한 차례도 추락한 적이 없었다. 버진 갤럭틱의 우주선은 모델명 외에 각각의 별칭이 추가됐다. 지금까지 제작된 우주선은 'VSS 엔터프라이즈', 'VSS 유니티'이며, VSS는 버진 스페이스십Vergin Space Ship의 약자다. 브랜슨은 처음으로 제작한 화이트나이트투 우주선에 어머니의 이름을 헌정하며 VMSVergin Mother Ship 이브Eve라고 명명했다.[30] 그러나 휘날리는 버진 깃발 아래 자부심으로 가슴이 벅차오를 법도 한, 이 우주 처녀들의 별칭에는 유사성이 없다.

화이트나이트투와 기존 모델 사이의 시각적으로 두드러지는 차이라면 부서질 것처럼 불안정했던 기존 모델에 비해 훨씬 안정적이며 기체 중심에서 조종실이 사라졌다는 것이다. 화이트나이트투는 훨씬 큰 탄소섬유로 만들어진 기체에 객실 2곳이 배치됐다. 그곳에서 미래의 승객은 여행에 필요한 훈련을 하거나 수송용 항공기에서 모험을 즐기는 가족의 모습을 확인할 수 있다. 화이트나이트투의 날개 끝에서 다른 날개 끝까지는 총 43m로 에어버스의 단거리용 항공기 A320보다 거의 10m가 더 길다. 또한 총 엔진 4대로 추진하며 17t의 화물을 15km 상공까지 실어나를 수 있다. 스페이스십투의 연료를 가득 채워도 10t이기 때문에 탑재화물과 승객을 위한 완충재를 실을 공간이 충분하다.

SF 팬들은 우주선의 코 부분이 둥그렇기보다 날렵하여 항공기를 연상시키는 스페이스십투에 실망했을지도 모른다. 실제로 이 기체는 우주선이라기보다 매우 높은 고도까지 비행하며 조종간이 있는 항공기이다. 더욱이 우주 경계의 가장 가까운 쪽에 머무는 시간은 전체 비행시간의 극히 일부분에 불과하니까…. 여압실에는 록히드 제트기 SR-71 블랙버드와 같은 다른 항공기도 탑재되어 있다. 그 외에 이 비행선의 특징이라면 거의 1,500m에 달하는 상공에서 승객의 선택에 따라 바다나 땅 혹은 우주의 암흑을 관람하며 값진 시간을 보낼 때 필수인, 벽 한가운데에 난 둥근 창이다. 이 창으로 미심쩍은 '평평한 지구설' 추종자를 단번에 망상가로 보내버릴 근거를 관람할 수 있다.

2006년 브랜슨과 그가 고용한 디자이너는 전 세계에 이 관광용 우주선의 럭셔리한 내부를 공개했다. 하얗고 파란빛이 환히 비추는 내부에서 사람들은 미래지향적인 곡선 형태의 캡슐에 누워 우주를 바라봤다(사진21 참조). 미감을 해치는 한 가지가 있다면, 프레젠테이션이 뉴욕에서 진행된 탓에 우주선 내부로 난입해 머쓱한 미소를 지으며 카메라를 뚫어지게 응시하던 사람들이었다. 그렇지만 당시 발표한 건 초안에 불과했다. 모하비에 위치한 루탄의 기업 스케일드 컴포지트가 제작 중인 실제 우주선의 내부는 아직 누구에게도 공개되지 않았다. 사람들의 기대에 브랜슨은 "실내는 지금 이 모습과 크게 다르지 않을 것이다."라고 강조했다.[31] 실내디자인은 영국 디자인 전문회사 시모어 파웰Seymour Powell이 맡았다. 한편 버진 갤러틱의 '눈 모양 로고'는 독특하고 예쁘지만 실용성이 낮은 레몬착즙기 '쥬시 살리프Jucy Salif'로 유명한 프랑스 디자이너 필립 스탁Phillippe Starck의 작품이다. 홍채 하나로 그려진 로고는 브랜슨의 눈을 모사한 것으로 추정된다. 로고 중앙에는 일식을 나타내는 동공이 위치한다. 스탁에 따르면 홍채는 우주 비행의 비전과 노력을 그리고 일식은 우주의 상용 여행이 밝아오는 것을 상징한다고 한다.[32]


## 럭셔리 우주비행사

객실의 럭셔리한 디자인과 시크한 분위기로 야단법석이 되는 이유는 무엇일까? 버진 갤러틱은 스페이스십투의 좌석 예약을 위해 25만 달러의 선결제를 요구했다. 이런 고가의 예약 조건은 고객 군을 극도로 좁히면서도 예약금을 지불한 고객의 만족도 및 기대치를 점차 높여갔다. 놀랍게도 2005년부터 지금까지 대기 명단에 이름을 올리고, 예약금을 걸어놓은 대기자가 무려 700명이 넘었다. 브랜슨은 스페이스십투의 예약자에 관해 "레오나르도 디카프리오에서 스티븐 호킹에 이르기까지 각 계층의 인사들이 고루 포진해있다."[33]고 밝혔다. 브랜슨은 기회가 있을 때마다 주저하지 않고 고객의 인지도를 활용했다. 그런 까닭에 우리는 여러 사람 가운데 저스틴 비버, 니키 라우다, 패리스 힐튼 등의 유명인사와 더불어 애쉬튼 커처, 브래드 피트, 안젤리나 졸리와 같은 할리우드 스타가 그 대열에 동참한다는 걸 알 수 있다. 마지막 두 사람은 이제는 더 이상 같은 우주선을 타지 않겠지만 말이다.

어쨌든 일반적으로 우주선에 항공기 이코노미클래스 정도의 환경 편의시설을 적용하는 것은 절대 불가능하다. 게다가 우주 비행은 무엇보다 경험의 차이가 결정적이다. 단순히 우주 비행 자체가 지구촌 갑부들이 우주비행사가 되는 수일간의 기적의 여정, '투어 드 포스tour de force'의 클라이맥스라고 할 수는 없다. 우주정거장을 밟을 미래 우주 비행사가 되려면 우선 이륙 전 3일간의 훈련프로그램을 받아야 한다. 우주비행사 훈련은 모하비에서 시작한 뒤 뉴멕시코 사막지대에 건설된 발사장소인 미국우주항으로 이동하여 진행된다.[34] 그곳에서 우리의 갑부 승객들은 우주의 행동 양식 중 일부를 습득해야 한다. 비행기에 탑승할 때 귀의 압력을 제거하려면 침을 삼켜야 한다는 것은 누구나 잘 알고 있다. 하지만 무중력 상태 혹은 대기 재진입 시의 강한 중력 상태에서 침은 아무 소용이 없다. 버진 갤러틱은 우주 상황에 맞춰 승객의 정신을 단단히 무장시키려 했다. 옆자리 사람이 극심한 긴장으로 날카로운 비명을 지르는 상황을 즐길 고객은 없기 때문이다. 설령 그 사람이 브래드 피트라고 해도 말이다. 이에 버진 갤러틱에서는 비상시와 특수상황의 대처방법 가이드를 제공했다. 예컨대 중력이 다시 돌아온 상황에서 제때 자신의 자리에 앉지 못한 사람들을 위한 조치사항 등이 안내됐다(그런 경우에는 바닥에 누운 자세로 지구를 향해 하강해야 한다).[35, 36] 우주정거장에 도착할 때쯤이면 승객의 다수는 거의 완벽하게 훈련받은 우주비행사가 될 수 있다.

그러나 버진 갤러틱의 비행이 다년간 늦춰지면서 브랜슨은 고객들의 눈초리를 잠재울 방도를 고안해야 했다. 따라서 예약자들은 정기적으로 우주선 개발과 관련한 내부 정보를 전달받았다. 그리고 그것은 상투적이고 성의 없는 이메일 형식으로 얻어지는 게 아니었다. 이 고급 정보를 받기 위해 초청받은 미래 승객들은 (블루 오리진의 최고경영자도) 비행기에 올라 호주를 방문했다. 또 다른 이벤트로 프리미엄 예약자 그룹은 로스앤젤레스 공항에서 항공기 전면에 '다음 탑승은 우주선My other Ride is a Spaceship'이라는 문구가 부착된 버진 에어버스 항공기에 탑승할 수 있었다. 길지 않은 비행으로 브랜슨이 직접 마중 나온 모하비에 도착한 이들은 마침내 베일을 벗은 신형 화이트나이트투를 직접 관람했다.[37] 모험가이자 저널리스트인 짐 클래시Jim Clash는 "버진은 우리에게 계속 새로운 정보를 제공하며 VIP 대우를 해준다. 매년 브랜슨에게서 선물이 도착한다. 스페이스십투를 상징하는 커프스단추, 버진 갤러틱 항공점퍼, 또 한 번은 미래 우주비행사를 위한 ID카드를 받은 적이 있다."라고 언급했다. 이런 유리구슬 같은 트릭이 전 세계 갑부들에게 효과가 있다는 것이 놀라울 따름이다.

게다가 우리의 갑부 고객들에게는 원심분리기Centrifuge를 이용한 의학적 사전테스트도 있다. 단, 이것은 실제 비행까지의 시간을 때워보려는 소소한 오락 거리가 아니다. 우주 비행은 심약하거나 불안정한 심혈관을 가진 사람에게 부적격하다. 엔진이 점화되고 스페이스십투가 마하3의 속도로 가속되면, 승객에게 3.8G(중력)에 이르는 영향이 가해진다. 즉 좌석에 누워있는 승객들에게 본인 체중의 3.8배에 따르는 무게감이 더해진다는 의미다. 예를 들어 체중이 80kg인 사람은 약 304kg의 무게가 주는 압박을 견뎌야 한다. 또한 어떤 방향으로 가속되는지에 따라 혈액은 머리 위 혹은 아래로 쏠린다. 어떻게든 건강에 좋지 못한 건 사실이다. 그리고 사람마다 2G 혹은 7G처럼 각자의 몸이 버틸 수 있는 한계를 넘으면 혼절한다.[38] 그러므로 승객과 우주비행사는 자신이 우주에서 의식을 유지할 수 있는지 미리 파악해야 한다. 비행의 클라이맥스에서 기절하듯 혼수상태가 되려고 25만 달러(한화 약 3억 원 -옮긴이)를 지불하는 멍청이는 없을 것이기 때문이다. 물론 몇 분 후면 혼절 상태에서 깨어나겠지만, 안타깝게도 무중력 상태(우주)의 비행시간도 딱 그 정도이다. 게다가 우주선이 지구로 복귀하며 밀도 높은 대기층에 진입할 때 우주선에 닿는 반동은 훨씬 강력하다. 대기권에 재진입하려는 스페이스십원의 날개가 사납게 들썩이는 모습을 찾아보시라. 이때는 약 5G의 중력이 승객에게 영향이 미친다. 때문에 좀 전에 기절했던 초보 우주비행사가 다시 기절할 가능성도 있다. 더구나 이런 상태에 빠진 승객은 자신이 의식을 잃었다는 것 자체를 기억하지 못한다. 그래서 우주선이 지구에 재진입한 지 한참이 지나 갑자기 "그래, 앞으로 무슨 일이 생긴다는 거야?"라고 되묻는 상황이 연출될 수도 있다.

버진 갤럭틱은 이런 비행을 즐길 수 있는 승객을 추리는 데 고심하고 있다. 우주 비행에 지불할 능력이 있는 고객의 대다수가 학생보다는 나이가 지긋한 권세가이기 때문에 그만큼 사전 중력가속도 내성 강화훈련G-Test은 필수다. 기묘하지만 흡연자들에게 희소식이 있다. DLR 연구소에서 항공우주의학 박사학위를 받고, 5년간 캐나다에서 중력가속도 내성 강화훈련 장비 'Human Centrifuge'를 운영한 경력이 있는 에릭 시드하우스Eric Seedhouse는 해당 테스트가 진행되는 동안 혈관이 탄력을 잃어버리기 때문에 평소 흡연자들은 평균보다 더 높은 중력 부담을 견딘다고 밝혔다.[39]

탑승자의 신체에 구토와 어지러움을 일으키는 또 다른 우주 비행 질병이 있다. 더욱이 화이트나이트투는 기존 모델처럼 고도에서 좁은 곡선궤적을 따라 회전하지 않고 스페이스십투 발사를 위해 태평양을 향해 날아갈 가능성이 있다.[40] 물론 그것만으로 속이 메스껍지는 않다. 그렇지만 70초 동안 로켓엔진의 가속을 견디며 가파른 곡선을 타고 100km 고도의 우주를 향해 날아가며 약 4분간 무중력 상태를 약 1.9m 높이의 객실에서 버티기란, 아마추어 우주비행사에게 쉽지 않은 일이다. 이런 근거는 NASA의 보잉 KC-135를 통해 엿볼 수 있다. 이 개조한 유조기에서 장래 NASA 우주비행사들이 '포물선 비행parabolic flight'과 무중력 상태를 훈련했기 때문에 KC-135는 구토 혜성Vomit Comet이라는 별명을 가지게 되었다.

스페이스십투의 예약자 중 한 명인 짐 클래시는 자신이 두 과정을 전부 수료했다고 밝혔다. 그는 옛 러시아 운반용 항공기에서 몇 초마다 10번의 포물선을 따라 무중력 상태를 체험하는 일명 Zero-G 비행(포물선 비행)을 수료했다. "마지막 곡선에 이르자 모두의 얼굴이 샛노래질 정도였다. 그날 멀미약과 가벼운 아침 식사가 날 구했다. 함께 참가한 일행 3명 중 1명은 상태가 영 좋지 못했다." 클래시와 함께 이 훈련에 참가한 전원이 스페이스십투 예약을 했고, 원심분리기 훈련을 위해 추가로 3,500달러를 지불했다.[41]

버진 갤러틱의 고객 환심 정책과 우주 비행 필수 준비과정 이수 전략은 계속 연기되는 일정에도 수십억을 지불한 예약고객 다수가 항의조차 하지 않는 가장 큰 이유이다. 나미라 살림Namira Salim은 〈스페이스뉴스〉의 기자 제프 파우스트Jeff Foust에게 자신이 이 과정의 일부라는 느낌을 받기 때문에 불만이 없다고 말했다. "버진 갤러틱은 꾸준히 우리를 관리한다."[42] 나미라 살림은 모나코와 두바이를 거점으로 전 세계적 활동을 펼치는 국제탐험가로, 처음으로 에베레스트 정상에서 낙하산을 메고 뛰어내린 파키스탄 여성이자 헬리콥터로 북극과 남극을 탐험한 사람으로 알려져 있다.[43] 그리고 살림은 버진 갤러틱 세계에서 최고 등급이자 모든 것을 처음으로 누릴 수 있는 창조자Founder 그룹이다. 버진 갤러틱은 금액과 고객의 인지도에 따라 3등급 예약시스템을 도입했다. 최고 등급은 창조자 그룹이다. 매우 한정적인 비율로(한때는 80명이었다) 선정된 이들은 가장 먼저 스페이스십투를 타고 우주에 입성한다. 그 밖에 티켓 비용의 대부분을 선결제한 선구자Pioneer 그룹과

'우선' 2만 달러의 예약금만 지불한 여행자<sub>voyager</sub> 그룹이 있다(여행자 그룹은 우주 비행에 오랜 시간을 기다려야 할 수도 있다). 버진은 이미 2021년까지 예약이 완료됐다. 그들이 탑승할 승객의 순서를 순차적으로 배정하지 않고 유명인사들을 우선으로 배치한 것은 나름대로 세련된 해법이었다(그로써 유명배우들이 예약자 명단에 이름을 올렸다).

하지만 Zero-G 훈련과 원심분리기를 견뎌내고 약 20만 유로를 내는 조건을 충족시켜도 이 모험을 위해서는 수년을 기다려야 한다. 클래시는 "버진 갤러틱의 대기자 명단은 몹시 이상한 조합이다."라고 말했다. 스페이스십투 예약자들의 태도는 거의 신앙 수준이었다. "티켓을 구입한 지 이미 7년이 되었다. 물론 그동안 아무것도 하지 않고 가만히 우주여행을 기다리는 것은 아니다. 난 우주여행을 위해 준비 중이다."[44]라는 클래시의 말처럼.

그러나 이런 식으로 우주에 다녀온다고 이들을 진정한 우주비행사라고 할 수 있을까? 근본적으로 우주여행객은 쾌락적인 면에서 우주에 접근한다. 조국이 부여한 사명이 아니라, 개개인의 즐거움을 위한 것이다. 티켓을 쥐느냐 마느냐는 여러 자격을 검증하는 폭넓은 심사가 아니라 지갑에 달렸다. 우주선을 섭렵한 전문가들이 아니라 흡사 비엔나의 관광 마차처럼 우주선에 앉을 아마추어들이 우주로 향하는 것이다.

크리스 해드필드는 자서전《무중력 상태로의 안내<sub>Anleitung zur Schwerelosigkeit</sub>》에 '우주여행에 참여했다고 우주비행사가 되는 것은 아니다.'라고 기록했다. '우주비행사란 정보가 불투명한 상황에서 몇 초도 안 되는 짧은 순간에 올바른 결정을 내릴 수 있는 능력을 지녀야 한다. 나 역시도 우주에서 8일을 보냈지만 진정한 우주비행사가 되지 못했다.' 해드필드는 우주정거장에서 보낸 겨우 일주일 동안의 임무만으로는 진정한 우주인이라고 말할 수 없다고 한다. 이런 부류의 입장에서 고작 몇 분 정도 우주 경계선을 넘나든다고 그들을 우주비행사라고 칭한다는 것은 어불성설이다. 전 세계 우주관광객에게 직면한 문제가 바로 이런 시선이다. 은밀한 비난부터 공개적인 경멸. 이런 시선은 주로 '진정한' 우주비행사들로부터 나왔다.

그러나 점차 우주를 경험하는 사람들이 늘어나고, 전문 우주비행사와 아마추어 우주비행사의 경계가 사라진다더라도 이들이 강도 높은 훈련을 이겨낸, 지적이며 용감한 사람들로 구성된 배타적 집단이라는 사실은 변함이 없다. 우주관광객과 조종사는 각자의 역할이 있고 이미 어느 정도는 그 역할에 기여했다. 이런 우주여행객은 원한다면 자신을 우주비행사라고 부를 수 있다. 전문적인 직업명이 아니기에 그 누구도 이의를 제기할 만한 명분을 찾지 못할 것이다.


## 대참사

2014년 10월 31일 VSS 엔터프라이즈가 우주선을 전속력으로 쏘아 올리기 위해 로켓엔진을 점화하는 사이, 하강 속도 조절장치인 '페더링 시스템'이 서서히 펼쳐졌다. 이때 주변의 강력한 공기 저항이 새로운 방해물로 등장했다. 그로부터 2초 후 우주선 전체가 공중에서 폭발했다. 조종사 피터 시볼드는 조종석 안전벨트를 착용한 채로 우주선에서 탈출을 시도한 순간 의식을 잃었다. 다시 의식이 돌아온 시볼드는 발밑에 보이는 사막을 확인하고는 안전벨트의 걸쇠를 풀었다. 그렇지만 순간 또다시 의식을 잃고 말았다. 불행 중 다행은 그의 낙하산이 약 14km 고도에서 지상으로 떨어지는 순간 자동으로 펼쳐졌다는 것이다. 10년 전 첫 아이의 아버지가 된 시볼드는 스페이스십원을 타고 우주로 비행하는 것을 고사했다. 이번 불의의 사고에도 아버지를 잃지 않은 시볼드의 두 아이는 운이 아주 좋았고, 이 사건으로 시볼드는 자신에게 일어난 기적적인 에피소드를 얻었다.[45] 지상으로 낙하하는 동안 의식을 되찾은 시볼드는 그의 주변을 날고 있는 호위 비행기에 엄지를 들며 신호했다. "전 괜찮습니다!" 사실 그는 괜찮지 않았다. 시볼드는 이미 심각한 골절상과 폐 부상이 있었고, 그가 탈출한 고도의 온도는 섭씨 영하 60℃였기에 눈가에 동상을 입은 상태였다. 그렇지만 그에게는 그마저도 천만다행이었다. 그와 동승했던 부조종사 마이클 앨스버리Michael Alsbury는 추락과 함께 사망했다. 멀리 떨어진 오지 사막 한가운데, 부서진 우주선 잔해 사이에 얽혀 있는 앨스버리의 시신을 현지 공사장 인부들이 발견했다. 당시 앨스버리의 아내와 아이들은 지상에서 이 비행을 지켜보았고, 남편과 아버지가 세상을 떠나는 모습을 두 눈으로 목격해야만 했다.

우주선이 파괴되고, 조종사들이 생사를 넘나들어야만 했던 이 사건으로 버진 갤럭틱팀의 분위기는 가라앉았다. 날로 비판적인 여론

이 들끓었고, 이때다 싶어 버진 갤러틱이 자원을 낭비하고 있다는 의문을 품은 언론이 파고들기 시작했다. 하이브리드 엔진 전문가인 캐롤라인 캠벨나이트Carolynne Campbell-Knight는 브랜슨에게 공개적으로 우주선을 제작하는 대신 스마트폰이나 판매하라고 조소했다. 그러면 최소한 사람이 죽는 일은 없을 테니 말이다. 같은 해 브랜슨은 VSS 엔터프라이즈가 우주를 항해할 것이라고 공표했지만 이 사고로 인해 계획은 잠정적으로 백지화됐다. 사고 후 브랜슨은 웃음을 잃었다. 그리고 국가 차원의 사고조사위원회가 이 대참사의 원인을 밝히기 위해 버진 갤러틱 감사에 착수했다.

이를 맡은 관할 기관인 국가교통안전위원회는 시볼드의 진술과 비행결과를 바탕으로 대참사를 비교적 빠르게 규명했다. 우선 지상에서 촬영한 사진을 통해 처음 사용한 신종 엔진의 폭발 가능성이 제기됐다. 그렇지만 우주선의 잔해에는 폭발한 엔진이나 연료탱크가 존재하지 않았다. 말을 더듬을 정도로 흥분한 브랜슨은 방송에서 언론이 차분히 조사결과를 기다리지 않고 현실을 왜곡한다고 불만을 토로했다.[46] 브랜슨의 지적은 옳았다. 이 참사는 구조적인 문제가 아니라 조종사의 실수로 밝혀졌기 때문이다. 조종석에 설치된 카메라와 무선통신을 통해 마이클 앨스버리(부조종사)가 페더링 시스템(회전축의 깃이 구동축의 방향과 수직이 되도록 깃 전체를 수평으로 조절하는 주회전익의 운동 -옮긴이)의 잠금장치를 너무 빠르게 풀었다는 사실이 밝혀졌다. 앨스버리는 화이트나이트투의 엔진 점화과정을 보고했지만, 그 후 우주선이 순항고도에 오르기도 전에 페더링 시스템을 가동했다. 그때 그들은 비교적 밀도가 높은 대기를 따라 비행 중이었다. 조종사들이 장치를 재조작하기 전에 급격한 기류가 페더링 위치에 있는 날개를 압박했고, 우주선은 마치 거대한 벽에 그대로 충돌한 것처럼 공중폭발했다. 로켓엔진이 완전가동되고 있는 상태에서 이런 공기역학적 완전제동은 우주선을 세우기는커녕 산산조각 내버린다. 조종사들은 연신 특정 상태를 벗어나면 아무리 조종간을 움직여도 회복할 수 없는 현상을 뜻하는 "피치업!"을 외치며 구조를 요청했다.[47] 조사관이 조종석 비디오에서 본 마지막 장면은 창가에 닿을 정도로 급격하게 앞으로 튕겨 나가는 조종사의 상체였다. 그리고 녹화는 중단됐다.[48] 이 모든 상황은 불과 7초도 안 되어 일어났다.

2015년 7월, 조사위원회는 워싱턴에서 조사결과를 발표했다. 조사결과에 따라 당시 비행 상황과 이 참혹한 불행의 책임 여부를 밝혔다. 시범비행에 참여했던 두 조종사는 필수 자격을 충족했지만, 당시 앨스버리는 이 비행에 과도한 부담감과 스트레스를 받았으며, 스페이스십투 비행 경험이 없었던 것으로 보인다고 발표했다. 부기장은 촉박한 시간 압박 속에 그동안 체험하지 못했던 진동과 부하를 견디며 암기한 업무 과정을 차례대로 수행해야 했다. 그리고 이런 상황에서 오작동 가능성이 높아졌을 것이다.

이어 스페이스십투를 설계한 스케일드 컴포지트에 대한 날카로운 평가도 있었다. 보고에 따르면 적절하지 않은 시점에 날개가 펼쳐지면 대참사로 이어질 수 있다는 사실을 엔지니어들은 미리 알고 있었음에도 인간의 실수를 기술적인 면으로 보완할 장치를 고려하지 않았기 때문이다. 그리고 이런 조사결과에도 스케일드 컴포지트는 자신들의 기업은 아무런 실수도 하지 않았다는 태도를 고수하며 그 책임을 조종사들에게 전가했다. 미국연방항공국도 책임을 회피했다. 그들 또한 우주선의 기술적 정교함을 심도 있게 검증하지 않은 채 비행을 허락했다는 비판에 직면했기 때문이다.

마찬가지로 브랜슨 역시 조사결과를 반기지 않았다. 조종사, 제조사, 비행 감독기관이라는 몹시 중요한 3가지 요소가 제 기능을 못하는 상황은 관광 우주선에 있어 치명적 결함이다. 사고 후 기업홍보에도 대참사를 낸, 반쯤 뜯겨나간 버진 갤러틱 로고가 인상적인 잔해와 더불어 처참한 조사결과와 함께 세간에 공개됐다. 항상 남다른 브랜슨이야 어떤 상황에서도 버진 그룹의 인간적인 모습을 찬양했지만, 이때만큼은 버진 갤러틱도 여타의 기업들과 마찬가지로 몸 사리기에 급급하더니 결국 제 손가락으로 다른 쪽을 겨냥해버렸다. 성공하든 실패하든 모든 결과를 지금까지 함께 짊어졌던 모습과 달리 버진 갤러틱은 입장을 바꿔 파트너사인 '스케일드 컴포지트'와 '스케일드 컴포지트 소속 조종사'를 나무랐다.[49]

해당 사건이 심각하게 대두된 것은 이번이 버진 갤러틱과 파트너사의 첫 사망사고도 아닌 데다 더 치명적인 사고가 따로 있었기 때문이다. 이 사건이 있기 7년 전인 2007년 엔진 테스트 과정에서 폭발사고가 일어나 3명이 사망하고 다수가 중상을 입었다. 당시 스페이스십투에는 고형 고무 연료와 액체 아산화질소$_{N_2O}$를 사용하는 하이브리드 엔진이 장착되었다. 이 엔진은 한 번 점화되면 끝까지 타오른다.[*] 이쯤 되면 액체 연료의 단점은 사라진다. 게다가 고무는 다루기 쉽고 무독성이며, 불연성인 아산화질소 또한 이론상으로는 폭발하지 않는다. 그렇지만 그해 7월 26일 정확히 사막 한복판에 있는 테스트 지역에서 사고가 일어났다. 스케일드 컴포지트와 스페이스십투의 제작을 맡은 협력사는 이 사고를 기밀로 하려 했다. 당시 버진 갤러틱이 고객들에게 웹사이트를 통해 하이브리드 엔진이 안전성을 보장한다고 홍보했기 때문이었다. "하이브리드 엔진은 간단하면서도 안전성을 보장합니다. (…) 산화제는 아산화질소이며 연료는 고무배합물입니다. 두 물질 모두 위험하지 않으며 안정적입니다."

결정적인 문제는 '안정적'이라던 아산화질소가 특히 고온에서는 안정적이지 못하다는 데 있었다. 그리고 사막 한가운데 위치한 모하비는 정오면 작열하는 더위로 아스팔트가 이글거릴 정도다. 이런 지역적 특성을 대수롭지 않게 생각한 엔지니어팀은 정오의 더위를 미처 생각지 못하고 저온 상태에서 첫 시동을 걸어 테스트를 진행했다. 사실 이 시간대에는 엔진을 절대로 점화하지 말았어야 했다. 전문가들은 연료탱크 속 아산화질소와 배관이 주변 온도에 의해 상승하며 불안정해졌을 것으로 추측했다. 기술진이 밸브를 여는 순간 전체 가스 장비를 폭발시킬 정도의 압력이 솟구쳤기 때문이다.

스케일드 컴포지트와 버진 갤러틱 인근에서 소형로켓을 제작하

---

[*] 그 때문에 아리안과 같은 로켓은 먼저 액체 연료 엔진으로 발사한다. 그리고 모든 것이 완벽하게 정상가동하는 것을 확인한 후 고체 부스터를 점화한다.

는 인터오비털 시스템Interorbital Systems의 공동설립자 란다 밀리론Randa Milliron도 직접적인 피해를 보았다. 이 사고로 사망한 3명의 기술진 중 1명이 그녀의 지인이었다. "그들은 이것이 얼마나 위험한지 제대로 인지하지 못했다. 고압을 사용하며 작업하는 것은 폭탄이나 다름없기에 항상 위험이 따른다. 우리가 로켓에 압력을 가할 때면(인터오비털 시스템의 로켓인 넵튠의 연료는 터보 펌프로 주입되지 않으며 헬륨을 이용해 연소실에서 압축한다) 항상 충분한 안전거리를 확보한 후 작업한다. 이때가 가장 위험한 순간이기 때문이다. 모든 공정을, 모든 세부사항까지 테스트한 후에 진행해야 하는 이유이기도 하다. 그래야 모든 것이 제대로 기능한다." 오늘날 버진 갤러틱 홈페이지에는 아산화질소의 안전성을 강조하던 문구가 사라졌다. 하이브리드 엔진이 스페이스십투에 적합하며 비행 시점마다 신속하게 제동 가능하다는 내용만 확인할 수 있다.[50]

밀리론은 "초기 X-PRIZE 프로그램을 바라보던 내 모습이 아직도 생생하다."라고 말했다. "아르헨티나에서 온 팀은 우리에게 하이브리드로켓 영상을 보여줬다. 이 로켓은 약 1,500m를 날아오른 뒤 굉음과 함께 폭발했다. 그때 자리에서 그 모습을 본 루탄은 '이게 하이브리드 로켓인가?'라고 질문했다."[51] 항공기 설계자이지만 로켓 비전문가인 루탄은 하이브리드 엔진으로 우주선을 제작하는 기술을 보며 몹시 경악했다. 훗날 벌어질 비극을 생각해보면 충분히 그럴 만했다. 그러나 그 사고로 피해를 본 건 비단 버진 갤러틱만이 아니었다. 항공우주산업 자체가 위기에 처했다. 말리론은 "2만 파운드 엔진을 신규 테스트 지역에 설치하고 잠시 밖에 나가 언덕 위에서 바라보니 다른 기업의 로켓이 화염에 휩싸여 불타오르는 모습이 보였다. 그 불길을 보며 가장 먼저 '맙소사, 설마 저게 우리 쪽으로 오는 건 아니겠지?'라는 생각이 머릿속을 강타했다."라며 불안한 심기를 내비쳤다. 또 동시에 다소 쿨하지 않은 모습으로 "그러나 사고는 언제 어디서나 생기기 마련이다."라고 덧붙였다.

그렇다. 로켓 제작과정도 로켓 발사만큼이나 위험하다. 램프에서 폭발한 로켓이나 테스트설비와 관련된 사건은 셀 수 없을 정도로 많고 파국적이며 치명적이다. 경쟁자보다 한발 앞서야 하는 우주 경쟁면에서는 특히 그렇다. 계획에 따라 발사해야 한다는 압박은 몹시 강력했다. 1960년대에는 항공우주산업 사상 가장 최악의 사건으로 회자되는 구소련의 바이코누르의 끔찍한 참사가 이어지기도 했다. 당시 로켓군의 총 책임자였던 미트로판 네델린Mitrofan Nedelin 원수는 구소련을 위해 핵심 중거리용 로켓 R-16의 시험비행을 준비했다. 발사는 여러 복잡한 문제로 거듭 지연됐다. 네델린은 다른 기술진들이 벙커에서 나와 계속 작업에 매진하도록 독려하려고 연료를 가득 채운 로켓옆에 직접 의자를 놓고 앉기까지 했다. 예정했던 발사 시간을 1시간도 남기지 않은 상황에서 로켓의 시스템은 이미 활성화되어 있었다. 엔지니어가 발사 스위치를 다시 제자리로 돌려놓으려 했지만 '발사 2단계' 기능이 작동하며 해당 로켓 단이 점화되고 폭발해버렸다. 당시 이로켓과 함께 무려 120명이 화염 속에서 숨졌다. 아직까지도 폭발 직후 촬영된 희미한 영상이 남아있다. 이 자료에는 화염으로 가득한 지옥에서 탈출하려고 필사의 노력을 하는 사람들이 모습이 담겨 있다.

## 다시 시작하다

2016년 2월 19일 순백의 랜드로버를 탄 리처드 브랜슨은 열린 선루프 사이로 상체를 내놓고 FAITH 격납고에서 새로운 스페이스십투를 끌고 나오는 거대한 차량 앞 수백 명의 방문객과 언론인을 향해 손을 흔들며 인사했다. 이어 브랜슨의 어린 손녀가 등장해 젖병으로 VSS 유니티의 명명식을 거행했다(사진18 참조). 우주선의 이름은 천체물리학자 스티븐 호킹이 지었다. 푸른 조명으로 가득한 격납고에 참석한 사람들에게 호킹은 전자음성 메시지로 새로운 이름을 발표했다. 루게릭병으로 투병 중인 호킹은 더 이상 본인의 음성으로 말하지 못했다. 브랜슨은 네커 아일랜드에 머무는 호킹을 이 자리에 초청했다.[52] "난 그 즉시 예스라고 답한 이후 단 한 번도 생각을 바꿔본 적이 없다." 이 메시지는 브랜슨이 모두에게 전하려는 가장 핵심 내용이었다.

본 이벤트는 버진 갤럭틱이 절실하게 희망했던 성공을 안겨주었다. 이것으로 브랜슨은 버진 갤럭틱의 도전이 앞으로도 계속될 것이라는 명확한 메시지를 전 세계에 전달했기 때문이다. 브랜슨은 베조스나 머스크와 붙어보지도 않고 이 산업을 떠날 수는 없다고 생각했다. 지금까지의 이력에 비춰보면 그건 브랜슨답지 않다(그의 문어발식(?) 사업을 떠올려보라). 브랜슨은 이 길 외에 자신이 돌아갈 길은 더 이상 없다는 것을 재차 강조했다.

모든 것을 던져 버리기에는 지금까지 버진 갤럭틱에 너무나 많은 자금이 투여됐다. 여태껏 브랜슨의 우주 비행 프로그램에 투여된 비용은 흡사 발사대 램프에서처럼 폭발했다. 애초에 계획했던 약 1억 달러(한화 약 1,200억 원 -옮긴이)를 훌쩍 뛰어넘은 4억 달러가 이미 우주선과 제반 시설에 투여됐다.[53] 특히 2014년 10월에 벌어진 숙명적인 사건(이미 오래전 일이 되어가고 있다)과 그보다 먼저 있던 폭발사고는 투여자금을 낮추는 데 전혀 도움이 되지 않았다. 브랜슨은 투자비용을 혼자서 감당하지 않기 위해 2010년 보유한 버진 갤럭틱 지분의 37.5%를, 3억 8,000만 달러(한화 약 4,560억 원 -옮긴이)를 투자한 아부다비의 아랍에미리트 투자그룹 아바 인베스트먼트 그룹Aaba Investment Group에 매각하며 그들을 이사진으로 영입했다.[*][54] 이 계약에는 때가 되면 버진 갤럭틱의 우주선을 아랍에미리트에서 발사한다는 조항과 더불어 아랍에미리트 국민을 위한 특별 요금과 국민의 주머니를 불려줄 전도유망한 계획이 필요하다는 조건도 추가됐다. 그 이후 아랍에미리트의 이웃 국가도 이 대열에 동참했다. 2017년 말 모하메드 빈 살만Mohammed bin Salman al Saud 사우디 왕세자는 사우디아라비아의 국부펀드를 통해 브랜슨의 우주 비행 프로젝트에 10억 달러(한화 약 1조 2,000억 원 -옮긴이)를 투자할 것이라고 밝혔다.[55] 이런 자금 조달은 삼천리를 내다보는 유동성으로, 우주 비행 자금을 확보하는 대안이었다.

2007년의 사고 때문에 앞서 우주여행 비용을 지불한 고객들은 최소 1년 이상을 더 기다려야 했다. 이러한 기다림은 VSS 엔터프라이즈가 2011년 이후 이륙에 성공한 약 50회의 비행 중 31회의 글라이더 비행, 3회의 엔진 점화과정을 시도하고 거의 막바지인 4번째 테스트에

---

* 당시 2010년과 2011년 사이의 시점으로 평가했을 때 버진 갤럭틱은 약 10억 달러 가치였다.

서 앨스버리(부조종사)의 페더링 시스템 오작동 사건이 발생한 것이기에 그만큼 속 터질 만한 상황이었다.

하지만 가치 신용 형태로 투자된 자금의 비중은 훨씬 높아졌다. 버진 갤러틱은 더 이상 브랜슨만을 위한 기업이 아니라 CEO 윌 화이트혼이 언급했었던 것처럼 버진 브랜드의 일부가 되었다. "갤러틱은 버진 브랜드로서 미국 내에서 인지도를 쌓았고, 이는 돈으로도 살 수 없는 가치다."[56] 지금까지 범상치 않은 아이디어로 성공한 기업가로서 쌓은 브랜슨의 이미지가 이제 버진 갤러틱에 달려있었다. 이는 일론 머스크도 마찬가지였다. 단, 머스크와 달리 브랜슨은 자발적인 첨단 기술 매니아의 이미지와는 다소 거리가 있었다. 브랜슨은 자신이 구축한 왕국의 그물침대에 누워 사람들을 모험의 세계로 초대하는 화려한 홍보 전략으로 좀 더 수월하게 기업을 운영했다.

반면 베조스는 사뭇 다른 전략을 선택했다. 베조스는 자신이 이룬 성과를 격정적으로 발표하는 한편 실패는 선택적 상황에서만 보도했다. 또한 장기적 목표에는 극도로 불분명한 태도를 취했다. 평가 가능한 기준을 정의하지 않으면 누구도 생채기를 내지 못한다. 훗날 실패하더라도 대중의 야유에서 비교적 자유로울 수 있다. 게다가 성공을 미리 알리지 않았더라도 성공한 후에는 언제든 승자의 편에 설 수 있다. 이러한 베조스의 전략에는 물론 단점도 있다. 제품이 완성된 후 공개하는 전략을 택하면 그전까지 투여되는 모든 자금을 혼자서 감당해야 한다. 반면 브랜슨과 머스크의 태도는 완성된 로켓을 발사하기 전에 어느 정도의 자금 유입이 가능하다는 이점이 있다.

새로운 스페이스십투의 최종조립장이자 약자로, 통합 및 테스트 격납고를 뜻하는 FAITHFinal Assembly, Integration and Test Hangar 격납고는[57] 스페이스십 컴퍼니 소유다. 스페이스십 컴퍼니는 스케일드 컴포지트에서 프로토타입을 버진에 넘겨준 이후, 운반용 항공기와 우주선을 제작하는 버진 갤러틱의 100% 자회사다. 브랜슨은 약 1,900평 크기의 격납고를 연간 700MW/h 절약 가능한 에너지 절약형 공장으로 건설하기 위해 미국 캘리포니아주 정부에서 29만 달러(한화 약 3억 4,800만 원 -옮긴이)의 보조금을 조달했다.[58]

스페이스십투는 스페이스십 컴퍼니에서 제작한 첫 완성작이다. 스페이스십투의 경우 수익을 기대하는 여러 주주 사이의 관계가 여전히 복잡하고 민감한 문제로 대두된다. 그중 한 명이자 거의 40년을 모하비에서 보낸 루탄은 드디어 완성된 스페이스십투에 승선했지만 심장 문제로 은퇴해야만 했다.[59] 그렇게 점점 브랜슨과 항공기 천재(루탄)의 관계가 틀어지게 되었다. 베일에 싸인 사람처럼 행동하는 루탄과 공격적인 상품화 전략을 선호하는 브랜슨의 성향 차이가 너무 컸다. 루탄이 아무것도 아닌 척 비밀스럽게 행동하다가 날개 달린 새로운 창조물을 소개하며 경쟁자들을 화들짝 놀래키는 상황을 즐긴다면, 브랜슨은 그런 상황을 진심으로 즐기지 못했다.

브랜슨은 1996년 예비 신부를 위한 체인점 버진 브라이드Virgin Brides를 도입했다. 신장이 180cm인 브랜슨은 오프닝 행사에서 무릎 길이의 웨딩드레스와 베일을 직접 입는 무리수를 두었다. 그는 진주 귀걸이를 착용하고 현란하게 화장한 얼굴로 관중들을 향해 일일이 손 키스를 보냈다.[60] 그로부터 20년 후 브랜슨은 다시 한번 여장에 도전한다. 이번에는 레드 컬러가 돋보이는 꽉 낀 스튜어디스 유니폼이었다. 이것은 브랜슨이 에어 아시아 소유주인 토니 페르난데스 Tony Fernandes와의 내기에서 져서 받은 벌칙이었다. 브랜슨의 포뮬러 원 Formula One팀의 연간 득점이 페르난데스의 팀보다 뒤졌기 때문이었다. 결국 브랜슨은 에어 아시아에서 서빙을 해야만 했고 탑승한 페르난데스의 허벅지에 오렌지 주스를 쏟기도 했다. 분명 미필적 고의였겠지만, 두 사람이 의도한 광고 효과는 톡톡히 누렸다.

모하비에서 진행한 VSS 유니티 프레젠테이션은 이런 브랜슨에게 아이들 놀이나 다름없었다. 그럼에도 기업을 재건하는 일은 그리 순탄하지만은 않았다. 이미 2010년부터 진행해온 두 번째 우주선 작업은 엔터프라이즈가 추락할 당시 거의 절반이 완성된 상태였다. 하지만 그 사건으로 모든 공정이 중단됐다. 그럼에도 해당 사고로 인한 공식적인 여파는 거의 없다시피 했다. 오직 버진 그룹 임원 2명이 기업을 떠났고 그중 1명은 바로 안전성을 책임졌던 임원이었다. 또한 앞서 예약했던 승객 중 약 20여 명이 티켓을 환불했다.[61]

2016년 스페이스십투는 다시 비행에 나섰다. 처음에는 VMS 이브의 날개에 고정된 채로 그리고 3개월 후에는 단독 글라이더 비행 단계까지 테스트했다. 엔지니어팀은 실수로 페더링 시스템 빗장이 벗겨지는 상황을 방지하는 차단시스템 또한 장착했다.[62] 버진 갤럭틱은 우주선이 불행을 몰고 다니는 아우라에서 재빠르게 벗어날 수 없다는 점을 분명히 했다. 버진 갤럭틱은 홈페이지에 앞으로 나아가야 할 방향성을 제시했다. "승객의 안전, 승무원의 안전 그리고 기체의 안전!", "물론 우주 비행 과정에 위험이 아예 없을 수는 없다. 그렇지만 해볼 만한 가치가 있는 일임은 분명하다."[63]이는 우주 비행의 의미를 굳건히 하기 위한 수단이기도 했다.

브랜슨은 갑작스럽게 역전당한 자신의 비범한 기업을 다시 화려하게 부활시켰다. 실패로 잃어버린 인생을 한탄하지 않는 브랜슨의 성향은 머스크, 베조스와 공통점이기도 하다. 브랜슨은 실패가 무엇인지 누구보다 잘 알았다. 수차례 추락하고, 전복한 경험이 있는 브랜슨에게 이런 사고는 개인적인 성공을 향해 달려가는 길목에서 마주하는 필연적인 것이었다. 그렇다고 브랜슨이 기술진 및 앨스버리의 죽음을 어쩔 수 없는 것으로 받아들인 건 아니다. 브랜슨은 인터뷰에서 죽음의 위험이 현 우주 비행의 일부라고 생각할 수밖에 없다는 복잡한 심경을 이렇게 밝혔다.[64] "버트 루탄은 이를(당시의 민간 우주 비행) 옛 항공산업과 비교하며 그 위험성이 비슷하다고 했다. 그렇지만 항공산업은 훗날 가장 안전하고 안정적인 방식으로 전 세계를 여행하는 수단으로 발전했다. 나는 사람들이 언젠가 우주여행을 하며 그곳에서도 안전하다는 확신을 가지는 날이 오기를 바란다. 장차 누구나 우주 비행을 할 수 있는 그런 날이 온다면 그것은 전부 우주선의 테스트비행을 감수했던 용감한 시험 조종사들 덕분이다."

모든 사업에는 실패가 따른다. 그렇지만 브랜슨은 가장 성공적인 방식으로 실패하는 독창적인 재능의 소유자다. 브랜슨은 모터보트로 대서양 횡단했을 때처럼 실패를 새롭고 개선된 도전을 위한 자극으로 여겼다. 그러나 열기구로 세계 일주에 성공한 첫 인물로 이름을 남기려던 브랜슨의 시도는 버트랜드 피카드Bertrand Piccard와 브라이언 존스Brian Jones에 의해 좌절됐다. 론칭 후 1년 만에 문을 닫아야만 했던 버진 브라이즈도 그랬다. 브랜슨은 자신이 버진 브라이즈, 즉 새색시에게 제대로 투자하지 못했다고 농담했다. 브랜슨의 영향력과 자존감은 실패에도 전혀 흔들림이 없었다.


## 사람을 사로잡는 사람

사람들이 쉽게 포기할 때 꼬인 것을 제대로 푸는 기술은 브랜슨이 추구하는 인생 철학이다. 브랜슨은 자기계발서 혹은 자서전에 배어있는 폭넓은 통찰력으로 자신이 구축한 세상을 관찰한다. 그 밖에 브랜슨의 서재에는 톰 바우어Tom Bauer의 비판적인 자서전인《마스크 뒤에서Behind the Mask》와 같은 책들이 그의 자서전과 함께 꽂혀있다. 브랜슨은 비판적인 목소리를 수용하며 그것을 자기 삶의 의미를 설명하는 한 부분으로 받아들였다.

브랜슨이 버진 그룹을 운영하는 방식, 즉 '버진 스타일'이라 부르는 것은 "누가 뭐라 말하든지 그냥 해냅시다!"이다. 여기에 얽힌 이야기가 있다. 브랜슨의 어머니는 크리켓 경기에서 패해 속이 상한 아들에게 좌절을 겪어보지 않으면 그가 받아치지 못한 공을 앞으로도 전부 놓치고 말 거라고 말했다. 도전한 사람은 실패할 수 있다. 브랜슨은 사람이라면 실수하기 마련이고 그 때문에 두 번째 기회가 필요한 것이라고 생각했다. 예컨대 전과자는 수감 생활을 끝내고 나면 쉽게 직장을 얻을 수 없다. 어린 시절 하룻밤 감옥 신세를 진 이후에도 브랜슨은 최고의 보안장치가 설치된 호주 멜버른 교도소에서 하룻밤을 보냈다. 이번만큼은 출소자들의 사회 복귀를 돕는 사업의 일환으로 그가 자발적으로 택한 일이었다. 일일체험을 마치고 돌아온 브랜슨은 버진 경영진에게 우리에게 필요한 인재라면 전과자라도 고용하라고 지시했다. 브랜슨은 "나 역시 실수한 적이 있다. 탈세 때문에 교도소에서 머물러야 했다. 그랬다면 직장을 구하기 힘들었을 것이고 6만 명의 직원을 고용한 지금의 버진을 창립할 기회조차 없었을 것이다. 인간적인 관점에서 보면 (전과자들의 고충을) 충분히 이해한다."라고 했다.[65] 이런 가치관은 아주 사소한 인간적인 실수가 대참사로 이어질 수 있는 항공우주산업을 이해하는 데 도움이 된다.

브랜슨은 스스로가 삶의 중심을 가족에 두고 있는 사람이기에 직원들에게 주말에는 업무용 휴대전화를 꺼놓도록 강요하며 박애주의자처럼 행동했다. 이런 그의 성향은 상사가 요구한 과도한 업무로 볼멘소리를 하는 직원들로 넘쳐나는 머스크의 기업과 큰 차이를 보였다.[66] 역설적이지만 브랜슨은 가족이 중심이라 말하며 가족과의 친밀함을 공개적으로 과시했다. 브랜슨 일가는 정기적으로 이벤트와 프레젠테이션에 초청되었으며, 브랜슨이 스페이스십투의 출항 준비가 끝나면 가족과 함께 우주여행을 하고 싶다고 말한 이후로 그의 가족은 기업 홍보수단의 일환이 되었다.

아무렴 브랜슨이 추구하는 기업 활동의 모티브는 순수한 즐거움

그 자체다. 브랜슨은 일상에서 언제나 '재미'를 강조했다. 즐기는 사람만이 제대로 할 수 있다고 생각하기 때문이다. 모든 일상적인 지혜처럼 열쇠는 지식이 아닌 주변에 있다. 다종다양한 기업과 독특한 비즈니스모델만 봐도 브랜슨이 이런 세계관에 진지하게 임하고 있음을 알 수 있다. 서로 협력하며 낙천적이고 인간적인 동시에 '배려'를 추구하는 브랜슨의 이미지는 사람들을 사로잡았고, 영국 및 국제 언론계에서 사랑받는 인물로 손꼽혔다. 이는 힘든 순간에도 다시 전진할 방법을 모색한 브랜슨과 그의 직원들이 함께 이뤄낸 결과였다.

브랜슨과 머스크의 공통점이라면 목표를 이루고자 하는 시점이다. 사람들은 브랜슨에게 항공우주산업계 전임자나 경쟁자들의 사례를 겪고도 2007년 3월부터 12개월 뒤에 우주선을 완성할 것이며, 2년 뒤 첫 승객을 우주로 보낼 것이라고 발표한 이유가 무엇인지 물었다.[67] 일부 비평가의 질책처럼 브랜슨이 우주 비행 프로젝트를 진지하게 고심하지 않았던 걸까? 혹여 실제로 브랜슨이 이 사업을 하나의 '재미 추구'를 위한 것으로 생각했다고 하더라도 우주여행 티켓을 판매하는 브랜슨은 이 사실을 인정하지 않을 것이다. 그래도 최소한 일정 부분은 자신의 언행이 섣불렀다는 것을 인정한 것으로 보인다. 2017년 봄 브랜슨은 "우리는 정확한 일정 브리핑을 중단했다. 그것밖에는 다른 방법이 없다. 하지만 이 프로그램이 2018년 말에도 시작되지 않는다면 매우 실망할 것 같다."라고 공식적으로 밝혔다.[68]

## 우주로 향하는 분기점

버진 갤러틱의 스페이스셔틀(통상 왕복우주선)이 실제로 발사된다면 뉴멕시코에 위치한 상용 우주정거장인 미국우주항은 그 목적을 달성할 수 있을 것이다. 원래 버진 갤러틱은 하루에도 스페이스셔틀을 여러 차례 발사할 것이라고 밝힌 바 있다. 그러나 2011년 10월 개관한 뒤로 노먼 포스터Norman Foster가 설계를 맡은 이 대담한 건축물은 버진 갤러틱 우주선과 우주비행사 후보자들을 속절없이 기다리게 했다. 공중에서 바라보면 이 시설의 외관은 반쯤 파묻힌 클링곤(스타트렉에 나오는 호전적인 외계인 -옮긴이) 전투선처럼 보였다. 절대 비하하려는 것이 아니다. 포스터&파트너스에서 밝힌 바에 따르면 우선 클링곤의 우주선은 몹시 인상적이었고, 둘째로는 주변 지형의 '움푹 들어간 형태는 척박한 뉴멕시코의 기후에 완충 역할을 하며 (지하의) 열량을 건축물에 활용하게 한다.'[69]* 이 건축물을 디자인한 설계사무소는 매리 액스 빌딩Mary Axe Building(런던에서는 이 건물을 오이피클이라는 별명으로 부른다), 웸블리 스타디움Wembley Stadium은 물론 프랑크푸르트의 코메르츠방크 타워Commerzbank Tower 설계로 명성을 얻었다. 둥글고 가벼운 곡선의 인상적인 외관 뒤로 격납고, 대연회장, 승객 훈련장 등이 위치한다.

개관식에서 브랜슨은 건물 정면에서 샴페인 한 병을 터트리며[70] 또다시 기업 역사상 오랫동안 회자될 에피소드를 생산했다. 사실 이

---

* 이 지역의 방문객들은 계절과 상관 없이 이곳이 뜨겁고 인간에게 해로운 기후라고 느꼈다. 20km도 채 떨어지지 않은 미국우주항의 주변 지역에는 멕시코시티에서 오늘날 미국의 남부로 이어지는 역사적 도로가 위치한다. 남아메리카의 스페인 정복자는 우주항 근처에 위치한 이 지역을 의미심장한 '죽음의 여정(Journey of Death)'이라 불렀다.

우주항은 브랜슨의 소유가 아니라 뉴멕시코주 정부의 자산이다. 주지사는 본 건축물에 납세자들의 세금 2억 2,500만 달러를 투여했다. 한편 브랜슨은 미군의 첫 원자폭탄 발사 지역이자 독일에서 노획한 무기 V2를 발사한 장소인 화이트 샌즈 테스트 지역에서 멀리 떨어지지 않은 이 지역을 20년간 독점으로 계약했다. 그러나 그때까지 단 한 차례 시험비행만을 완수한 스페이스십투가 지역 정치계의 논란에 휩싸였다. 버진 갤러틱과 체결한 협정만으로 이곳을 유지하기엔 역부족이었고, 지금까지 납세자들은 매년 수백만 달러에 달하는 금액을 이 텅 빈 시설에 조달해야만 했기 때문이다.

우주 비행 1회당 5만에서 10만 달러의 수입을 올릴 것으로 계산할 때 앞으로 예고된 발사횟수를 기본으로 산출하면 수익성이 꽤 좋은 사업이었다. 캘리포니아주 정부는 뉴멕시코로 새로운 고객들을 유치하려는 시도가 있을 때마다 군침을 흘렸다. 그래서 캘리포니아주 정부는 모하비 공항에 격납고와 훈련센터 건설을 위해 1,100만 달러(한화 약 132억 원 -옮긴이)의 신용자금을 확보했다. 그렇기에 특유의 인색함과 악의를 이 우주항에 내비치는 건 영리하지 못했다. 과연 언젠가 스페이스십투가 발사된다면 저스틴 비버와 패리스 힐튼은 모하비의 골함석 격납고가 아닌 뉴멕시코의 미국우주항을 배경으로 셀피를 찍으려 등장할 것이기 때문이다. 그 밖에 또 다른 이유에서도 버진 갤러틱은 뉴멕시코로 이전을 계획하고 있었지만, 이를 반기지 않았던 버트 루탄은 불만을 표출했다. "나라면 볼품없는 뉴멕시코의 광경이 아니라 바다와 산이 보고 싶을 것이다."[71]

물론 버진 갤러틱은 볼 만한 주위 광경이 있는 곳의 비행을 고민했다. 예컨대 기업은 극광을 관찰하기 위해 스웨덴 북부 도시인 키루나에서의 발사 가능성을 스웨덴 정부와 협의 중이다.[72]

비록 루탄이 직접 개입하고 있지는 않지만 루탄은 분명 우주 골드러시에 지분이 있다. 현재 다수의 민간 및 국가 우주정거장이 항공기를 위한 국제공항허브처럼 고객 유치 경쟁에 뛰어들었기 때문이다. NASA의 케네디 우주센터와 인접한 곳에 있는 동부해안의 케이프 커내버럴 공군기지, 반덴버그 공군기지처럼 역사적 의미가 있는 장소 또한 미래 민간 항공우주산업에서 제자리를 찾고 있다. 스페이스X 역시 재활용 로켓 테스트를 위해 뉴멕시코 사막 인근 약 10km 크기의 지역에 많은 관심을 보였다.

미국우주항에서 출발해 우주를 향해 비행하는 유일한 발사체는 UP 에어로스페이스 소규모 기업의 지구저궤도용 로켓이 유일했다.[73] 신기하지만 이 로켓은 머큐리 우주조종사 고든 쿠퍼Gordon Cooper 및 '스콧티'라는 별칭으로 불린 스타트렉 배우 제임스 두한James Doohan의 유골을 우주로 운송했다.


## 베조스 vs. 브랜슨: 시스템 경쟁

미국 전체 크기를 감안하면 텍사스 밴혼에 위치한 블루 오리진의 발사대에서 차로 4시간 걸리는 미국우주항은 그리 멀지 않다. 지도에 표시되는 두 장소의 거리만큼 베조스와 브랜슨이 첫 관광객을 우주에 보내려는 경주 또한 앞을 내다보기 힘들 정도로 치열하다. 누가 한발 앞서고 있는지조차 불분명할 정도다.

사람들은 베조스가 지난 몇 년간 두 사람의 간격을 좁혔다고 생각한다. 그러나 경쟁자들이 의식하지 못했을 뿐 언제나 선두에는 베조스가 있었을 수도 있다. 2015년 말 뉴 셰퍼드 로켓이 캡슐 우주선 분리에 성공하고 우주에서 귀환한 이래, 전 세계는 블루 오리진 시스템이 이룬 진보적 성과와 마주했다. 브랜슨도 미간을 찌푸리고 블루 오리진의 비행을 지켜봤다. 베조스는 이 캡슐 우주선 비행으로 유인 항공우주산업 분야의 선두주자를 박살 냈을 뿐만 아니라 우주관광산업에도 큰 파문을 일으켰다. 이 연착륙으로 우주여행을 갈망하는 관광객들이 버진 갤럭틱이 아니라 블루 오리진의 표를 구입하리라는 것은 자명했다. 안 그래도 브랜슨은 VSS 엔터프라이즈 폭발사고로 인해 치명타를 입고 있던 차였다. 게다가 브랜슨의 기술진은 새로운 스페이스십투를 완성하는 데 최소 3개월이라는 시간이 필요했다.

각 기업의 시스템은 해당 산업에서 도드라지는 소유주의 특징이 놀라울 정도로 반영된다. 항공운수업자인 브랜슨의 유인우주선은 조종사 2명이 조종한다. 반면 인터넷 판매업에 종사하는 베조스의 캡슐 우주선은 전문적인 수행원 없이 승객들만 우주로 향한다. 이 우주선은 아마존의 드론 패키지를 활용하여 전자동 모드로 조종된다. '승무원 넘버7'으로 불리며 지상에서 근무하는 일종의 우주 접대원은 비행 시간 동안 필요한 서비스를 제공하며 승객들이 언제 좌석으로 돌아가야 할지 알려준다.[74]

그렇지만 베조스의 캡슐 우주선 체험은 비행시간이 버진 갤러틱 보다 짧은 편이다. 약 4분 정도 소요되는 무중력 상태의 공회전 운행 까지 포함해도 그 결과는 변함없다. 캡슐 우주선은 로켓과 함께 날아 오른 뒤 2분 30초 안에 로켓에서 분리된다. 그 이후 점차 감소하는 운 동에너지를 바탕으로 우주를 향해 날아오른 뒤, 정점을 찍고 지구를 향해 떨어진다. 그리고 우주선에 장착된 낙하산으로 지상에 착륙한 다. 엔진 점화에서 우주선의 착륙까지 소요시간은 총 11분에 불과하 다. 북새통인 아웃렛에 있는 회전목마를 타는 시간이나 학교의 쉬는 시간과 별 차이가 없다.

처음 보면 베조스의 캡슐 우주선은 기존의 캡슐 우주선과 별다른 외형적 차이가 없어 시선을 끌지 못한다. 그러나 자세히 관찰하면 베 조스의 캡슐 우주선은 브랜슨의 관광용 우주선이 갖추고 있는 시설 들을 충족시키거나 때로는 그 이상을 하기도 한다. 베조스의 캡슐 우 주선의 부피는 15㎥다. 실제 셰퍼드에 책정됐던 공간에 비하면 거의 10배에 달한다.[75] 뉴 셰퍼드는 스페이스십투처럼 발사 후 6명의 승객 을 우주의 경계라고 정의할 수 있는 약 100km 고도까지 날려보낸다. 승객들은 이륙 시 3G, 귀환 시 5.5G까지 이르는 속도를 견디기 위해 거의 누워있어야 한다. 좀 더 적나라한 예를 들자면, 승객들은 편안한 치과 치료 의자에 누운 것 같은 자세를 취한다. 같은 자세로 누운 승 객 전원에게는 전용 유리창이 제공된다. 블루 오리진의 설명에 따르 면 지금까지 제작된 우주선 중 유리창의 크기가 가장 크다고 한다.[76] 어쨌거나 이 여행을 독일 최북단 섬인 질트 섬 투어처럼 생각한다면 시간과 돈을 전부 낭비하는 셈이다.

2017년 블루 오리진은 최초의 파노라마 창 뒤로 각종 센서를 부착하고 푸른 유니폼을 입힌 테스트용 더미, '스카이워커 마네킹'을 태우고 미래 관광용 우주선의 시범비행을 진행했다.[77] 캡슐 우주선에 설치된 카메라는 엔진 점화와 함께 친근한 주홍빛 화염을 뿜으며 하늘 높이 날아오르기까지 스카이워커의 모습을 비췄다. 뉴멕시코의 푸른 하늘을 비추던 창가가 순식간에 깜깜한 우주 하늘로 변하는 과정은 깜짝 놀랄 정도였다. 로켓이 캡슐과 분리된 후 캡슐이 우주선으로 변하는 과정도 정확히 확인할 수 있었다. 여기저기 굴러다니던 조각들이 우주선 안에서 공중을 떠다니고 반짝이는 태양은 진공상태의 우주에서만 가능한 강도 높은 그림자를 형성했다. 웅웅거리는 엔진 소리, 수력 펌프의 액체 소리, 전자기기의 신호 소리처럼 승선 시 들렸던 음향이 기술적인 것에 지나지 않았다면, 얼마 후 대기권으로 급격히 하강하는 순간의 음향은 으스스하고 흐느끼는 소리로 가득 찬다. 수직으로 하강하는 캡슐 우주선의 커다란 창밖에는 뉴멕시코의 메마른 풍경이 스쳐 지나간다. 이어 낙하산이 펼쳐지고 미동도 없이 앉아있는 스카이워커가 탄 캡슐 우주선은 먼지구름을 일으키며 지상에 착륙한다.[78] "스카이워커는 잘 다녀왔다." 베조스는 트위터에 만족스러운 평가를 남겼다.[79] 우주여행을 요약한 동영상은 "날아갈 준비가 되셨나요?"라는 메시지로 끝난다.[80]

베조스의 캡슐 우주선 여행이 예민한 영혼을 가진 사람에게는 적합하지 않다는 걸 보여준 마네킹 스카이워커의 비행은 매우 인상적이었다. 그러나 전체 여정이 비교적 빠르게 끝나기 때문에 베조스는 버진 갤러틱의 가격과 비교했을 때 비용을 정당화할 수 있는 뭔가를 찾아야만 했다. 아직 티켓 판매를 개시하지 않은 블루 오리진은 예상가격을 언급하는 것조차 자제했다. 베조스는 "정확한 금액은 아직 책정되지 않았으며 여전히 고심 중이다."라고 2017년 콜로라도 스페이스 심포지엄에서 밝혔다. 베조스는 당시 첫 테스트 캡슐을 가져와서 그곳에 있는 모든 일반인이 관람하도록 야외에 설치했다. 그렇게 설치된 캡슐 우주선은 심포지엄의 스타였다. 관람객은 콘퍼런스가 진행되는 내내 날씨가 좋든 궂든 개의치 않고 우주선 안에 들어가려 줄을 섰다.[81]

"아직 시간이 있다. 어차피 티켓 판매를 개시할 단계에 이르지 못했기 때문에 급하지 않다. 상용 항공우주산업 분야에 조금 더 접근한다면 판매를 개시할 수도 있다."[82]는 것이 전형적인 베조스식 답변이었다. 라틴어로 쓰인 '한 걸음씩 용감하게!'를 뜻하는 블루 오리진의 표어를 유념한 듯, 베조스는 매번 일정에 제동을 걸었다. "난 우리 팀에 이것은 경주가 아니라는 점을 항상 상기시킨다. 더욱이 이 발사체는 사람을 운송해야 한다. 무엇보다 우리는 안전을 최우선으로 하여 개발에 임할 것이다."[83]

물론 이런 발언으로 베조스는 뉴 셰퍼드와 캡슐에 투자할 수 있는 몇 개월의 시간을 벌었다. 그렇지만 우선 우주선의 첫 상용화 운행이 개시되어야지만 수익 면에서 베조스와 기업에 이로울 것이다. 따라서 베조스에게는 어느 시점에 정보를 공개하느냐가 매우 중요한 문제다.

그는 때때로 예기치 못한 시점에 개발 정보라는 비밀의 문을 스스로 열었다. 위성 콘퍼런스에 참석한 블루 오리진 판매 영업팀의 수장 클레이 모우리Clay Mowry는 "우리는 2018년쯤 유인 비행을 완수할 것으로 기대하고 있다."라고 밝혔다. 단추를 목 끝까지 채우는 기업 정책을 고려하면 모우리가 아무 생각 없이 독자적으로 정보를 퍼뜨렸다고 생각하기는 힘들다.

그러나 그렇다고 해서 베조스와 그의 경영진이 다소 이상적으로 보이는 브랜슨 혹은 머스크에 비해 일정에 관한 선견지명이 있다는 것은 아니다. 복기해보면 2007년 블루 오리진은 3년 안에 아마추어 우주비행사를 우주로 보낼 것이라고 장담했었다. 연간 약 52회로 예정했던 이 일정은 거의 매주 연속된다는 소리와 다름없다.[84] 결국 이 계획은 2012년으로 미뤄졌고, 이후 또다시 2018년으로 연기됐다.

뉴 글렌과 같은 대형 운송시스템을 소유한 베조스가 왜 하필 그저 우주비행사 몇 명을 수송하는 소형 지구저궤도용 로켓 산업을 추진하는지 의아한 사람도 있을 것이다. 그것은 우주관광산업에 있어 뉴 글렌과 같이 훨씬 값어치 있는 프로젝트에 착수하기 전, 경험을 쌓는 예행연습 같은 것이다. 모우리는 "뉴 셰퍼드는 우리에게 유효한 발사과정, 개발방식, 로켓의 재출발 준비과정, 실질적인 비행방식을 깨우쳐준 발사체다."라고 설명했다. 그리고 분명 궤도용 우주선에 비해 캡슐 우주선에 투여되는 비용이 훨씬 적기도 하다. 궤도 미션에 비하면 거의 50분의 1밖에 들지 않는다.[85]

베조스가 민간 우주선을 개발하며 직원들을 재촉하는 또 다른 이유가 있다. 그건 베조스 본인이 우주에 가고 싶기 때문이다. 베조스가 애초에 블루 오리진을 설립한 근본적인 이유도 마찬가지다. 몇 년 전 베조스는 이렇게 말했다. "우주를 다녀온 사람들이 내게 그 경험으로 자신이 송두리째 변했다고 말했다. 어떻게 해서든 나도 우주에 갈 것이다. 물론 블루 오리진의 우주선을 타고."[86]

## 지구가 한눈에 들어오는 호텔 테스트룸

호텔리어라면 누구나 우주호텔을 꿈꿔보지 않을까. 값비싼 비용을 지불한 고객에게 텐트에 바람을 넣어준다. 쾌적함 때문이 아니라 그 안의 기압을 보호하기 위해서다. 하지만 이제 여기서 강력한 한 방이 들어온다. 우주를 떠다니는 이 텐트의 이용금액이 최소 2,000만 달러(한화 약 240억 원 - 옮긴이)라는 것이다.

당연히 이 텐트는 일반적인 텐트가 아닌, 매우 복합적이며 바람을 불어넣는 우주정거장 모듈을 가리키는 것으로 지구에서 압축한 채로 운반한 뒤 우주에서 원래 크기로 펼치는 방식이다. 이런 모듈 건축방식의 장점은 몹시 가벼우면서도 알루미늄으로 만든 고정 모듈에 비해 개폐 후 크기가 훨씬 더 커질 수 있다는 것이다.[87] 기존의 스테이션(우주정거장) 부품은 탑재 피복 부분의 크기보다 클 수 없었기 때문에 바람을 불어 넣을 수 있는 로버트 비글로우의 스테이션은 접어서 압축된 상태로 개발되어야 했다(사진22 참조).

고도의 첨단기술이 집약된 것처럼 보이는 이 텐트를 타고 우주를 항해하는 것이 좋은 아이디어일까? 최소한 미국의 비글로우는 그렇게 생각했고, 몇 년 전부터 NASA에서 개발한 기술 '트랜스햅TransHab'을 사들인 뒤 계속 개발 중이다. 비글로우는 자신의 계획이 무엇인지 잘 알고 있었고, 거기에 필요한 자금도 보유하고 있었다. 비글로우는 버짓 스위츠 오브 아메리카 호텔 체인의 소유주이고 '고작' 백만장자였지만, 항공우주산업 무대에서 아주 특이한 이유로 유명인사가 되었다. 그가 외계인이 지구를 방문할 거라 믿는 전 세계 UFO 단체의 핵심 멤버이기 때문이다. 조부모님이 그에게 라스베이거스 외곽에서 외계인과 만났다는 경험을 들려준 뒤로 비글로우는 UFO 맹신자가 되었다. 그는 "그 물체는 방풍용 전면유리창을 가득 채울 정도로 점점 빠르게 조부모님을 향해 접근했다."라며 자신을 믿을 수 없는 표정으로 바라보는 방송 리포터에게 설명했다.[88] 기이한 행동으로 잘 알려진 비글로우는 NIDSNational Institute for Discovery Science를 설립하고 직접 자금을 조달했다. NASA에서는 일시적인 UFO 관측으로 보고된 사례들을 이 연구소에 전달하며 UFO 연구 분야의 기사 서임식을 시행했다. 외계인을 주제로 비글로우가 CBS 리포터 라라 로건Lara Logan과 한 인터뷰는 정말 흥미롭다.

로건  외계인이 정말로 있다고 생각하시나요?
비글로우  간결하게 말하면 난 절대적으로 확신합니다.
로건  그렇다면 외계인이 지구를 방문했다고 믿으시나요?
비글로우  외계인의 존재는 지금도 있고 예전에도 있었습니다. 미국의 그 누구와 견주더라도 난 이 분야에만 수백만 달러 이상을 투자했습니다.

**로건** 대중 앞에서 공식적으로 UFO와 외계인을 믿는다고 밝히는 건 모험적이지 않습니까?

**비글로우** 그런 건 전혀 개의치 않습니다. 아무래도 괜찮습니다!

비글로우는 엄청 진지했지만 다른 사람이 자신과 똑같이 생각하지 않을 수도 있다 점을 염두에 뒀던 것으로 보인다. 그는 자신이 보유한 재산의 상당 부분을 이 우주정거장에 투자했으며, 이미 300개나 된다고 설명했다(여러 전문가와 전 NASA 임직원들이 그를 위해 일하고 있다는 뜻이다). 비글로우의 확신은 라스베이거스 스트립 지역에서 항공로로 10km도 떨어지지 않은 곳에 위치한 비글로우 에어로스페이스Bigelow Aerospace 본사 홀에 장식된 거대한 외계인 표식으로 살아 숨 쉬고 있다.

비글로우는 그의 기묘한 경향을 떼어놓고도 우주 캠핑 분야의 이정표를 구축한 사람으로 주목할 수 있다. 한때 그의 테스트 모듈 빔Beam은 바람을 넣은 채로 국제우주정거장에 매달려 적합성을 검토 중이었고, 끝내 이 실험에 참여한 야영객들이 악천후의 순간 모듈이 전복한다는 문제점을 발견했다. 텐트 내 얼마 되지 않은 고정 부분이 비정상적인 방식으로 휘어졌고, 내부에 뭔가 뚝뚝 떨어지기까지 했다. 우주 텐트 역시 침낭에서 야영할 때와 전혀 다르지 않은 문제들로 극단적인 결말을 맞을 수도 있다는 소리였다. 꽤 두꺼운 텐트의 벽은 튼튼했지만 우주비행사들은 풍선 같은 텐트에 공기가 잘 주입되어 있는

지, 해로운 우주 광선과 우주에 부표하는 극미립자를 제대로 차단하는지 정기적으로 테스트했다. 실제로 내부 센서에서는 일부 문제들이 감지됐다. 이조차 비글로우에게는 희소식이었다. 미세운석은 텐트의 표면을 통과하지 못했고 침투한 광선 역시 여타의 우주정거장 내부보다 높지 않았기 때문이다.[89] 아무튼 최악의 상황은 빔이 찢어지거나 파손되는 것이 아니라 서서히 공기가 빠지는 문제였다.[90]

지구궤도의 우주 비행은 가혹하다. 그렇지만 그 이면은 더 척박하다. 스테이션은 지구 주변에서 양성자, 헬륨핵, 원자핵 등 우주 방사선의 큰 부분을 방어하는 밴 앨런 보호대의 보호를 받으며 비행했다. 그곳 밖으로 가고자 한다면 짐을 훨씬 두둑이 챙겨야 한다. 그리고 그건 비글로우의 빔도 마찬가지였다. 그럼에도 비글로우는 우주의 더 높은 곳으로 나가고자 했다.

비글로우의 기술진은 현재처럼 빔이 계속 유지된다면 2020년에 훨씬 규모가 큰 모듈인 BA-330을 아틀라스V에 장착하기로 협의했다.[91] 일렬번호로 내부의 $m^3$를 표시하는 모듈은 대형 크기인 우주 텐트 패밀리형이다. 비교하자면 유럽 모듈인 콜럼버스Columbus는 크기가 $75m^3$다.[92] 폐소공포증을 일으킬 정도로 비좁은 유인 우주 비행선과 비교했을 때는 매우 큰 공간이지만 여기에도 함정이 있다. 그 공간을 현재 국제우주정거장에 거주하는 최대 인원인 6명이 나눠야 한다. 비글로우는 만약 이때 공간이 너무 비좁아지면, BA-330을 기존 스테이션에 정박하거나 모듈을 서로 엮는 방안 또한 계획 중이다. 또한 비글로우가 몰두하고 있는 개발의 하이라이트는 분리된 동력장치다. 그것으로 빔은 독립적인 우주선으로 변신한다. 우주선은 자체 동력만으로 궤도에서 멈추지 못한다. 지구 인근의 모든 우주발사체는 대기의 외부 미립자로 인한 마찰력 때문에 언젠가 지구로 끌어 당겨진다.

사실 원대한 계획을 품은 비글로우는 보수적인 사업가다. 언론에서는 비글로우를 우주 호텔사업가로 소개하지만, 그는 그런 여행을 즐길 정도로 재력가인 고객층이 충분하지 않다고 판단했다. 따라서 고급 호텔 대신 본인의 스테이션을 구비할 여력이 없는(또는 원하지 않는) 이들을 위해 저렴한 민간 우주정거장 임대 사업을 계획하고 있다. 게다가 그는 일종의 '우주 에어비엔비 연구실'처럼 연구스테이션을 국가와 기업에 대여하려는 계획을 세웠다.

비글로우의 본사에는 우주정거장계의 진정한 대성당이라고 할 수 있는 BA-2100 '올림푸스' 모형이 설치되어 있고 그 내부에는 여러 공간이 있다. 그곳에는 16명의 승무원이 생활할 수 있는 연구실, 거주 및 여가 공간은 물론 소형 병실까지 고루 갖춰져 있다.[93] 다만, 당시에는 70t 이상의 무게를 궤도까지 운반할 수 있는 로켓이 없었다. 다시 말해 개발문제가 아니라 그의 스테이션과 승무원을 우주 공간까지 이송시켜줄 강력한 로켓이 없다는 것이 가장 큰 문제였다. 그렇기에 비글로우는 자신의 스테이션 수송 혹은 국제우주정거장까지 민간 유인수송에 성공한 기업에게 5,000만 달러(한화 약 600억 원 -옮긴이)를 상금으로 주는 아메리카 스페이스 프라이즈America's Space Prize를 열었다. 그러나 2010년까지 이런 조건을 충족시키는 기업을 찾지 못해 누구에게도 수여되지 못했다가, 머스크의 드래건2와 보잉의 스타라이너가 우주 택

시의 입지를 굳히며 이 상을 받았다.[94]

　서틀이 은퇴해야 하는 시점이 다가오자 비글로우는 머스크처럼 새로운 시각을 선보였다. 국제우주정거장의 끝이 멀지 않았음에도 NASA는 구조적으로 유사한 새로운 모델을 개발하는 대신 전혀 다른 계획을 세우고 있었다. 2016년이 되어서 현 스테이션은 2024년까지 운영할 예정이며, 연구목적이었던 국제우주정거장은 대체로 성공적이었던 것으로 평가받았다. 그렇지만 이제 건설 및 운영비로 1,000억 달러가 투여된 이 정거장 개발 사업으로 미국 정부의 공신력 있는 기관이 민간 항공우주산업 기업과 경쟁해야 한다는 딜레마에 빠졌다. 이에 NASA는 지구저궤도를 민간 항공우주산업 기업에게 맡기고 연구 분야와 우주수송 분야만을 다루기를 희망했다. 따라서 비글로우는 전적으로 지구궤도만을 위한 사업 아이템을 개발 중이다. 여전히 국제우주정거장에는 각 국가의 모듈이 운영 중이지만 네덜란드, 스웨덴, 일본을 비롯한 6개의 국가는 비글로우의 결과물에 큰 관심을 보이고 있다.[95] 비글로우는 NASA의 핵심 계획 중 하나인 딥 스페이스 플랜Deep Space Gateway and Transport Plan에 동참할 기회까지 얻었다. 이 프로젝트는 유인 화상 탐사로 정점을 찍으려는 NASA의 큰 그림의 일부고 일론 머스크가 그렇게 찾으려던 것이기도 했다. 이제 구글에서 'NASA', '화성', '계획'을 입력하거나 NASA 홈페이지에서 올바른 링크를 클릭하기만 하면 2015년 작성된 36쪽 분량의 화성 계획을 발견할 수 있다.[96, 97]

한편 향후 10년간의 세부사항을 규정한 마지막 게이트웨이 플랜으로 NASA는 행성 간 우주 탐사 미션을 계획했다.[98] 딥 스페이스 게이트웨이는 달 궤도 주변에 상주하는 승무원이 없는 소형 우주정거장을 건설하는 프로젝트이다. 이 프로젝트를 위해 NASA는 소형 정거장을 건설할 수 있는 기업 6곳에 접촉했고 그중에는 BA-330을 업그레이드한 비글로우의 X-BASEExpandable Bigelow Advanced Station Enhancement도 포함됐다.

X-BASE가 시행되고 계획처럼 모듈에 자체 동력시스템이 구축된다면, 사람을 우주의 천체 A에서 천체 B로 수송하려는 머스크와 베조스에게 고상한 순환구조를 열어주는 것이다. 또한 많은 돈을 지불할 사람들은 순수한 즐거움을 위해 주저하지 않고 비글로우의 비행물체에 올라탈 것이다.

# 달 2.0을 향한 경쟁

— ⟨ **5** ⟩ —

"————

**달로 향하는 표를 구했으니, 머지않아 지구 위를 날아오르겠지.**

일렉트릭 라이트 오케스트라(Electric Light Orchestra)의 티켓 투 더 문(Ticket To the Moon) 가사에서

———— "

## 달의 르네상스 시대

아폴로 탐사 이후 달은 '봤노라, 해냈노라.' 식의, 더 이상 불가능이 아닌 가능성이 열린 곳으로 여겨진다. 그러나 지난 수년 동안 하늘을 바라보는 시선이 확장되면서 지구 근처의 천체인 달은 다시 항공우주기관과 민간 기업은 물론 항공우주관광산업의 레이더 안으로 들어왔다. 일론 머스크와 제프 베조스가 그 변화의 물결에 결정적인 역할을 했다. 이런 주요 인사 외에 추가로 피터 디아만디스가 상금을 걸고 고안한 프로그램이 달로 향하는 새롭고 흥미진진한 경쟁을 부추겼다. 지금까지의 예견은 민간 우주 비행 분야의 각축전은 지구저궤도에서만 일어날 것이며, 그 밖의 장소는 딥 스페이스 프로그램을 내세운 기관의 연구 분야라는 것이었다. 그러나 현실은 이미 오래전에 이런 예

견을 뛰어넘었다. 현재는 달까지의 화물수송을 문의하는 업체가 왕왕 생길 정도다. 언제나처럼 비용이 문제지만…, 그렇다고 비용이 전부는 아니다.

과거에 우리는 '자원'의 관점으로 달에 접근한 적이 없었다. 그러나 민간 우주산업 기업은 다양한 천체를 천연자원으로 간주했다. 아폴로호 이후로 달을 새롭게 조명할 지식과 기술이 등장했다. 예를 들어 달 탐사선인 LRO Lunar Reconnaissance Orbiter가 달의 남쪽에서 얇은 얼음층을 발견하면서 더 많은 정보가 모였다.[1] 물은 사람에게 필요한 자원일 뿐만 아니라, 우주선 작동에도 필수적이다. 이것이 오늘날 항공우주산업에 골머리를 썩이고 있는 문제, 즉 지구 중력장에서 벗어나 우주로 연료를 운송하는 문제의 해결책이 될 수도 있기 때문이다. 달의 중력은 지구의 약 6분의 1밖에 되지 않기에 달에서의 화물 운송 비용은 (에너지 측면에서) 지구보다 훨씬 저렴하다.

달에는 호기심을 자극하는 몇 가지 특징들이 있다. 달에는 대기가 없기 때문에 우주 복사(우주 공간에 존재하는 전자기파의 총칭 -옮긴이)가 정제되지 않은 채로 달 표면을 향해 후드득 쏟아진다. 게다가 달은 몹시 춥고 더럽다. 달에서 지구의 밤 역할을 하는 구역은 온도가 섭씨 영하 100℃ 아래까지 떨어지며 낮이라 할지라도 태양이 닿지 않는 극지역 분화구지대는 그보다 낮은 온도를 보인다. 또한 탐사를 끝내고 돌아온 아폴로 우주선의 우주비행사들은 무지막지한 흙장난을 하다 온 어린아이처럼 온몸에 흙먼지를 뒤집어쓴다(심지어 입자가 아주 곱다). 그들은 달 기지 안에서도 강하게 달라붙는 먼지를 털어내려 온갖 노력을 해야만 한다. 어디에나 자욱한 이 먼지는 아폴로17호의 문 워커 해리슨 슈미트, 유진 서난이 일시적인 고열에 시달렸던 원인으로 추측된다.[2] 또한 우주비행사들은 검은 흙먼지가 태양광까지 흡수해 더 뜨거워지면서 장비가 과열되는 문제를 겪어야만 했다.[3] 다시 말해, 이런 끝없는 얼음장 같은 추위와 먼지에도 생존할 수 있는 사람은 다른 곳 어디에서라도 살아남을 거라는 소리다.

일론 머스크는 이와 같은 달의 환경을 완벽한 훈련 장소라고 생각했다. 머스크는 이미 "사람들을 진짜로 매료시키는 것은 달에 베이스캠프를 세우고 그곳에서부터 그다음 단계인 화성으로 사람들을 운송하는 것이다."[4]라고 밝힌 바 있다. 원래 머스크는 달에 공을 들일 의사가 조금도 없었다. 1년 전 머스크는 멕시코 포럼에서 "내가 달을 부정하는 건 아니다. 하지만 달은 다행성 종족multi-planetary specie(머스크가 제시한 개념으로 지구를 포함한 여러 행성에 걸쳐 거주하는 종족 -옮긴이)이 개발되기 힘들다. 달은 행성보다 훨씬 작다. 달에는 대기도 없고 천연원료가 풍부하지도 않다. 그리고 달의 하루는 지구의 28일이지만, 화성의 하루는 우리의 바이오리듬에 익숙한 24.5시간이다."라고 언급했다.[5]

그렇지만 그가 거대한 BFR을 개발하기 시작하면서, 달에 대한 머스크의 견해가 뒤바뀌고 있다. 머스크는 자신이 곧 다목적시스템 우주선을 달에 착륙시키고 다시 이륙하도록 할 것이라고 밝혔다. 하지만 이 시스템 우주선의 실현에는 시간이 걸릴 것이고, 머스크는 달에 주목하며 개발이 완료되기 전까지 경험을 쌓으려고 하고 있다(물론 돈도 챙겨면서). 머스크는 달에 데려갈 일반인 2명을 발표했다. 이 프로젝트는 이들이 민간 우주비행사 훈련을 속성으로 마친 뒤 팰컨 헤비에 실린 드래건2에 탑승해 일주일 동안 달 여행을 하는 것이었다. 이 2명의 민간인 우주비행사는 파노라마로 비행하며 달과 지구의 중력에 따라 드래건 캡슐 우주선이 방향을 선회하여 복귀하기까지 텅 빈 우주 공간에 잠시 체류할 예정이다.[6] 이 여행에 관심을 보인 두 고객이 정확히 얼마의 금액을 지불했는지는 밝혀지지 않았지만, 머스크가 국제 우주정거장에 달착륙선 비용으로 요구한 내역이 2,000만 달러(한화 약 240억 원 -옮긴이)를 살짝 웃도는 것으로 알려졌다. 만약 이 가격에 대한 풍문이 사실이라면 그건 진짜 눈속임 가격이다. 달 관광 사업에 한하여서는 결코 머스크가 처음이 아니기 때문이다.

달 관광 사업에는 러시아의 소유스 캡슐 우주선으로 달 왕복 여행을 판매하는 스페이스 어드벤처스Space Adventures도 있다. 소유스 캡슐 우주선은 3인승으로 설계됐지만, 승객 2명 외에 한 자리는 조종석이다. 승객의 관점에서 절대 간과할 수 없는 것이라면 왕복 요금이 1인당 1억 5,000만 달러(한화 약 1,800억 원 -옮긴이)에 이른다는 점이다. 여기에는 물론 머스크의 달 여행프로그램보다 훨씬 더 많은, 다양한 체험이 포함되어 있다. 지구를 떠난 소유스 캡슐 우주선은 우선 국제우주정거장에 도킹한다. 승객은 지구를 바라보며 소유스 캡슐 우주선이 달 우주선에 도킹할 때까지 그곳에서 약 10일간 체류하고 그 이후 실질적인 순회비행에 오른다.[7]

때론 글이 현실보다 더 경이로울 때가 있지 않던가. 현실적으로 스페이스 어드벤처스는 이미 여러 차례 일반인을 국제우주정거장까지 보내는 여행을 준비했고 책정된 요금에 따라 티켓을 판매했다. 하지만 기술과 별개의 문제가 상당했다. 이 기업은 러시아 정부 산하 우주비행국 로스코스모스Roskosmos에서 인가를 받았고 그 제반 시설을 사용했다. 그렇다 보니 해당 기관에서 갑자기 계획을 바꾸면 모든 민간 협약은 순식간에 무용지물이 되어버렸다. 따라서 스페이스 어드벤처스가 계획한 왕복 여행이 언제 실행될지는 아직도 확실히 정해진 것이 없다.

반면 자체 보유한 발사체를 사용하는 머스크에게는 이런 문제가 없었다. 소유스와 관련한 달 모듈을 제작하는 러시아의 로켓 전문기업 RKK에너지아는 머스크가 '2020년 초'라고 발표한 계획에 고개를 갸웃거렸다. "일론 머스크가 시도하려는 프로젝트는 2018년은 물론 2020년에도 시행되기 어렵다. 지금까지 그 계획의 윤곽조차 제대로 못 본 데다 아직 로켓도, 우주선도 준비되지 않았다. 유인 드래건 캡슐은 원래 국제우주정거장 미션을 위해 고안된 것이다. 따라서 드래건 캡슐 우주선과 팰컨9은 달 비행을 위한 기체에서 제외되어야 한다."라고 RKK에너지아 대표이사 블라디미르 솔른체프Vladimir Solntsev는 주장했다. 이에 머스크는 "나는 사람들이 우리를 더 신뢰한다고 생각한다. 앞으로 실행해야 할 유인 발사만 해도 141건이 있다. 우리의 입지가 훨씬 앞서있다."[8]라며, 자신이 팰컨9이 아닌 팰컨 헤비를 구상하고 있고, 그 밖에 드래건 캡슐 우주선을 딥 스페이스 미션에 활용하도록 개선할 것이라고 밝혔다. 예컨대 열막이판은 화성과 달 미션에서 복귀

할 때 가속된 속도를 좀 더 효율적으로 견딜 수 있다.[*9]

스페이스 어드벤처스와 RKK에너지아는 달 관광 산업 분야에서만 경쟁자를 맞닥뜨린 게 아니다. 러시아 우주비행국은 파노라마 창, 개인 선실, WLAN이 설비된 5성급 국제우주정거장 모듈 계획을 공표했다. 이런 초호화 여행비용은 4,000만 달러(한화 약 480억 원 – 옮긴이)이며, 스페이스워크 옵션은 별도로 2,000만 달러가 부과됐다.[10] 그런데 마치 짠 듯이 보잉에서도 NASA와 손을 잡고 관광객을 국제우주정거장으로 수송할 계획이라고 발표했다.[11] 이는 지금까지 NASA가 민간인 관광객을 우주 셔틀 또는 우주정거장에 보내지 않았기 때문에 러시아가 독점할 수 있었던 우주산업 시장이 사라졌다는 뜻이다.


## 구글 루나 X-PRIZE

피터 디아만디스는 일정 부분 그의 공로라고 할 수 있는 스페이스십 원의 성공 이후에도 좀처럼 가만히 있질 못했다. 그리고 항공우주산업에서 조금도 쉴 새 없이 일한 결과는 또 다른 경주의 시작이 되었다. 디아만디스의 안사리 X-PRIZE는 그새 약 15개 부문의 상을 공표했다. 대다수가 과학기술상이었으며 그중 우주비행상은 단 3부문에 불과했다.

---

\* 지구저궤도에서 귀환할 때 우주선은 약 7.6m/s, 즉 약 2만 8,000km/h의 속도로 지구 대기권에 진입한다. 예를 들자면 아폴로1호의 속도는 약 11m/s였고 이는 3만 9,600km/h에 달한다.

제1회 안사리 X-PRIZE는 끝났다. 로켓 추진식 달착륙선이 50m를 수직 이륙한 뒤 착륙하고 100m 왕복 비행을 완수해야 하는, 노스럽 그루먼(미국의 대표적 방위산업체)의 '루나 랜더 챌린지Lunar Lander Challenge'도 마찬가지였다.[12] 루나 랜더 챌린지에 참가 의사를 밝힌 7개의 기업 중에는 아르마딜로 에어로스페이스가 그나마 가장 잘 알려진 기업이었다. 아르마딜로 에어로스페이스는 앞서 언급했던 존 카맥이 2004년에 설립한 기업이다. 카맥은 성공한 게임개발자로 울펜슈타인 3D와 둠 게임으로 유명해졌다. 카맥은 매년 로켓 모험을 위해 호주머니 속 수백만 달러를 과감히 투자했고, 그 결과 50만 달러 이상의 상금을 획득했다.[13] 그렇지만 그 과정에서 로켓의 폭발 잔해가 60m 거리까지 날아가는 대형사고가 이어졌고, 결국 몇 차례의 충돌사고는 카맥을 기업의 손실을 감당할 수 없을 지경까지 밀어붙였다. 카맥은 기업을 '동면 모드'로 전환했고 아르마딜로 에어로스페이스는 아직 겨울잠에서 깨어나지 못하고 있다.[14] 이것은 디아만디스가 X-PRIZE로 의도했던 것과는 정반대의 결과였다. 디아만디스의 의도대로라면 달 착륙 공모전의 상은 참가 기업의 탈진이 아니라, 업계의 기폭제가 되어야만 했다.

이후 2009년 루나 랜더 챌린지 레벨2에서는 매스턴 스페이스 시스템Masten Space System이 우승을 거머쥐었다. 이 기업은 스케일드 컴포지트 인근 모하비에서 로켓 추진식 달착륙선을 제작했고, 그 밖에 3D 프린터로 엔진부품을 생산하며 NASA를 위한 동력기술을 개발했다(이 기업만큼은 디아만디스의 예상대로 활동했다).[15]

지상에서 루나 랜더 챌린지가 개최되는 동안 디아만디스의

X-PRIZE는 아폴로의 옛 달 착륙대에 방문객을 맞이하는 토대를 마련했다. 디아만디스는 탐사차로 달 표면에서 500m를 이동하며 직접 촬영한 사진과 동영상을 지구로 전송하는 팀에게 상금 2,000만 달러(한화 약 240억 원 -옮긴이)를 걸었다. 여기에는 탐사차 개발의 90%가 민간 후원으로 진행되어야 하며 달로 이동하는 우주 비행 티켓을 함께 제시해야 한다는 전제조건이 붙었다.[16]

안사리 X-PRIZE 때처럼 디아만디스의 계획은 적중했다. 2010년 참가 신청 기간 동안 전 세계의 32개 팀이 모였으며, 이중 절반 이상이 미국을 제외한 국가였다. 이 프로젝트 초기에는 외국팀의 참가 규정이 명확하지 않았다. 하지만 디아만디스가 NASA의 후원을 협상 중이었고, NASA에서 외국 프로젝트에 상금을 후원하지 않았으므로 본 대회의 참가자격은 미국인을 대상으로 제한될 것처럼 보였다.[17] 결국 디아만디스는 대안을 찾았는데, 당시 과학기술계에서 반신半神으로 군림하며, 그사이 항공우주산업 활동을 시작한 구글 창업자 세르게이 브린과 레리 페이지였다. 그에 따라 이 공모전은 외국팀도 얼마든지 참여 가능한, '구글 루나 X-PRIZE'라는 이름으로 재탄생했다. 이들은 우승 상금을 2,000만 달러에서 3,000만 달러로 상향 조절하고, 달에서 수행할 특별 미션(육생생물 찾기)에 따라 테레스트리얼 마일스톤 프라이즈Terestrial Milestone Prize(테레스트리얼이란 육생생물의 총칭이다 -옮긴이)라는 상의 상금을 별도로 공시할 정도로 씀씀이가 컸다. 이 공모전은 최고의 달착륙선 랜더, 최고의 달 탐사용 로버, '문캐스트Mooncasts'를 위한 최고의 달 관측 카메라 및 전송시스템을 가려냈다. 그렇게 단 1명의 우승자에게만 상금을 주는 것이 아니라 분야별 최고를 뽑아 최대 600만 달러(한화 약 72억 원 -옮긴이)의 상금을 수여했다. 디아만디스가 의도했던 것처럼 여기저기에서 긍정적인 피드백이 쏟아졌다.

지금까지는 공모전에 참가한 팀 중 어느 팀이 머스크, 베조스 그리고 앨런처럼 억만장자의 후원을 받고 있는지는 알려지지 않았다. 그렇다고 여기에 재력가가 관여하지 않았다는 의미는 아니다. 이스라엘 팀 스페이스IL은 전 세계 갑부 중 한 명인 셸던 아델슨Sheldon Adelson에게서 1,600만 달러(한화 약 192억 원 -옮긴이)의 후원금을 받아 우승을 향해 전진했다. 그러나 이것은 베조스와 같은 숙명적 의미(인류의 미래를 준비하고자 하는)에서의 후원이 아니었다. 그의 나이를 고려하면 투자 금액이 너무 적었다(아델슨은 80대 중반이다). 이스라엘에 좀 더 우호적인 입장인 아델슨은 또 다른 이스라엘 기관에 높은 금액을 후원하고 있다.[18, 19]

스페이스IL은 경쟁에 참여한 5팀 중 하나로 그 밖의 다른 팀은 어쩔 수 없이 포기하거나 스스로 물러났다. 그들의 결정적인 장애물은 달을 통과하는 것이었다. 2016년까지 달 탐사 로버를 싣고 달로 발사될 예정인 로켓의 승차권을 문서로 입증하지 못하거나 원하지 않는 팀은 공모전에서 배제됐다. 그렇게 남은 5팀 중 3팀이 팰컨9과 인도의 PSLVPolar Satellite Launch Vehicle에서의 발사를 확정 짓는 동안 나머지 2팀은 그들의 탐사선을 경험이 전무한 무명 로켓 최상단에 고정해야만 했다. 다국적 팀인 시너지 문Synergy Moon은 인터오비탈 시스템과 계약을 맺었다.

이 중소기업은 모하비의 창도 없는 공장에서 로켓 넵튠을 개발했다. 이 기업의 로켓은 우주 비행 업계에서도 특색 있는 것으로 꼽힌다. 이들의 로켓은 2017년 세상을 떠난 독일 뉴스페이스 선구자 루츠 카이저Lutz Kayser의 발상에서 비롯됐다. 70년대 저렴한 대형로켓 개발을 시도했던 카이저는 당시 구소련의 지도자 브레주네프가 독일 수상이었던 헬무트 슈미트에게 항의할 정도로 (로켓산업에서의) 국제정책을 크게 뒤흔들었다. 카이저는 세상을 떠나기 전 부인과 함께 남태평양의 작은 섬에서 거주하며 자신의 기술을 한 사람에게 전수했다. 로켓 넵튠이 시너지 문의 랜더와 테슬라의 로버를 성공적으로 운반한다면 그의 인생 역작이 입증될 것이다.

그 사이에 항공우주산업에는 전형적인 현상이 일어나고 있었다. 모든 일이 계획했던 것보다 훨씬 오래 걸리게 된 것이다. 원래 구글 루나 X-PRIZE는 2012년에 최종결과를 발표하고 우승팀에게 상금을 수여할 예정이었다. 그러나 디아만디스는 물론 구글 창립자도 최종결과를 결정하려 하지 않았다. 그들은 기한을 이미 여러 차례 연장했다. 일부 상은 수여됐지만 그 수준을 측정하는 기준이 점점 더 높아졌다. 그들의 표석은 지표면이 아닌 달에 있기 때문이었다. 달의 표면에 도착하기만 해도 175만 달러를 나눠 가질 수 있었다. 단순히 착륙하는 건 그곳에 도착한 팀이라면 누구나 할 수 있는 것이기에 연착륙에 성공한 팀에게는 300만 달러(한화 약 36억 원 -옮긴이)의 상금이 주어졌다.[20]

몇몇 언론들은 개발 속도로 보아 누구도 이 경주에서 달까지 이르지 못할 거라고 조롱했다. 그렇지만 그들의 비평은 틀렸다. 사실 참가팀의 개발 속도가 느린 것이 아니라 공모전에서 규정한 개발기간이 지나치게 짧은 탓이었기 때문이다. 이 공모전에서 기권한 팀인 아스트로보틱Astrobotic의 책임자 존 손턴John Thornton은 "X-PRIZE에서 생존한 팀 중 다수가 거대한 위험을 각오한다. 솔직히 말하면 X-PRIZE의 계획은 비현실적이다."[21]라고 말했다.

공모전에 참가한 팀과 그들의 후원인의 투자자금이 대단히 컸기에 실제로 참가팀은 여러 위험을 무릅써야 했다. 인도와 일본에서 참가한 인더스와 하쿠토 팀은 그들이 개발한 랜더를 인도의 PSLV 로켓에 탑재하고 달로 운송하는 데 3,000만 달러를 지불했다.[22] 논쟁의 여지가 있는 실리콘밸리 기업가 나빈 자인Naveen Jain*[23]이 이끄는 문익스프레스는 이미 5,300만 달러를 모았다.[24] (달 탐사 로버를 달까지 운반하는 금액이 이보다 낮은 경우는 없었다) 나빈 자인은 다른 팀처럼 상금이 목표가 아니었다. 상금으로는 달착륙선과 달 탐사 로버를 개발하기에도 부족했다. 문익스프레스의 CEO 밥 리처즈Bob Richards가 달을 우주로 향하는 길목의 정류장으로 눈여겨본 이유는 달의 수자원 때문이었다. 전설적인 천체물리학자 칼 세이건Carl Sagen의 제자인 리처즈는 우주 공간의 인류 확장 신봉자였다. 그는 "가능한지가 아니라 언제인지가 문제다."[25]라고 캐나다 토론토 첨단기술 콘퍼런스 아이디어시티Ideacity

---

* 나빈 자인은 고상한 우주 억만장자 클럽에서 거의 밀려났다. 그의 닷컴 기업인 인포스페이스(InfoSpace)는 새천년으로 전환되는 시점에 그 가치가 일시적으로 360억 달러였으며 그중 자인의 지분은 약 80억에 달했다. 그 후 거품이 가라앉으며 기업 가치가 하락했고 그의 재력은 2억 2,000만 달러로 축소됐다.

2017에서 말했다. 문익스프레스의 장기 목표는 달의 자원을 개발하는 것이다. 구글 루나 X-PRIZE는 단순히 그 이정표에 불과했다. 리처즈는 자신들은 쉽기 때문에 달로 가려는 것이 아니고, 이익이 되기 때문에 달로 향한다[26, 27]며 케네디의 말을 인용했다.

한편 리처즈의 낙천성에는 또 다른 이유가 있었다. 문익스프레스는 로켓 랩Rocket Lab의 실험용 로켓 일렉트론Electron에 랜더를 싣기로 했다. 로켓 랩은 2018년 1월 말 자체 개발한 로켓에 소형위성 3기를 싣고 궤도로 발사하는 2번째 시범비행을 시행할 정도로 전도유망한 항공우주산업 스타트업이다. 로켓 랩의 첫 발사시도 역시 따지고 보면 원칙적으로는 성공이었다. 일렉트론이 지상 200km 지점에서 고의로 엔진을 정지시켰는데, 이는 지상 관측소에서 전송한 궤도 데이터를 잘못 수신했기 때문이었다.[28] 또한, (이 과정을 관측한 몇몇 전문가의 주장처럼) 탑재된 랜더가 작은 로켓인 일렉트론에게 지나치게 무거웠을 수도 있다.

결국 승자가 없으면 가격이 떨어질 수밖에 없다. 구글이 인내심을 잃고 더 이상 추가 시행을 하고 싶어 하지 않는다고 말하는 징후들이 늘어나고 있다. 그럼에도 구글 루나 X-PRIZE 공모전은 가치가 있다. 그리고 그 중 최소한 1팀은 스포트라이트를 받을 만했다. 이 MVP 기업은 최종 5위 안에 들지는 못했지만, 달을 향한 경쟁에 적극적으로 개입했다. 그리고 여전히 그 문턱에서 우주선을 제작하고 있다.

## 마르잔의 우주선

베를린 메르키셰 가로수 거리의 주민은 리모델링한 플라텐바우 Plattenbau 발코니에 들어서면 이웃한 자동차 공장이 보인다고 생각한다. 그러나 실제로 이들이 바라보는 건 자동차 공장이 아닌, 우주선과 달 탐사 로버 공장이다. 커다란 공장 안에는 얼마 전까지 구글 루나 X-PRIZE에 참가하여 성공적인 결과물을 보인 회사 PTSPart Time Scientists 가 입주하고 있다. 다소 제멋대로인 기업명은 차세대 엔지니어가 진행해야 하는 프로젝트에 엔지니어를 풀타임으로 고용할 수 없던 기업의 상황이 반영되었다.

이 젊은 기업이 무서운 이유는 바로 이 기업의 야망과 목표가 미국 굴지의 유명기업과 같다는 것이다. 2019년 PTS의 우주선인 알리나 Alina는 팰컨9에 실린 채 케이프 커내버럴에서 우주 궤도로 발사될 예정이었다. 그곳에서 알리나는 달을 향해 날아간다. 아폴로17호가 착륙했었던 지점에서 매우 가까운 달의 타우루스-리트로우 계곡Taurus-Littrow valley에 착륙한 뒤 달 탐사용 차량 2대를 내보낸다. 2대를 내보내는 이유는 2대 중 1대가 작동하지 않을 경우를 고려한 것일 뿐 아니라, 2대의 탐사 차량이 최고 속력 3km/h로 이동하며 서로 맞은편 풍경을 사진으로 전송하기 위함이다.[29] 일단 계획은 그렇다. 원래 아폴로 착륙지점은 세계문화유산으로 지정되어 있기에 250m 이내로 접근할 수 없다.

마르잔 시내 한복판의 클린룸에서 달 탐사 임무를 준비 중이라고 광고하는 이 스타트업의 무지를 곡해할 수만은 없다. 이 클린룸에는 아무런 장식도 창도 없다. 여하튼 지금은 이 공장에 'PTScientistis'라는 커다란 간판이 걸려있지만, 처음에 이 기업은 건물 뒤편, 눈에 잘 띄지 않는 현관 옆에 'PTS'라고 적힌 작은 초인종 표시만 숨겨두었다. 우주 비행사 길거리라고 이름을 붙인, 마주 닿아 있는 공장의 반대편에서만 간판을 겨우 인식할 수 있었다. PTS는 우주산업에 걸맞은 우편주소를 고심했고 우주 비행 기업에게는 메르키셰 가로수 거리라는 이름보다는 마르잔Marzhan이 훨씬 어울린다고 생각한 것 같다.

필요한 자원을 얻으려면 이런 피상적인 상징성은 스타트업에게 구체적인 내용만큼이나 중요하다. 그러나 PTS에게 상징성은 조금도 문제가 되지 않았다. 그들이 개발한 달 탐사용 자동차는 NASA의 긴장을 유발할 정도였기 때문이다. "미국의 제트추진연구소에서 우리가 자체 개발한 로버를 보여주자 엔지니어들은 그 주변으로 전부 모여들었다."라고 베커는 설명했다. 그러나 달 탐사 미션은 타인을 능가하는 개인의 능력과 열정만으로 성취할 수 있는 것이 아니었으므로, 아우디가 이 기업의 후원 및 과학기술 협력사로 합류하고 나서야 PTA(PTS 우주선 알리나의 약칭)의 이륙이 확실해졌다.

PTS는 자동차제조기업(아우디)을 통해 엄청난 이득을 취하고 있다. 이를테면 로버의 외륜을 3D 프린터로 제작하기 위해 인골슈다트Ingolstadt에 위치한 아우디의 3D 알루미늄 프린터를 활용했다. 로버의 이름은 ALQ로(사진24 참조) 아우디 루나 콰트로Audi lunar quattro(사륜구동을 탑재했다)이다. ALQ는 달에서 정지하지 않도록 베를린의 아이펠(마인츠로부터 라인강 하류의 양안에 있는 산맥의 북서쪽 지역)에 위치한 테스트 지역

'몬드잔트Mondsand'에서 예행훈련을 시행했다. 베커는 몬드잔트의 모래는 달 표면 돌가루 모양의 물질과 흡사하며 '승차감이 아주 좋다.'고 말했다. 그 밖에 베커는 일본 북부지역을 순회하기도 했는데, 아우디는 그곳에서 로버로 자동차 광고영상을 촬영했다. 받은 것이 있으면 주는 것도 있기 마련이다.

PTS는 두 번째 초대형 후원기업인 보더폰Vodafone(영국의 이동 통신 사업자 -옮긴이)과 후원 계약을 체결했다. 이는 좋은 선택이었다. 알리나가 성공적으로 달에 착륙한다고 해도 로버 2대는 달 표면을 이동하며 성실하게 사진을 촬영한 후 전송해야 한다. 이 사진은 지구로 전송되어야 했고 36만km 떨어진 거리에서 4G는 불가능했다. 머스크의 드래건 캡슐 우주선도 달 주변을 일주하는 데 부수적인 딥 스페이스 무선 설비를 갖춰야 했다. 따라서 이동 통신 데이터 전송 분야의 전문가인 보더폰을 통해 엔지니어들은 스마트폰 사용자라면 누구나 알고 있는 무선 기술인 LTE를 사용하려 했다. 보더폰은 실제로 로버를 활용하는 무선통신스테이션 개발을 계획 중이다. 그리고 축적한 데이터를 지구에 전송하기 위해서는 우주선 알리나가 달 궤도에 있어야 한다. PTS의 모든 것이 원활하게 작동한다면 어느 날 세상은 생중계로 두 후원 기업의 로고를 장착한 알리나와 ALQ가 달에 착륙하고 그 표면에서 이동하는 모습을 확인할 수 있을 것이다. '첨단기술을 통한 도약'이라는 슬로건으로 잘 알려진 아우디와 특히 무엇보다도 통신망의 수신능력이 정확한 보더폰에게 PTS는 매우 좋은 사업 아이템을 물어다 주었다.

여하튼 젊은 엔지니어들은 그들의 이상향을 잊으려 하지 않았고 이 프로젝트에 어떤 서사를, 어떻게 덧붙일 수 있을지 고심했다. 이에 베커는 "우리는 보이저 위성의 디스크 같은 것을 만들고 싶다. 따라서 현대사회에서 그에 준하는 것이 무엇일지 고민했고, 인류 지식의 복사본인 위키피디아를 가져가기로 했다."라고 말했다. 당연하게도 위키피디아는 이 제안을 반겼다. 알리나는 선별된 위키백과의 지식을 달로 전송하기 위해 우주광선에 내구성이 있는 세라믹으로 제작한 20GB 데이터 디스크를 실을 예정이다. 베커는 눈에 띌 정도로 이 거래에 자부심을 보였고 PTA 사무실을 순회하는 동안 약 1m 크기의 모형 로켓을 보여주었다. 분명 손으로 직접 만든 로켓이었다. 그것은 세계적으로 인지도가 있는 위키피디아 재단이 PTA의 누군가에게 가위, 풀, 색종이로 로켓을 만들게 하고 그 위에 DVD를 고정했다는 소리와 같았다.

이런 너드 스타일의 광고에는 달 탐사 임무에 관한 PTS의 비전과 사업 구상이 숨겨져 있다. 알리나는 우주수송수단으로 활용되며 달까지 화물을 실을 수 있을 것이다. 로버 또한 5kg의 화물을 탑재할 수 있다. 베커는 그들이 나를 화물은 대학과 연구소에서 나온다고 설명했다. 때로는 그들의 제품을 극단적인 환경에서 시험해보고 싶어 하는 정밀기계기업이 고객이 되기도 한다. 그렇기에 알리나에는 중력계gravimeter가 탑재되어 있다. "해당 기기를 활용하여 아폴로 우주비행사들은 소수점 이하의 자릿수까지 중력을 정확히 측정했다. 우리는 특히 아폴로17호의 착륙지점을 원한다. 측정 시 그곳에서 독특한 특징을 발견했기 때문이다. 그리고 이제 그곳에 정말 엄청난 것이 있는지 혹은 잘못된 관측이었는지를 밝혀내고 싶다."

달 사업은 일반적인 것보다 더 큰 미래가 있는 것으로 받아들여졌다. 베커는 "우리가 알아보고자 하는 것을 지금 당장 시도하지는 못한다."라고 말했다.[30] 그러면서 "그래서 우리는 알리나를 원래 계획했던 것보다 더 크게 제작하고 있다."라고도 덧붙였다.

## 달로 향하는 사람들

국가 및 민간 우주산업의 목표로써 달 프로젝트를 위한 후원자 중에서도 특히 주목할 사람은 ESA 사무총장 얀 뵈너Jan Wörner다. 설계 엔지니어 출신인 뵈너는 스페이스4.0이라는 프로젝트의 핵심으로 루나 빌리지Lunar Village를 언급했다. 3D 프린터로 만든 숙소로 이뤄진 이 달 마을은 2040년까지 약 100명의 주민이 거주할 예정이지만 ESA에서 직접 건설하지 않는다. 뵈너는 "미국이 함께할 것이고 러시아, 중국, 인도, 일본 및 그 밖의 다른 국가들이 크지 않지만 어느 정도 참여할 것이다."라고 말했다.[31] 그의 계획은 단일 주거공동체 대신에 동일 자원을 사용하지만, 각자의 목표를 추구하는 국제적 주거공동체라고 볼 수 있다. 달의 인기는 식지 않는다. 예컨대 달은 천문학자들에게는 전파망원경의 소재지로 각광받는데, 지구를 등진 달의 면에서는 아무런 간섭 없이 우주를 탐색할 수 있기 때문이다.

NASA, ESA 그리고 다른 핵심 국가 기관의 위탁을 받은 오늘날의 달 착륙은 1969년과 사뭇 다르다. 당시에도 대형 항공우주산업 기업들은 우주선 제작이 충분히 가능했어도 NASA의 감독을 피할 수 없었다. NASA의 계획을 정확히 따르지 않는 기업은 더 이상 자리를 차지할 수 없었다. 그러나 오늘날에는 각 민간 기업에 더 많은 자유가 주어졌다. 대형 US 플레이어인 보잉과 록히드 마틴은 달 탐사 임무를 위한 계획을 추진하는 것을 넘어 공공연한 홍보까지 한다.[32, 33] 다만 여전히 NASA의 계약을 수주하지 못하거나, 다른 비즈니스모델이 있지 않고서는 민간 우주 기업이 자력으로 달로 향하는 건 불가능해 보인다.

예를 들어 제프 베조스는 NASA에 블루 오리진의 블루 문 루나 랜더를 수송선으로 쓸 것을 제안했다. 랜더는 아직 구상단계이지만 2020년에는 NASA의 SLS, 아틀라스V, 그리고 베조스가 제작한 뉴 글렌이 현재 통용되는 모든 대형로켓과 함께 발사될 수 있을 것으로 보인다. "우리는 NASA에 이런 구상을 제안했고 기꺼이 수송선을 제작하고자 한다."고 베조스는 시애틀 항공박물관의 학생들 앞에서 발표했다. IT 전문 언론사인 지크와이어Geekwire에서 촬영한 동영상을 보면 몇 년 전 대서양 심해에서 인양한 새턴V의 동력장치 앞에 서 있는 베조스의 모습을 볼 수 있다. 베조스는 앞자리에서 이리저리 움직이는 어린아이들 무리에도 개의치 않고 자신의 계획을 상세하게 설명했다. 한 소년이 "우주선이 바다에 추락하여 침몰했나요?"라고 질문했다. 이에 베조스는 "실제로 그런 일이 일어났죠. 새턴V는 3단으로 이뤄진 발사체입니다. 첫 두 단은 바다에 추락했고 세 번째 단에는 여러 가지 일들이 생겼었죠. 저는 새턴V의 3단은 가장 최근에 지구 근처로 귀환한 로켓이라고 생각한답니다." 베조스는 그의 미래 비전을 5살 아이들 앞에서 소개하는 일이 익숙하지 않았던 것 같다.

다만 베조스가 네 발 달린 랜더의 개발 초기부터 개인 자금을 투자하려 하는 것은 상당히 의미심장하다. 블루 오리진의 대표 로버트 마이어슨Robert Meyerson은 "민관 협력이라는 범주 내에서 랜더 개발에 투자할 의향이 있다."[34]고 말했다. 랜더 개발이 실현된다면 베조스는 머스크를 뛰어넘는 위치에 이를 것이다. 마이어슨은 베조스가 달에 관심을 보이는 이유를 이렇게 설명했다. "우리는 달 표면에 값진 자원이 있으며 달이 핵심 기술개발에 용이한 장소라고 생각한다. 게다가 우리는 달을 태양계의 장기연구대상 범주로 여긴다. 화성도 그렇다. 수백만 명이 우주에서 거주하고 일하는 비전을 실현하기 위한 첫걸음이다."[35]

특히 이런 달 탐사 계획은 무엇보다 미국에서 큰 기폭제가 되었다. 또한 도널드 트럼프 정부가 추진하는 우주 비행 정책의 일부이기도 하다. 그러나 일반적으로 NASA의 목적과 서로 상반되는 성향의 정부들이 충돌한다는 것이 문제였다. 미션을 놓고 이어지는 논쟁은 대부분 미국 대통령이 새로 당선될 때마다 부상한다. 새 정부는 항공우주 산업 분야에 그들의 직인을 찍으려 했고 그때마다 NASA는 새 임무를 발표하거나 예전 계약을 해약했다. 정책에 따라 늘 변동하는 노선의 사례가 바로 조지 부시 전 대통령이 세운 계획을 무산시킨 초창기 오바마 정권이었다. 2004년 부시 전 미 대통령은 달과 화성 탐사를 위해 몇 년 이내로 우주선, 랜더와 더불어 대형로켓을 제작하는 이른바 '우주 탐사를 위한 비전'을 선언했었다. 그리고 미국은 여기에 필요한 자금을 마련하기 위해 국제우주정거장에서 손을 떼야만 하는 상황이었다. 그렇지만 오바마 정권은 유럽의 편익을 배려하여 국제우주정거장의 운영을 연장하는 반면 부시의 "콘스텔레이션Constellation" 프로그램을 중단시켰다. 달은 뒷전의 상황에 놓인 것이다.[36] 그러나 2017년 정권교체 후 트럼프 정부는 NASA에 다시 달 개발에 착수하라는 지시를 내렸다. 향후 몇 년간 책정된 예산이 달 착륙에 사용되면서 반대로 화성은 장기과제가 되어버렸다.

NASA의 딥 스페이스 미션은 본격적으로 착수되었다. 트럼프 정부는 비교적 예산이 적게 드는 국제우주정거장의 상업용 화물공급산업은 크게 문제 삼지 않았다. 설령 그것이 오바마 정부의 성과라고 할지라도 말이다. 거대한 조직인 NASA가 정부의 정치 성향에 따라 잇따른 방향전환에 동조하는 것은 쉽지 않은 일이다. 여러 지식인이 연구에 몰두하는 학술적 조직으로서 NASA는 본질상 추구하는 목표가 있다. 우주비행사인 스콧 켈리Scott Kelly는 〈워싱턴포스트〉와의 인터뷰에서 "새 대통령이 선출될 때마다 새로운 방향이 제시됐다. 그것으로 불필요한 소모 과정이 등장한다."고 불평했다. 켈리는 미국 우주비행사 중 우주에서 총 520일을 보낸 기록보유자다. 켈리는 "언젠가 '자유로운 의사결정이 가능할 때 NASA가 무엇을 이뤄낼지 묵묵히 지켜볼 것이다.'라고 말할 대통령이 등장하기만을 바란다."[37]라고 소망했다.

## – ⟨6⟩ –

# 젊은 야심가들:
# 마이크로 런처 전쟁

**66** ————

**로켓을 가장 먼저 완성하는 사람이 비즈니스를 장악한다!**

스페인 로켓 스타트업, PLD스페이스의 CTO 라울 베르두

———— **99**

## 로켓개발 기업의 파놉티콘

유럽 내에서 장래 유망한 로켓 스타트업 PLD스페이스 입구에는 태국 레스토랑에서 쉽게 볼 수 있는 자그마한 궤가 놓여있다. 이 궤에는 꽃과 왕의 초상화가 아닌 소형로켓의 작은 조각과 NASA의 우주비행사인 릴랜드 멜빈Leland Melvin의 자필 서명 카드 그리고 우주비행사의 지상 근무 작업복이 들어있다. 또 한편에는 커다란 회의실 책상 크기인 로켓 모형이 놓여있다. 이런 모습만 봐도 약 30명의 직원이 무엇을 위해 이곳에서 일하고 있는지가 한눈에 보인다.

일론 머스크, 제프 베조스 및 항공우주산업계의 대기업들이 차세대 대형화물수송 로켓을 두고 격전을 벌이는 동안, 수면 아래에서는 가장 빠르고 저렴한 우주 진입을 두고 격렬한 경쟁이 벌어지고 있다.

그것은 바로 500kg 이하의 소형화물수송 로켓인 '마이크로 런처' 경쟁이다. 머스크와 베조스가 차세대 컨테이너 급 우주선을 제작한다면 마이크로 런처는 소형화물의 수송을 위해 제작된다. 일반적으로 지구 저궤도용 소형위성이 수송된다. 이런 소형화물은 2차 탑재 화물로, 대형화물을 싣고 난 후 부수적으로 탑재되어 우주로 수송된다. 또한 소형화물은 발사 일정과 위성이 궤도에서 벗어나는 시점에도 그리 큰 역할을 하지 못한다. 그러다 보니 이따금 주 고객의 성향에 맞지 않을 때는 아예 수송을 취소해버리는 일도 생긴다.

　육안으로는 잘 보이지도 않는 소형위성의 부품이 소형로켓에 의해 우주로 수송된다. 지금까지 이 분야는 거래액이 12억 달러 미만인 틈새시장이었다.[1] 그러나 하늘에 뜬 수천 개의 눈이 모든 것을 관찰하는 디지털 시대인 오늘날 이 분야는 수요가 폭발적으로 증가하고 있다(그만큼 개발에 뛰어드는 기업도 많다). 그리고 이 산업의 중심에는 자체적 위성 함대로 지구저궤도를 따라 가장 먼 곳까지 인터넷을 보급하려는 원웹 그리고 스페이스X가 있다. 그러려면 여기에 필요한 위성들을 우주로 수송하고 특정 궤도에 올려놓을 필요가 있다. 그러나 앞서 말했듯 소형위성은 훨씬 고가인 대형위성에 우선순위를 빼앗겼다. 그 결과 소형위성 서비스 기업은 원웹의 사례처럼 자체적으로 대형화물수송 로켓을 예약하든지, 아니면 저렴한 비용의 소형화물수송 로켓이 소형위성을 발사할 때까지 필사적으로 기다릴 수밖에 없었다. 소형위성 제공기업인 스파이어의 대표 피터 플래처는 "발사가 예정된 곳이라면 장소에 상관없이 달려가 우리의 위성을 함께 띄운다. 지구저궤도를 향하는 모든 로켓에 우리 위성을 탑재할 수 있다."고 말했다.

여러 이유로 흥미진진한 파놉티콘이 되고 있는 새로운 마이크로 런처의 세계를 잠시 살펴보자. 이 세계는 열정으로 가득한 억만장자 아마추어들이 앞다투어 경쟁하고, 공명심으로 가득한 스타트업이 작은 공장만으로 오만하게 덤벼드는 리그다. 그렇기에 더더욱 차세대 스타가 탄생할 분야이기도 하고, 한때 머스크가 첫 로켓인 팰컨1으로 뼈저린 경험을 했던 것처럼 여러 시행착오가 예정된 분야이기도 하다. 전 세계에서 촉망받는 마이크로 런처 유망 기업은 최소 10여 곳이 넘는다(실제로 여기서 설명하지 못한 기업이 많다). 무엇보다 그중에는 이미 프로토타입을 발사한 기업도 있고, 일부는 엔진 테스트 단계에 들어섰으며, 그 밖에 적지 않은 기업들은 필사적으로 투자자를 찾아 헤매기도 한다. 단, 주어진 시간이 촉박하다는 점이 마이크로 런처 기업의 공통점이다.

## 로켓 힙스터

PLD스페이스의 최고기술책임자인 라울 베르두는 "핵심은 누구든 가장 먼저 완성하는 사람이 이 비즈니스의 왕좌를 차지한다는 것이다." 라고 했다. 베르두와 그의 파트너 라울 토레스는 베를린 프렌츨라우어 베르크 거리에서 모닝커피로 카페라테를 즐기는 힙스터로 남아 얌전히 대학을 졸업할 수도 있었다. 그러나 이 두 사람은 스페인 동남부의 엘체대학교Elche University에서 소화물용 소형로켓 개발을 위해 창업

| 로켓명 | 제공기업/제조사 | 발사별 예정 금액 | 화물 운송영역 및 탑재허용량(kg) | 용량(kg)별 요금(US 달러) |
|---|---|---|---|---|
| 아리안6 | 아리안스페이스 | 7,500만 달러 | 7,000(800km SSO) / 4,500(GTO) | - |
| 아리온2 | PLD 스페이스 | 600만 달러 | 150(250km LEO) | 4만 달러 |
| 블루스타 | 제로-2-인피니티 | - | 120(400km LEO 30 Grad*) / 90(400km SSO) | - |
| 일렉트론 | 로켓 랩 | 490만 달러 | 150(500km SSO) | 3만 3,000달러 |
| 팰컨 헤비 | 스페이스X | 90(GTO) | 6,800(LEO) / 2만 6,700(GTO) | 3,400달러(GTO) |
| 하아스 2CA | ARCA스페이스 코퍼레이션 | 100만 달러 | 100 | 1만 달러 |
| 인트레피드-1 | 로켓크래프터스 | 900만 달러 | 376(400km SSO) | 2만 4,000달러 |
| 런처원 | 버진 갤럭틱 | 1,000만 달러 | 500(230km 0 Grad LEO) / 300(500km SSO) | 2만 달러(LEO) / 3만 3,000달러(SSO) |
| 미노타우르VI | 오비탈 ATK | 6,000만 달러 | 2,600 | 2만 3,000달러 |
| 넵튠 N5 | 인터오비털 시스템즈 | 50만 달러 | 40 | 1만 2,500달러 |
| 뉴 글렌 | 블루 오리진 | 미정 | 4만 5,000**(LEO) / 1만 2,000**(GTO) | - |
| 테란1 | - | 1,000만 달러 | 1,250(185km LEO) / 900(500km SSO) | 8,000달러(LEO) / 1만 1,100달러(SSO) |
| 시 서펀트 | 리플 에어로스페이스 | 1,800만 달러 | 2,600** | 7,000달러 |
| 스페이스 런치 시스템 (SLS) 블록1*** | NASA | 미정 | 7만(LEO) / 2만 8,000(Mond) | - |
| 스트라토런치 | 스트라토런치 시스템즈 | 미정 | 3,000 | - |
| 벡터 H | 벡터 스페이스 시스템즈 | 300만 달러 | 160(200km Grad LEO) / 95(450km SSO) | 1만 9,000달러(LEO) / 3만 2,000달러(SSO) |
| 벡터 R | 벡터 스페이스 시스템즈 | 150만 달러 | 70(200km LEO) / 30(450km SSO) | 2만 1,000달러(LEO) / 5만 달러(SSO) |
| 불칸(561) | 유나이티드 런치 얼라이언스 | 9,900만 달러 | 4만(LEO) / 1만 5,100(GTO) | 2,500달러(LEO) / 6,600달러(GTO) |

* 캐나다 섬에서 발사   ** 재사용 및 2단 로켓 버전   *** 현재까지 상업용 사용 계획 미정
(출처: GAO/브루스 스페이스 앤 테크놀로지(Bryce Space & Technology, 전 타우리 그룹) 기업 보고)

**그림7** · 여기에 언급된 개발 중인 로켓의 대다수가 2021년까지 발사 예정이다. 이 로켓들은 서로 다른 용도로 제작되었기에 직접적인 비교는 제한적이다. 상용화를 눈앞에 두고 있는 소화물 탑재량 로켓(마이크로 런처)은 특히 지구저궤도(LEO) 혹은 태양 동기 궤도(SSO)를 목표로 한다. 팰컨 헤비, 불칸 그리고 뉴 글렌과 같은 대형로켓은 주로 대형 위성을 정지천이궤도(GTO)로 운반하거나 달과 화성처럼 더 먼 우주로 비행한다. GTO에 도달하려면 로켓은 LEO에 비해 엄청난 에너지를 소모해야 한다. 따라서 GTO의 탑재허용량도 감소하며 용량별 요금도 높아진다. NASA의 SLS는 상업용 런처가 아니지만 지금까지 비교한 발사시스템 중 가장 강력한 힘을 지니고 있다.

전선에 뛰어들었다. 그리고 얼마 지나지 않아 처음 시작한 대학의 비좁은 방에서 훨씬 커다란 곳으로 사무실을 옮길 정도의 성과를 냈다. 게다가 엘체의 인구 밀도가 낮은 아라곤 테루엘 공항 부지를 '로스 라울레스Los Raúles'라고 이름 붙이고 그곳에서 아리온1의 엔진을 테스트했다. 1단으로 설계된 이 로켓은 스페인의 대서양에 있는 스페인 군사지대에서 발사되어 250km를 가파르게 상승한 뒤 몇십 km 비행 후 대서양으로 떨어졌다. PLD는 언젠가 아리온을 인양할 수 있을 거라 믿었다. 그들은 "첫 시도로 인양할 수는 없겠지만 우리는 계속 고민하고 있다. 그러나 인양 문제보다는 우선 로켓 발사가 더 중요하다고 생각한다."고 포부를 밝혔다. 200kg 화물을 최대 7분에 이르는 무중력 비행 상태로 유지하는 것이 PLD의 사업 구상이었다. 그리고 PLD의 사업에는 특히 대학들의 문의가 쇄도했다.

PLD는 3단으로 개발 중인 아리온2를 카나리아 제도에서 발사하려고 했다. 계획대로 진행된다면 2020년부터 그곳으로 여름휴가를 떠난 많은 관광객은 아리온2의 발사를 목격할 수 있을 것이다. 이런 그들의 목표가 지나치게 야심만만한 계획에 불과할까? PLD는 자체 엔진을 보유하고 있다는 강점이 있다. 엔진은 항공우주산업에서 핵심이 되는 요소다. 또한 5,000만 유로 이상인 PLD 예약의 가치를 입증해 보일 수도 있다. PLD는 아직 두 로켓 중 아리온1의 테스트비행만 완료했지만 이미 두 로켓의 사전예약을 받고 있다. 그 밖에도 2011년 설립된 이 스타트업이 접수한 예약은 이미 1,000억 유로에 육박하며[2], 필요한 자

금을 ESA에서 조달받고 있다.[3]

베르두는 모든 것을 가능하게끔 떠벌리는 파워포인트 프레젠테이션을 선호하지 않는 것으로 알려져 있다. 그런 그가 사업의 개념과 구상을 효율적이고 명확하게 표현하는 것이 얼마나 중요한지 깨닫게 된 일화가 있다. PLD의 두 라울은 향후 투자 가능성이 보이는 첨단 IT기업 GMV에 여백 없이 빽빽하게 채운 5,000쪽 분량의 사업기획안을 건넸다. 그리고 최종 검토를 마친 GMV는 "돈은 여기 있습니다! 하지만 앞으로 더 이상의 추가 기획안 제출은 사양합니다!"라고 답했다.

사실 시장에는 이미 소형로켓인 페가수스가 있었기 때문에 마이크로 런처가 영 전무했던 것은 아니다. 페가수스의 제조사이자 미국 버지니아주에 본사를 둔 항공우주산업 기업 오비탈 ATK는 발사 1회에 거의 4,000만 달러(한화 약 480억 원 - 옮긴이)에 가까운 요금을 예상했다.[4] 또한, 아리안스페이스Arianespace는 기업 포트폴리오에서 가장 소형인 베가 로켓 비용으로 약 3,200만 유로를 요구했다. 이는 러시아산 상용 중거리 로켓과 경쟁하기 위한 가격정책이었다.[5] 비록 진정한 의미에서 마이크로 런처가 아니기에 인공위성의 단독발사에 적절하지 못하다는 평이 지배적이지만 베가는 궤도에 1,500kg을 운반할 수 있는 로켓이다.

반면 PLD는 궤도용 아리온2를 600만 유로에 제공하려는 계획을 추진 중이다.[6] 용량(kg)별 요금으로 환산하면 이는 오비탈 ATK의 페가수스 발사 요금의 절반에 불과하다. 이런 엄청난 격차는 전 세계의 젊은 엔지니어들을 불나방처럼 이 사업에 뛰어들게 만들었다.

# 바다에서 솟아오른 드래건

노르웨이 출신의 크리스토퍼 릴랜드Kristoffer Liland는 오른쪽 팔뚝에 노르웨이 전설에 등장하는 바다 괴물 문신을 새겼다. 태고의 바다에 살며 지구를 휘감고 있는 큰 뱀, 요르문간드이다. 릴랜드는 파트너와 리플 에어로스페이스Ripple Aerospace를 설립하고 3년 후 그가 '고된 일의 보상'이라고 말했던 첫 자금이 조달된 시점에 이 문신을 새겼다.[7] 동시에 이 괴수는 물이 있는 곳이라면 지구의 어디에서라도 발사 가능한 로켓을 개발하는 리플 에어로스페이스의 로고이기도 하다. 비싼 발사 램프를 생략하고 (에너지 측면에서 유익한) 적도 인근에서 로켓을 발사하는 릴랜드의 방식은 치열한 경쟁 가운데 발사 비용 면에서 결정적으로 작용할 것이 분명했다.

향후 2,600kg을 우주로 수송할 씨 서펀트Sea Serpents(리플 에어로스페이스의 해양 발사 로켓)의 탑재허용량은 일반적인 마이크로 런처를 능가하지만, 스페이스X의 팰컨9보다는 적다. "마이크로 런처 분야는 이미 8~9개의 기업이 경쟁 중이다. 그만큼 치열한 가격경쟁이 예상된다. 그 밖에 스페이스X, 블루 오리진처럼 중량 화물수송을 제공하는 기업도 있다. 우리는 수용력과 가격 면에서 간격을 메우며 틈새를 공략하려 한다."라고 말하는 리플 에어로스페이스는 수치상으로 보았을 때 ESA의 베가와 직접적인 경쟁을 펼칠 것으로 예상된다.

하지만 리플은 (ESA의 베가보다) 스페이스X와 스페이스X의 용량별 가격정책에 더 관심이 있는 것처럼 보인다. 팰컨9의 요금은 6,200만 달러(한화 약 740억 원 - 옮긴이)로 약 2만 2,800kg의 화물을 지구저궤도로 수송할 때, 그 비용은 kg당 약 2,700달러였다. 그렇다면 리플은 어떨까? 릴랜드는 최대한 언급을 자제했다. "우리는 매우 조심스럽게 접근하고 있다. 아직 신생 기업인만큼 성급한 약속을 자제하려는 편이다."[8] 그러나 2016년 기업 홈페이지에 공개된 자료에 의하면 당시에는 kg당 7,000유로를 목표하고 있었다(현재는 홈페이지에 관련 정보가 삭제됐다).

리플이 보유한 독창적인 발사기술이 아니었다면 리플 에어로스페이스의 아이디어 자체는 그리 특별한 것은 아니었다. "앞서 시행한 수중발사 테스트는 성공적이었다."고 설명한 릴랜드의 비즈니스모델은 60년대의 씨 드래건 프로그램Sea Dragon Program을 연상시킨다. 우주산업은 그 핵심기술에 결정적인 변화가 없는 한 수십 년 된 계획의 일부를 재조정하여 계속 발전시킬 수 있다. 또한 최첨단 방식과 현대 부품으로 기존 약점을 극복할 수 있다는 점에서 이 젊은 기업의 지적인 사고방식을 엿볼 수 있다.

60년대 초 미 해군은 수중 로켓 발사를 위한 사업성 검토를 지시했다. 이에 전 미 해군 대령 로버트 트루액스Robert Truax를 비롯한 기술진은* 실험 로켓 씨 비Sea bee를 개발하고 여러 차례 수중발사에 성공했다. 이 소형로켓은 훗날 높이 150m, 지름 23m 크기인 씨 드래건Sea

---

* 트루액스는 훗날 모터사이클 스턴트맨 '이블' 크니블 주니어로 알려진 로버트 크레이그(Robert Craig)와 함께 스네이크강 협곡 위로 고온 증기 로켓을 쏘아 올려 대중에게 알려졌다. 그러나 낙하산을 너무 일찍 펼치는 바람에 로켓은 협곡을 넘지 못했고 이블 크니블은 추락했다. 이때 강물이 아니라 강가의 바위에 착륙하면서 다행히 익사를 면했다. 그 외에도 트루액스는 관광객을 우주로 보낼 X3-'대중을 위한 로켓'을 계획했지만 제작되지 못했다.

Dragon의 원형이 되었다. 이 소형로켓은 테스트모델이 성공했음에도 미국이 아폴로 프로그램에 전력을 쏟는 동안 잠정적으로 중단됐다. 이 로켓이 실제로 제작됐다면 아마 세상에서 가장 큰 로켓이었을 것이다. 당시 계획은 부두에서 씨 드래건 2기를 대형 항공모함에 싣고 발사지점으로 이동하는 것이었다. 또한 현 잠수함에서 발사되는 고체 연료 로켓과 달리, 씨 드래건은 액체 연료로 채워져 발사하고 귀환할 예정이었다.

이러한 상황에서 기존의 '씨 드래건' 프로젝트와 구상이 크게 다르지 않은 리플 에어로스페이스가 등장했다. 흥미롭게도 릴랜드는 (항공우주산업에서 몹시 드문 경우지만) 그의 계획의 이점으로 환경 보호를 강조했다. 그는 수년간의 석유산업 이후 노르웨이를 지탱해 줄 신新산업의 길을 개척하여 자신의 딸에게 그린 테크놀로지의 미래를 열어주고자 했다. 그런 맥락에서 릴랜드의 로켓은 가장 순수한 연료인 수소와 산소(=물)만으로 점화되어야 했다. 게다가 수중발사는 귀가 먹먹해질 정도의 시끄러운 발사소음을 줄여준다. 발사장소 주변을 그물로 둘러싼 방어막은 우연히 그 주변을 지나가는 해양 동물이 삶은 바닷가재처럼 푹 익어버리는 것을 예방해준다. 사실 이러한 보완책이 없더라도 적도 인근 바다는 평소 산소가 부족하여 생물이 살기에 부적절하다고 릴랜드는 말했다.

그러나 항공우주산업계의 투자자들에게 이런 환경 보호적 접근이 투자에 대한 확신을 심어줄 수 있을지는 솔직히 의심스럽다. 어쩌면 막연한 미래의 얘기지만 날마다 로켓을 하늘로 쏘아 올리는 시점이 온다면 그때는 릴랜드의 그린 테크놀로지가 가산점이 될 수도 있을 것이다. 그 시점이 오면 항공우주산업은 대중의 관점으로 접근해야 하며, 다소 불편할 만한 질문을 던져야 할 것이기 때문이다. 정확히 로켓 연료는 무엇이며 유독물질인가? 기후 보호에 이 연료는 어떤 역할을 하는가? 수백 어쩌면 수천 개의 빛나는 위성이 위치한 대기권의 상황은 어떠한가?와 같은 질문 말이다.

그렇지만 아직은 무엇보다 항공우주산업 기업의 경제성이 우선이다. 따라서 릴랜드는 이런 관점을 염두에 두고 잠재적 투자자에게 확신을 주어야 한다. 릴랜드에게는 자금, 그것도 몹시 많은 자금이 필요한 시기이기 때문이다. 이런 맥락에서 릴랜드는 2017년 2월 유럽 항공우주산업 창업자들을 위한 콘퍼런스인 '디스트럽트 스페이스 서밋Distrupt Space Summit'에 참가했다. 그는 기업 부스에서 미래 투자자를 기다렸다. 자신의 계획을 소개하기 위해 릴랜드는 20여 개가 넘는 스타트업과 마찬가지로 소형 스탠드를 설치하고 탁자, 좌석, 포스터 등의 설비를 갖추고 투자자를 기다렸다. 그가 이 업계에 종사했던 30년의 세월과 문신, 그리고 자금 확보를 위한 관습적인 수단을 생략한 것 등을 감안하면 그가 자금줄을 찾는 데 성공하리라는 예측이 전혀 틀린 말은 아니었다. 15명으로 뭉친 그의 팀은 수천만 단위의 자금이 필요했지만, 그 자금으로 자신들이 목표로 한 일보다 훨씬 더 많은 것을 제공할 수 있었다. 리플 에어로스페이스는 노르웨이 정부의 스타트업 장려지원금으로 시험로켓을 제작했고 덴마크 협력사와 함께 자체 엔진을 개발했다. 이미 제작에 성공한 7m 높이의 '데몬스트레이터

Demonstrator'는 수중에서 발사하여 5km를 날아올랐다.

2020년, 리플 에어로스페이스의 첫 상업용 로켓인 씨 서펀트가 발사를 앞두고 있다. 릴랜드는 이 진행 과정이 절대 촉박한 시간은 아니라고 확신했으며, 세부적인 수치로 이를 입증할 수 있다고 주장했다. "우리는 서두르지 않는다. 최근 5년간의 데이터 분석에 따르면 로켓이 궤도에 오르기까지 고객이 기다려주는 시간은 평균 4.02년이다. 올해에는 그 수치가 4.8년으로 증가했다. 시장은 따라가기가 다소 버거울 정도로 가파르게 성장하고 있다. 나는 시장이 축소되지 않도록 발사 횟수 증가에 집중하고 있다."[9]


## 하늘을 향한 슬로우모션

바다에서 떠오르는 씨 드래건의 적수는 어쩌면 공중에서 발사하는 블루스타*일 것이다. 공중에서 발사되는 로켓으로는 이미 페가수스가 있었기에 블루스타의 기술이 독창적인 것은 아니다. 그러나 스페인의 또 다른 스타트업인 제로2인피니티Zero2Infinity의 마이크로 런처, 블루스타는 하늘에서 자유롭게 공중 부양한다는 점에서 주목할 만하다. 이 로켓은 우선 커다란 기구 아래에 얇은 밧줄을 통해 지중해의 푸른 물을 발치에 둔 채 하늘로 부상한다. 그리고 대기권 25km 상공에서

---

* 신조어 '블룬(bloon)'은 영어 'balloon(풍선, 열기구)'과 'star(별)'에서 시작됐다. 블룬은 제로2인피니티의 또 다른 상품인 커다란 열기구를 나타낸다. 발음에 따라 'blue star'라는 의미도 지니고 있다.

풍력에 따라 부드럽게 이동하다가 기구에서 분리된 후 엔진 가동과 함께 우주로 향한다(사진25 참조). 제로2인피니티는 블루스타 로켓의 테스트를 마쳤고, 시범비행 영상을 촬영했다(단거리 시범비행에 불과했다).

블루스타는 발사 높이를 전혀 고려하지 않았고, 공중에서 공기 저항을 받지도 않기 때문에 로켓의 모습과 거리가 있는 기이한 형태로 탄생했다. 그들의 최종계획은 열기구의 부드러운 발사만큼 기이했다. 이 발사체는 아이들이 바다에서 타고 노는 둥그런 튜브와 같은 3개의 원반(로켓)으로 구성되어 있다. 이 원반 안에는 급속 냉각한 액체 산소와 메탄이 채워져 있으며, 그것으로 로켓 하부에 장착된 원반 형태의 엔진을 가동한다. 바깥에 있는 원반이 가장 먼저 점화되고 안쪽 원반이 순차적으로 가동하면서 비행을 이어간다. 결국에는 위성 화물이 탑재된 로켓의 코어만이 궤도에 도달한다. 블루스타 이용금액은 400만 유로다.

제로2인피니티는 람블라스에서 약 20km 떨어진 바르셀로나 교외의 한 제조 공장에 위치했다. 기업 간판이 눈에 띄지 않고 기업에서 커다란 공장 일부를 독점 사용하는 형태로 임대했기 때문에 멀리서 이곳을 찾아내기란 쉽지 않다. 제로2인피니티의 사무공간은 PLD와 비슷하다. 느긋한 분위기에, 젊은 인재들은 책상에 편안한 자세로 앉아있고, 회사의 리셉션 구역에 있는 소파에는 우주비행사의 우주복이 그리고 벽에는 그림과 스케치들이 걸려있다. 제한구역에서는 기술진들이 전자 부품을 개발하고 있으며, 그곳의 탁자 위에는 3D 프린터가 놓여있다.

역시나 문제는 블루스타를 제작하는 데 필요한 자금이 부족하다는 것이었다. 따라서 창업자인 호세 마리아노 로페즈 우르디알레스 Jóse Mariano López –Urdiales가 쉴 새 없이 이곳저곳 다니며 투자자를 찾는 동안 디미트리스 보운톨로스는 사업운영을 맡았다. 사무실에 앉은 보운톨로스는 제로2인피니티에 관해 짧게 설명했다. "우리에게는 5억 달러 가치에 달하는 의향서LOI가 있다. 마이크로 런처의 수요는 매우 크다."

다른 스타트업과 달리 제로2인피니티는 빵과 버터 같은, 기업을 굴러가게 만드는 비즈니스모델이 별도로 존재했고, 이것은 블루스타를 천천히 개발할 수 있게 했다. 이 기업은 고도 35km까지 오르는 기구를 제작한다. 이 고도에서는 대기를 연구할 수 있을 뿐만 아니라, 항공우주 기술의 테스트가 가능하다. 제로2인피니티는 "몇 년 전 위성 제조사들이 찾아와서 '좀 들어봐요, 여러분들이 우리 위성을 시험해보지 않겠어요?'라고 물었다. 이 고도의 환경은 우주와 매우 흡사하다. 거의 진공상태나 다름없는 데다 온도와 복사광선 역시 우주와 거의 같다. 따라서 각 개발 중인 시스템, 위성, 레이저, 광학기기의 테스트가 가능하다. 그리고 여기서 테스트를 하면 궤도에서 진행하는 것보다 훨씬 저렴하다."라고 했다.[10] 제로2인피니티는 항공기의 비행고도와 위성의 지구저궤도 사이의 구간을 활동 범위로 선택했다. 그들의 열기구 블루스타는 해 질 녘에 멋진 풍경을 선사하는 열기구와 공통점이 별로 없다. 이 기구는 이론적으로 12t을 하늘 높이 들어올리고, 우주선 전체를 테스트할 수 있는 하이테크 설비인 셈이다. 제로2인피니티의 프로젝트 기술 총괄책임자인 디디에 버튼은 "본래 그 정도 기구는 축구장 크기만 해야 하지만, 블루스타는 기술적인 면으로 해결할 수 있다."라고 말했다.

게다가 제로2인피니티는 우주와 근접한 환경을 활용한 또 다른 비즈니스모델에도 관심을 두고 있다. 압력 캡슐 우주선을 선실로 활용하여 사람들을 우주 경계까지 수송하는 것이다. 그에 따라 제로2인피니티 공장에는 기구 플랫폼인 "블룬"이 등장했다. 커다란 파노라마 창이 장착된 블룬 캡슐 우주선은 아직 우주라고 정의할 수 있는 곳까지 이르지는 못했지만, 누가 뭐래도 블룬 위의 하늘에는 칠흑 같은 우주가 펼쳐졌다. 그 밖에도 블룬에 탑승할 4명의 승객과 2명의 조종사는 스페이스십투에 탑승하는 것보다 훨씬 편안한 우주 (인근) 체험이 가능하다(그것도 훨씬 더 오랫동안). 이 기구 우주여행의 소요시간은 총 5시간으로 그중 2시간을 본 우주선의 최고 고도에서 떠다닌다.[11] 선실은 기구에 부착된 상태로 머무르지 않고, 낙하산으로 제동되기 전까지 기구에서 분리되어 하강하기 때문에 잠시나마 무중력 상태로 머무는 것도 가능하다. 더욱이 해당 서비스 금액은 수십만 유로에 이를 것으로 추정되는 스페이스십투의 요금 범위 내에서 책정될 예정이다.

제로2인피니트와 같은 비즈니스모델의 또 다른 이점은 기업이 로켓개발에 필요한 전문적 지식을 예행으로 습득할 수 있다는 것이다. "기술적인 측면에서 블루스타는 전혀 문제가 없으며 이제 우리는 이대로 완성하기만 하면 된다."고 바운톨로스는 말한다. 물론 필요 자금이 확보된 상태에서의 이야기다.

## 이점을 톡톡히 누리는 리그의 선두

여기서 소개한 스타트업들을 보면 마이크로 런처 같은 산업이 유럽에서 활성화되고 있는 것 같지만 실제로 궤도에 가장 근접한 기업은 로스앤젤레스에 본사를 둔 로켓 랩Rocket Lab이다. 로켓 랩은 PLD에서 계획했던 궤도용 로켓 발사에 이미 성공했다. 그러나 로켓 랩의 로켓 일렉트론은 PLD의 1,000만 달러 수준을 넘어, 개발하고 발사하기까지 무려 7,500만 달러(한화 약 900억 원 - 옮긴이)가 투여됐다. 이런 투자 금액은 미국과 다른 국가들의 결정적인 차이를 명확히 보여준다. 미국에는 유럽과 달리 로켓 스타트업을 위한 자금 지원 제도가 있다. PLD의 라울 베르두는 뉴질랜드에서 시작한 로켓 랩이 로켓 개발과 뛰어난 기술 도약을 위해 로스앤젤레스로 간 배경을 설명했다.

"우리도 얼마 전 미국 실리콘밸리의 팰로앨토 지역을 방문했다. 그리고 그곳에서 투자자 5팀을 만나 논의했다. 그들은 우리에게 '돈을 투자할 수는 있지만, 본사를 미국으로 옮겨야 한다.'는 조건을 내걸었다."[12] 이어 베르두는 "그렇지만 우리는 활동거점으로 유럽을 선택했다. 유럽에서 기업을 운영할 때 우리가 맞서야 하는 규제가 미국보다 적었기 때문이다."라고 말했다. 첨단기술의 해외수출을 검열하는 미국의 ITER 규제는 기업에 정말 큰 핸디캡이다. 미국에 근거지를 둔 항공우주산업 기업은 미국을 제외한 다른 국가에서의 발사가 쉽게 승인되지 않는다. 즉 다국적 기업이라면 먼저 미국 시장을 공략할 것인지 혹은 미국을 제외한 전 세계 시장을 공략할 것인지 결정해야 한다.

로켓 랩은 투자금을 선택했다. 로켓 랩은 뉴질랜드에서 미국으로 본사를 이전했다. 베르두의 말처럼 그들은 이제 엄연한 미국 기업인 것이다. 그렇게 미국은 전 세계의 전도유망한 기업과 뛰어난 인재들을 유혹했고, 미국으로 옮겨오는 그들의 머릿수만큼 기술 도약과 미국 시장의 매력도 한껏 상승했다. 그러나 제로2인피니티에 비하면 운 좋게 수백만 달러를 확보한 PLD의 수장 보운톨로스는 비단 PLD뿐만 아니라 벤처투자 자본이 부족한 유럽의 현실을 언급했다. "사실 이 업계에서 앞으로 다가올 유럽의 미래는 몹시 비관적이다. 따라서 정책적으로 기본 조건을 설정해야 한다. 그렇지 않으면 뉴스페이스 사업이 미국에서만 활성화되는 위험에 처할 것이다."

유럽 기업들의 움직임이 더딜수록 로켓 랩의 이득은 증가한다. 로켓 랩에서 개발한 17m 길이의 일렉트론은 태양동기궤도sso*에 약 150kg을 운송할 수 있다(PLD의 아리온2와 거의 동일한 탑재량이다). 그들의 주요 운송대상은 날씨 및 지구관측위성이다.[13] 로켓 랩의 발표에 따르면 일렉트론의 발사 비용 또한 PLD와 흡사한 약 500만 유로 선이다. 따라서 누가 먼저 완성품을 내놓느냐가 시장의 승패를 좌우할 것이다.

더욱이 로켓의 발사소음이 누군가에게는 몹시 불편할 수도 있다고 판단한 로켓 랩의 접근은 매우 흥미롭다. 로켓 랩은 자신들의 로켓은 발사 굉음이 더도 말고 덜도 말고 30초 동안 지속될 것이라고 했다. "마히아 반도의 출입금지구역 밖에 있는 주택가에 노출되는 소음

---

＊ 태양동기궤도(SSO)의 위성은 일반적으로 약 600~800km 상공에서 극지방을 따라 지구 주변을 돈다. 그러나 지구의 편평률 때문에 위성의 종류에 따라 전체 구역을 회전하기도 한다. 특정 고도에 고정되면 해당 영역에서 360도를 돌기도 한다. 그로써 특히 위성이 지구그림자에 갇히지 않고 위성의 태양전지에 충분한 태양광을 확보하는 효과가 있다.

수위는 진공청소기와 비슷한 수준이다. 근방의 마히아 마을이 체감하는 수준은 조용한 사무실에서 들리는 말소리 정도일 것이다." 깎아내린 절벽이 장관인 마히아는 마히아 반도의 남단에서 항공로로 약 20km 떨어진 곳에 있는 마을이다.

이 사례는 마이크로 런처와 소형로켓을 제작하는 신규(혹은 기존 기업 중 일부) 기업의 단면, 즉 기업들의 활동 방향, 그들이 가진 다양한 아이디어, 임직원이 추구하는 목표를 보여준다. 이런 마이크로 런처 기업들과 경쟁하는 건 재력이 엄청난 갑부들로 리처드 브랜슨과 폴 앨런 등이다. 그리고 이 두 사람이 항공우주산업에 품은 열정은 모하비 한가운데 스페이스십원의 탄생으로 이어졌다. 영광의 X-PRIZE 시상대에 오른 브랜슨과 폴 앨런은 함께 기쁨을 만끽했다. 그러나 두 사람의 길은 다시 갈라지기 시작했다. 두 사람은 서로가 각자 계획한 의도에 따라 일을 진행했고 두 사람의 엇갈린 행보에 이목이 쏠렸다. 많은 이가 언젠가 두 사람이 다시금 한 길을 걸을 수도 있겠지만, 그들이 예전처럼 함께 무대에 서는 일은 결코 없으리라 생각했다.

## 폴 앨런이 꿈꾸는 전설 속 존재

2017년 모하비에 위치한 꿈의 공장에서 새로운 베이비(그것도 거대한)가 태어났다. 폴 앨런의 기업, 스트라토런치 시스템Stratolaunch Systems은 견인차 2대가 끌어야 할 정도의, 세계에서 가장 큰 항공기를 공개하고자 그 문을 열어젖혔다.[14] 개발을 맡은 루탄과 자금을 담당한 앨런은 오랫동안 250t의 로켓을 탑재할 이 항공기의 보안을 철저히 유지했다.

　당시 제작과정 상태에서 기자들의 방문이 허락됐지만, 여러 층으로 설계된 조종실 외에는 볼 수 있는 부분이 거의 없었다. 그럼에도 기자들은 직감적으로 이 거대한 항공기가 대중에게 공개되는 순간 대중은 탄성을 자아낼 것으로 보았다. 루탄의 기존 스페이스십 시리즈처럼 2개의 몸통으로 구성된 항공기 중앙에는 로켓 혹은 우주선이 장착될 만한 공간이 존재했다. 28개의 부품이 장착된 몸통은 73m나 되었다. 날개폭만 117m인 날개 아래에는 500t의 화물을 공중으로 띄울 수 있는 점보제트 엔진 6대가 탑재되어 있었다. 날개 끝에서 다른 날개 끝에 이르려면 우사인 볼트의 12초 세계최고신기록을 기록해야 했다. 일반 보행자의 보폭으로는 약 1분 30초 정도가 걸렸기 때문이다. 참고로 에어버스 A380은 거리가 약 80m이며, 전설적인 휴즈 H-4 허큘리스(1947년 미국의 휴즈사에서 만든 대형 수송비행정 -옮긴이), 스프루스 구스 Spruce Goos도 100m에 불과했다.

　스케일드 컴포지트의 모델 351*과 스프루스 구스의 공통점은 결합 방식이다. 이런 거대한 크기에도 곧게 뻗은 유선형을 유지하고 있는 로켓 '캐리어'는 흡사 머리를 기울이며 남쪽을 향해 나는 두 마리의 거위처럼 보였다. 특히 이 항공기는 천일야화에 등장하는 큰 새인 '로크 Roc'라는 별명으로 불렸다. 신드바드는 이 거대한 새의 다리에 자신을 묶고 외로운 섬에서 탈출한다. 이것만 봐도 '로크'는 적절한 유사성(섬=

---

\* 스케일드 컴포지트의 항공기는 폴 앨런의 기업 스트라토런치 시스템을 위해 제작됐다.

지구)을 지녔고, 종종 굴뚝에 내려앉는 새보다는 훨씬 가치 있었다.

항공기 제작과정 중 특히 터빈과 설비에 스트라토런치 직원 300명과 보잉747 2대가 동원되었다. 원래 이 항공기에는 점보제트 조종석이 설치될 예정이었으나 엔지니어들은 제작과정에서 동체의 형태에 어울리는 새로운 조종실을 만들었다.

로크의 발사 일정이 점점 다가오면서 2017년 말에는 활주로에서 엔진과 브레이크 테스트를 시행했다.[15] 다만 로크는 꽤 오랫동안 동체 사이의 실용 탑재량을 확정하지 못했다. 수년 전 스트라토런치는 특히 팰컨9 에어를 제작하려던 스페이스X와 엔진을 소형화하여 부피를 축소하는 방안을 협의했다. 이후 스트라토런치는 초대형로켓과 동일한 소형로켓 3기의 발사 계획을 발표했다. 다른 마이크로 런치 커뮤니티처럼 스트라토런치는 지구관측위성의 붐에 합류했다.[16]

이는 스트라토런치가 한 차례의 발사실패 이후 잘못된 계획을 수정하려는 것처럼 보였다. 본래 비즈니스모델의 흐름이 원활하지 못하거나 시장이 변하는 경우 기업은 나아가야 할 노선을 새롭게 변경했다. 미국에서는 주로 스타트업이 사업 방향을 180도 변경하는 이러한 방향전환을 피벗Pivot이라고 부른다. 항공우주산업에서도 이런 현상이 일어났고 앨런도 그에 따라 대처했다. 그렇지 않고 모든 종류의 화물을 수송하려 한다면, 결국은 기술이 불필요하게 소모되는 문제에 봉착할 수 있기 때문이었다. 2014년 말 스트라토런치와 시에라 니바다 코퍼레이션Sierra Nevada Corporation은 우주선 '드림체이서Dream Chaser'를 로켓에 탑재 후 발사하는 것을 고민했다. 스트라토런치 시스템은 현재 자체 로켓을 개발 중이다. 앨런의 기업은 스페이스X에서 기술진을 스카우트해왔고 NASA의 엔진 테스트 장소를 예약해둔 상태다.[17]

## 코스믹 걸

리처드 브랜슨은 발사체에 독특한 이름을 붙이는 재능이 일론 머스크에게만 있는 건 아니라는 걸 입증했다. 브랜슨은 보잉747 점보 여객기를 개조해 자체 개발한 로켓 '런처 원'을 탑재한 후 발사하는 프로젝트를 '코스믹 걸Cosmic Girl'이라는 이름으로 불렀다. 이는 2가지 면에서 눈여겨볼 만했다. 첫째, '버진'이라는 표현이 생략됐고 둘째, 버진 애틀랜틱을 위해 운항하는 보잉 항공기와 같은 이름이었다. 사실 버진 그룹의 명칭은 한 여직원의 솜씨였다.

브랜슨은 많은 돈을 들여 개발한 스페이스십투를 관광용 발사체를 넘어 다목적으로 활용하려고 했고, 이내 수송사업에 동참하려는 계획을 수립했다. 그러려면 스페이스십투를 실을 로켓이 필요했기 때문에 보잉의 점보 여객기(코스믹 걸)와 화이트나이트투로 발사 플랫폼을 대체하는 비즈니스모델을 착수했다. 사업 초기 브랜슨은 분명 스페이스십투와 우주 관광만을 염두에 두고 있었다. 그는 본래 항공우주산업을 매우 단순한 동기로 접근했다. 그러나 이제 그는 "위성 분야를 고려해본 적은 없었다. 단순히 우주여행을 하고 싶다는 개인적인 소망이 있었고, 그 꿈을 실현하고자 노력해왔을 뿐이다. 그렇지만 이 분야에 뛰어든 이래로 애초에 계획했던 것과 다른 무언가가 있으며,

그것들이 내가 꿈꿔온 것만큼 흥미진진하다는 사실을 깨달았다."라고 말한다.[18]

반면 베조스는 정반대였다. 베조스는 지구저궤도 우주 관광을 우주로 향하는 첫 관문으로 활용하며, 목표 전략의 일부분으로 간주했다. 여기서 두 사람의 성향 차이가 두드러진다. 브랜슨은 관심을 둔 프로젝트를 마치 놀이터 구름다리처럼 하나하나 순차적으로 접근했다. 그렇다 보니 직전의 과정에서 영감을 많이 받았다.[19] 그러나 베조스는 보통 완성된 계획을 머릿속에 그리고 그것을 실현한다.

브랜슨은 버진 갤러틱이 탑재허용량을 늘리기로 한 뒤로, 새로 개발된 엔진 뉴턴3Newton Three를 채택하면서 화이트나이트투의 중량을 더는 늘릴 수 없다는 것을 깨달았다. 추가 연료를 주입하기 위해 런처 원의 탱크 길이를 연장하면서 로켓 자체가 지나치게 무거워졌기 때문이다. 2015년 결국 버진 갤러틱은 보유하고 있는 보잉747을 개조하기로 했다. 이제 런처 원 로켓은 2기의 본체 중앙이 아니라 보잉에서 예비용 엔진을 장착했던 코스믹 걸의 좌측 날개 하단에 부착됐다.[20]

런처 원을 날개 아래 부착하고 새하얗게 칠한 코스믹 걸은 일반적인 보잉747의 순항고도인 11km를 상승한 뒤 상공에서 로켓을 분리한다. 조종석에는 추측컨대 NASA의 전 시범비행조종사이자 미 공군 중령 출신인 켈리 라티머Kelly Latimer가 앉을 것이다.[21] 런처 원은 단 몇 초만에 로켓 제1단을 점화시키고, 곧바로 제2단도 점화하여 최고 400kg의 화물을 지구저궤도로 운송한다. 운송 요금은 약 1,200만 달러(한화 약 144억 원 -옮긴이)다. 중량별 요금으로 환산하면 스페이스X의 요금보다 훨씬 높다. 다만 버진이 공략하려는 시장은 스페이스X와는 조금 다르기에 최소한 오비탈 ATK의 페가수스보다는 가격경쟁력이 있을지도 모른다.

그렇다고 브랜슨과 앨런이 선택한 항공기 기반 발사 시스템에 논란의 여지가 없는 것은 아니다. 순항고도에서의 발사란 로켓이 밀도 높은 공기층에서 혹사당하는 항로를 활용한다는 의미로, 수송기 속도를 초기투입속도로 활용하여 발사한다. 항공우주수송기술학(발사 시스템의 효율성을 평가하는 일) 교수를 역임하고 있는 슈투트가르트대학교의 스테파노 파소울라스Stefano Fasoulas는 이들의 발사 시스템에서 아무런 장점을 발견하지 못했다. "로켓은 최소 400km 이상을 날아올라야 한다. 항공기가 운항하고 가속하는 10km의 고도와 800km/h 속도만으로는 기존의 발사 시스템과 차별점이 없다."[22]

그러나 이런 항변에도 공중발사 시스템은 시행 중이다. 앨런의 엔지니어들은 가끔씩 오비탈 ATK 격납고에 정차한 록히드의 항공기 L-1011 트라이스타 '스타게이저Stargazer'를 시찰하려고 커다란 유리창 앞에 모여들었다. 터빈이 특징인 이 항공기는 이미 수평꼬리날개 아래에서 페가수스 로켓을 발사하며 43회 시행됐다. 그렇지만 이는 1990년 이후부터 시행된 발사 횟수로 지금은 그 이상 빈도가 늘어나지는 않는 추세다(3회의 실패와 3회의 부분성공을 포함한다). 이 발사 시스템은 크게 의미 없는 고도와 속도의 특징 외에 2가지 장점이 있다. 이 고도에서 발사되는 로켓이 대기층에 진입하려면 공기 저항의 최대치, MAX Q를 통과해야 한다. 페가수스 로켓의 날개를 고안한 루탄은 이 원리에 당황한 기색이 없었다. "이미 오래전부터 공중발사 시스템이 제1단 로켓의 탄성과 그 밖에 안전성을 책임지리라는 것을 예측했다. 이 시스템은 어느 지역에서라도 발사 가능하다. 따라서 단순히 특정 지역으로 날아가 그곳에서 발사하면 된다. 로켓에 있어 가장 위험한 것은 낮은 고도에서 발사하는 것이다."[23]

항공우주산업의 끝에는 값비싼 발사 램프 대신에 수송기를 위한 단순한 활주로가 펼쳐질 것이다. 공중발사 시스템에는 무시할 수 없는 이점이 있기 때문이다. 이론적으로 항공기는 하루에도 여러 차례 이륙하여 로켓 발사를 실행할 수 있다. 반면 지금까지 지상에 고정된 램프는 발사시도 후 재정비하는 데 여러 주가 소요되거나 행여 로켓이 폭발하기라도 하면 처음부터 새로 설치해야 했다.

브랜슨의 런처 원 고객은 공중발사기술을 문제 삼지 않았다. 오롯이 가격과 가용성만을 최고의 가치로 삼는 이들은 예약 대열에 동참하기 위해 긴 줄을 섰고, 그중에는 39회를 예약한 원웹도 포함되어 있다. 2020년까지 개발이 예정된 런처 원이 운항을 개시하면 처음에는 10회로 시작하여 나중에는 연간 20회의 로켓이 우주를 향해 날아갈 것이다.

## 킬러-공상가

브랜슨과 폴 앨런은 다른 경쟁자보다 훨씬 유리한 입장이었다. 우선 그들은 투자자를 찾아 헤매며 시간과 에너지를 소모할 필요가 없었다. 은행의 현금 창구를 꽉 붙잡고 있는 두 사람이었기에 아무 지연 없이 항공우주수송 시스템 개발을 열정적으로 추진할 수 있었다. 그들이 보유한 최고의 네트워크와 재력은 신용도 및 신뢰를 강화했고 그로써 다른 투자자를 유치하기도 훨씬 수월했다. 그것으로 기업 자체 위험요소를 최소화하고 개발을 가속할 수 있었다.

그들은 갑자기 예기치 못한 비용이 발생하면 기업의 주식을 팔거나 일부 매장을 철수하는 진통 없이도 창업자의 개인 자산을 긴급 투입할 수 있었다. 2015년 앨런의 항공우주산업 분야 CEO 척 빔스Chuck Beames는 "내가 생각하기에 2016년에는 로크의 운항이 가능할 것으로 보인다."라고 언급했다. 2년 뒤에도 로크는 여전히 하늘을 날지 못했지만, 기업은 또다시 막대한 자금을 투여했다.[24] 이 비용을 회수하려면 로크 로켓이 얼마나 많이 발사되어야 하는지 계산이 안 될 정도다. 지금까지 앨런은 그가 하늘을 나는 몬스터에 얼마를 투여했는지 공식적으로 발표하지 않았다. 항공우주산업 전문기자이자 보잉747 전문가이기도 한 클라이브 어빙Clive Irving은 최종적으로 5억 달러(한화 약 6,000억 원 -옮긴이)는 족히 될 거라고 추정했다.[25] 이는 앨런처럼 아무리 씀씀이가 큰 억만장자라고 해도 무시하지 못할 엄청난 금액이다. 이러한 관점에서 보면 최저가 우주 진입을 꿈꾸는 이 프로젝트의 양상은 사뭇 달라 보인다. 거대한 자금이 투여된 슈퍼비행기가 투자금을 1달러라도 회수할 수 있을지조차 불분명하기 때문이다. 세계에서 가장 큰 항공기 제작자라는 타이틀을 거머쥐고 싶은 폴 앨런의 개인적인 소망을 고려해보아도, 앨런이 상용 위성 발사라는 케이크 한 조각을 확보하려고 눈독 들이는 모습이라는 것은 부정할 수 없다.

그러나 최근에 로크에서 시작된 혁신적인 효과에 집중한 폴 앨런은 경쟁자에게 무시할 수 없는 영향력을 선보이고 있다. 충분한 자금을 확보하지 못한 여러 로켓 스타트업을 위협하는 건 억만장자들의 막대한 자금뿐만이 아니다. 항공우주산업 스타트업에게는 마음만 먹으면 그들의 경제적 생존기반을 빼앗을 수 있는, 억만장자들의 상상력과 의지도 장애물이었다. 더욱이 앨런은 수익 창출을 고대하며 수백만 달러의 사업을 벌이는 사람이 아니었다. "인류를 위해 이 세상을 개혁하는 것이 폴 앨런의 꿈이다."라고 빔스의 후임이며 앨런의 항공우주산업 분야를 이끄는 진 플로이드Jean Floyd는 말했다. "그는 돈을 벌려고 이 일을 하는 것이 아니다. 따라서 투자금 회수 생각도 그리 크지 않다. 그렇다고 앨런이 돈을 잃어도 상관하지 않는다는 소리는 아니지만 최소한 폴 앨런은 단 한 번도 내게 직접적으로 '이 단계가 지나면 얼마를 벌 수 있는가?'라고 질문한 적이 없다."[26] 그리고 이런 태도는 베조스와 머스크도 마찬가지다.

엄격히 말하면 폴 앨런은 뉴스페이스, 즉 민간 항공우주산업 분야의 일반적인 집단에서 이탈한 것이다. 앨런은 단지 더 상위의 목표를 이루기 위해서 그들의 메커니즘을 활용한다. 조금만 더 깊이 생각해 보면 이런 방식은 시장을 따르는 이들에게 매우 안 좋은 소식이다. 앨런이 프로젝트의 존속과 발전을 위해서라면 언제라도 경쟁사의 요금보다 더 낮은 가격을 제시할 준비가 되었다는 의미이기 때문이다. 그렇게 되면 현재 신형 로켓을 개발했거나 개발 중인 40여 곳의 스타트업 중 여러 곳이 손을 털어야 하는 상황이 올 수도 있다. 이들의 수송력을 전부 채워줄 화물이 턱없이 부족하기 때문이다.[27] 더구나 브랜슨과 폴 앨런의 기업이 이 분야에 백기를 들 가능성은 희박하다.

# 와우 시그널을
# 찾아서

**"** ———

**너희들은 매우 흥미로운 종이야. 멋진 꿈도 그리고 끔찍한 악몽도 꿀 수 있지.**
**때로는 버림받고, 단절되고, 혼자인 것처럼 느끼기도 해.**
**전혀 그렇지 않은 데도 말이야. 공허함을 견디게 해주는 것을 찾아**
**탐색에 나선 우리가 발견한 진리는 딱 하나야. 우리가 함께하는 거.**

영화 '콘택트'에 등장하는 외계 생명체가 천문학자 엘리 애러웨이에게 건네는 말

**"**

자연스럽게 설명되지 않는 것을 탐색하는 것, 그것은 과학자들에게 매우 이례적인 현상이다. 특히 유리 밀너Yuri Milner와 스티븐 호킹에게 그 과정은 인류의 발생 이후로 인류가 고민하는 질문의 답을 찾는 것이었다. 이쯤 해서 독자들의 머리가 더 복잡해지지 않게 말하자면, 그건 바로 외계 지성체가 보내는 신호의 탐색과 우리가 이 우주에서 유일한 지성체인가 하는 수수께끼다. 유리 밀너는 그 답에 1억 달러 이상의 가치가 있다고 생각했다.

2015년 중반 러시아의 억만장자인 밀너는 외계 생명체 문명과 물리학적인 상식을 벗어나는 우주 신호를 체계적으로 탐색하기 위해서 영국 물리학자 호킹을 비롯한 학자들과 공동으로 브레이크스루 이니셔티브Breakthrough Initiative라는 단체를 설립했다. 앞으로 10년 동안 약

100만 개의 항성을 탐색하는 것이 이 단체의 목표다. 그들은 막강한 자금력을 토대로 지난 몇 년 동안 웨스트버지니아를 비롯해 호주의 파크스 천문대처럼 세계 최고의 전파망원경을 예약했다.[1] 전파망원경으로는 이론적으로 (지구) 항공망에서 보내는 신호의 세기를 지닌 항성계 1,000곳 이상을 발견할 수 있다.

밀너의 많은 돈이 SETISearch for Extra-Terrestrial Intelligence(외계 지적 생명체 탐사) 프로젝트에 투여되면서 예상치 못한 사건이 터졌다. SETI는 1960년 프랭크 드레이크Frank Drake가 웨스트버지니아의 그린뱅크 망원경으로 에리다누스자리 엡실론Epsilon Eridani과 고래자리 타우Tau Ceti, 이렇게 2개의 별을 발견하고는 혹시 그곳에서 눈에 띄는 전파 신호가 오지는 않을까 확인하려고 한 것에서 비롯되었다. 하지만 아무런 신호도 감지되지 않았다. 당시 약 2,000달러(한화 약 240만 원 -옮긴이)가 투여된 이 탐사는 지금까지 큰 진척이 없는 여러 딥 스페이스 도청 활동의 서막이었다. 그나마 1977년 8월 15일 제리 에맨Jerry Ehman이 '빅 이어Big Ear'라는 애칭을 붙인 망원경으로 인마궁 별자리 방향에서 이상한 신호를 들었던 때가 SETI의 가장 흥미진진한 순간이었을 것이다. 이 천체물리학자는 너무 흥분한 나머지 다른 우주 공간에서 들리는 메시지를 종이에 펜으로 기록했다. 그리고 그 옆에 "와우!"라고 적었다. 그 이후 "와우!" 이벤트는 SETI 프로그램에서 전설처럼 전해진다. 이 "와우" 시그널은 주변을 비행하고 있었던 항공기 소음, 혜성 그리고 중성자별의 폭발 소리일 것이라는 가설이 제기됐지만 아직까지 그 누구도 정확한 답을 내놓지 못하고 있다.

SETI 학자들은 항공우주 비행 단체에서 가장 상상력이 풍부한 사람들일 것이다. 그들은 지난 55년간 뚜렷한 성과 없이도 외계 생명체만을 고집하며 계속 활동을 이어왔다. 그렇지만 SETI의 가설이 언제나 비논리적인 것만은 아니다. 탐사 범위를 경제적인 이유로 최대한 축소하고자, 학자들은 이를테면 주로 지구 인근 항성계의 전파를 탐색했다. 그들은 지구인의 신진대사에 핵심인 물이 이곳에 흐를 가능성이 높다고 판단했다. 한편으로는 외계 생명체가 지구와 같은 물질을 필요로 할 것이라는 가정을 반박하며 규소를 중심의 유기체를 주장하는 '탄소 쇼비니즘carbon chauvinism'이 등장했다.

할리우드는 역시 이 주제를 그냥 흘려보내지 않았다. 영화 '콘택트'는 이런 탐사를 그리는 흥미로운 영화 중 하나다. 영화에서 조디 포스터(스포일러 주의!)는 항상 예산 문제에 시달리는 SETI의 학자로 등장하며 외계인의 신호를 발견한다. 억만장자인 동시에 엔지니어인 기업가의 도움을 받은 주인공은 항성 간의 운송 캡슐선 설계도가 담긴 외계 신호를 해독한다. 이 우주선을 완성한 주인공은 결국 온화한 외계 생명체와 접촉하게 된다. 이런 영화가 학술적 현실과 얼마나 동떨어져 있는지와는 별개로, 시나리오 작가와 배우들이 이 주제를 풍부한 상상력으로 표현하지 못했더라면 SETI 프로젝트와 학문적 호기심은 대중의 후원을 조금도 받지 못했을 것이다. 억만장자이면서 물리학자이기도 한 유리 밀너는 이런 관점과 비평을 누구보다 잘 알고 있었음에도 보유한 자산의 상당 부분을 이 탐사에 바쳤다.

현재는 이런 상상력을 자극하는 프로젝트가 2개 이상이 진행되고 있다! 브레이크스루 이니셔티브는 당장 시행되지 못하는 2가지 계획을 세우고 있다. 브레이크스루 메시지Breakthrough Message와 브레이크스루 스타샷Breakthrough Starshot이 그 주인공이다. 브레이크스루 메시지는 언젠가 외계 생명체가 이해할 만한 디지털 메시지를 작성하는 사람에게 100만 달러(한화 약 12억 원 -옮긴이)의 상금을 약속했다. 이니셔티브의 계획은 이 메시지를 지금 당장 전송하려는 게 아니다. 외계인이 이 메시지에 대한 회신을 줄 거라고 아직 누구도 확신하지 못했기 때문이다. 스티븐 호킹의 말을 인용하자면 "소식을 읽는 문명은 우리보다 수십억 년 앞서 있을 수도 있다. 그리고 그들이 우리보다 훨씬 더 큰 힘을 지녔다면 우리를 박테리아처럼 취급할 수도 있다."[2]

브레이크스루 스타샷은 초소형 우주선 1,000대를 외계 태양계인 알파 센타우리로 보내는 계획이다. 깃털처럼 가벼운 초소형 우주선으로 (우주 칩 크기의) 거대 레이저를 이용해 대형 광속의 15~20%로 가속할 예정이다. 센타우리까지는 약 4광년(1초에 약 30만km를 가는 빛이 4년 동안 가는 거리로 약 40조km다) 이상에 위치하기에 이 여정은 20~30년이 소요될 것으로 보인다. 센타우리에 도착한 후 처음으로 전송한 그림 정보가 광속으로 지구에 되돌아오기까지 또 4년이 소요된다. 그러나 현 기술 상태에서는 아직 불가능에 가깝다. 우선 브레이크스루 스타샷은 초대형 핵발전소 급의 에너지를 소모하는 레이저가 필요하며 그 밖에도 지상에서 발사된 레이저가 우주 속으로 비행하기 위해 4×4m 크기의 태양열 추진식 우주선을 조준해야 하기 때문이다. 항공우주수송기술학 교수인 스테파노스 파소울라스는 엔지니어의 관점에서 이렇게 표현했다. "목표를 겨냥하는 것이 관건이다. 순수하게 측정 제어술 측면으로 보면 매우 까다로운 기술이라고 생각한다." 이 말의 뜻은 곧 브레이크스루 스타샷의 아이디어 자체가 터무니없다는 것이다. 물론 이러한 파소울라스를 극도로 소극적이고 보수적인 사람으로 보는 시각도 있다.

외계 생명체 탐사는 그게 화성이든, 항성계든 새로운 것이 아니다. 그러나 개인의 후원으로 이런 주제가 항공우주산업 분야에 스며들 가능성이 있다는 것이 관건이다. 인터넷이 생겨나던 때도 그랬다. 유리 밀너는 러시아 뉴 이코노미New Economy계의 핵심 브레인으로 Mail.ru를 직원이 3,000명인 러시아 인터넷 대기업으로 성장시켰다. 현재 56세인 밀너는 다른 여러 디지털 슈퍼갑부들과 마찬가지로 엔지니어 출신이다. 페이스북, 그루폰, 트위터, 스포티파이와 같은 성향의 투자자로서의 길을 걷기 전 밀너는 노벨 물리학상 수상자 비탈리 긴즈부르크Vitaly Ginzburg의 지도하에 박사학위 과정을 밟고 있었다. 그러나 밀너는 일론 머스크처럼 학위를 포기했다(밀너는 스스로 '물리학자로서의 재능이 부족한 자신에게 실망했다.'고 평가했다).

그렇다면 러시아 억만장자가 외계 지성체를 탐사하려는 이유는 무엇일까? 아마도 기술과 학문에 대한 물리학자의 욕구와 더불어 주목받고 싶은 마음 때문일 수도 있다(그를 잘 모르는 사람도 아마 그의 부인 율리아는 알고 있을 것이다. 슬하 2명의 자식을 둔 이 유명 패션디자이너는 밀너보다 머리 하나만큼 키가 컸다). 여하간 밀너가 인류의 가장 큰 의문 중 하나를 선택하고 그의 자유의지로 외계를 탐색하고 있다는 건 의심할 여지가 없다. 이 우주에서 우리 인간만이 유일한 지성체가 아닐 수도 있다는 가정은 종교의 근본을 뒤엎었고 지금까지 인류가 쌓아온 이미지를 송두리째 무너트렸다. 이런 깨달음은 종교, 철학, 과학 분야에 새로운 지평을 열었다. 이는 인류를 여러 행성에 존재하는 생명체 중 하나로 만드는 것이기 때문이다.

SETI 에필로그: 영화 '콘택트'에 등장하는 억만장자 해든은 조디 포스터가 외계인의 암호를 해독하는 과정을 곁에서 돕고 프로젝트에 필요한 자금을 후원한다. 그렇지만 그는 그 이상의 직접적인 접촉은 하지 못했다(민족을 축복받은 땅으로 이끌지만, 스스로는 그곳에 발을 딛지 못하는 성서 속 아브라함처럼). 해든은 시대를 통틀어 가장 복잡한 기계를 완성하지만 주어진 운명을 이겨내지 못하고 암으로 사망한다.

# 8

## 스페이스 마이너:
## 우주의 억만장자?

> 66 ——
>
> **지나가는 별에 몰래 올라탔지**
> **어디로 가는지도 모르고**
> **그곳이 얼마나 가까운지 혹은 얼마나 먼지도**
> **막연히 미래와 과거의 땅을 몇 광년이나 지나치면서**
> 포리너(Foreigner)의 '스타라이더(Starrider)' 가사 중에서
>
> —— 99

### 무한수

"저기 꼭대기에 20조 달러 상당의 수표가 주인을 기다린다!"라고 피터 디아만디스는 국제 우주 개발 콘퍼런스 2006에서 호소했다.[1] 항공우주산업계의 팔방미인인 디아만디스는 지난 10년 동안 뉴스페이스가 길을 개척하기까지 할 수 있는 일은 전부 한, 타고난 낙천론자로 정평이 나있다. 이제 디아만디스는 개벽 이래 가장 큰 상금인 조 단위 수표로 기업가들을 유혹하고 있다.

그는 실제로 우주 비행 억만장자들에게 언젠가 그들이 최초의 조만장자 클럽의 첫 멤버가 될 것이라고 되풀이해서 말했다. 1조가 되려면 10억이 무려 1,000번 있어야 한다. 대중문화는 문화적 연속성에서 새로운 탄생을 요구하면서도 항상 부의 척도를 주시했다. 1950년

대 메릴린 먼로가 계속 백만장자를 낚으려 시도했었다면, 영화 '소셜 네트워크'의 숀 파크(저스틴 팀버레이크)는 자고로 10억 달러는 넘어야 멋진 것이라고 생각했다. 이제 업계는 도널드 덕의 구두쇠 삼촌 다고버트보다 훨씬 낯설게 들리는 조 단위를 겨냥한다. 부의 선지자와 미래를 읽는 예지자의 시각으로 여러 업계를 놓고 보면 가장 먼저 눈에 들어오는 분야가 바로 인공지능과 항공우주산업이다.

마치 진공상태인 우주를 대상으로 한 조 단위의 수치는 단순하게 산출된 것이 아니다. 디아만디스는 오히려 존 루이스John Lewis가 집필한 《마이닝 더 스카이Mining the Sky》를 차용했다. 저자 루이스는 '3554 아문Amun'이라는 멋진 이름이 붙여진 소행성에서 얻을 수 있는 천연자원의 가치가 이론상 약 200억 달러(한화 약 24조 원 - 옮긴이)라고 예상했다. 물론 이것은 20조 달러에 비하면 1,000배 부족한 수치이지만, 그에 상응하는 양을 우주로 운송한다고 가정하면 이 가치는 조 단위에 이른다.[2]

루이스는 아리조나대학교에서 행성학 교수로 재직 중인 우주학자이며 이름난 소행성과 천체 전문가이다. 동시에 그는 우주자원채굴사업에 뛰어든 '딥 스페이스 인더스트리Deep Space Industries'에서 총괄 학술대표를 맡고 있다.

우주자원채굴사업이란 무엇일까? 지금까지 SF영화 '문Moon', '아바타'의 연결고리가 된 이 사업 분야에 실제로 두 기업이 뛰어들었다. 미국 워싱턴주의 레드먼드(마이크로소프트도 이곳에 있다)에 위치한 스타트업 플래니터리 리소스Planetary Resources는 2020년 첫 탐사 위성을 소행성

벨트(태양계를 배회하는 소행성들이 속해 있는 장소, 화성과 목성 사이에 있다 -옮긴이) 방향으로 발사할 계획이다. 이 기업은 3D 프린터로 직접 우주에서 천연자원을 가공하려 한다.[3] 또 다른 기업은 실리콘밸리 산 호세에 자리를 잡은 딥 스페이스 인더스트리다. 이 기업은 소행성에서 채굴한 물에서 연료를 추출하여 위성을 재충전시키는 계획을 세웠다(비록 지구에서 연료를 싣고 간다는 점은 다르지만 NASA에서 추진하는 계획과 유사하다).[4] 이 두 기업이 장기적으로 주목하고 있는 것은 바로 폐쇄적인 우주 속 경제 순환의 일부가 되는 것이다.

얼핏 비현실적인 프로젝트 같지만 누가 여기에 얼마를 투자했다는 정보가 퍼지는 순간 신뢰도가 상승한다. 플래니터리 리소스는 리처드 브랜슨을 비롯한 여러 투자자로부터 이미 5,000만 달러를 확보했다. 그 밖에 억만장자들이 모여들었고, 이들은 디지털 경제의 최상류층 인사들이었다.[5] 구글의 공동창업자 래리 페이지, 알파벳 회장이자 전 구글 대표였던 에릭 슈미트Eric Schmidt는 물론 전 마이크로소프트 개발자 찰스 시모니Chales Simonyi(마이크로소프트의 워드와 엑셀 개발자) 등이 있다. 아이러니하지만 판도라 행성에서 인류의 자원 채굴을 막으려고 애쓰던 영화 '아바타'의 제임스 카메룬 감독이 이 프로젝트의 고문을 맡았다. 룩셈부르크 역시 투자자 리스트에 이름을 올렸다.[6] 이 사업은 시시껄렁한 농담이 아니다! 룩셈부르크 정부는 이 사업을 2억 유로 가치에 해당하는 것으로 보았다.[7] 룩셈부르크와 같은 작은 나라에서 조차 항공우주산업의 초기 연구와 스타트업에 큰 규모의 투자를 감행한다(그중 2,500만 달러는 플래니터리 리소스에 투자됐다). 룩셈부르크는 소행성 탐사 위성 개발에 자금을 지원하기로 하며 딥 스페이스 인더스트리의 양해각서를 체결했다.[8] 에띠엔 슈나이더Etienne Schneider 룩셈부르크 부총리는 '실리콘밸리의 우주 자원개발 지원'보다 적지 않은 지원이 당국의 계획이라고 발표했다.

룩셈부르크는 우주해적선이 고가의 천연자원을 훔치거나(그것도 합법적으로) 국제 재판소에 자신의 몫을 청구하는 소송을 방지하는 차원에서 채굴한 천연자원이 소행성 시굴자에게 귀속한다는 법안을 공표했다.[9] 어떻게 보면 뜬금없는 우주법안이자 일종의 우주 농담처럼 들릴 수도 있지만 학자이자 교수인 스폰Spohn은 그렇게 생각하지 않았다. 독일 항공우주센터에서 행성연구 지휘관이자 연구소장을 역임한 스폰은 오히려 "룩셈부르크는 몹시 영리하다."라고 평했다. "그들은 이미 통신위성 초창기에 적극적인 투자를 했다. 그리고 현재 해당 시장을 선도한다. 아마 룩셈부르크 내각에는 이런 사업의 냄새를 제대로 맡을 줄 아는 사람이 있는 것 같다. 그들은 기차에 올라타는 것을 넘어 그 기차가 나아가야 할 방향에 철도를 깔아준다."[10]

존 루이스 역시 정신 나간 놈으로 취급받을 위험이 있었다. 루이스가 흥미 반, 진지한 태도 반으로 이 주제에 관한 책《소행성 채굴 101Asteroid Mining 101》을 출간했기 때문이다. 루이스는 "내 입장은 우주 자원채굴산업을 과장하여 말하지 않는 것이다. 그만큼 비판적인 시각으로 내 주장의 근거를 검토했다. 예상컨대 독자들은 떠버리의 궤변을 읽으려 이 책을 구매하지 않을 것이다. 그렇다면 분명 실망할 것이다. 따라서 떠버리의 '카더라' 뉴스를 읽고 싶은 의도가 있다면 이 책을 구입하지 않기를 바란다."라고 말했다.[11]

루이스는 지구 인근 소행성에서 채굴 가능한 철의 양과 가치를 37조t, 즉 현재 지구의 시장 가치로 11조 달러(한화 약 1,320조 원 -옮긴이)로 예측했다. 더하여 약 70조 가치에 준하는 니켈 250만t, 코발트 20만t, 백금속 1,800t 등이 매장되어 있을 것으로 보았다.[12] 물론 루이스는 실제로 채굴사업에 어마어마한 금액을 지불하거나 그 정도 양의 자원을 지구에서 판매하기를 바랄 정도로 어리석지 않았다. 그는 우주의 자원이 지구의 자원을 위협하는 순간 모든 시장이 붕괴될 것임을 잘 알고 있었다. 따라서 루이스는 소행성이 고갈되지 않는 천연자원의 보고라고 주장하면서도 그 점을 강조했다. 루이스는 끝까지 이 광물이 언젠가 지구에서 사용될 거라 여기지 않았다.

그 이면에 숨어있는 건 무엇일까? 우주자원채굴은 정말로 초기 투자자를 (그렇지 않아도 이미 갑부인) 더 부유하게 만들어 주는 확실한 킥인 걸까? 루이스가 이런 계산에 활용한 소행성은 어떤 의미가 있을까?

소행성은 다양한 크기와 형태의, 태양 주변을 회전하는 암석 덩어리로 주로 화성과 목성 주변에 위치한다. 소행성 벨트라고 부르는 이 우주 공간은 영화에서 주로 좁은 미로처럼 표현되고 끝내 주인공을 쫓는 추적자에게 파괴된다. 실제로 각각의 행성 사이에는 많은 양의 산화아연이 분포하고 있다. 그러나 식별할 정도의 중력을 조성하는 산화아연은 미립자 형태로 이것을 손으로 붙잡거나 가시화해 보는 것은 불가능하다.[13]

고전주의 교육을 받은 당대의 학자들은 소행성을 발견하면 옛 신화 속에 등장하는 훨씬 더 오래되고 존귀한 명칭을 가져와 소행성의 이름을 지었다. 1801년 처음으로 발견된 가장 큰 소행성은 로마 신화에서 농업을 관장하는 여신 세레스Ceres의 이름이 붙여졌다. 그 밖에 1802년 소행성 팔라스(아테네)는 그리스 신화에서 지혜, 전략, 전쟁 및 예술을 관장하는 여신의 이름이며, 1809년의 베스타는 로마 신화에서 가정과 국가의 수호자로 등장하는 여신의 이름이다(베스타는 세레스의 자매다). 그 이후로 여러 소행성이 발견되었고, 소행성을 발견한 학자들은 계속 신화 속 신의 이름을 붙였다. 그러나 지금은 고대 신들의 판테온 대신 로큰롤의 명예의 전당이 되어 운석 10만여 개가 그 전당에 이름을 올렸다. 그중에서도 일부를 언급하자면 8749 비틀스, 4147 레논, 4148 매카트니, 4149 해리슨, 4150 스타(4자리 수는 행성의 특징을 설명한다)가 있다.[14]

소행성이 유성의 형태로 끊임없이 지구에 떨어지고 때때로 지구 표면에 도달하면서 학자들은 소행성에 대해 정통한 지식을 갖추기 시작했지만, 운석을 천연자원으로 활용할 생각은 조금도 하지 못했다. 소행성 유형은 셀 수 없을 정도로 다양하고, 행성학자가 그것을 분류하는 데만 수년이 소요되기 때문이다. 그러나 분명한 건 지금 당장 인류에게 필요한 특정 소행성이 따로 숨겨져 있다는 것이다. 무엇보다 비록 원시적인 형태일지라도 행성의 대부분이 금속으로 이뤄진 소행성도 있다. 주로 이런 행성은 철, 니켈, 코발트, 그 밖에 소량만으로도 가치가 매우 높은 백금족 금속인 이리듐, 오스뮴, 팔라듐, 플라틴, 로듐과 루테늄을 가지고 있다. 또 다른 소행성 유형은 일부분 물과 다양한 탄화물을 보유한다.

그러나 루이스는 딥 스페이스 인더스트리의 동료들과 플래니터리 리소스의 창업자가 많은 사람의 예상과는 달리 소행성의 모든 천연자원을 개인의 막대한 부를 축적하기 위한 용도가 아니라, 전혀 다른 목적으로 보고 있다고 설명했다. 제일 먼저 이 자원은 앞으로 긴 시간 우주에 인류의 문명을 건설하는 데 필요한 한정된 자원을 순환시킬 수 있었다.

딥 스페이스 인더스트리의 피터 스티브래니는 "지금 우리가 의심쩍어하며 고민하는 부분은 앞으로의 인류가 이 행성(지구)에 계속 남을 것인가? 아니면 언젠가 대다수가 지구가 아닌 다른 장소에 거주할 것인가?이다. 이것은 오랜 시간에 거쳐 입증될 비전이다."라고 설명했다. "또 다른 질문은 '그곳에 이주한 사람들이 우주에서 우주자원을 사용하지 않고도 생존할 수 있을까?'이다. 그 대답은 '우주자원 없이는 불가능하다.'이다. 우리는 이미 경험이 있었다. 우리는 우주로 의복, 음식 등 필요한 것을 전부 가져갔지만, 2일 만에 다시 돌아와야 했다. 달 착륙 시에도 마찬가지였다. 그만큼 현지의 자원을 적극 활용할 수 있어야 한다."[15]

루이스와 스티브래니에게 철은 특히 우주에서 건축자재로 활용하기에 적합한 광물이었다. 철이 운송하기에 너무 무겁지 않을까 생각한다면 다음과 같은 사항도 염두에 둬야 한다. 현 항공우주산업은 지구에서 우주까지 너무 많은 수송비용이 드는 탓에 알루미늄과 탄소섬유를 채택했다. 그러나 소행성에서 채굴한 철은 이미 우주 공간에 있기 때문에 적재적소에 운반만 하면 된다(사진26 참조).

## 플래티넘 러시

아직까지 우주에서 채굴한 철을 유통하는 시장은 조성되어 있지 않지만, 소행성에서 플래티넘을 채굴한다면 매우 성황리에 판매될 것이다. 철, 니켈, 코발트와는 달리 플래티넘은 우주에서부터 대기층을 뚫고 지상까지 운반할 값어치가 충분하다. 플래티넘 1kg은 3만 1,000유로 이상이다. 백금족에 속한 다른 금속 또한 높은 금액이 형성되어 있다. 팔라듐은 1kg에 2만 6,000유로, 로듐은 4만 5,000유로다. 이런 금속 몇백 톤을 채굴하고 판매하는 데 성공하는 사람은 분명 떼부자가되고도 남는다. 단 시장의 평형을 잃지 말아야 한다는 전제가 있다. 해당 금속들은 우주에서 가져온 물량이 아니더라도 가격이 요동치기 때문이다. 예컨대 플래티넘의 가치는 지난 5년간 약 40% 떨어졌다. 반면 팔라듐과 로듐은 75% 상승했다(2018년 초 기준).[16]

현재 플래티넘은 희소경제 상태다. 그러나 오늘날 금과 비슷한 금액을 유지하고 있는 플래티넘에 투자하고자 한다면 고심해 볼 필요가 있다. 플래티넘은 자체촉매제로서의 활용이 가장 잘 알려졌지만, 18K 금보다 훨씬 단단한 성질 때문에 항공기 터빈의 래미네이션과 귀금속 세공 분야에서 몹시 각광받고 있다. 그러나 플래티넘으로는 일용품은커녕 촛대조차 만들어지지 않는데, 이 문제는 다량의 플래티넘을 활용할 수 있는가의 문제 때문이다. 스티브래니는 이렇게 말했다. "사람들은 공식적으로 가치가 높은 플래티넘에 대해 말한다. 다량의 플래티넘 채굴이 가능해진다면 지구에서 그것으로 몹시 흥미로운 첨단기술을 개발할 수 있을 것이다. 이를테면 알루미늄처럼 말이다. 한때 알루미늄은 매우 희귀했다. 당시 알루미늄은 금보다 귀했는데, 나폴레옹 3세는 알루미늄 접시로 식사를 했다. 지금은 산업 제조방식으로 말미암아 터무니없을 정도로 싼 제품이 되었지만 말이다. 이 경금속이 없었더라면 절대 개발되지 못했을 여러 기술이 좋은 선례가 되고 있다. 어쩌면 항공기는 알루미늄 없이 완성되지 못했을 것이다. 탄소섬유가 등장한 지는 얼마 되지 않았다. 알루미늄의 영향은 엄청났다. 따라서 여러 특징이 있는 원료를 다량으로 확보하는 순간 곧 놀라운 신기술이 등장할 수 있다는 것이 이론이다."

그렇지만 귀금속 채굴은 상상하는 것과는 매우 다른 방식으로 전개될 가능성이 있다. 따라서 플래티넘으로 인한 우주 억만장자가 등장하기까지는 아직 갈 길이 멀다. 루이스는 자신의 저서에 "언론에 등장하는 것과는 달리 이 주제에 관한 2가지 중대한 오해가 있다."라고 기술했다. 우리가 플래티넘을 채굴하여 지구로 가져오기 위해서 우주로 가야 한다는 것이 첫 번째이고, 소행성을 희토류rare earth(땅에서 구할 수 있되 거의 없는 성분 -옮긴이)의 보고로 간주하는 것이 두 번째이다.[17] 실제로 독일 신문에서는 다소 가볍게 익명의 전문가들을 초빙하며 소행성의 희토류에 관한 기사를 다뤘다.[18] 그러나 루이스에 따르면 소행성에는 희토류가 없다. 추측하건대 그 기사를 작성한 필자는 CER, 네오

디뮴Neodymium과 같은 희토류 금속과 백금족의 희귀금속을 똑같이 취급했을 것이다.

훨씬 더 심각한 문제는 백금족 원소를 철, 코발트 그리고 니켈 채굴과정에서 생기는 부산물로 소개했다는 사실이다. 언젠가 우주에 철 경제가 형성되면 소행성 채굴기업은 그 과정에서 발견된 플래티넘으로 부수입을 올릴 수도 있다는 것이다.[19] 스티브래니는 플래티넘과 연관된 소문 전부가 PR의 한 방식이라고 생각했다. 이어 "지구가 아니라도 플래티넘을 얻기란 극도로 어렵다. 우주에 가기만 하면 플래티넘을 채굴할 수 있다는 믿음은 난센스다. 더욱이 플래티넘은 가공이 필요하다."라고 설명했다.

일부 사람들은 플래티넘을 하나의 각본으로 사용했다. 그렇지만 그런 사람들의 이야기를 주의 깊게 들으면 항상 '언젠가'라는 말이 반복된다는 것을 깨닫게 된다. 그것의 참된 의미는 우주산업에 필요한 제반설비가 제대로 갖춰지고 복합적인 공정과정이 가능해진 때를 가리키는 것이다. 플래티넘 채굴 신자들은 구체적인 사례를 들어 '언젠가 그렇게 될 것이다.'라고 언급하며 앞으로 다가올 시대의 희망을 붙잡는 것처럼 말한다. 그러면 모두가 언젠가는 이런 최첨단기술이 도래할 거라고 믿게 된다. 그렇지만 '아직은 잘 모른다.'라고 말하면 희망을 붙잡을 기회조차 없다. 그렇다 보니 마케팅 측면에서는 당신을 떼부자로 만들어 줄 것들이 전부 그곳에 있다고 말하는 게 더 의미 있다. 설령 그것이 아주 먼 훗날의 이야기일지라도 말이다.[20]

# 근지구소행성: 가깝고도 멀고 먼 곳

대부분의 소행성이 태양을 중심에 둔 화성과 목성 사이의 궤도를 따라 회전한다. 합리적인 천연자원 탐사를 시행하기에 '소행성 벨트'는 지구에서 너무 먼 곳에 있다. 또한 거대한 가스 덩어리인 목성의 중력장은 정기적으로 소행성을 궤도 밖으로 밀어내고[21] 그중 일부분은 지구근접궤도에 떨어진다.

잠재적 자원이 될 수도 있다는 점에서 소행성은 매우 흥미롭다. 하지만 항상 명확한 정의가 필요한 학자들에게 근지구소행성Near Earth Asteroids, NEAs으로 인정받으려면 태양의 소행성은 1.3AUAstronomical Unit(태양과 지구 사이에 놓인 거리 중 약 1억 5,000만km를 뜻하는 천문단위 -옮긴이)에 접근해야 한다. 천체는 일반적으로 원형이 아닌, 살짝 비스듬한 궤도를 따라 이동하기 때문에 NEAs는 태양을 중심으로 한 지구 궤도 일부와 교차한다. 2017년 10월 12일 지구에서 불과 4만 4,000km 거리를 두고 스쳐 지나간 소행성 2012 TC4처럼 일부 소행성은 곤혹스러울 정도로 지구에 바싹 접근하기도 한다. 지구정지궤도 위성의 시계 안으로 들어온 이 거리는 천문단위로 보면 매우 짧다.

이렇게 근접한 소행성은 탐사의 측면에서 매우 유용하다. 천체에 도달 가능성의 척도는 보통 그곳에 도착하기까지 필요한 연료의 양이다. 예컨대 지구저궤도에서 근접한 소행성으로 기상 관측 위성을 보내고, 그 위성이 소행성에 착륙하기까지 필요한 에너지소모량은 많은 경우를 따져봐도 달 탐사 미션보다 낮았다(274쪽 그림8 참조). 이런 관점을 이해하는 데 천체역학까지도 갈 필요 없다. 천체에서 또 다른 천체로 이동하려면 각각의 궤도속도와 크기에 따라 일정한 속도변동을 극복해야 한다.* 예컨대 지구저궤도에 있는 국제우주정거장**에서 출발해 달에 착륙하려면 루이스의 계산에 따라 5.9km/s의 속도변동, 즉 약 2만km/h가 필요하다. 반면 지구 궤도와 교차하는 수백 개의 소행성은 5.6km/s 이하의 속도를 보인다. 2017년 말 지금까지 확인된 1만 7,500개[22] 이상의 근지구소행성 중 약 2,200곳이 달에 도착하는 데 필요한 연료보다 적은 양으로 도달 가능하며, 그중 200개는 지름이 1km

| 자원을 지구궤도로 운송하는 데 필요한 연료의 상대량 |

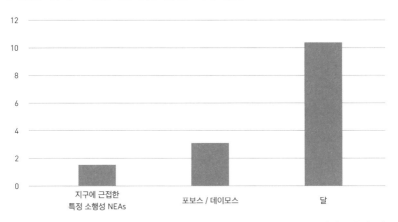

**그림8** · 물 혹은 철 등 동일한 질량을 우주의 각기 다른 곳에서부터 지구저궤도로 운반하는 데 필요한 연료량은 큰 차이를 보인다(출처: 딥 스페이스 인더스트리/ 데이비드 검프(David Gump)).

---

\* 속도 차이는 필요한 에너지에 따라 증가하지만 규칙적이지는 않다. 물리학적 근거에서 추가되는 에너지소모량은 속도의 제곱에 비례한다. 즉 여행 속도가 2배로 상승하면 그에 필요한 에너지양은 4배가 되는 것이다.

\*\* 물론 지구저궤도에 위치한 국제우주정거장에 도착하는 것만 해도 엄청난 에너지가 필요하다. 루이스는 이러한 에너지소비량이 로켓의 발사지점에 종속되어 있기에 국제우주정거장을 참고기준으로 활용한다.

이하인 소행성이다.[23]

같은 이유에서 귀환 길에도 달 탐사 미션보다 소행성 채굴 미션에 비교적 적은 연료가 든다. 소행성에는 중력이 거의 없기 때문에 소행성이 다시 접근할 때 탐사 위성은 여러 차례의 엔진 점화 없이도 지구를 향해 날아오를 수 있다.[24] 그곳에서 그들은 대기권에 진입하여 착륙하거나 속도를 줄이고 안정궤도로 선회한다.[25]

한편 일반적으로 400km 상공의 지구저궤도에서 3만 5,786km 고도의 지구정지궤도에 우주선이 도착하는 데 드는 에너지소비량이 그리 적지 않다는 점은 몹시 흥미롭다. 이때 속도변동은 약 4km/s이다.[26] 이는 우주탐사 및 채굴과 관련하여 대형 위성을 궤도에 운송하는 로켓이라면 탐사 위성을 소행성으로 보낼 수 있다는 것을 의미한다. 일론 머스크의 팰컨9은 이미 최고 6t에 달하는 위성을 일명 정지천이궤도에 운송했다. 그곳에서 위성은 자력으로 목표궤도로 도달한다. 팰컨 헤비는 25t 이상의 화물을 이 궤도에 운송했다. 제프 베조스의 뉴 글렌도 이와 동일하다. 언젠가 발사되면 약 13t의 화물을 정지궤도에 운반할 수 있다(비용만 지불한다면 소행성까지도 거뜬할 정도다).

물론 이게 말처럼 간단한 일은 아니다. 영화 '스타트렉'에서 "줄루, 이제 우리 여기서 벗어납시다, 워프3!"라고 명령을 내리는 커크 선장의 모습도 최소 270년 후에나 벌어질 일이다.

그러나 이미 우리는 워프 장치(공간이동 장치) 없이도 소행성과 행성에 닿을 수 있으리라 직관하고 있다. NASA 아메스 연구 센터의 탄도 브라우저Trajectory Browser 웹사이트에는[27] 산출된 태양계 천체의 1만

4,000개의 비행궤도와 일정을 살펴볼 수 있다.

스페이스 마이너, 즉 우주 광부는 목적지에 착륙할 수 있도록 플라이바이(행성궤도 근접 통과) 혹은 궤도 랑데부 훈련을 하는 것이 목표다. 천체역학 측면에서 입증된 비행궤도에 근거하면 우주 광부는 몇 주에서 몇 달간 체류해야 할 수도 있다. 따라서 이런 일정을 고려하면 우주 광부들은 마냥 태평할 수 없다. 에너지 측면에서 효율적이고 짧은 귀환비행이 가능한 시간대가 몇 개월 혹은 몇 년에 한 번씩 열리기 때문에 출발 시기를 놓치면 최악의 경우 몇 년을 그곳에서 체류해야 한다. 그 시간대가 아니면 귀환비행은 예비 연료와 목적지에서 지구까지의 거리에 따라 수년이 걸리기도 한다. 케플러의 천체역학 팬이라면 이런 비행궤도를 매우 흥미롭게 살펴볼 것이다. 물론 웹 기반의 비행궤도 이면에는 태양, 행성 및 달의 영향 그리고 태양풍과 다른 것들을 고려한 극도로 복잡한 계산이 숨어있다.

그러나 소행성으로 여행하는 것이 우주채굴기업이 가장 먼저 해결해야 하는 숙제는 아니다. 무엇보다 원하는 자원이 어디에 있는지 밝혀내는 일이 시급하다. 소행성마다 구성성분이 다르기 때문에 어느 한 곳에서 철과 니켈을 발견했다고 그곳을 채굴할 만한 가치가 있는 소행성으로 단정짓기는 힘들다. 그곳에 매장되어 있는 자원 밀도에 따라 광산의 가치가 올라간다. 소행성에 물이 많다고 해서 곧바로 연료 탱크에 이 물이 사용된다는 것이 아니다. 물은 주로 (지저분한) 철과 달리 쉽게 얻을 수 없으며, 광물 속 수화물의 형태로 응고되어 있다.[28] 따라서 먼저 적절한 소행성 발굴을 위해 탐사 위성을 보내야 한다. 그러나 그것은 지구 광산 채굴처럼 저렴하고 간단한 임무가 아니다.


## 물을 향한 보물지도

딥 스페이스 인더스트리와 플래니터리 리소스처럼 잘 알려진 우주 채굴기업들은 행선지 결정을 위한 탐사를 준비하고 있다. 어디서 무엇을 가져올 수 있는지 표시하는 소행성 보물 지도를 만드는 작업이다. 우주 속 인류의 미래는 개념적으로 그 범위가 매우 커 보이지만 실질적인 시작은 그리 크지 않았다. 탐사 미션 비용이 저렴한 큐브Cube를 지구 주변 궤도에 보내는 선이었다. 플래니터리 리소스는 지금까지 탐사 위성 2기를 발사했다. 아키드3Arkyd-3는 소프트웨어, 조종 및 비행 특징을 테스트하기 위한 소형 큐브 우주선이다. 그 후속 모델인 아키드6Arkyd-6는 적외선센서로 물체의 온도를 감지하는 기능이 추가됐으며, 특히 물이 있는지를 중점적으로 탐색했다. "우주 정복의 열쇠라고 볼 수 있는 자원은 물 분자다."라고 플래니터리 리소스의 CEO 크리스 르위키Chirs Lewicki는 말했다. 연료로 활용되는 물은 우주발사체의 행동 반경을 넓히는 결정적인 역할을 한다. 즉, 우주의 철을 미래의 건축자재로 본다면 물은 미래의 수송 매개체라고 볼 수 있다.

　기업이 물을 얻으려는 방식은 이미 애니메이션을 통해 소개됐다. 소형 소행성을 에워싼 뒤 태양에너지로 가열한다. 그러면 기체로 변한 물이 소행성에서 빠져나오고 탐사선의 냉각 장소에 살 얼은 상태의 결로가 생긴다.[29] 이렇게 되면 결국 소행성은 뜨거운 날 치우는 걸

깜빡한 치즈처럼 흐물흐물 녹아내릴 것이다. 따라서 물을 채굴한다는 표현보다는 물을 증발시킨다고 하는 게 옳다. 물을 확보하는 것은 우주 채굴기업이 세운 장기계획의 최우선 목표다.

## 우주로 향하기 위한 연료

우주에서는 금속 자원 외에 물 역시 산소와 수소로 분해된 보편적인 형태로 사용되지 않는다. 오히려 분해하지 않은 상태의 물을 전열 동력장치 연료로 활용할 수 있다. 레지스토제트Resistojet(전기 저항 제트 엔진)는 연료를 화학적으로 태우는 것이 아니라 고온으로 가열된 가스에서 추진력을 얻는 방식이다. 이 엔진은 압력 질소로 추진하는 '냉가스 추진 시스템'과 함께 신뢰성이 높은 엔진 시스템에 속한다. 냉가스 추진 시스템과 레지스토제트 엔진은 단순하며 많은 비용이 들지 않는다는 점에서 매력적이다. 그렇지만 그리 효율적이지는 않다.

　연료의 효율성은 노즐에서 발사되는 가스의 속도로 측정한다. 당연히 빠르면 빠를수록 좋다. 엔진의 비추력(ISP, 로켓 추진제의 성능을 나타내는 기준이 되는 값)은 풍속처럼* m/s로 표시한다. 로켓의 화학 연료가

---

* 미국에서는 이 수치를 중력가속도(9.81m/s²)로 다시 한번 나눈다. 그 값이 인수 10보다 낮은 초 단위 추진력이 나온다. 안타깝게도 이 수치는 연료의 특징을 명확하게 설명하지 못한다. 그렇지만 해외의 복잡한 단위문제를 고려하면 여러 단위를 축소시켰다는 장점이 있다. 1999년 1억 달러 상당의 화성탐사선 마스 클리메이트 오비터(Mars Climate Orbiter)가 화성에서 추락했다. 록히드마틴에서 프로그래밍 당시 뉴턴 대신 미국에서 사용하는 단위인 파운드법을 사용했기 때문이었다. 결국 이런 실수로 궤도선은 화성 대기권에 과도하게 접근했고 과열되어 폭발했다.

비가연성 가스에 비해 얼마나 큰 추진력의 차이를 보일까?

수소-산소 혼합물 가스는 아리안5의 불칸 엔진 연소실에서 평균 4,248m/s 속도로 추진된다. 반면 단순한 냉가스 추진 시스템의 수치는 약 600~700m/s에 이른다.[30] 레지스토제트도 비슷하다. 태풍에 비교하면 온화한 산들바람 같은 속도다. 그렇지만 이런 추진력을 비교하는 것은 실용적이지 않다. 특히 불칸 엔진은 로켓을 우주에 쏘아 올리기 위해 개발되었다. 반면 냉가스 추진기와 레지스토제트는 우주선의 방향전환에 적합하다. 단, 레지스토제트는 전기 거즐러(전기 소비가 많은 기기 -옮긴이)라는 평가 때문에 극히 드물게 사용된다.[31]

그럼에도 불구하고 딥 스페이스 인더스트리는 해당 추진기를 사용했고 개발 중이다. 이와 관련하여 스티브래니는 "우리는 다른 기업보다 훨씬 높은 출력을 내는 것이 목표가 아니기에 괜찮을 것이다. 우리는 약 1,750~2,950m/s 추진력을 내는 데 성공했다."라고 보고했다. 이는 위성 추진기에 주로 사용되는 연료인 하이드라진과 큰 차이가 없는 수치다. 하이드라진은 가열상태에서 스스로 분해하여 노즐을 통해 약 2,000m/s에 이르는 고온 가스를 분사한다. "그러나 전통적인 하이드라진은 몹시 고약한 특성을 보였다. 독성뿐만 아니라 발암물질 및 변이원성물질이기도 하다. 우리는 레지스토제트로 하이드라진 성능의 80%를 구현해냈다. 나머지 20%의 비용 문제가 있다."

딥 스페이스 인더스트리 본사의 방문객용 탁자에는 레지스토제트 모형이 놓여있다. 작은 쇼핑 가방에 딱 들어갈 만한 크기인 이것은 큐브위성을 위해 고안된 것이다. 스티브래니는 이 추진 시스템으로 지구저궤도 위성의 틈새시장을 공략하고 있다. 소형 위성을 제작하면서 그 안을 엄청 값비싸고 유독성인 연료로 채우려는 사람은 없다. 그런 연료는 주로 대형 상업용 통신위성에 쓰이기 때문에 소형 위성 기업에는 아무 의미가 없다.

그렇다면 효율을 올리기 위해 전해질로 물을 분해하지 않는 이유는 무엇일까? 근본적으로 우주에는 다량의 태양에너지가 있기 때문이다. 분명 납득할 만한 아이디어이긴 하지만 여기에는 예기치 못한 배경이 숨어있다. 스티브래니의 주장에 따르면 우주에서 자원을 얻으려는 계획에는 근본적으로 신뢰성이 부족하다. 가장 큰 문제는 대중이 이 주제를 터무니없는 일처럼 느끼지 않게 하면서 이 산업을 논의하는 게 몹시 어렵다는 것이다. 스티브래니가 '달로 갈 것이오.'라는 말을 하자마자 상대는 '그래요, 그렇겠죠!'라고 답해버린다. 이런 의사소통은 그들이 뛰어넘어야 할 도전과제다. 그런 까닭에 스티브래니에게 물은 이상적인 커뮤니케이션 장치가 되었다. 누구나 물이 무엇인지, 그리고 우리 삶에서 물이 갖는 필요성을 알고 있다. 따라서 스티브래니는 대화를 시작할 때 물을 주제로 삼았다. 답답함과 흥분이 오묘하게 뒤섞인 스티브래니는 "그들도 물을 마시고, 나도 물을 마시고, 식물도 물이 필요하다. 게다가 물에서 산소를 만들 수 있다! 우리는 산소를 마시는 것이라고 접근하면 누구나 쉽게 이해한다. 물은 수소와 산소로 분해된다. 그리고 그것이 바로 연료다! 스페이스셔틀은 물을 활용해 만들 수 있는 것들을 연료를 사용한다. 마케팅 메시지는 성공적이었고 미션은 완수되었다!"라고 전했다.

그러나 마케팅과 현실은 달랐다. 특히 기술적으로 훨씬 복잡했다. 수소와 산소는 다루기 힘든 연료 시스템이며 많은 비용이 든다. 특히 급속냉각 기술이 매우 어렵다. 우리에게 아직까지 수소 경제가 없는 이유도 수소를 다루는 과정이 극도로 까다롭고 어렵기 때문이다. 수소는 금속을 비롯하여 어디에나 침투하고 뒤섞이며 쉽게 증발한다. 커다란 연료탱크가 있는데 매년 그 안에 있는 제품의 몇 %가 사라진 다고 상상해보라. 산소 역시 다루기 어렵기는 매한가지다. 실제로 산소를 다루는 업체에서는 액체 산소에 위험한 오염물질이라는 경고문을 세우고 작업한다.

두 번째 문제는 물을 분해하려면 매우 많은 양의 에너지가 소모된 다는 점이다. 그렇다면 이 에너지를 어디서 얻어야 할까? 가장 좋은 답은 태양전지일 테지만 태양전지는 워낙에 고가다! 따라서 스티브래니가 전념하는 '물'에 대한 접근은 엔지니어 입장에서 필연적인 해결책이라고 볼 수 없다. 결국 이 또한 어느 정도의 마케팅 결과물인 것이다.[32]

이런 복합적인 연료 혼합물의 특성은 무엇보다 브랜슨, 머스크 그리고 베조스가 다소 효율이 떨어지는 연료 혼합물인 산소와 등유를 채택한 이유이기도 하다.[*] 이 혼합연료는 우주가 아닌 지구에서는 다루기가 훨씬 수월하다. 그리고 화성에서 수소가 아닌 메탄을 얻으려

---

[*] 그러나 블루 오리진의 궤도용 로켓 뉴 셰퍼드와 뉴 글렌의 3단에 예비용으로 장착된 BE-3U엔진은 예외다. 탑재화물 허용량 대비 연료 비율이 비교적 큰 편이라면 일반적으로 높은 속도 차이를 견뎌야 하는 로켓의 상단에는 효율이 높은 수소 및 산소 혼합연료가 합리적이다.

하는 머스크의 화성 '주유소'도 같은 맥락이다.

딥 스페이스 인더스트리는 초기 소형 및 지구 근접 큐브위성 탐사 미션 이후 2020년 첫 소행성 미션을 계획하고 있다. 이는 소형 탐측기가 소행성으로 비행한 뒤 그곳에 착륙하여 그곳의 특성을 보고하는 것이다. 스티브래니는 "우리는 이미 선별한 소행성 목록이 있다. 항상 새로운 소행성이 발견되고 있고 우리도 최적화된 비행경로를 찾고 있기에 도달 범위는 날로 늘어날 것이다."라고 말했다.

## 국가적 자원 봉사단

딥 스페이스 인더스트리의 커다란 행운이라면 소행성과 그 이웃인 혜성이 학술단체가 동경하는 목표라는 점이다. 2005년 일본의 탐사선 하야부사(송골매)는 2년간의 여정 끝에 이토카와(25143) 소행성의 시료를 채취했다. 그러나 귀환 당시 탐사선 본체는 혜성처럼 불꽃을 터트리며 불이 붙었고 채굴한 시료가 담긴 내화성 캡슐을 호주의 아웃백에 낙하시켰다.

이런 탐사는 우주채굴기업에게 천금 같은 것이다. 억대의 자금력과 지식을 갖춘 대형 우주 비행 기관을 통해 얻은 것들을 다시 연구하지 않아도 되기 때문이다. 이토카와는 낮은 밀도로 광물을 캘 수 있는 소행성이었다. 학자들은 아마도 이 소행성이 단단한 덩어리가 아니라 우주 토사와 먼지가 한데 축적된 형태일 거라고 결론을 내렸다. 이 역시 우주채굴기업에게 희소식이었다. 지상에서 채굴하려는 광물을 캐려면 기본적으로 거대한 암석파쇄기가 동원되어야 한다. 그러나 이토카와의 결실은 우주에서는 이런 소모적인 작업방식이 생략된다는 것을 의미했다. 이 경우 우주를 떠도는 수백만의 미립자가 겉흙으로 분해되면서 그 자체가 일종의 돌확 같은 역할을 한다. 지질학자들은 이처럼 천체의 표면에 먼지 같은 물질을 레골리스Regolith라고 부른다.

유럽에서는 로제타Rosetta 탐사선과 착륙기를 (발음하기도 힘든) 추류모프 게라시멘코 혜성에 보냈다. 이 혜성은 어려운 이름 탓에 일반적으로 추리라고 불렸다(ESA의 공무원조차 이 혜성의 이름을 제대로 발음하지 못하는 경우가 허다하다). 혜성은 여러 소행성처럼 얼음, 먼지 및 자갈로 이뤄져 있지만, 태양계 끝자락에서 파생됐기 때문에 특별하다. 혜성의 궤도는 태양에서 매우 밀접하므로 얼음이 녹아내리고 가스를 분출하며 뚜렷한 혜성의 꼬리가 생성된다.

수십억 달러를 투자하여 개발하고 중량이 거의 1t에 가까운 오시리스 렉스OSIRIS-REx* 탐사선이 탄소가 풍부한 소행성 베누를 탐사한 2018년 이후, 민간 소행성 탐험의 클라이맥스가 펼쳐졌다.** 베누가 물을 얻을 수 있는 딥 스페이스 근원지인 소행성 유형에 속하는지는 아직 결론이 나지 않았다. 2023년 오시리스 렉스는 7년의 여정을 마친 뒤 60g 소행성 샘플을 가지고 지구로 귀환할 예정이다. 미국 워싱턴

---

* 오시리스-렉스의 정식 이름은 'Origins Spectral Interpretation Resource Identification Security Regolith Explorer(기원, 스펙트럼 분석, 자원 확인, 보안-토양 탐색기)'이다.
** NASA는 2020년 10월 21일 오시리스 렉스가 베누 표면에 성공적으로 접지해 토양 및 자갈 샘플을 채취했다고 밝혔다. 오시리스 렉스가 채취한 소행성 샘플은 용기에 담겨 2023년 9월 23일 유타주 사막에 떨어질 예정이다.

주의 레드먼드와 캘리포니아주의 세너제이의 심장을 두근거리게 하는 또 다른 계획으로 소행성궤도변경 임무Asteroid Redirect Mission, ARM가 있다. 이 미션은 대형 소행성에서 1t급 암석을 채굴하여 달 궤도로 견인한다. 이는 소행성의 자원 채굴이 기술적으로 가능하다는 것을 보여주는 NASA의 업적이 될 수 있다.[33] 트럼프 정부는 이 미션을 2017년에 계획했지만, NASA에서 1억 달러를 투여한 이후 비용 문제로 중단했다.[34, 35]

## 위장수단인 먼지

물론 학자들은 지구상에서 최대한 많은 소행성의 특징을 이해하려고 시도한다. 그렇지만 지상에서 구할 수 있는 소행성 샘플이 비교적 적기 때문에 쉽지만은 않다. ARM 탐사선과 같은 우주선에 실리려면 소행성의 크기가 1,000t, 지름이 약 7m 이하여야 했다. 특별히 지구 근처를 지나지 않는다면 소행성의 크기는 분광기 조사로는 확인할 수 없다. 이런 소행성은 학술적, 상업적으로 활용하기 힘든 불투명한 정보로 남는다.[36] 게다가 물이 있을 것으로 보이는 베누와 같은 일부 소행성은 유기물질에 의해 어두운색을 띠며 마치 그릴용 숯처럼 보인다. 이런 보호색 때문에 소행성을 발견하기가 어려워진다. 더구나 소행성의 여러 특징이 우리의 시야를 가린다. 루이스는 이런 경우 탐사선을 지구주변궤도에 멈춰 세우고, 주변을 떠도는 소행성을 확보하라고 조언했다.

## 물, 하지만 목마르지 않은 우주

기술적으로 접근하면 예전에 물이 흐른 흔적이 있고 물을 보유한 것으로 보이는 소행성을 찾기 위해 막대한 돈을 쏟아부을 기회가 다년 간 이어졌다. 그렇지만 무르익은 첨단기술이 곧 우주에서의 활발한 물 공급을 뜻하는 건 아니었다. '소행성 물' 광팬인 스티브래니는 궤도의 물 경제가 형성되기에 전제조건이 부족한 이유를 설명했다. "기술뿐만 아니라 규제 면에서도 문제가 있다. 현재 상업적 딥 스페이스 탐사를 허용하는 규제기관이 갖춰지지 않았다. 과거 최소한 우주선을 운행하는 동안은 그 누구도 주파수를 빼앗아가지 않을 거라던 지구정지궤도에서의 무선주파수처럼 이 분야도 언젠가는 국제적 승인이 이뤄질 거라고 생각한다. 한 번 가능했었던 것은 언젠가 또다시 가능해진다. 그렇지만 정부 차원에서 이런 것을 지원하지 않기로 한다면 그런 일은 일어나지 않을 것이다. 허가 없이 그곳으로 탐사선을 발사하는 기업은 없기 때문이다. 발사 공급업체는 각 국가의 법에 따른 인가가 필요하다. 인가를 보유하지 않은 기업은 처벌받을 수 있다."

스티브래니는 필요시 상업용 딥 스페이스 탐사의 현실화를 위해 국제 공동체 혹은 최소한 국가적 차원에서 길을 찾을 것이라고 가정하면서도 또 다른 문제점을 지적했다. "기술력과 허가를 보유한 상태에서 50t의 물을 채굴하여 지구궤도로 가져온다고 가정해보자. 누가 이것을 사는가? 아직 이 분야에 부합하는 시장이 존재하지 않는다. 어떻게 채굴한 물의 품질 평가하고 구매자에게 전달할 것인가? 물을 기반으로 한 추진기를 궤도에서 사용하는 업체는 '아직' 없다. 물론 '우와, 물을 원료로 사용한다면 궤도에 어마어마한 시장이 생기겠어!'라고 말하는 사람들은 있다. 하지만 그건 틀린 말이다. 물을 추진체로 사용하도록 제작된 위성은 (지금은) 단 하나도 없기 때문이다. 작지만 유일한 시장이라면 국제우주정거장의 식수 공급이 전부다. 이렇듯 우리는 시장문제도 해결해야 한다."[37]

분명 그렇다. 위성 공급업체에 이런 옵션을 살 의향이 있는지를 묻는다면 비교적 언짢은 답변이 돌아올 것이다. 이를테면 탈레스 알레니아 스페이스Thales Alenia Space는 아직 그럴 계획은 없다고 대답할 것이다. 액체 연료를 사용할 의사가 없는 이 기업은 훨씬 효율적인 이온 추진기를 채택했다. 물론 옳은 결정이다. 이런 추진유형에 적재된 미립자는 전기장에서 극도로 가속되어 그 어떤 화학 동력장치보다 높은 속도로 분사된다. 많은 전류가 소모되지만 주로 제논과 같은 희소가스류의 부유량은 상대적으로 낮다. 짧은 시간 내에 추진력을 내야 하는 로켓에는 적절하지 않지만 앞서 언급한 우주탐측기 하야부사와 여러 위성처럼 장기 미션을 수행하는 우주선에는 한층 더 유용하다.

50t 규모의 우주 광물 시장이 형성되고, 소행성에서 캐낸 금속 수천 톤의 사용 용도를 생각해내기까지 여러 기술적, 정치적 경제적 메커니즘이 맞물리며 서로 협력해야 한다. 게다가 이런 문제점은 지금까지 알려진 것의 일부분에 불과하며 아직 발견하지 못한 문제점들이 있다. 육안으로 잘 보이지 않는 소행성 문제와 마찬가지다.

아직은 갈 길이 아주 멀어 보이지만 이런 대규모 소행성 경제의 형성으로 생기는 긍정적인 부수효과도 있다. 우리는 지구 인근에서 인류 문명을 위협할 만한 암석 덩어리를 잘 파악하고 있다. 그만큼 근지구소행성NEAs의 위치가 가까워진다는 것은 위험을 뜻한다. 우주에서 각 궤도가 교차하는 지점에는 신호등이 없기에 소행성은 크기에 따라 지구에 갑작스러운 황폐화는 물론 지구 생물체의 떼죽음을 일으킬 수 있다. 엄청난 이윤을 남겨줄 소행성을 찾으려는 사람은 먼저 지구의 궤도와 숙명적으로 교차되는 지점을 계측해야 한다. 루이스는 지구 중력에 영향을 받는 근지구소행성 중 약 3분의 1이 대기층 혹은 지표면에 떨어질 것으로 예측했다. 소행성이 지구에 떨어지기 전에 달에 먼저 떨어질 거라는 가정이 일반적이지만 항상 그렇다고는 말할 수 없다. 이런 소행성 10만 개 중 달에 떨어지는 건 고작 몇 개뿐이다.[38]

## 부의 한계

이번 장을 시작하며 딥 스페이스 인더스트리와 플래니터리 리소스의 창업자와 투자자가 우주 보물로 갑부 대열에 올라설 현실적인 기회가 존재하는가에 대한 질문을 던졌다. 그러나 그 답은 '그렇지 않다'이다. 후발주자의 3세대 혹은 4세대라면 모를까, 현재 이들은 그 단계까지 이르지 못할 것이다. 그것도 인류가 앞서 언급한 모든 문제를 해결하고, 훨씬 더 많은 시간이 소요될지라도 활발한 우주 경제가 긍정적으로 형성된다는 전제하에 말이다.

루이스는 근지구소행성과 소행성 벨트를 자원창고로 활용하며 로봇으로 그곳을 개발하기까지 최소 200년이 걸릴 것으로 예측했다. 게다가 유인우주선이 사라지고 인간의 손재주를 언급하지 않는 경지에 이르려면 최소 1000년이 걸릴 것으로 보았다.[39] 물론 발전 가능성만으로 기업의 시장 가치가 곱절이 되어 100년을 써도 부족할 만한 부를 쌓는 상황도 고려해볼 수는 있다. 페이스북, 테슬라가 그랬던 것처럼 말이다. 그러나 이 산업의 수익은 수백 년이 아니라 최대 10년 단위로 변화한다. 그 밖에도 현재 항공우주산업의 한 분야인 소행성 채굴 분야에 투자되는 규모가 총 1억 유로를 넘지 못한다는 점을 고려하면 이 산업의 눈부신 성장세는 쉽게 기대할 수 없다.

이런 대략적인 사정만 봐도 현시점에서 이 산업의 미래를 예측할 만한 근거가 부족하다는 것을 알 수 있다. 오히려 많은 부분이 가능성 있는 시나리오에 불과하다. 이런 상황을 정확히 평가하려면 지금 당장 그리고 단기에 현실적으로 시행 가능한 것과 장기적으로 고려해볼 만한 단계를 명확히 구분해야 한다. 문제는 이미 도입한 부분을 추려내는 것만으로도 어려움이 이어지고 있다는 것이다.

향후 20년 안에 대형 항공우주단체에서 소행성 물질을 지구에 가져올 것이며, 그것으로 우리가 근지구소행성에 대한 세부사항을 더 자세히 파악할 것임은 분명하다. 그러나 거기에서 경제적 순환구조가 형성된다는 걸 누가 보장한단 말인가? 아무리 저명한 전문가라도 시간이 촉박한 개발에 대해 정확한 예측을 내어놓기란 힘들다.

1993년 무렵 빌 게이츠도 2001년 일명 미래학자라 불리는 마티아스 호르크스Matthias Horx("인터넷은 대중매체가 될 수 없다")*의 입장과 마찬가지로 인터넷의 미래를 의심했다(빌게이츠는 인터넷이 그저 광고에 불과하다고 했다).[40] 지구의 천연자원 매장량에 대한 예측 또한 알려진 바와 같이 논쟁이 끊이지 않았다. '성장의 한계'라는 주제로 정치력을 행사하는 '로마 클럽Club of Rome'에서 의뢰한 연구에 의하면 지구의 아연, 주석, 납, 은, 금 등의 금속 매장량이 새천년을 맞이하기 전에 고갈될 것이며 그 밖의 나머지는 2100년 말까지 버틸 것이라고 했다.[41] 그러나 새천년 이후 오늘날에도 새로운 광산이 계속해서 발견되고, 지구자원이 고갈되는 시점은 차츰 연기되고 있다. 매우 영리한 로마 클럽은 자신들이 의뢰한 연구 내용이 앞으로 핵심 광산을 찾지 못할 거라는 지질학자의 잘못된 견해에서 비롯된 것이며, 그것을 고려하지 못했다고 변명했다.

'성장의 한계'를 통해 얻은 교훈은 '예상했던 미래가 생각보다 조금 더 늦춰졌다.'라고 표현할 수 있다. 그리고 이는 우주의 미래에도 적용된다. 혹은 반대로 '첨단기술의 진보가 우리의 예측을 추월했다.'라고 우주 개발 과정이 가속화되는 시점을 평가할 수도 있다. 그렇지만 이런 식의 책임 회피 선택지가 바로 미래예측 문제의 핵심이다.

---

* 2010년 호르크스는 소셜 네트워크가 이미 정점을 찍었다고 주장했다. 그는 이렇게까지 표현했다. "앞으로 5~6년 이내에 페이스북을 언급하는 사람은 없을 것이다." 이후 호르크스는 자신이 말한 의미를 제한하려고 시도했지만(맥락에서 제외하려 했다), 그 이후에도 그가 뭔가를 세세하게 언급할 때마다 빗나갔다. 현재 소셜 네트워크를 구축한 기업은 전부 막대한 기업 가치를 달성했다.

# 2부

# 뉴스페이스

### 새로운 우주산업

# 더 쉽게, 저렴하게, 빠르게

"

**어떻게 하면 새로운 것을 탐사하고 인류의 자원을 유용하게 만드는 우주 비행의
민간 기업 분야에서 우리의 동적 시스템을 경쟁적으로 활용할 수 있을까?**

1961년 GE의 회장이자 민간 항공우주산업의 선구자, 랄프 코디너(Ralpf Cordiner)

"

## 신우주산업을 위한 온상

오늘날의 예언자나 다름없는 억만장자들이 인류의 새 시대를 우주에
서 봤다고 하자. 그런데 왜 하필 그 시기가 지금일까? 이미 30년 전에
도 부자는 존재했고, 심지어 아폴로 프로그램 시절에도 있었다.

정답은 바로 뉴스페이스NewSpace에 있다. 이 개념은 적든 많든 머스
크, 베조스 그리고 브랜슨이 민간 항공우주산업 기업을 창업한 경제
적, 기술적 그리고 과정상의 토대를 포괄한다. 뉴스페이스는 상업적
이고 독립적인 우주산업을 의미한다. 그 소유주가 국가가 아닌 민간
기업으로 우주산업은 지난 15년 동안 업계의 형식에 얽매이지 않는
창조 경제를 일으켰다. 무엇보다 비교적 작은 중소기업들도 접근 가
능한 첨단기술에 도움을 받아 자체 우주선을 개발할 수 있었다. 작지

만 효율적인 컴퓨터, 폭넓은 전문 소프트웨어, 위성 및 로켓부품 제작용 3D 프린터는 물론, 많은 예산을 들여 개발하는 대신 손쉽게 살 수 있는 여러 산업용 부품처럼 뉴스페이스 비즈니스 및 관련 디지털 제반설비가 여기서 소개하려는 일부이기도 하다. 이 두 분야 모두 몇 년 전만 해도 존재하지 않았다. 이때까지 항공우주산업 분야는 대부분이 대형 항공우주 비행 기술을 점유한 기업이 지탱했던 산업이다. 반면 현재 뉴스페이스 비즈니스에 참여한 기업들은 새로운 엔진을 개발한 창업자들로 이뤄진 소규모 스타트업일 수도 있고, 스페이스X처럼 확고한 기반을 가지고 우주를 향해 전진하는 기업일 수도 있다. 이제 이 분야에서 기업 규모는 뉴스페이스 기업의 사고방식과 접근방식에 비하면 중요하지 않다.

현재 뉴스페이스 기업인들이 추진하는 양상을 살펴보면 크게 두 분야가 눈에 들어온다. 첫째는 자금을 확보한 상태에서 전통적인 방식으로 로켓을 설계, 제작, 발사하는 기업이다. 우리는 이미 머스크, 베조스, 브랜슨 그리고 로켓 랩과 PLD의 사례를 통해 이와 같은 기업을 살펴봤다. 이들은 우주수송 분야의 물류사업을 핵심 사업으로 추구한다. 이들의 노고가 없었다면 민간 우주산업은 존재하지 않았을 것이다. 둘째로는 우주 진출이 그들에게 주어진 절호의 기회라고 생각하며 수익을 창출하는(창출하려고 시도하는) 집단이 있다. 이를테면 지역측정, 날씨 및 지구관측에 활용되는 위성 자료가 그 대상이다. 물론 대형마트 주차장의 여유 공간을 감지하고 주차장의 자동차 대수를 세는 소프트웨어도 우주산업 분야와 연관되어 있을 수 있지만, 스페이스X의 화성 계획만큼이나 흥미진진하지는 않다. 그러나 이런 소소하지만 현실적인 사업 역시 뉴스페이스 비즈니스의 온상이며 로켓제작자에게 미래를 약속한다는 것은 틀림없다. 위성 데이터에 굶주린 기업은 발사 수요에 따라 이 산업에 동참하며 우주수송업의 현금 유통에 기여한다. 구체적인 사례를 들자면 이미 위성제작 산업에는 170억 달러가 투여됐고, 위성의 위치측정 정보를 활용하는 경제 분야는 거의 810억 달러(한화 약 97조 2,000억 원 -옮긴이) 규모에 이른다. 위성제어 기반시스템과 관련된 제반 사업만으로도 280억 달러의 매출고를 올리고 있다. 요약하자면, 이런 규모는 머스크, 베조스, 브랜슨이 주력하는 발사 서비스 매출의 무려 40배 이상이다.[1]

이 두 분야 모두 뉴스페이스 사업에서 빼놓을 수 없는 부분으로 각 분야를 대표하는 기업이 근본적으로 추구하는 성질은 동일하다.* 우주 비행이 유인 혹은 무인으로 나아가야 할지에 대한 질문도 이와 같다. 상업적(경제적) 관점이 핵심인 뉴스페이스는 특별히 어느 입장을 선호하지 않는다. 우선 우주 공장을 관리하기 위해, 위성을 수리하기 위해 혹은 순수한 우주 관광 차원에서 사람이 우주에 갈 만한 가치가

---

* 석유화학 분야에서 사용되는 경제용어 업스트림(Upstream)과 다운스트림(downstream)으로 설명할 수 있다. 업스트림이 원유 탐사와 생산을 맡고 있다면 다운스트림은 휘발유 혹은 석유화학제품 생산처럼 원유 정제와 제품 생산을 비롯한 그 밖의 모든 사업을 포괄한다. 이 개념은 위성처럼 우주 비행 분야를 이해하는 데 훌륭한 힌트가 될 것이다. 우주로 위성을 운반하는 것이 업스트림이라면 위성에서 지구로 송신하는 방송 신호는 다운스트림 과정이라고 볼 수 있다.

있는지 경제적인 측면에서 따져볼 필요가 있다.

이 분야에 좀 더 가까이 접근하면, 모든 것이 갑자기 너무 다양하고, 복잡한 것처럼 느껴진다. 개념 자체가 경제적 수식 이상이기 때문이다. 현재의 스페이스2.0이라 불리는 뉴스페이스 사업이 곧 우주 속 인류의 미래에 대한 약속이다. 뉴스페이스는 우리가 지난 60년 동안 경험했던 것보다 우주 비행을 간단하고, 저렴하고, 빠르게 추진할 계획이다. 뉴스페이스와 이 분야의 억만장자들이 약속을 이행하고 현재 투여되는 자금에서 첨단기술의 열매가 맺힐지는 향후 10년 안에 밝혀질 것이다. 동시에 이런 약속은 수십 년간 국가와 계약에 성공한 억만장자들이 고정적인 금전 지원으로 기반을 닦은 이전 항공우주산업계에도 엄청난 도전과제다. ULA와 아리안스페이스는 머스크의 스페이스X처럼 계약을 놓고 서로 경쟁한다. 항공업계의 저가 항공과 비교하면 확실히 매우 치열하다.

## 새로운 영웅

뉴스페이스는 항공우주산업의 희망이다. 국가의 규제와 '올드스페이스OldSpace'라 폄하할 만한 관련 대기업의 행태에서 벗어나 새로운 우주산업의 자극을 꿈꾼다. 그것을 실현할 영웅은 바로 항공우주기관의 공무원들이다. 또한 550명의 우주비행사와 우주에 도착한 우주인들이 그 주인공이다.[*][2] 그리고 여러 우주 팬들 역시 천천히 앞장서고 있다. 뉴스페이스인들은 화성 같은 목적지에 빠르게 접근하기 위해 상업용 선진 우주산업 경제를 구축하고 시행하고 있다. 여기서 영웅들이란 특히 일론 머스크, 제프 베조스가 선두에 있지만, 그 밖에도 로켓랩의 피터 백, 문익스프레스의 로버트 리처드 혹은 딥 스페이스 인더스트리의 릭 터밀슨Rick Tumilson과 같은 항공우주산업 CEO들이 있다.

항공우주산업의 반≭국영기업 체제와의 차이점이라면 개개인이 느끼는 뉴스페이스가 불분명한 개념이라는 점이다. 게다가 '올드스페이스'라고 해서 우주산업에 별 감흥도 느끼지 못하고, 각자가 추구하는 목표가 아예 없는 것은 아니다. 단지 '올드스페이스' 기업은 주어진 직무 외에 다른 목표를 달성하기 힘든 경직된 구조에 묶여있으며, 중소기업과 스타트업보다 시행 가능한 재량이 현저히 제한적이다. 베조스와 머스크를 위해 일하는 많은 인재가 NASA와 다른 대형 항공우주산업 기업 출신이다. 특히 숙련된 엔지니어들은 거의 전원이 올드스페이스 이력을 지니고 있다. 그중에서도 버진 갤러틱 사장 조지 화이트사이즈George T. Whitesides는 NASA 이사회 참모 출신이다. 일론 머스크의 비밀병기인 그윈 숏웰Gwyenne Shotwell은 반≭국영기업인 에어로스페이스 코퍼레이션Aerospace Corporation에서 10년 동안 근무했다. 에어로스페이스 코퍼레이션은 엔지니어에게 요구하는 바가 많은 기업으로 정

---

[*] 현 우주비행사 중 여성은 10% 정도이다. 1963년 소련은 첫 여성 우주비행사인 발렌티나 테레슈코바를 우주로 보냈다. 미국은 그로부터 20년이 지난 후에야 그 뒤를 따랐다. 1983년 6월 18일 3번째 미국 여성 우주비행사인 샐리 라이드는 우주에 있는 스페이스셔틀 챌린저에 탑승했다.

평이 나있다. 숏웰은 주로 스페이스셔틀의 페이로드 베이payload bay(화물이 적재된 우주왕복선 궤도선 내부 지역 - 옮긴이)의 온도 편차가 스페이스셔틀에 미치는 영향을 연구하는 우주 비행 센터에서 근무했다. 그러나 〈LA타임스〉에서 언급한 것처럼 1960년에 설립된 이 기관의 업무처리 방식은 지나치게 장황했고, 엔지니어들은 오히려 '우주선을 개발하고 제작하는 것'[3]을 선호했다. 그렇게 숏웰은 중간에 중소기업인 마이크로코즘Microcosm을 거친 후 일론 머스트의 7번째 직원으로 입사했다. 〈포브스〉는 2017년 가장 영향력 있는 여성 70위에 숏웰을 선정했다.[4]* 다소 아이러니하게도 숏웰의 남편은 숏웰이 뛰쳐나온 항공우주산업계, 그것도 NASA의 제트추진연구소에서 근무 중이다.

뉴스페이스 사업에 뛰어들려는 기업은 올드스페이스에서 기반을 닦은 팀에서 인재를 낚으려 한다. 아무 비전도 없는 업무 태만과 느린 진행에 지쳐있고, 고작 자그마한 우주선부품 개발에 자신의 커리어를 통째로 받치기 싫은 사람들이 바로 이 낚싯대에 걸린다. "ESA와 에어버스의 인재도 우리에게 왔다. 우리 기업에서 근무한다는 것은 로켓을 제작할 기회를 얻는다는 의미이기 때문이다."라고 PLD의 라울 베르두는 말했다. 에어버스처럼 전통적인 항공우주산업에서는 자그마한 나사만 만지다가 커리어가 끝날 수도 있다. 확실히 엔지니어의 수가 턱없이 부족한 PLD에서는 그런 상황을 염려할 필요가 없다.

---

\* 전 세계 여성이 37억 5,000만 명임을 감안하면 나쁘지 않은 성과다. 그로부터 3년 전에도 숏웰은 지젤 번천에 이어 90위에 선정되었다.

## 우주산업 계열의 일부

뉴스페이스는 우주산업 연대의 실질적인 구성요소다. 뉴스페이스는 마치 기존 정당과는 다르다고 주장하며 의회에 혜성처럼 등장한 것 같지만, 결국은 국회 운영 규정을 따르는 혁신정당과 비슷하다. 정당처럼 뉴스페이스 내부에도 다양한 경향이 있으며, 급진적인 부류에도 온건파와 보수파가 존재하기 마련이다. 이를테면 90년대 초 항공우주 산업을 위해서라면 물불을 가리지 않는 피터 디아만디스가 위기에 빠진 자신의 기업 인터내셔널 마이크로스페이스를 구하려고 국책과제를 수주하자, 한 투자자는 정부의 영향력에서 자유로운 민간사업자를 원한다며 자신의 투자금을 회수하겠다고 협박했다.[5] 이 투자자는 목표달성보다 그 과정을 중시하는 혁명가 유형이었다.

그러나 현실주의 정치가인 제프 베조스는 달랐다. 그의 자서전을 집필한 브래드 스톤은 그가 베조스에게 블루 오리진 창업이 NASA의 답답한 행보에 대한 해결책이었는지를 묻자 이렇게 반응했다고 전했다. "NASA는 민족의 성전이다. 그런 NASA에 실망한다는 것은 언감생심이자 터무니없는 궤변이다. 내가 우주에 관심을 두는 유일한 이유는 5살 때부터 내게 영감을 불어넣어 준 곳이 바로 우주이기 때문이다. 이 세상에 5살 아이를 꿈꾸게 할 만한 기관이 얼마나 되겠는가? NASA에서 수행하고 있는 과제는 몹시 까다롭고 진지한 주제로, 본질상 매우 험난하지만 NASA는 언제나 그래왔듯이 탁월한 성과를 내고 있다. 소규모 우주산업 기업은 그런 NASA의 성과와 천재적인 이론을 적극 활용할 수 있었기에 이 분야에서 활동할 기회를 얻은 것이다."[6]

# COTS: 저렴한 비용으로
# 우주를 향하다

**"**  ———

### 우주는 어렵다!

우주비행사의 말버릇 혹은 위성제조기업의 마법 주문

——— **,,**

## 위성 건설에 거는 주문

뉴스페이스에서 통하는 마법의 주문은 바로 상용제품을 뜻하는
COTScommercial off the shelf*다. 이는 우주산업용이 아닌, 일반 전자제품
을 위해 생산되는 전자 부품을 말한다. 대량 생산된 가정용 컴퓨터의
칩은 우주 전용 테스트 칩에 비해 당연히 저렴하다. 그에 따라 COTS
는 지구저궤도용 위성을 제작하는 엔지니어들에게 상상을 초월하는
가능성을 열어준다.**

    독일 우주 비행 기관인 DLR에 따르면 위성마다 수천 개에 이르는

---

\*   동시에 규격품(Component Off the Shelf)의 개념으로도 통용된다.
\*\*  대부분이 전기(electric), 전자(electronic), 전자기계(electromechanical) 장치를 뜻하는 전문용어
     EEE 분야에 적용된다.

전자 부품의 비용은 전체 부품 비용의 3분의 1 이상이다. 기상관측위성 MSG-4*의 경우 전자 부품 비용만 전체 제작비용인 1억 3,500만 유로에서 약 2,400만 유로를 차지했다.[1] 위성이 아닌 로켓의 경우 이 비율은 줄어든다. 아리안5의 전자 부품은 전체 추정 제작비용 1억 1,500만 유로에서(로켓의 대략적인 제작원가구조는 136쪽 그림6 참조) 약 150만 유로가 투여됐다.[2] 그렇지만 로켓과 위성은 엔지니어가 만들어내야 할 요건 자체가 다르다. 로켓은 우주에 짧게 머물지만 위성은 우주에서 수십 년을 떠돌기도 한다. 그만큼 위성에 있어 전자 부품의 가격과 품질은 상당히 중요한 요소다.

"일정한 모형에 따라 생산되면서 동일한 계열 어디서나 사용 가능한 부분품들로 조립되는 장비의 생산을 뜻하는 계열생산series production은 소형 위성에 필요한 첨단기술을 가능케 해준다."라고 프랑크 바우만Frank Baumann은 말했다. 베를린 공업대학의 항공우주연구소에서 전문기술 엔지니어로 일하는 바우만은 소형 위성을 개발 중이다. 최신 첨단기술을 보유하고 있다면 동시에 소형화 기술을 활용할 수 있다. 지난 몇 해 동안 전자 부품 분야가 눈부신 성과를 보이며 성장함에 따라 전자 부품의 크기는 점점 작아졌다. 특히 컴퓨터 칩처럼 통합회로의 성장세가 두드러졌다. 1960년대 중반 인텔 창업자인 고든 무어

---

\* MSG-4는 가장 최근에 제작된 기상관측위성으로 기존 세대에 비해 약 20배 이상의 데이터 송신이 가능하다(수명도 그만큼 연장됐다). 위성은 다름슈타트에 위치하며 30개 유럽 회원국으로 있는 연합기구, EUMETSAT에서 운영한다.

Gorden Moor는 칩 하나에 담길 트랜지스터의 수가 1~2년마다 2배로 늘어날 것이라고 예견했다(일명 무어의 법칙으로 50년이 지난 지금까지도 그의 예측은 유효하다).

소형화는 특히 항공우주산업에 상당한 추진력을 가져다주었다. 아폴로호의 우주비행사가 연산 능력이 C64 정도인 칩으로 달을 향해 이륙했다면, 현재 통용되는 컴퓨터 칩에는 훨씬 다양한 기능이 숨어있다. 이 컴퓨터 칩은 민간 항공우주산업 기업이 우주 비행을 실현할 수 있는 기반을 형성했다. 비교적 소량의 자금으로 우주선에 고성능 조종 장비를 마련하는 것이 가능해졌기 때문이다.

이어서 현대 전자공학 분야는 또 다른 업적을 이뤄냈다. 새로 개발된 미니 칩은 기존 모델보다 소모하는 전력량이 낮다. 예컨대 아이폰 6는 일반 데스크톱에 비해 전력 소모량이 100배는 감소했다.[3] 이로써 전력을 소비하는 기기의 중량과 필요전력이 동시에 줄어들었다.* 그리고 이 첨단기술 발달의 가장 큰 수혜자는 소형 위성이다. 이를테면 가로, 세로, 높이가 각 10cm인 큐브위성에는 소모용 전자 부품에 할당된 공간이 넉넉하지 않다. 그렇기에 큐브의 태양 전지판은 주로 안테나 및 기타 설비와 함께 외부에 설치됐다. 바우만은 "더 작은 크기의 소형화 제작에 성공한다는 것은 발사 비용이 그만큼 감소한다는 의미다. 그러면 한 번에 수백 기의 위성을 발사하는 메가 콘스텔레이션

---

* 비상 시스템을 가동할 전력을 확보하기 위해 우주선 내부에 탑재된 각종 기기의 전원을 내리려 분주히 움직이던 엔지니어들의 모습이 담긴 영화 '아폴로13호'의 장면을 기억해보라. 이 영화는 온도조절장치의 결함으로 산소탱크가 폭발하며 대참사가 일어났던 '아폴로13호'의 미션을 재현했다. 이에 전력공급에 수소 전지를 채택하는 방안까지 이어졌다.

mega constellation도 충분히 가능해진다. 그러려면 먼저 우주용이 아닌 상업용 부품을 활용하여 위성을 제작할 수 있어야 한다. 물론 성능이 다소 하향될 가능성은 감수해야 한다. 위성에 따라 수명이 10년, 어쩌면 5년 혹은 그보다 더 줄어들 수도 있다. 그렇지만 위성의 용도를 고려하면 그 정도의 수명으로도 충분하다."라고 보았다.

## 자연의 힘에 맞선 방어전

계열생산이 업계를 그 정도로 열광시킨다면 왜 진작에 도입하지 않았을까? 그리고 그것을 우주 비행발사체에 대대적으로 적용하지 않는 이유는 무엇일까?

'일반' 산업의 대량생산으로 완성된 전자 부품을 놓고 이미 오래전부터 갑론을박이 이어지고 있다. 부품의 신뢰성뿐만 아니라 돈에 대한 이슈도 쟁쟁했다. 우주산업 분야에는 우주 전용 전자 부품을 납품하는 하청업계가 형성되어 있었고, 각종 우주용 테스트를 거친 전용 전자 부품들이 등장한 상태였다. 이러한 상황에서 COTS는 전용 전자 부품의 경제 기반을 위협했다. 이런 유형의 하드웨어가 뉴스페이스 산업을 천국으로 이끌지, 혹은 새로운 우주 고철 덩어리를 다량으로 생산하는 악마가 될지는 주의를 기울여 보아야 한다. 그 경계는 COTS가 투입되거나, 될 수 있는 곳의 성향에 달렸고, 언제나 그랬듯이 특히 우주를 대상으로 한 이 산업 분야에는 악마가 숨어있다.

먼저 우주에서 하드웨어의 품질이 악마를 깨우는 주인공이 되는 이유를 이해할 필요가 있다. 라잔 베디Rajan Bedi가 CEO로 있는 스페이스칩Spacechips은 우주용 하드웨어 컨설팅기업이다. 수년 전 베디는 마이크로칩 개발 소프트웨어, 즉 나노 범위의 반도체를 주제로 한 워크숍에 참석했다. 워크숍의 본질에 따라 개발자들은 칩의 소형화와 관련된 새로운 정보를 서로 교환했다. 베디는 블로그에 우주용 칩에 대한 자신의 생각에 유명 반도체 제조사 대표가 보인 반응을 묘사했다. "당신들은 정말 괴물들이요! 나는 로켓학자들이 항상 새롭고 진전된 최첨단기술만 사용할 거라 생각했소!"[4]

물론 그의 생각은 틀리지 않았다. 우주 전용 전자 부품은 지구에서 사용하는 것보다 훨씬 강한 내구성을 바탕으로 제작되었다. 우주는 극한의 환경이기 때문에 생명이 없는 우주발사체의 모든 것에 강인한 생명력을 부여해야 했다. 그중에서도 마이크로칩(유인우주선의 경우 사람을 제외하고)이 특히 민감한 부품이었다. 따라서 위성 제작자들은 하드웨어를 취급함에 있어 고성능의 초소형 칩을 강점으로 내세우는 태블릿 제작자와 칩을 판단하는 기준 자체가 달랐다. 위성 제작자들에게는 고성능보다 우주에서 이 부품이 정상적으로 가동하는지가 더 중요했다. 우주에는 정상가동을 방해하고 중단시키는 요소들이 너무 많기 때문이다. 그리고 그것을 방지하기 위해 큰 비용이 투여되었다. 예를 들어 우주선에 탑재된 내장용 컴퓨터인 IBM RAD6000은 마스 폴라 랜더Mars Polar Lander, 마스 로버 스피릿Mars Rover Spirit, 오퍼튜니티Opportunity를 비롯한 200대의 기타 우주선 및 우주 전용 차량을 제어했다. 이 내장용 컴퓨터의 클록 주파수는 최고 33MHz다. 반면 현재 일반 컴퓨터의 프로세스는 3.5GHz다. 다시 말해 일반 컴퓨터의 프로세스 처리가 우주 내장용 컴퓨터에 비해 100배 이상 빠르다는 것이다. 스페이스칩이 1997년이 되어서야 출시됐다는 점도 놀라운데 더 놀라운 것은 RAD6000이 여전히 사용되고 있다는 것이다! 이후 2005년 200MHz의 후속 모델 RAD750이 우주를 향해 날아올랐다.

또한 우주 비행을 위해 프로세서는 섭씨 영하 55℃와 영상 125℃를 견뎌내야 한다. 게다가 10만 래드rad(방사선을 쬔 물체가 흡수한 방사선의 양을 나타내는 단위 -옮긴이) 방사에도 계속 사용이 가능해야 한다.* 참고로 1래드는 지상에서 사용되는 일반 마이크로칩을 무효화시킬 수 있는 수치다. 그만큼 우주용 제품의 가격은 높아진다. 우주산업용 컴퓨터는 성능에 따라 수십만 유로에 달한다. 우주용 하드웨어와 COTS 하드웨어를 둘러싼 논쟁의 중점은 이런 비용 문제였다.

오늘날 전자 장치를 교란하거나 파괴하는 방사능 종류와 방식을 나타내는 일련의 현상이 수많은 사례를 통해 밝혀졌다. 스페이스칩 제조사는 플라스틱 캡슐에 넣은 하드웨어를 입자가속기에 밀어 넣으며 하드웨어가 척박한 우주방사선을 견디는지 확인했다.[5] 무엇보다 싱글 이벤트 업셋Single Event Upsets, SEU, 즉 반도체에 양성자 혹은 이온이 충돌하는 경우가 가장 빈번했다. 대기층이 해발에서 이러한 충돌로부

* Rad는 물리학자들이 사용하는 SI 단위(Systemé International d'Unites, 국제단위계)는 아니지만 우주 비행 업계에서 물체에 흡수되는 방사선량을 측정하는 단위로 통용된다. 여기에 상응하는 SI 단위는 그레이다. 이에 100Rad=1Gray=1J/Kg이다.

터 우리를 보호하는 동안에도 서로 충돌하는 우주의 미립자는 순항고도에 있는 항공기의 전자 메모리칩에 다량의 에너지를 방출하며 오작동을 일으킨다. 이런 결함을 보완한다고 해도 그 후에 등장할 수 있는 심각한 래치업Latch-up(과대한 입력 전압 등에 의해 전원 단자 간에 대전류가 흘러서 회로 동작이 파괴되거나 고장 나는 현상 -옮긴이)으로 전자 메모리칩이 파괴될 수 있다. 부품이 불타버리는 것도 가능한 상황이다.

한편 위성 제조사가 전혀 예상하지 못했던 부분은 다른 곳에서 발생했다. 진공상태에서 위성 내부에 사용된 플라스틱의 가스가 제거되면서, 민감한 센서 주변에 가스 응축물로 이뤄진 막이 형성된 것이다. 위성 내부에 있는 모든 부품은 200도 이상의 극단적인 우주 온도차로 오작동의 대상이 된다. 또한 직접적인 태양복사와 얼음처럼 차가운 지구 그늘 때문에 부서지기 쉬운 상태에 이른다.* 지상에서는 이런 온도의 낙차를 보완하기 위해, 뜨거워진 장소에 냉풍을 가하고, 반대의 상황에는 환풍기를 설비한다. 그렇지만 진공상태인 우주에서는 이 또한 무의미하다.

이런 기술적 문제점만 살펴봐도 전자 장치들이 견뎌야 하는 우주 환경을 짐작할 수 있다. 그러나 우주선 내부 부품에 가해지는 가장 힘든 고난은 무엇보다 발사 시점에서 찾아온다. 아리안5는 최소 4배의 중력가속도로 가속된다. 약 10초 만에 시속 1,400km로 질주하는 슈퍼

---

* 온도 편차 측면에서 보면 위성에 문제가 되는 것은 심각한 과열뿐만이 아니라 과냉각 상태다. 적절한 금속판을 활용하여 태양복사를 비교적 수월하게 반사하는 동안 여분의 열은 라디에이터 너머로 반사된다. 그러나 지구 그늘 아래 진입한 위성과 전자 장비는 급격히 떨어지는 온도 때문에 때로는 가열해야 할 정도로 냉각된다.

포르쉐를 타는 것과 같다. 사람에게도 엄청난 어려움을 주는 이 상황에서는 부품에 무리가 갈 수밖에 없다. 더 큰 문제는 진동, 로켓이 분리될 때의 쇼크, 여러 톤의 연료가 단 몇 초안에 연소하며 내는 발사 시점의 굉음이다. 아리안 꼭대기에서 들리는 소음의 크기는 135db(데시벨)로 이는 막 발사하는 군용 제트기의 소음을 몇 미터 거리에서 듣는 것이나 다름없다. 로켓 발사 시 노즐 아래로 수백 톤의 물을 흘려보내는 것은 발사지대를 냉각시키기 위해서가 아니라 위성의 보호 차원에서 엄청난 소음을 흡수하기 위함이다.[6] ESA(유럽우주개발기구)는 네덜란드에 노르트베이크Noordwijk에 있는 첨단기술센터에서 거대한 호각을 활용하여 위성이 발사소음을 견딜 수 있는지 초음파 테스트를 시행하기도 한다.

미군 로켓과 위성에 탑재되어 우주로 쏘아 올린 전자 장비들은 미국방부 편람에 명시된 엄격한 품질기준(일명 'MIL-SPECs')을 충족시켜야 한다. 이런 전자 장비는 우주 비행만큼 척박한 환경을 계산해야 하는 군사항공 분야를 위해 개발된 것들이 대다수이기 때문이다. 프랑스와 독일의 항공우주기관에도 그와 유사한 문시(ECSS 표준)가 있다. 각 문서에는 해당 부품의 우주 입장 자격(우주 적격 부품space qualified parts)을 승인하는 성스러운 인장 조건이 명시되어 있다(당연히 이 문서는 흥미진진한 범죄소설처럼 쉽게 읽히지는 않는다).

물론 이 기준은 상대적이다. 항공우주산업의 엔지니어 댄 프리들랜더Dan Friedlander가 말했듯이 우주는 '고도 100km 이후의 무한한 공간'

을 지칭한다.[7] 우주 환경은 해당 장소가 우주의 어느 지점인지에 따라 극도로 달라진다. 태양 근처에서 진행되는 미션은 태양복사 및 열과 싸워야 하고, 태양에너지가 거의 닿지 않는 행성 바깥쪽의 임무는 추위와 어둠에서 살아남아야 한다. 따라서 특정 임무에 적격인 부품은 있어도 항공우주산업 전반에 적합한 장치는 있을 수 없다.

NASA와 ESA는 제각각 항공우주산업에서 문제의 소지가 있는 모든 부품을 모아 데이터베이스를 구축하고 있다.[8] 그러나 이 소중한 보물이 완전한 것은 아니다. 이러한 데이터는 우주 비행에서 문제가 제기된 부품들의 수를 비교적 명료하게 보여준다. 하지만 값비싼 이 우주 전용 장비를[9] 지속적으로 개발할 수 없는 여건인 데다, 단시간에 그 장비의 성능이 무용지물[10] 되어버린다는 점이 더 큰 문제다(무어의 법칙 참조).

항공우주산업(및 항공업)에서 COTS의 투입이 가능한지는 무엇보다도 미군에서 결정한다. 일반적으로 NASA의 관할이라고 여기기 쉽지만, 핵심 품질기준을 규정하는 기관은 미군이다. 일론 머스크는 NASA의 기준을 충족시킨 스페이스X의 로켓이 공군에서는 미충족으로 평가받는다는 것에 불만을 내비친 적이 있다. 머스크의 불만은 미군과 항공우주산업(및 항공업)의 연관성을 부각했다.

1994년, 당시 미 국방부 장관이었던 윌리엄 페리William Perry가 미군에 고가의 부품을 자체 개발하는 대신, 최대한 COTS를 활용하라고 지시한 이후로 전통적인 우주용 하드웨어 공급업체는 한 차례 힘든 시기를 겪었다. 그리고 '밀스펙MIL-SPECs'이라는 성배는 눈앞에서 한참 멀어졌다. 전 세계에 사용되는 항공우주산업용 전자 부품의 대부분이 미국산이다 보니 이런 상황은 유럽과 기타 국가에도 영향을 미쳤다(지금도 유럽은 사용하는 전자 부품의 약 50%를 미국에서 수입한다).[11]

지금까지 제시된 수치는 제한적으로 공개된 것을 바탕으로 한다. 2017년 미국 장성은 현 위성함대와 지상 제어를 포괄한 통신체계의 현대화 사업이 지금과 같은 속도로 진행된다면 2032년까지 이어질 것으로 예측했다. 재정 악화로 미군은 지금보다 훨씬 더 많은 COTS를 구매하려 했으며, 이 근거로 미군 준장 제임스 밍거스James Mingus는 "상용 분야는 이미 우리를 능가했다. 이제 우리는 그들이 이룩한 발전단계를 절대 뛰어넘지 못할 것이다."라는 소견을 밝혔다.[12]

공업생산으로 출시된 하드웨어에도 당연히 결점이 있다. COTS는 현저히 짧은 작동시간 외에도 제품의 신뢰성이 떨어졌다. 특히 우주 내구성에 맞춘 테스트를 거치지 않았기 때문에 제품의 한계를 정확히 알지 못한다는 단점이 있었다. 게다가 지상에서 큰 장점으로 작용하는 전자 부품의 소형화가 오히려 우주에서 약점으로 작용했다. 전자 장비의 크기가 작을수록 복사 효과는 파괴적이기 때문이다. '일반적인' 하드웨어 제조사는 지상에서의 신뢰성을 보장받지만, 척박한 우주에서는 사정이 달랐다. 따라서 일부 제조사는 일종의 확장된 활용 범위를 의미하는 COTS+를 출시했지만 그만큼 가격도 상승했다.[13]

그 밖에 전자 장비에 납 사용을 규제하는 국제 표준에 따라 대안이 필요할 만큼 환경 보호 측면의 요인도 항공우주산업에 중요한 역할을

했다. 그 결과 COTS의 독특한 문제점인 '주석의 수염Tin Whisker' 현상이
발생했다. 주석의 수염은 무중력 상태에서 작은 수염 형태로 주석이
생성되는 것을 뜻하며, 우주에서는 전류가 흐르는 부분이 납땜한 곳
에 닿으면 전자회로판에 수염 결정 형태의 주석이 자라난다.[14]

그럼에도 계열생산 하드웨어를 장착하고 성공한 여러 항공우주산
업은 결국 COTS 사용의 정당성을 뒷받침했다. 이스라엘 항공우주 기
업 IAS의 전 우주산업 부품개발 책임자였던 댄 프리들랜더는 소형 위
성의 여러 개발자에게는 특수 COTS(이를테면 플라스틱 캡슐 칩, PEMs, 플라
스틱 코팅 칩)를 선택하는 것 외에는 별다른 보기가 없을 거라고 말했다.
아이러니하지만 앞으로 이런 혁신적인 COTS가 뉴스페이스 시스템의
심장이 될 수도 있다.[15]


## 그레트헨의 질문: 상업용이냐 우주전용이냐

그렇다면 많은 항공우주산업 기업과 위성 제조기업에서 왜 COTS를
대대적으로 도입하지 않는 걸까?

프리들랜더는 〈인텔리전트 에어로스페이스Intelligent Aerospace〉에 "그
답은 우리가 우주에서 공용전자우편시스템PEMs을 배제하는, 전통적
인 방식의 군용 전자기기 품질 철학을 따르기 때문이다."라는 칼럼을
기고했다.[16] 물론 어떤 방식을 선택하든 기기의 오작동은 피할 수 없
다. 관습적인 방식이든 신식 방식이든 마찬가지다. 프리들랜더는 전
자 장비를 '전통적인 품질관리' 기준에 맞춰 관리해야만 미션을 성공

시킬 수 있다는 주장을 미신으로 간주했다. "미국의 민간 항공우주산업에는 자유로운 접근이 성공으로 이르는 길임을 증명하는 사례가 차고 넘친다. 불행히도 구식을 맹신하는 옹호자들은 이런 혁신을 이해하지 못한다!"[17]

새로운 변화에 적응하려는 의지가 조금도 없는 폐쇄적인 태도는 우주 경제의 본질에도 깊게 뿌리내리고 있었다. 스타트업 창업자 라울 베르두 역시 이 문제를 언급했다. "항공우주산업 분야는 매우 보수적이다. 결과물이 한 번 하늘을 날아오르면 다시는 손대지 않기에 불변한다." 전통적인 품질 규제 절차는 신규 혹은 개선사항이 생기면 모든 자격을 재검증받아야 한다. 이런 과정은 오래 걸릴뿐더러 많은 비용이 든다. 게다가 이런 신규 혹은 개선사항이 우주에서 제 기능을 다할 수 있을지도 불확실하다. 그에 따라 이 분야에는 '운영 중인 시스템 절대 변경 금지'라는 표어가 붙을 정도다.

그러나 기존 시스템을 고수하는 것이 능사는 아니다. 예를 들어, 기존의 항공우주산업은 그들이 우주선을 '너무 잘' 만든다며 비난받았다. 1987년 9월 17일 ESA에서는 ECS-4라는 이름의 테스트 통신위성을 우주를 향해 쏘아 올렸다. 제작자는 이 위성이 척박한 우주 환경에서 7년을 버틸 것으로 판단했다(그래야 마음이 놓였을 것이다). 그러나 ECS-4는 기대를 훌쩍 뛰어넘어 15년이 지난 후에도 여전히 데이터를 송신했다. ECS-4의 최후는 데이터 전송 문제 혹은 태양에 의한 폭발이 아니었다. ESA가 이 테스트 인공위성의 전원을 끄고 무덤궤도로 돌려보냈을 뿐이었다.[18] 솔직히 ESC-4는 기대수명보다 훨씬 더 오래 사용됐을 정도로 잘 만들어진 위성이다. 위성 엔지니어들에게 이 위성은 과학적으로 이룬 엄청난 쾌거이자 성공이었다.

그런데 도대체 뭐가 문제란 말인가? 우주를 누비는 장수는 그만큼 높은 대가를 치러야 한다. 엔지니어들의 목표를 초과할 정도로 긴 수명을 확보하는 데에는 많은 비용이 투자됐을 것이다. 열렬한 우주개발 추종자로 알려진 베른트 라이텐베르거Bernd Leitenberger는 이에 대해 "지구에서 사용하는 모든 전자 부품의 내구성이 우주탐측기 보이저1 및 보이저2* 내부에 장착된 것과 같았다면, 1977년 가동된 애플 IIAppleII(애플의 컴퓨터)는 여전히 가동 중일 것이다."라고 단언했다. 내구성이 중요한 연구용 탐측기는 계획보다 더 오랫동안 가동될 수도 있지만, 애플II는 그러지 못했다.

그렇다면 80년대 위성은 어떨까? 소비적 성향의 항공우주산업 추종자들에게 기존 항공우주산업의 방식(변화 사절!)은 잘못된 길이다. 그들의 관점에서 보면 하나의 전자 장비를 유지하기 위해 과도한 비용을 투자하는 것보다는 더 효율이 좋은 후속 모델을 개발하는 게 유익해 보인다. 당시에 아무리 최신식이었다고 해도, 90년대에나 쓰던 컴퓨터나 디지털카메라를 오늘날에도 쓰고 싶어 하는 사람은 드물다.

---

* 1977년 NASA에서 발사한 연구용 탐사선 보이저1과 보이저2의 목표는 태양계 밖을 탐사하는 것이었다. 멀리 떨어진 천왕성과 해왕성의 모습을 우리가 알고 있는 것도 이 탐사선에서 전송한 수천 장의 사진 덕분이다. 지금까지 성간 공간의 경계를 뛰어넘어 여행 중인 보이저1, 보이저2는 인간이 만든 도구 중 가장 먼 곳까지 간 탐사선이다. 이 탐사선에는 구리 디스크 표면에 금박을 입힌 일명 보이저 골든 레코드(Voyager Golden Record)가 동봉되어 있다. 디스크 표면에 지구와 인류의 정보를 상징하는 심볼이 새겨져 있는 것은 어느 날 외계 생명체가 이 탐사선을 발견했을 때를 대비한 것이다.

그러나 이런 사고방식이 모든 우주 공간에 적용되지는 않았다. ECS-4는 저 멀리 우주의 정지궤도에서 맡은 임무를 수행하고 있다. 이곳은 COTS 기술을 적용한 저렴한 소형 큐브위성 다수가 움직이는 지구 근방보다 방사선 수치가 훨씬 높은 지대다. 따라서 높은 궤도에 위치한 위성은 600km 상공에 있는 지구관측위성과 품질기준이 엄연히 다르다. 또한 최소기대수명이 지켜지지 않으면 위약금으로 위성 제조사를 압박한다고 하더라도 우주로 나간 전자 부품의 수명을 예측하기란 쉽지 않다.

그 밖에도 위성에는 다른 규정이 적용되므로 컴퓨터와 직접적인 비교가 불가능하다. 항공우주산업의 엔지니어이자 대형 유럽 위성 제조사의 컨설턴트로 활동 중인 니코 펠드만Nico Feldmann은 "하드웨어의 성능이 결정적이었다면 더 많은 위성이 최후를 맞이하기 전에 전원이 꺼졌을 것이다."라고 말했다. 그렇지만 그런 일은 거의 일어나지 않고 있다. 오히려 그 반대로 경제적으로 이득이 된다면 활용 가능한 범위 내에서 위성을 최대한 가동하려는 추세다. 특성상 더 오랜 시간을 가동하는 지구관측위성 및 통신위성은 최소수명이 15년이다.

그사이 더 오랜 기간 우주기기를 운영하기 위해 우주로 보수 미션Service Mission 사업을 개시하려는 오비탈 ATK와 같은 기업도 등장했다. 오비탈 ATK 사업에는 인텔샛Intelsat이 2019년 첫 고객으로 예정되었다. 다시 말해 몇 년 주기로 새로운 위성을 우주로 쏘아 올리기보다 15년 된 위성을 더 오래 사용하기 위한, 보수 위성을 제작하는 것이다. 펠드만에 따르면 위성이 데이터를 송신하는 데 여전히 아무 지장이 없었던 탓에 70년대의 1세대 기상위성은 2016년까지 가동되었다. 이후 이 위성의 방향을 틀어 대서양에 발생한 쓰나미를 감지하는 조기경보로 투입했다. 또한 지구관측위성의 수가 비교적 적은 인도와 동남아시아의 기상정보를 송신했다. 이는 자동차와 비슷하다. 시장에 더 좋은 성능의 신차가 출시했다고 해서 매년 차를 구입하지 않는다. 경제적 이득이 있는 한 10년이 넘었다고 하더라도 우리는 이미 구매한 차를 계속 탈 것이다.

펠드만은 '경제적 이득이 있는 한'이라는 결정적인 힌트를 제시했다. 정지궤도용 대형 통신위성의 제작과 운반에 수백만 달러가 든다면, 제조사와 서비스운영업체는 추가 예산을 수용해서라도 최대한 오랫동안 사용할 수 있는 방안을 마련할 것이다. 그렇지 않고 일찍이 포기하여 위성 전체를 잃는다면 제작과 발사과정에서 몇백만 달러를 아끼는 것은 아무 의미가 없다. 그렇지만 지구저궤도와 소형 위성의 경우는 전적으로 다르다. 위성 제작과 수송비용이 훨씬 저렴하기 때문이다. 현재 COTS는 특히 지구저궤도에서 커다란 붐을 일으키고 있다. 소형 지구관측위성 분야만 해도 2016년 발사된 위성 중 이런 방식을 채택한 위성이 무려 126기가 넘었다. 다만 위성 전체를 놓고 보면 아직 2%에 불과하다.[19]


경제 산업 분야의 어느 곳이든 디바이스, 제품은 소비할 만큼만 제작된다. 기업은 고객이 원하지 않는 것에 돈을 낭비하지 않기 때문이다. 포드의 피에스타를 사면서 화려한 고속주행을 기대하는 사람은 없다. 따라서 포드는 피에스타에 고속주행 기능 대신 차바퀴의 회전수를 줄이고 가격을 낮추는 방안을 도입했다. 이것은 필요 이상의 복잡한 기능은 쓸모없다는 간소화 원칙의 특징이다.[20] 항공우주산업도 마찬가지지만, 항공우주산업 분야에 한해서는 필요한 것 이상으로 부족함이 없어야 한다는 개념도 유효했다. 항공우주업계는 늘 "우주는 어렵다!"라는 말을 달고 산다. 그만큼 계열생산으로 완성된 상업용 하드웨어 COTS를 우주선의 어디에나 적용하는 건 위험부담이 크다.

다만 유인 우주 비행에 상업용 부품을 사용하는 것은 완전히 다른 문제다. 우주비행사를 국제우주정거장으로 보내는 NASA와 ESA는 COTS를 사용하지만, 제작방식과 장소를 엄격히 규제하는 원칙을 세웠다. 먼저 기존의 우주 전용 부품의 성능이 예상에 못 미처야지만 대안을 투입할 수 있다. 흥미롭게도 NASA는 국제우주정거장의 노트북처럼 COTS를 임무에 방해가 되지 않는 선에서 일정 부분 도입하는 예외조항을 승인했다.[21] 온전한 테스트를 거치지 않은 COTS를 유인우주선에 투입할 수 있는지 확인하기 위해 NASA는 다양한 테스트를 진행했고, '시스템 테스트를 통과한 일부 스크리닝의 대체는 진지하게 고려해볼 필요가 있다.'[22]는 결론을 내렸다. 그러나 그 안에 담긴 NASA 엔지니어들의 의도는 세부적인 테스트를 거치지 않은 제품은 절대로 사용하지 말아야 한다는 것이었다. 그렇지 않으면 가장 약한 부분이 끊어질 때까지도 전체적으로 잘 작동하는 블랙박스 테스트처럼 하드웨어가 잘못 반입될 위험이 있기 때문이다. 그렇다고 NASA가 아무런 이유도 없이 이렇게 조심스러운 태도를 보이는 건 아니다.

부품 하나로 삶과 죽음이 갈리는 상황에서는 우주선 부품의 신뢰성을 남다르다게 요구하는 것이 당연하다. 일부 COTS 팬과 과도한 비용이 투여되는 우주 비행을 반대하는 비평가들이라도, 제대로 테스트도 하지 않은 슈퍼마켓 테크놀로지 우주선을 직접 타야 한다면 입을 다물 수밖에 없을 것이다.

## 복잡함의 변론

값비싼 장비의 개발 과정을 알지 못하는 사람은 일반적으로 상식을 벗어나는 제작비용에 깜짝 놀라고 만다. 그러다 보니 특별한 전문지식도 없이 과도하게 투여되는 비용만 보고 우주산업을 혹평하는 사람들이 적지 않다. NASA는 많은 자금이 투여되는 불필요한 개발을 감수하는 미국의 대표적 기관이다. 많은 NASA의 비평가들이 기술적 세부사항을 간과하고 있지만, NASA가 편파적인 비평가의 견해를 모면하기 위해 기술적인 복합성과 정보를 공식적으로 발표하는 경우는 극히 드물다.

반면 비교적 간단한 기술 정보마저 공개하지 않을 때, 그 기관이 얼마나 홀대받는지를 보여주는 대표적인 사례가 있다. 바로 항공우주산업의 대표 주자이자 미국 비영리 법인인 우주개척재단Space Frontier Foundation과 딥 스페이스 인더스트리의 공동창립자 릭 터밀슨이 겪은 일이다. 미국 의회의 청문회에서 터밀슨은 국회의원들에게 암벽등반에 쓰이는 쇠고리 카라비너를 내밀며 NASA가 우주 부품에 대한 상업적 해결에 적대적이라고 이의를 제기했다. 엄밀히 말하면 카라비너는 전형적인 COTS 부품은 아니지만, 그는 카라비너가 지금까지 보편화된 COTS의 개념과 여러 항공우주산업 기업이 가지고 있는 감정을 잘 반영한다고 여겼다.

"달도 잊고, 화성도 잊고, 저 우주 밖 미지의 경계도 잊어버려라. NASA의 한계는 바로 그들 자신이다. NASA는 기존 문화적 전통으로 구축한 시스템, 비효율, 불필요한 소비와 비용을 극대화하는 방식에 사로잡혀 있다. 나는 그 사례로 한 가지를 언급하려 한다. 그건 바로 카라비너다. 등산가는 세계 곳곳에서 이 작은 부품을 날마다 사용한다. 밧줄을 걸고 매달린 채 자신의 생명을 맡길 정도로 카라비너를 신뢰한다. 우주비행사도 우주정거장에 자신을 고정하는 데 이런 장비를 사용한다. REI(대형 미국 아웃도어 장비 체인)에 가면 이 부품을 20달러(한화 약 2만 4,000원 -옮긴이)에 살 수 있다. 그렇지만 NASA는 같은 부품에 거의 1,000달러(한화 약 120만 원 -옮긴이)를 지불한다. 그 이유는 무엇일까? 어느 한 기업이 NASA를 기만하고 있는 것은 아니다. 정가에 이윤이 붙는 원칙을 따른 것이다. NASA에 납품하는 기업은 제품보다 문서 제작에 박차를 가한다. 이는 '우리 제품이 아니면 좋지 않다.'라는 사고방식과 그런 부품을 공급하는 민간 경제에 대한 불신에서 비롯됐다. NASA에 이런 부품을 판매하는 사람은 산처럼 쌓인 문서를 작업해야 하고 여러 주를 거듭하여 그 제품 속에 함유된 금속의 원산지와 가공 장소에 대한 서류를 제출해야 한다. 우주에서 이 장비가 허용하는 최대중량은 아마도 23kg에서 최고 46kg이다. REI 버전은 약

3,000kg을 지탱한다. 변화해야 하는 건 사고방식이다. 그렇지 않으면 예산도 예산이지만, 달 탐사 일정에 맞춰 복귀하거나 우리가 항상 말하는 화성 여행은 불가능할 것이다."[23]

그러나 터밀슨의 질책은 소위 엄청나게 고가인 NASA의 조달정책에 대한 수많은 비판 속에 묻혀버렸다. 그중에서도 자칭 NASA에 고용되었지만 NASA에서 쫓겨난 비평가이자 우주생물학자 키이스 카윙 Keith Cowing은 블로그와 NASA 왓치에 비평을 올렸다. 그러나 그의 사이트에 올라온 비평은 지나친 면이 있었다. "우주 내에 잘못된 도시 괴담 고착화 위험"이라는 제목 아래 카윙은 우주 괴담을 아무것도 남지 않을 때까지 조금씩 파헤치며 비평했다.[24] 카윙은 "카라비너를 선체 외부에 장착하지 않는다는 점은 제쳐놓더라도 원래 카라비너는 실제로 추운 지역에 적절하고 안정적이다. 그렇지만 기온이 0℃에서 수백℃까지 오르내리는 우주의 극단적인 기온변화에서 카라비너는 몇 분도 제대로 버티지 못할 것이다. 따라서 필히 특수 재질로 만들어야 한다."라고 주장했다. 상업용 카라비너의 알루미늄은 차갑고 뜨거운 온도를 반복해서 오가는 상황이 지속되면 부서질 수 있다(우주복의 장갑이 꼭 탄력성 때문에 유명한 것은 아니다). 카윙은 항상 자기 말이 옳다고 주장하는 사람에게서 보이는 즐거움을 대놓고 과시하며, NASA의 기준을 따른 우주복 장갑을 착용한 우주비행사가 우주용 카라비너의 문제점을 제기하는 날이 기다려진다고 밝혔다. 그 밖에도 우주에서는 중력 법칙이 유효하지 않기 때문에, 앞서 언급한 50파운드는 정확한 수치가 아니라는 다소 설득력이 있는 항변으로 터밀슨에게 강펀치를 날렸다.

사실 이러한 논쟁은 눈에 보이는 것처럼 간단하지만은 않다. 우리는 부품의 신뢰성만을 논하는 것이 아니다. 이런 장비들이 사용자에게 보장하는 안전성은 매우 중요하다. 산악인이 등반용 카라비너에 몸을 오롯이 의탁하는 것처럼, 우주비행사 또한 우주용 카라비너를 행여 영하 150℃의 기온에 부서지는 건 아닐까 하는 걱정 없이 사용할 수 있어야 한다. 또한 평균적인 기능의 프로세서를 탑재한 상업용 노트북은 국제우주정거장 내부에서는 충분한 기능을 할 수 있으나, 특정 영역을 제외한 곳에서는 제구실을 못 한다. 그리고 이것은 사람의 생명 차원의 문제다(기계만의 문제가 아니다). 망가진 온도조절장치칩으로 기계가 얼어버리는 것과 우주비행사가 동사하는 것은 차원이 다르다. 그런 상황을 피하려면 그만한 대가를 치러야 하고, 그것은 전자 장비든 아니든 COTS라면 감내해내야 하는 부분이다. 아무리 슈퍼마켓 진열대 부품이라도 기대하는 사용 목적을 충족시켜야 한다. 그게 우주가 아니라도 말이다.

카윙은 자신도 한때 NASA의 동료에게 아웃도어 카탈로그를 펼쳐 부품을 주문하자는 제안을 한 적이 있다고 말했다. 그것은 NASA의 스페이스셔틀 화물정거장에서 스페이스랩의 기술자가 발사 직전 화물을 싣고자 로프를 타고 내려올 때 사용하는 장치였다. 물론 좋은 생각이긴 하지만 (정부) 요청사항에 맞추기 위한 테스트를 하려면 최소 수십 세트를 주문해야 한다는 게 동료의 답이었다.

물론 터밀슨의 반박에는 그럴 만한 배경이 있다. 국가의 항공우주산업 정책은 아무리 우주비행사의 안전을 위해서라고 해도, 과도한 경향이 있다고 생각하는 이들이 적지 않다. 이런 입장을 대표하는 유명 인사로는 피터 디아만디스와 로버트 주브린Robert Zubrin이 있다. 디아만디스는 TED 강연(2005)에서 항공우주산업은 어느 정도 위험을 감수해야 한다고 촉구했다. "스페이스셔틀이 발사될 때마다 10억 달러(한화 약 1조 2,000억 원 -옮긴이)가 든다. 끔찍할 정도로 엄청난 이 액수는 납득하기 힘든 금액이다. 안사리 X-PRIZE에서는 조금 더 위험 부담이 큰 도전을 했다. 우리가 저 우주로 가서 미지의 경계를 넘어서려면 먼저 위험을 감수해야 한다. 이런 생각에 동의하지 못하는 지원자는 처음부터 경연에서 제외했다." 사회적 목소리가 큰 화성협회Mars Society 회장인 로버트 주브린은 이런 확신을 수치로 보여주고자 했다. 그의 저서 《화성으로MARS direct》에서 인생은 돈으로 환산할 수 없지만, 사회는 우주비행사를 양성하기 위해 수천만 달러를 투자한다고 설명했다. 그러나 이런 금액도 천문학적 금액이 투여된 새천년 이후 우주 허블 망원경의 긴급복구 작업처럼 인류에게 꼭 필요한 항공우주산업 프로젝트 비용에 비하면 소소한 것이라고 강조했다. 주브린에 따르면 콜롬비아호 추락사건 이후 NASA의 책임자 션 오키프Sean O'Keefe는 수십억 달러가 투여된 장비의 추락을 무릅쓰고 허블망원경에 접근하는 것은 우주비행사에게 너무 위험하다고 규정했다. 주브린은 이것을 배를 구하기 위해 지원 출격을(셔틀 비행의 통계상 위험에 있어) 거부한 고가 잠수항공모함의 지휘관 사례와 비교했다. "그런 결정을 내린 장교는 군법회의에 세워지고 주위의 경멸은 물론 처벌을 받는다."고 주브린은 전했다. 처음에는 그럴듯해 보일 수 있다. 그러나 앞서 지적했던 것처럼 한 권의 책에서, 모험에는 적극적인 채비가 필요하다고 촉구하는 것이 적극적 채비에 맞춰 제작된 캡슐 우주선에 직접 탑승하는 것보다 쉽다.

이후 터밀슨은 카윙의 비평에 맞대응했다. 카라비너와 관련된 부분은 카윙의 의견이 옳으며 자신이 틀렸다는 것이 그의 답변이었다. 그 후에도 터밀슨은 일괄적으로 고가의 스페이스셔틀과 국제우주정거장에 대한 불만을 제기했다. 그는 이러한 임무의 몇몇 부분이 고가로 만들어지고 있고, 무엇보다 자신의 무지함 혹은 고의적인 태도가 창피당했다는 사실을 크게 걱정하지 않는다고 맞섰다. 그러나 터밀슨의 모습은 뉴스페이스의 이념적 측면일 뿐, 우주 엔지니어들의 실제 업무와는 상관없는 부분이다. 뉴스페이스의 모토는 디테일을 존중하지 않는 사람은 그 본론 자체도 가치가 없다는 것이다. 이는 뉴스페이스는 물론 올드스페이스, 대기업 및 중소기업에도 적용된다. 라틴어로 "한 걸음씩 맹렬히!gradatim ferociter!"라는 뜻의 블루 오리진의 좌우명은 무던한 노력을 요구하고 세세하게 나눠진 기술개발이라는 의미를 포괄한다. PLD의 좌우명도 라틴어로 '천천히, 하지만 확실히paulatim ergo certe'라는 의미다. 터밀슨이 말하는 NASA의 보편적인 결함은 뉴스페이스 산업에 전혀 유익하지 않다.

따라서 값싼 계열생산 전자장비 투입을 기존 및 새로운 우주 비행경제의 시스템으로 설명하는 것은 바람직하지 않다. 이는 오히려 기존과 신생 업계의 요구사항이자 엔지니어들이 맞춰나가야 할 우주 환경에 가깝다. COTS는 엔지니어들이 모든 규제를 내려놓고, 의무와 산더미 같은 서류에서 자유로워지며, 우주선을 저렴한 슈퍼 부품으로 제작할 수 있다는 의미가 아니다. 프리들랜더 역시 모든 전자 부품과 제조사가 항공우주산업 분야에 적합하지 않다는 점을 염두에 둬야 한다고 조언했다.[25] 엔지니어들의 가장 큰 도전은 우주 비행을 위한 올바른 COTS 장비들을 선별하는 것이다. COTS는 여러 테스트로 검증되어야 하며 요구사항을 충족하고 계보를 증명할 수 있어야 한다. 엄격한 품질기준은 앞으로도 계속 항공우주산업 엔지니어 인생의 특징이 될 것이다.

# 디지털 공간에서

> **❝**
>
> **오늘날의 우주 비행은 의심할 것 없이 디지털 경제를 기반으로 한다!**
>
> 피터 플랫처, 스파이어 CEO
>
> **❞**

## 새로운 디지털 인프라

뉴스페이스는 전자 하드웨어의 소형화가 진행되면서 새롭게 소형 위성을 제작할 수 있을 정도로 성공 궤도에 있다. 게다가 그 제작비용은 기업도 자금을 조달할 수 있을 정도로 저렴해졌다. 그렇지만 과소평가를 예방하는 차원에서 먼저 설명하자면, 그것은 이 사업에 관심을 보이는 사람들이 대규모 공동출자를 했기에 가능한 일이었다. 전자 부품을 활용한 작업은 더 이상 요술이 아니라 기술상의 루틴이 되었다. 전자 부품을 제어하는 프로그램 코드도 마찬가지였다. 성능이 좋은 하드웨어와 지능적인 소프트웨어의 상호작용은 경제와 사회에 디지털 중추를 만들었다. 이런 공생 없이는 새로운 항공우주산업을 떠올릴 수 없다.

솔직히 말하면 현재 거의 모든 테크놀로지 기업들은 디지털 기업이다. GEGeneral Electrics의 전 대표였던 제프 이멜트Jeff Immelt의 〈맥킨지MCkinsey〉 인터뷰는 그 정곡을 찔렀다. "제트엔진에는 아마도 100개 정도의 센서가 있다. 이 센서는 온도, 연료 소비, 터빈 날개의 마모상태, 비행 상태 등의 데이터를 끊임없이 전송한다. 뉴욕에서 시카고까지 비행하는 동안 무려 TB(테라바이트) 상당의 데이터를 축적한다. 그러므로 GE는 그들이 원하든 그렇지 않든 IT 비즈니스의 중심에 있다!"[1]

디지털화의 의존성은 우주에서 현저하게 드러난다. 디지털화 시대 이전에는 달에 착륙하려면 닐 암스트롱과 같은 슈퍼 파일럿이 꼭 필요했다. 당시 달착륙선 아들러의 자동조종장치 착륙프로그램이 우주선을 운석 분화구 쪽 암석지대로 조종하면서 원래의 경로를 살짝 이탈했다. 암스트롱은 속담처럼 마지막 순간까지도 직접 분화구를 넘어 60m 높이의 아들러 옆으로 날아올랐다. 그리고 이 모든 것이 확성기에 경고신호가 끊임없이 울려 퍼지는 사이에 일어났다.

반면 지금은 달의 울퉁불퉁한 면을 제때 발견하는 고성능 소프트웨어를 통해 비교적 평범한 조종사라도 조종간 한 번 잡지 않고 달 착륙에 성공할 수 있다. 실제로 우주비행사가 조종업무를 맡는 일은 갈수록 줄어들고 있다. 초기 캡슐 우주선 드래건1은 마지막 1m까지도 국제우주정거장의 로봇 팔이 붙잡아야 했다. 2017년 머스크는 호주의 애들레이드에서 "드래건2는 국제우주정거장에 직접 도킹할 것이다. 인간의 그 어떤 지원도 없이, 그저 시작! 버튼만 누르면 드래건2는 도킹에 착수한다."라고 발표했다.[2]

디지털 테크놀로지는 우주에서 우주선을 제어하는 데만 쓰이는 것이 아니라, 우주선이 정상가동하는지에 대한 사전 검사도 담당한다. 실리콘밸리 심장부에 위치한 NASA의 에임스 리서치센터Ames Research Center에는 슈퍼컴퓨터 플레이아데스Pleiades가 설치되어 있으며, 플레이아데스는 거의 6페타플롭스 속도로* NASA와 천문학이 준비한 까다로운 과제를 연산한다. 거기에는 은하수 탄생과 항성계 내부 암흑 원소의 활동과 같은 학술적인 문제의 시뮬레이션도 포함되어 있다. 또한 로켓의 중심부에서 분리된 후 완전연소하는 부스터의 활동도 그렇다. 에임스 연구소의 과학자들은 페가수스5가 발사될 시, 페가수스5의 기체역학을 시뮬레이션하기 위한 소프트웨어를 개발했다(사진27 참조). 에임스 연구소에 따르면 이 소프트웨어는 에임스 연구 분야뿐만 아니라 스페이스X, 시에라 네바다 코퍼레이션Sierra Nevada Corporation과 같은 우주 비행 기업에서도 활용하고 있다.[3]

슈퍼컴퓨터와 NASA를 제외하더라도 디지털화는 뉴스페이스 산업과 더불어 전혀 예상하지 못한 틈새시장을 후원하고 있다. 이를테면 거대한 관광용 우주 기구에 관광객을 태우고 우주경계까지 올려보내는 계획을 추진 중인 제로2인피티니는 비행경로 앱을 개발했다. 그것으로 기업은 훗날 기구를 발사할 최적의 장소와 더불어 착륙할 특

---

* 이것으로 플레이아데스는 슈퍼컴퓨터 서열 13위에 올라섰다. 페타플롭스는 전 계층에서 수용하는 슈퍼컴퓨터의 연산 처리 단위다. 이를 60년대의 연산 공룡과 혼동하지 말아야 한다. 페타플롭스는 초당 1,000조 번의 연산 처리를 뜻한다. 프로세서의 클록 속도와 혼동하지 말아야 하는 이 단위는 컴퓨터 전체 성능을 의미한다.

정 지대에 관한 정보를 제공한다. 비행의 경로는 무엇보다 바람의 영향을 받는다.[4] 따라서 착륙지점은 비교적 자유롭게 선정할 수 있는 출발지점보다 중요하다. 위성 부품과 같은 테스트 장비가 실린 기구가 민간항공기의 비행경로와 겹쳐 충돌한 후 바다에 추락하는 결말을 피해야 하기 때문이다. 제로2인피니티는 착륙하는 곤돌라(우주 기구)를 뒤쫓기보다 곤돌라가 계산된 장소에 도착하기를 기대했다. 귀환하는 곤돌라를 거의 양손으로 붙잡을 수 있으리라 여기는 듯이.

어느 과제가 주어지든 그 분야에 조예가 깊은 사람들은 항상 존재한다. 위성을 제작하고 운영하려는 사람은 소프트웨어를 직접 개발하거나 구매할 수 있다. 운영체계, 원격측정, 통신 소프트웨어 및 문서 작성 등은 전부 가격이 문제였다.[5] 때문에 우주 비행 분야를 틈새시장으로 발견한 다수의 소프트웨어 스타트업들은 우주발사체를 위한 전용 소프트웨어를 제공했다. 이를 중심으로 우주 비행 서비스에서 파생된 각종 컴퓨터 기기 사업이 형성됐다. 이런 현상은 미국뿐 아니라 독일도 마찬가지였다. '레고 원칙'에 따른 위성용 플러그 앤 플래이Plug and Play 전자 장비(뮌헨의 스핀SPIN), 위성용 항공일지(다름슈타트의 인노플래어Innoflair), 우주선을 위한 경량 공법 식기(베를린의 스페이스 스트럭처Space Structures), 레이저를 통한 데이터전송(미나릭Mynaric)과 우주에서 실제로 빵을 구우려는 브레멘 스타트업 베이크 인 스페이스Bake in Space 등이 있다. 특히 이 스타트업은 부스러기가 떨어지지 않는 도우를 연구 중이다. 이 레시피는 곧 국제우주정거장의 특수오븐에서 실험할 예정이다.[6] 이외에도 마치 독일 젊은이들이 피터 디아만디스를 대하는 것처럼 뉴스페이스 추종자들을 열광시키는 젊은 우주 비행 분야 엔지니어들의 활동 분야도 있다.

## 프린터로 만든 로켓

소규모 기업이 현재 위성과 로켓을 제작할 수 있게 된 근본적인 배경은 만능 전자 부품 슈퍼마켓과 적절한 소프트웨어뿐만이 아니다. 디지털화는 중요한 핵심부품을 비교적 단순한 공법으로 자체 제작할 수 있게 만들었다. 현재 스페이스X 혹은 제로2인피니티와 같은 스타트업을 포함한 거의 모든 우주산업 기업에는 3D 프린터가 있다. 예컨대 로켓 랩은 루더포드Rutherford 엔진의 연소실, 노즐, 밸브의 부품을 프린트하여 수개월이 아니라 며칠 만에 실물로 완성한다.[7] 스페이스X의 BFR우주선을 화성으로 추진시켜야 하는 고성능 엔진 랩터Raptor의 터보펌프처럼 복잡한 부품 또한 전체의 40%가 이 3D 프린터로 제작된다.[8]

여태껏 기초시설이 완비된 공장에서 기계적 지식을 요구하던 것들이, 수만 유로 이상의 그림 그릴 줄 아는 컴퓨터로 대체된 것이다(산업용 프린터는 수십만 달러에 이르기도 한다). 이렇게 제작된 부품은 저렴할 뿐만 아니라 제작 기간도 빠른 데다 가볍기까지 하다. 부품의 내구성이 공장과 차이가 없다고 가정한다면 굉장한 이점이 아닐 수 없다. PTSPart Time Science의 카르스텐 베커Karsten Becker는 "특히 우리 로버의 중량 중 10kg을 감소시킬 수 있었던 것은 전부 3D 프린터의 공이다. 현재 로버의 바퀴는 공간이 있으며 몹시 얇은 벽으로 되어있다(사진23 참조). 그 벽은 1mm에 불과하지만 극도로 견고하다."라고 설명했다.[9] 프린터로 제작한 로버의 바퀴는 손 위에 올려놓아도 알아채기 힘들 정도로 가벼웠다. 하지만 보통의 힘으로는 구부릴 수 없을 정도로 견고했다. PTS는 이 공간 안에 케이블을 설치하며 동시에 중량을 절약했다. 여기서 주목할 점은 이렇게 생긴 로버의 화물탑재공간을 약 kg당 1백만 유로에 판매할 수 있다는 것이다. 그러면 잠재적으로 1천만 유로의 수익을 추가로 창출할 수 있다.[10]

　3D 프린터 기술의 선두주자는 로스앤젤레스에 본사를 둔 렐러티비티 스페이스Relativity Space라는 기업이다. 이 기업은 5m 크기의 프린터, '스타게이트Stargate'로 향후 로켓 전체를 제작할 예정이다. 세계에서 가장 큰 3D 금속프린터라는 것이(제작자의 주장처럼) 스타게이트의 전부는 아니다.[11] 이는 분명 눈 깜짝할 새에 깨질 기록에 불과하다. 오히려 스타게이트의 특징은 우주 비행 분야에서 3D 프린터의 미래를 생각한 CEO의 철학에 숨어있다. 아직 공식 발표는 없었지만 이런 아이디어를 낸 렐러티비티 스페이스의 창업자는 1명이 아닐 수도 있다. 이 기업은 2015년부터 있었지만, 지금까지 은밀히 ('스텔스 모드stealth mode') 엔진을 개발하며 동시에 투자자를 모집했다. 그들이 모은 투자금 중에서도 1,000만 달러는 독일에서 특히 농구 대스타 더크 노비츠키Dirk Nowitzki의 소속팀인 댈러스 매버릭스의 구단주로 잘 알려진 인터넷 억만장자 마크 큐반Mark Cuban의 돈이었다. 투자금을 바탕으로 강력한 확장을 추진한 렐러티비티 스페이스는 2017년 말 세상 밖으로 나와 전 세계에 기업의 목표를 소개했다.

스페이스X, 블루 오리진 혹은 버진 갤럭틱 출신인 15명의 직원이 이곳에서 일하고 있었다. 렐러티비티 스페이스의 채용은 창업자들과 면담한 뒤 어떻게 인턴 자리라도 꿰차려는 면접자들 덕분에 활기차게 진행됐다. 그리고 이 기업의 대표 이인방은 사장이 그들 앞에 있다는 것을 알려주기 위해 신분을 확실히 밝혔다. CEO 팀 엘리스Tim Ellis와 CTO 조단 눈Jordan Noone은 모두 20대 중반으로 항공우주산업 기업의 창업자 중에서도 매우 젊은 편이다. 두 사람은 창업하기 전 블루 오리진과 스페이스X에서 경험을 쌓았고, 그곳에서 그들의 야망을 키웠다. 현대 로켓이 '겨우' 수십만 개의 부품으로 제작된다면 스페이스셔틀(우주왕복선)은 2백만 개가 넘는다. 따라서 엘리스와 눈은 1,000개 이하의 부품으로 우주발사체를 제작하는 것을 목표로 삼았다. 자동차도 1만 개 이상의 부품을 용접하고, 나사로 죄어야 하는 상황에서 이들의 계획은 무모해 보였다.[12] 레이저로 녹이면서 로봇팔로 각 층에 희망하는 형태를 만들 수 있는 알루미늄 합금이 이들이 세운 계획의 열쇠였다. 스타게이트는 아직 로켓을 인쇄하지 못했지만 폭 2m에 높이 4m인 연료탱크는 제작했다. 이 기업은 2021년까지 소형 위성용 마이크로 런처인 테란1Terran1 로켓 전체를 완성할 계획이다.

　　영화에서는 몹시 복합적인 형상이 겨우 몇 초 만에 뚝딱하고 생성될 수 있지만 실제로는 훨씬 오래 걸린다. 렐러티비티 스페이스는 연료탱크를 제작하는 데 약 일주일이, 엔진은 며칠이 소요됐다. 그렇지만 이 기간도 분명 엄청난 단축이며 특히 우주 비행 분야에 상당한 비용을 차지하는 인적 자원이 절감되었다. 그렇다면 렐러티비티 스페이스라는 기업은 항공우주산업의 일원일까(기업명은 확실히 그렇다고 말한다)? 잘 생각해보면 스타게이트로 자전거 혹은 서핑보드 제작도 가능하다. 그렇지만 팀 엘리스의 답은 일말의 망설임도 없이 확고했다. "3D 프린터를 이용한 로켓 제작은 불가피하다. 다른 행성에서 물품을 제작하려면 민첩하면서 지적인 자동화 생산 프로세스가 필요하다. 화성으로 가는 첫 로켓을 인쇄하는 것이 우리의 장기목표다."[13]

## 우주 공장

어쩌면 50년대에 붐이었던 컴퓨터 테크놀로지와 견줄 만한 3D 프린터 테크놀로지가 아직 초창기라는 사실은 경탄할 만하다. 많은 비용을 들여서 우주까지 물품을 운반하는 대신 여러 물품을 우주에서 직접 생산하는 방식을 고안한 기업의 행보는 헛되지 않았다. 그렇지만 더 나아가 우주에서 제작 자체가 아예 불가능하거나 품질이 좋지 않을 가능성을 고려해야 한다.

2014년 11월 미국 우주비행사들이 국제우주정거장에 도착한 드래건 캡슐 우주선을 개폐하자 그 안에는 특수 장비가 들어 있었다. 바로 3D 프린터였다. 스테이션 지휘관 배리 윌모어Barry Wilmore의 지시에 따라 제로G 프린터라는 3D 프린터가 설치된 이후로, 레고 장난감의 플라스틱 재질로 우주에서 첫 부품이 제작되었다.[14] 제조국가를 표시하는 공간에는 메이드 인 스페이스Made in Space가 당당히 표기되었다. 현재 업그레이드된 두 번째 프린터가 우주정거장에 가 있다. 그들은 첫 시제품 제작 테스트를 지상에서 시행한 뒤 생산에 필요한 안내서를 메모리스틱에 담아 우주로 보냈다. 그동안 필요한 디지털 도면이 스테이션으로 계속 전송됐다. "새로운 것을 제작할 때도 프린터를 활용하면 비교적 어렵지 않다."라고 메이드 인 스페이스의 CEO 앤드류 러시는 말했다. 그는 "NASA는 우리를 불러 '여기 새로운 프로젝트가 있다. 혹은 우리가 필요한 것을 당신들이 제작해 줄 수 있는가?'라고 물었다. 그러면 우리는 요청사항에 근거하여 제작 여부를 검토한다."고 덧붙였다. 지금까지 제로G 프린터는 스패너와 래치트 그리고 손가락 부목과 같은 의료용품(사진28 참조)을 비롯한 70가지 이상을 물품을 제작했다. 제작한 물품의 내구성은 플라스틱 장난감과는 차원이 다르다. 업그레이드된 두 번째 3D 프린터 AMF는 폴리에터이미드polyetherimide, PEI와 폴리카보네이트polycarbonate 재질로 물품을 제작했다. 합성수지는 내구성이 훨씬 높고[15] 더 높은 온도를 견뎌내기 때문에 항공우주산업에 자주 활용된다.[16]

"우리는 필요할 수도 있는 것들을 출력한다. 이는 선원을 위한 진정한 부가가치다. 우리는 뭔가가 필요할 때 이 3D 프린터로 전부 제작할 수 있다는 것을 보여주고 싶다."[17] 메이드 인 스페이스와 NASA가 염두에 두고 있는 계획은 비단 우주비행사의 일상생활을 편안하게 하는 것만은 아니다. 예를 들어 화성 탐사나 6개월의 달 궤도 탐사와 같은 딥 스페이스 프로젝트를 떠난 우주비행사들은 자신에게 어떤 물품들이 필요한지 질문해봐야 한다. 현재 NASA는 생길 수 있는 모든 위험을 확인하며 그에 필요한 부품을 몽땅 챙겨간다. 국제우주정거장에는 10억 달러(한화 약 1조 2,000억 원 -옮긴이) 가치의 부품이 있다. 실제 사용할지가 불확실하다는 것을 고려하면 분명 엄청난 양이다. 하지만 화성 탐사와 같은 미션에 그런 부품을 싣고 가려면 비용도 많이 들고 중량에 제한이 걸리기도 한다. 반면 3D 프린터를 가져가면 디지털 도면만 챙기면 된다. 필요할 때 제작할 수 있으니 말이다. 따라서 혹여 희박한 가능성의 상황 발생을 우려해 잡다한 물건의 탑재를 미리 결정할 필요가 없다.

전설적인 NASA의 에임스 센터가 위치한 마운틴 뷰 모펫 필드Moffett Field의 거대한 부지가 바로 이 메이드 인 스페이스의 소재지다. 그 건너편에 30년대의 비행선 격납고이자 실리콘밸리에서 가장 인상 깊은 랜드마크인 격납고 원Hangar One이 우뚝 솟아있다. 메이드 인 스페이스의 창업주들은 피터 디아만디스가 비전을 위해 세운 싱크탱크가 있는 싱귤래리티대학교Singularity University에서 만나 2010년에 기업을 설립했다(러시: 예컨대 '10억 명의 삶을 보다 편리하게 만드는 데 도움이 되는 것은 무엇인가?'와 같은 질문처럼 위대한 도전에 뛰어들게 해주는 최적의 장소). 현재 NASA의 자회사 센터에 입주한 메이드 인 스페이스의 3명의 공동대표는 우주 공장을 제작한 첫 기업이라는 타이틀을 요구하며 그들의 3D 스페이스 프린터를 백악관에 소개했다.[18]


어쨌든 이 스타트업이 이미 국제우주정거장에 2차례나 화물을 보냈으며(테스트용이었다), 벌써 다음 일정이 계획되어 있다는 것은 확실히 일반적이지 않다. 몇 년 전만 해도 메이드 인 스페이스는 직원 수가 12명이 채 안 됐지만, 지금은 약 50명에 달한다. 이 사례만으로도 NASA가 변화하고 있으며 형식에 얽매이지 않는 프로젝트를 수행하고 있다는 사실을 깨달을 수 있다. 메이드 인 스페이스는 스스로 소형 연구기관이 아니라 뉴스페이스 기업이라 정의한다. "우리는 민간기업이며 국제우주정거장에 보낸 3D 프린터에 사용된 많은 부품은 COTS다. 그렇기에 우리의 지위는 특수하다고 볼 수 있다. 그러나 그 사이에 NASA는 우리 제품을 실생활에 활용하고 있다. 이는 새로운 첨단기술 개발에 관한 것이기에 NASA는 발생 가능한 위험을 감수한다."[19] 게다가 테스트는 비교적 관리가 수월한 편이다. "메이드 인 스페이스는 3D 프린터를 최대한 쉽게 사용할 수 있도록 최선을 다하고 있으며, 이점은 그들에게 매우 중요하다. 이때 우주비행사가 할 일은 그리 많지 않다. 그들은 출력 문서를 지상에서 업로드하고 누군가 뭔가를 할 필요가 없도록 기기에 출력을 입력해놓는다. 그러면 프린터는 부품을 출력하고, 이 과정이 전부 완료되면 우주비행사는 완성품을 프린터에서 가지고 가기만 하면 된다. 마치 크리스마스 선물처럼 그 물건을 보며 '우와!'라는 감탄사를 내뱉을 것이다. 승무원은 일반적으로 매우 바쁘기 때문에 특히 기뻐할 것이 틀림없다.

지구와 떨어진 그 장소, 우주가 기업 제품의 사업영역이다. 그리고 3D 프린터와 기타 생산 프로세스를 우주에서 운영할 계획이 줄지어 있다. 로켓 발사 시 생기는 지옥 같은 환경이 민감한 장비에 미치는 영향은 이미 살펴봤다. 러시는 우주에서 3D 프린터로 이런 방식을 절약하기를 원한다. 발사는 약 10분밖에 걸리지 않지만 탑재된 화물은

10년, 15년 등 남은 수명을 우주에서 보낸다. 그 말은 이 여정을 견디기 위해 녹아있는 엔지니어 기술에 의한 모든 성과가 쓸모없다는 말이 된다. 러시는 이를 "마치 전쟁 지역을 지나야 하기에 아이에게 갑옷을 입혀 학교에 데려다주는 것과 같다."라고 표현했다. 러시는 우주에 원재료를 보내는 것으로 이런 선례에 변화를 꾀한다. 여기에 영향을 미치는 힘이 얼마나 되는지는 아무래도 상관없다.

## 무중력 상태에서의 가공

앞으로 설명할 제품은 우주에서 예비하지 못했거나 부품을 위한 부품 혹은 발사 당시 부작용이 생길 만한 민감한 부품을 말한다. 이런 것들은 언젠가 우주에서 생산하는 것이 훨씬 효율적일 수 있다. 그 밖에 또 다른 범주가 있다. 지구에서는 제작하기 힘든 품질로, 우주에서만 생산될 수 있는 제품군이다. 항공우주산업 경제는 오래전부터 우주만의 특별한 독점 제품을 찾고 있지만 실제로 뭔가를 찾지는 못했다. 무중력 상태에서 생산된 프로테인처럼 아이템을 찾은 경우에도 결국 지구에서 생산하는 것이 훨씬 더 저렴하고 품질도 동일했다.

약간의 성공을 약속하는 자재 중 하나이자 현재 시장을 뜨겁게 달구는 제품으로는 순도 높은 유리섬유가 있다. 방대한 데이터 전송에 활용되는 유리섬유는 발달하는 인터넷과 빅 데이터 시대에 수요가 꾸준히 늘고 있는 제품이다. 이 분야에 동참한 메이드 인 스페이스는 유리섬유 전문가와의 협업으로 200만 달러가 투여된 소형 공장을 시작했다. 이 소형 공장은 전도 성질이 훌륭하며 극도로 강한 내구성을 지닌 불소 유리fluoride glass에서 길이가 100m 이상인 ZBLAN(중금속 불소 유리 그룹의 하위 범주인 가장 안정적이고 많이 사용되는 불소 유리 -옮긴이) 타입 유리섬유를 생산했다. 유리섬유는 지상에서 생산할 경우 과도한 불순물이 섞이기에 보편화되지 못했다. 그러나 제로G 비행을 통해 제작된 섬유는 순도가 높고 투명하다. 러시는 "우리는 테스트용 재질로 ZBLAN을 선택했다. ZBLAN은 kg당 가격이 매우 높기 때문에 로켓 발사 비용을 상쇄할 수 있다."라고 설명했다. 그 밖에도 지금까지의 연구결과는 우주에서 생산된 ZBLAN을 위한 시장이 형성되어 있다는 사실을 보여준다.[20] 이 테스트가 성공적으로 이뤄진다면 우주에서 생성된 유리섬유를 다시 지구로 운반하여 정밀검사를 시행할 수 있다(상용화에 이르기에는 아직 충분하지 못하다). 만족스러운 결과가 나온다면 우주산 유리섬유 제품 생산에 돌입할 것이다. 그러면 미래의 우주 비행 경제를 형성하고자 하는 이 분야의 선구자들의 지난 40년간의 숙원을 씻어버릴 수 있을 것이다.

다만 메이드 인 스페이스의 하이엔드 프린터 AMF는 소형 스피커 크기 이하의 물품 제작만 가능하다. 그렇지만 계속 생각을 발전시키다 보면 크기를 넘어 무한대의 구조인 물품을 제작할 수도 있다. 이런 고민의 결과물이 메이드 인 스페이스의 지붕 아래(직원들의 머리 위에서) 4면체로 구성된 긴 구조물(미니어처)로 걸려있다.

3D 프린터는 프린터 제작실에 맞는 크기라면 제품의 제한이 없을 뿐만 아니라 무한한 구조를 제작할 수 있다는 장점이 있다. 최근에 진

공실에서 기하학적 구조의 결정을 출력했다. 열가소성 수지인 폴리에 터이미드polyetherimide PEI는 국제우주정거장의 중량을 충분히 지탱할 수 있을 정도로 견고했다.[21] 언젠가 우주에 더 큰 기준을 세울 로봇 프린 터 역시 계획되어 있다. 아키노트Archnaut라는 이름이 붙여진 이 로봇 에는 완제품이 나오는 공간이 있고, 복합적인 구조를 조립하는 데 사 용되는 로봇팔 3개가 있다.[22] 이 장비는 흡사 배에서 두꺼운 합성수지 줄을 뽑아내는 커다란 거미 로봇 같은 형태였다. 그러나 오늘날의 아 키노트는 수요에 따라 다양한 형태로 외관을 변경할 수 있는 콘셉트 플랫폼이라 볼 수 있다. 이를테면 위성 부품으로 제작된 또 다른 아키 노트 버전도 있다. 이 아키노트 버전은 발사 시기에는 고난을 이겨내 야 하겠지만, 그 이후 민감한 태양전지를 제작하고, 위성의 부품을 재 구성하거나 필요시에는 수리하는 작업을 수행할 수 있다.

이런 아이디어와 콘셉트는 우주에서도 고도로 발전한 지상의 3D 프린터 사례와 유사한 결과를 내고 있다. 현재 지상의 3D 프린터 사업 은 포화상태일 정도로 산업 전반에 녹아들었다. 러시는 "이 3D 프린 터 사업의 콘셉트는 우주의 기초설비를 변화시킬 것이다."[23]라고 생 각했다.

예전만 해도 우리는 스페이스셔틀에 대형 화물을 싣고 일일이 우 주로 운반했다. 이제는 훨씬 경쟁력 있는 요금의 로켓에 필수 원자재 만 우주로 운반하면 된다. 또한 특히 가공하지 않은 값싼 원자재만을 우주로 나르는 용도라면 로켓을 고가로 제작할 필요도 없다. 가공하 지 않은 대리석 원석을 운반하는 차량은 분명 미켈란젤로의 다비드상을 운반하는 일과 다르기 마련이다.*

그러나 해당 용도의 운송수단 또한 때때로 불필요할 수 있다. 메이드 인 스페이스는 이미 출력용 원자재를 우주에서 찾기 위해 탐색 중이기 때문이다. 자세히 말하자면 그들은 달에서 원자재를 찾으려 했다. "우리는 오랫동안 흡사 달의 먼지라 불리는 표토와 유사한 한 가지 원자재를 활용한 구조물을 제작했다. 엄청 단단하며 저항력이 있다." 그렇지만 표토는 콘크리트 속 작은 돌멩이처럼 바인더가 필요하다. 더 많은 양의 표토가 사용 가능해진다면 그만큼 비싼 돈을 들여 우주로 쏘아 올려야 하는 건설자재 비용이 줄어든다는 장점이 있다. 그것을 식탁 혹은 의자 제작만이 아니라 거리와 착륙플랫폼 건설에 활용할수록 비용 절감의 효과는 극대화된다.

그러나 또다시 '우주에서 로봇으로 생산하는 구조가 현실적인가?' 라는 질문이 이어진다. 러시는 "우리는 현재 아키노트를 주문한 첫 고객을 위해 제작에 들어갔다. 이제 곧 로봇 팔의 시연을 앞두고 있다." 고 말했다. 그 외에도 러시는 여기에 관심을 보이는 사람들과 계속해서 접촉하고 있다. 이들은 정부연구기관이 아니라 민간 기업이다. 첫 프로토타입은 앞으로 2년 이내에 발사할 수 있지만 상황에 따라 5년까지 걸릴 수 있다. 러시는 향후 10년 안에 우주에서 활발한 생산이 가능할 것이며 동시에 지속적인 우주 경제를 형성하는 데 있어 이 로봇

---

* 실제로 높이 5m와 중량이 약 6t에 이르는 이 조각상은 여러 차례 이동했다. 완성 직후 가장 먼저 피렌체의 시뇨리아 광장으로 운반됐다. 그러나 수백 년의 날씨와 흙먼지를 견디고 난 후에야 사람들은 이 조각상을 설치할 건물을 찾았고 결국 피렌체 미술 아카데미로 운반했다.

거미가 핵심요소가 될 것이라고 확신했다. 실제로 우주를 생산기지로 활용하는 방안에는 여러 이점이 있다. 우주 공장은 자연을 훼손하지 않으며 소음도 발생하지 않는다(공기가 없는 것처럼). 위험한 물질을 다룰 때도 대기층에 진입하지 않는 이상 인체에 도달하지 않는 범위에서 작업이 가능하다. 이는 고교 졸업생 시절부터 베조스가 꿈꿔왔고, 지금까지도 계속 그 꿈을 향해 앞장서는 이유이기도 하다. 베조스는 청중들 앞에서 "우리는 지구를 보호해야 한다. 그러기 위한 길은 우주로 가는 것이다"[24]라고 연설했다. "모든 중공업을 지구에서 우주로 이전하고, 지구를 인류의 거주 지역 및 소비재 산업 구간으로 명시해야 한다." 베조스의 발언은 사람들의 비웃음을 샀지만, 그는 멈추지 않았다. 베조스는 "정말 진지하게 고려해야 한다. 중공업 분야를 더 이상 지구에서 운영할 수 없다. 우주에는 자원이 풍부하다. 그곳에 대규모 칩 공장을 건설하고 완성된 칩을 지구로 운반할 수 있다. 그럼 공장을 이 땅에 세울 필요가 없다. 에너지 생산이 그리 원활하지 않은 지구에서는 딱 하루의 절반만 태양광을 얻을 수 있다. 우주에서는 일주일 내내 그리고 하루 24시간 태양광을 활용할 수 있다."라고 역설했다.

머스크와 베조스 그리고 다른 로켓제작자들이 저렴한 비용으로 우주에 진입할 수 있는 체계를 다지고 있다면, 메이드 인 스페이스와 같은 기업은 우주 내 인프라를 구축하는 데 힘쓰고 있다. 그러나 이들의 목표는 똑같다. 그들은 우주에서 지속적인 생활과 거주를 실현하고자 한다. 단지 무엇을 하느냐가 차이일 것이다. 우주로 향하는 목적이 단순 체류인 것과 거주인 것에는 분명 차이가 있다. 이를테면 목적에 따라 필요한 도구도 다르다. 러시는 우주에 거주하려는 사람들에게 필요한 도구를 제작한다. 현재 NASA가 러시의 서비스를 사용하고 있다. 그렇지만 나아가 러시의 활동은 더 많은 사람이 우주에 거주할 기반을 닦는 데 보탬이 된다(그렇다고 믿는다).[25] 어쩌면 태양계를 인류의 식민지로 만드는 것이 우리가 꾸는 길고 긴 꿈일지도 모른다.

일반적으로 소프트웨어와 3D 프린터 같은 디지털 제품의 보편적이고 값싼 보급을 뜻하는 디지털 혁명의 민주화는 아마존에 신용카드 혹은 컴퓨터가 도입되었던 시절과 유사하다. 본래 3D 프린터는 항공우주산업 분야를 위해 개발된 것이 아니었다. 이미 시장에 나온 기술이었기에(그리고 점점 개선되고 있다) 뉴스페이스 기업도 활용했을 뿐이다. 자본력이 풍족하지 않은 기업들이 이런 3D 프린터 테크놀로지를 처음부터 개발해야 했다면 지금과 같은 성과는 애초에 불가능했을 것이다. 베조스는 이런 현상을 우주산업의 디지털화에 의한 것으로 생각했다. 다수의 우주산업 스타트업이 실리콘밸리 주변에서 시작되고 끝나는 것은 우연이 아니다. 실리콘밸리에서는 지구의 다른 곳에서 찾아보기 힘든 슈퍼두뇌의 소유자들을 쉽게 찾을 수 있다. 그리고 그중 일부는 전 세계의 거실과 아이 방을 정복하려는 계획이 아니라 저하늘 위의 높은 곳을 공략하려는 꿈에 부풀어 있다.

# 작고 위대한 형제:
# 큐브위성 혁명

> 〝
>
> **현실적으로 미국 내에서 향상된 통신, 전신, 텔레비전,
> 라디오 서비스를 제공하기 위해 우주 통신위성이 쓰일 가능성은 없다.**
>
> 1961년 T. A. M. 크레이븐 미국연방통신위원회(FCC) 위원
>
> 〞

## 큐브와 스타 칩스

얼마 전 소형 위성을 다루는 독일 라디오 방송 '비센'의 한 프로그램에서 유머러스한 여성 MC는 너드 알람을 설정했다. 이 여성 MC는 베를린 공과대학의 방청객이 일반인이 알아듣지 못할 단어 하나를 사용할 때마다 버튼을 눌렀고 "삐!" 소리가 울렸다. 그녀는 큐브위성이 위성 기술에 혁명을 일으키고 있는 이유를 매우 유쾌한 방식으로 접근하며 대학 방청객들을 훈련시켰다.[1]

이 주제가 진부하다고 생각한다면 오산이다. 위성에 관한 질문에 있어 뉴스페이스는 매우 중요하다. 우주산업 경제에서 기초가 튼튼하게 확립된 위성 분야는 디지털화 효과와 COTS 효과를 극명하게 제시한다. 지금까지의 통신위성이 버스 1대 크기에 가까웠다면 새로운 소

형 위성은 그 크기가 100g(스타 칩스) 이하에서 최대 500kg(사진29 참조)에 이른다. 현재 이런 소형 위성은 위성 스타트업과 학자들 사이에서 꽤 대중적이다. 가벼운 중량과 표준화된 크기 덕분에 소형 위성은 비교적 저렴하고 빠른 기간 안에 제작이 가능하며,[*] 클린룸이 필요 없는 경우도 더러 있다. 단, 기대수명이 예상보다 먼저 끝나버리는 일이 종종 생긴다.

소형 위성은 대량으로 제작된다. 기업이 특정 수치의 결함률을 계산한다고 가정하면 결함이 있는 위성은 다음 로켓 발사 시에 새로 교체된다. 게다가 소형 위성 분야에는 기업에서 활동하는 탑재화물 브로커처럼 전문화된 인프라가 구축되어 있다. 이들은 로켓에 큐브 패키지를 예약하고 미리 여러 소형 위성 서비스업체를 모집한다.

사실 지난 몇 년간 가격이 상승한 소형 위성은 우주로 향하는 운반 과정에서 대형 위성의 부수적인 화물로 취급받았다. 우주에 도착한 소형 위성은 새끼 해마들처럼 무리를 지어 궤도 내에 자신의 위치를 향해 이동했다. 지금까지의 신기록은 2017년 2월 3개의 대형 위성을 단 11분 안에 발사한 이후 101개의 큐브위성을 우주로 발사한 인도 로켓이다.[2] 초경량이라서 비교적 적은 금액으로 궤도에 쏘아 올릴 수 있다는 소형 위성의 이점은 2000년대에 이런 실용적인 크기를 개

---

[*]  tyvak.com/company에서 큐브 제작방법을 90초 영상을 통해 확인할 수 있다.

발하고 처음으로 사용한 대학가에 큰 혜택을 주었다.[*]

마치 스마트폰 업계에 케이스, 추가 충전기, 마이크, 자동홀더처럼 부수적 활용 분야로 돈을 벌려는 기업의 수가 늘어나는 것처럼 큐브 위성에 대한 문의도 증가하고 있다. 큐브에는 고장 난 위성이 우주 고철덩이가 되어 궤도에 위험이 되지 않도록 점화하기 위한 플러그 앤 플레이와 디오빗팅 시스템deorbiting system 기능이 장착되어 있다. 그 외에도 우주로 출발하는 큐브에 장착된 기기는 블록 조립 방식 혹은 제어소프트웨어를 제공한다. 이런 다양성과 경쟁은 한 가지 성과를 냈다. 가격이 갈수록 저렴해지고 제작이 간단해졌다는 것이다.

하지만 이러한 큐브샛 혁명은 우주 전역에서 일어나고 있는 것이 아니라, 앞장에서 살펴본 COTS처럼 지구 인근 궤도로만 국한된다. 지구궤도에서는 센서와 태양전지 기능이 비교적 떨어지더라도 임무를 수행할 수 있기 때문이다. 버스 크기의 1,000만 유로짜리 위성은 그곳에 있을 필요가 없다. 앞으로 지표에서 수천 km 거리인 정지위성궤도에는 거대한 통신위성만이 남을 것이다. 내구성이 약한 큐브는 그곳에 적절하지 못하기 때문이다.

그러나 저렴한 가격과 제작이 간단하다는 이유만으로 지구저궤도에 이런 초소형 위성의 수가 급격히 증가한 것은 아니다. 경제적 수요가 증가한 이유는 관련 비즈니스모델의 수가 급증하고 있기 때문이

---

[*] 캘리포니아 폴리테크닉 주립대학의 조르디 푸이그 수아리(Jordi Puig-Suari) 교수와 스탠퍼드 대학의 밥 트윅스(Bob Twiggs) 교수는 학생들이 재학 기간 내에 실제 위성을 제작하고 운영하도록 큐브를 개발했다.

다. 위성은 센서를 통해 지표에서 발생하는 셀 수 없을 정도로 많은 사건을 살펴본다. 분광계로 파이프라인의 가스누설을[3], 적외선 센서로 산림화재를[4] 그리고 레이더로 빙산 이동을 감지한다. 위성이 무용지물이라고 주장했던 T. A. M. 크레이븐의 잘못된 예측은 날이 갈수록 비웃음을 사고 있다. 당시만 해도 그는 라디오 및 무선 통신 분야의 전문가로 인정받았다. 게다가 두 차례의 임기 동안 한때 미국 통신 및 방송 감사위원회의 역사로 불렸던 가엾은 크레이븐은 현재 인터넷상에서 종잡을 수 없는 예언가로 평가받고 있다.[5] 그는 자신이 근본적으로 잘못 판단했다는 사실을 더 빨리 알아차렸어야 했다.

## 지오모니터링

위성의 소형화는 지구 정보 및 실시간으로 지구에서 일어나는 사건들을 관찰하며 혁신을 일으키고 있지만, 과학연구 혹은 일기예보 측면에서는 전혀 그렇지 않다. 구글 스트리트뷰를 보며 전율을 느꼈던 사람은 이 단원을 넘길 것을 추천한다. 몇 유로만 결제하면 오전의 위성 데이터는[6, 7] 개인 신상 징보 보호의 둑을 무너트린다. 예를 들어보자면, 위성과 위성에 탑재된 소프트웨어는 선박, 항공, 열차의 이동 경로를 감시한다. 그리고 누가 어디에서 무엇을 재배하고 있는지 수확물의 위치를 기록한다. 농부가 해당 장소에 나가지 않고도 책상에서 최적의 시기를 계산할 수 있도록 하는 것이다. 놀랍게도 이 기술은 독일과 같은 첨단과학기술 국가로 평가받고 있는 국가에서는 부득이한 상황이 아니라면 잘 사용하지 않는다. 농작지의 면적이 클수록 위성으로 관찰하는 것이 훨씬 경제적이지만, 특히 독일 남부지역처럼 소형 농경지가 많은 지역에는 적합하지 않기 때문이다.

더불어 엄청난 양의 데이터를 작업하는 전용 평가소프트웨어도 결정적인 혁신의 산물이다. 이 소프트웨어는 연료탱크 지붕에 생기는 그림자를 분석하여 연료탱크의 수위를 계측한다. 이를테면 중국처럼 지정된 각 지역의 기름 보유량을 계산한다. 포장업체와 슈퍼마켓의 거래량을 계산하기 위해 항구에 있는 컨테이너 수, 주차장에 주차된 자동차 수를 센다. 위성은 평가프로그램으로 시위 규모를 판단하기(실제로 시위를 포착한다!) 때문에 정치적으로도 활용된다.[8]

오늘날 공식적으로는 몹시 과소평가됐지만, 익히 알려진 문제가 있다. 사진에 찍힌 대상의 소유자가 원하든 그렇지 않든 전 세계 모든 대륙의 국가들이 이렇게 수집한 데이터를 활용할 수 있다는 사실이다. 이제 와서 새로울 것은 없다. 막강한 강대국들의 정찰위성은 이미 수십 년 전부터 상대의 비밀을 캐고 있다. 새로운 것이라면 첩보 기관 뺨칠 정도로 무리 지어 다니며 모든 정보를 수집하는 군집 위성의 완성도와 실시간 품질이다.

2017년 기준 약 1,800개 위성이 지구 주변을 돌고 있다.[9] 그러나 10년 안으로 1만 개 이상으로 늘어날 추세다. 대부분 최적의 관측 위치는 지구저궤도다. 순수하게 경제적 가치만 생각한다면 작은 악동에 불과하다. 하지만 첩보 기관에서 이런 데이터에 관심 두지 않겠냐는 질문에 익명의 한 위성 서비스 기업은 이렇게 답했다. "만약 독일을 위한 활동이라면 오케이다. 그러나 북한을 위해서라면 대답은 그 즉시 '노!'이다." 보안 관련 데이터의 처리방식은 국제 조약에서 규정한다. 국가지도자 및 우호 국가의 데이터 망과 이동 무선 통신을 활용하여 정보를 빼내는 미국 첩보 기관의 방식을 깨달은 이후로 우리는 그런 국제 조약과 동맹 우호의 가치를 알고 있다.

아무튼 한 국가에서 법적인 근거로 데이터를 팔 수 없는 지역이라도 데이터를 수집하는 방식은 매우 간단하다. "지구관찰 임무에서 데이터 활용에 관한 법규가 있는 국가는 독일뿐이다."라고 튀빙엔대학교의 명예교수이자 우주법 전문가인 카이 우베 슈로글Kai Uwe Schrogl은 말했다. "그 법규는 위성데이터보안법이라 불린다. 이는 국가가 민간 위성을 통해 수집한 데이터를 전달하는 것을 검열할 수 있다고 규정하고 있다. 그러나 2007년 규정[10]에는 놀라운 점이 있다. 바로 위성데이터보안법은 독일에서 발사하거나 운영하는 위성에 국한된다는 것이다. 즉, 독일에서 허용하지 않는 데이터를 원하는 사람은 다른 곳에서 데이터를 구입할 수 있다."

## 집단 데이터

새로운 위성 시대는 항공우주산업이 이 정도 규모로 성장하기 전까지 전혀 알지 못했던 것들을 개척했다. 수백 혹은 수천 개의 위성으로 구성된 군집 위성은 지구저궤도에서 지상의 기업을 위해 지구 전체를 커버했다. 2017년 2월 앞서 언급한 인도 로켓에는 기업 플래닛Planet의 지구관측위성인 '도브' 88기가 탑재되어 있었다.[11] 약 200기가 넘는, 구두 상자만한 크기의 플래닛 위성은 날마다 지구에서 벌어지는 사건을 촬영하고 그것을 TB(테라바이트)가 넘는 여러 데이터 기기에 담아 송신기지와 고객에게 전송했다. 이들의 고객명단에는 물론 미국 첩보기관도 있었다. 우주에 발사된 위성의 세대가 거듭될 때마다 카메라의 해상도는 높아졌다. 플래닛이 보유한 위성 중 성능이 가장 뛰어난 위성은 지구 어느 지점이든 목표로 한 개체를 1m 이하의 거리에서 촬영할 수 있다.[12] 더욱이 플래닛은 전날과 달라진 점을 비교하고 분석하는 소프트웨어 개발에도 성공했다.[13]

또한 원웹은 2,000여 대에 달하는 소형 위성의 발사를 위해 이미 대형 및 소형로켓 발사 서비스 제공기업과 계약을 체결했다![14] 지금까지 인터넷을 사용하지 못했던 사람들을 포함하여 전 세계 모든 사람에게 인터넷을 보급하는 것이 원웹의 목표다. 특히 아프리카, 라틴아메리카 및 아시아 대륙 중 사회 제반 설비가 제대로 구축되지 않은 빈곤 국가가 바로 그 대상국이다.[15] 원웹의 창업자 그렉 와일러Greg Wiler는 이미 위성 O3Bthe Other 3 Billion를 발사했다. O3B은 말 그대로 인터넷이 보급되지 않은 30억 명을 위한 위성이다. 원웹은 이를 위해 17억 달러(한화 약 2조 400억 원 -옮긴이)에 달하는 자금을 확보했다.[16] 원웹의 투자자 중에는 버진그룹 회장 리처드 브랜슨이 있다.

또한 원웹은 업계의 오래된 거인인 에어버스와 협업했다. 원웹과 에어버스의 협업은 현대식 산업공정의 뉴스페이스 기업이 이의를 제기할 만한 방식을 등장시켰다. 바로 우주선의 계열생산 및 대량생산이다. 지금까지 위성은 오랜 시간을 들여 수작업해야 하는 엄청나게 비싼 러시아 산 파베르제의 달걀처럼 제작됐다.

그러나 그것으로는 개체 수가 엄청난 원웹 위성 제작이 불가능했기에 기존 방식은 생략됐다. 그 대신 프랑스 남부 툴루즈에서 제작 중인 위성은 4,600㎡ 크기의 생산라인을 통해 각각의 부품을 작업대에 올려놓는 자동 트롤리 시스템에 따라 전문가들이 조립하는 방식을 택했다(역시 대규모인 플로리다 제2공장에서도 다수의 위성이 생산됐다. 위성 하나가 50만 달러 이상이 되지 않도록 하는 것이 대량생산의 목표다). 에어버스는 스마트 툴과 일명 코봇을 투입하여 생산을 최대한 자동화하려 했지만, 적어도 우주산업만큼은 인간의 손끝이 닿지 않고는 불가능하다고 판단했다.

원웹의 비즈니스모델에 대한 의견은 분분하다. 빈곤 국가에는 인터넷 설비에 대한 예산이 조금도 없는 상황인데, 해당 국가의 국민에게는 인터넷을 이용할 만한 돈이 있다는 말인가? 때문에 일각에서는 현 비즈니스모델을 대체할 수익모델을 고민하고 있다. 위성 업계의 어느 종사자는 "그런 네트워크는 장거리 비행 노선에 적당해 보인다. 예컨대 유럽에서 미국으로 비행하면 영국까지는 네트워크 수신이 원활하지만 점차 신호가 약해지고 결국 끊어진다. 하지만 원웹 위성은 전체 노선을 커버할 수 있다."라고 말했다. 승객들은 아프리카 오지 마을 주민보다 경제적 여유가 있다. 이 사람들이 글로벌 지식이 닿는 범위 내에 있다면 비즈니스모델의 확장은 그리 나쁘지 않을 수도 있다. 일론 머스크도 파트너 입장으로 이 대화에 참여했다. 그렇지만 머스크는 더 큰 위성을 활용한 자체 인터넷 프로그램 개발을 통보했다. 머스크의 스타링크 프로젝트Starlink project(지구 전체에 초고속 인터넷 서비스를 제공하기 위해 우주 인터넷망을 구축하는 사업 -옮긴이)는 그 첫 단계로 현재 위성 4,000대가 제작 중이며 2019년에 발사예정이다.[17, 18, 19] 그 외에 미국 연방통신위원회 FCC에 따르면 위성 3,000대 프로젝트를 추진 중인 보잉을 비롯하여 위성 234대의 캐나다 기업 텔레샛Telesat 등이 위성 네트워크화 사업을 신청했다.[20]

## 수신인

원웹과 머스크의 스타링크가 많은 양의 데이터를 송신하고, 플래닛이 이 데이터를 수집한다면, 지구저궤도에 군집 위성을 형성한 제3의 기업은 그저 핑ping(다른 호스트에 IP데이터그램 도달 여부를 조사하기 위한 프로그램 -옮긴이) 신호만을 수신한다. 우주벤처기업 스파이어Spire는 샌프란시스코에서 제프와 크리스는 물론 (약간 진부한) 샛치모(루이 암스트롱의 애칭), 타치코마(일본 코믹스의 인공지능 피규어 이름) 등의 이름을 붙인 위성 30여 대를 운영한다(언젠가 이 군집 위성은 100대에 이를 것으로 보인다). 물리학자이자 스파이어의 창업자인 피터 플랫처는 "우리가 보유한 위성은 시각적 관찰을 위한 것이 아니라 소리를 듣는 위성이다."라고 설명했다.

　기술적으로 보면 스파이어의 위성은 우주라디오 수신기 역할을 한다. GPS를 통해 라디오 시그널이 전송되기도 하지만 선박과 항공기에도 적용된다. 무선통신 원리는 물리학적으로 같기에 그 분석도 거의 다르지 않다. 선박은 자동선박식별장치Automatic Identification System, AIS를 통해 신호를 보낸다. 이 말문이 막히게 하는 무선통신시스템은 선박의 위치, 속도 및 다른 선박 정보가 담긴 신호를 실시간으로 제공한다. AIS는 선박의 충돌을 예방하기 때문에 매우 중요한 장치다. 따라서 특정 크기 이상인 선박은 선실에 AIS를 구비해야 한다. 즉, 클릭 한 번으로 약 전 세계 선박 30만 대의 기본정보가 담겨있는 신호를 수신하는 사람에게는 금광이 있을 거라는 소리다. 게다가 이런 신호는 원래부터 있었던 것이기에 추가 비용이 들지 않는다는 장점이 있다.

반면 이런 신호를 체계적으로 수신하려면 위성 콘스텔레이션satellite constellation이 필요하다는 단점이 있다. 스파이어가 구축한 것과 같은 시스템이 있다면 위성이 수신한 정보를 귀중한 선박과 화물이 해상 어디에 있는지 알고자 하는 선박회사 혹은 보험회사에 판매할 수 있다. "정보의 가치는 센서 크기에 따라 결정되는 것이 아니라 센서 개수에 달렸다. 위성사진에서 사진의 가치는 사진의 해상도로 평가한다. 렌즈가 클수록 사진의 해상도는 높았고 그만큼 사진의 가치가 높아진다."라고 플랫처는 설명했다. "그러나 우리의 경우는 그와 좀 다르다. 예컨대 말레이시아 에어인 항공기처럼 모든 항공기를 추적하려면 위성 75대가 필요하다. 그 진가는 통달 범위에 달렸다." 불행히도 스파이어는 2014년 흔적도 없이 사라진 항공기를 추적할 기회를 얻지 못했다. 당시 스파이어는 얼마 되지 않는 테스트용 위성을 처음으로 우주에 발사했었기 때문이다.

2012년 3명의 창립자, 피터 플랫처, 조엘 스파크Joel Spark, 제로인 캐패트Jeroen Cappaert는 창업을 위해 재원을 구하러 다녔다. 이들은 모금을 위해 그들의 아이디어를 크라우드펀딩 플랫폼 킥스타터에 공개했고 676명으로부터 정확히 10만 6,330달러를 후원받았다.[21] 우주 비행 스타트업에게는 그리 큰 금액이 아니라고 생각될 수 있다. 그러나 플랫처는 우주 비행 분야가 터무니없을 정도로 많은 자금이 필요한 비즈니스라고 보는 세간의 시선이 정당하지 않다고 생각했다.

"우주 비행 기업이 다른 산업 분야의 기업보다 더 많은 자금이 필요하다는 설은 옳지 않다. 그런 생각은 현실을 조금도 반영하지 못하는 구시대적인 사고방식이다. 위성에 투여되는 비용은 하이엔드 서버와 유사하다. 우리가 우주로 전송하는 마이크로 일렉트로닉스micro eletronics는 컴퓨터에도 적용된 기술로 휴대폰, 로봇, 의료장비에도 사용된다. 지상에서는 더 작고, 더 가볍고, 에너지효율과 성능이 개선된 마이크로 일렉트로닉스 개발에 수십억에 달하는 투자가 이뤄지고 있다. 이는 우리가 우주에 필요로 하는 자금 기준이기도 하다. 물론 자체적인 부품을 계획하고 있지만, 여기에는 스마트폰 제조사가 사용하는 부품도 있다."

스파이어는 아직 방사선보호장치도 활용하지 않고 있는데, 이에 플랫처는 "개인적으로 이 부품은 크기 때문에 괜찮다고 생각한다. 생산 품질이 높기 때문에 위성이 전부 제대로 작동할 것이다. 우리는 스파이어 위성의 온보드 컴퓨터를 방사선에 노출했고 10년간의 우주복사 수치에도 여전히 작동 중이다. 그렇기에 실제로 모험할 필요가 없다. 물론 궤도에 따라 다르다. 지표 500~600km에 위치한 지구저궤도는 분명 정지궤도와 복사 환경이 다르다. 그렇지만 우리가 목표로 하는 곳은 그곳이 아니다."라고 설명했다.

특히 스파이어의 두 번째 비즈니스모델은 GPS용 하이엔드 위성을 2만 200m 상공에 쏘아 올리는 것이다. 스파이어는 진기한 방식으로 기상 서비스를 제공하고 있다. "우리 위성은 대기권에서 지표에 이르는 고정밀 기상정보를 산출한다. 'GPS radio occultation'이라 부르는 이 기술은 GPS 위성이 대기에서 굴절되는 신호를 보낼 때의 소요시간 차이 등을 정확히 설명할 수 있다." 근본적으로 이 방식은 지질학자들의 지진 관측기술과 같은 기능을 보인다. 때문에 미국 정책 갈등이 한가운데에 놓이지 않았더라면 이 방식은 단순히 과학자를 위한 기술적으로 수준 높은 광고에 그쳤을 것이다. 그러나 미국 의회가 기상 연구용 위성에 수십억 달러 예산을 출자하는 것을 애석해했기 때문에[22] 의회는 기상정보수집에 민간 기업의 활동을 촉구하며 상당 기간 국립해양대기국NOAA[23]을 압박했다.

이렇게 스파이어는 국립해양대기국에 기상정보를 제공하는 계약을 수주했다. 이는 그 이상을 바라보는 전망 있는 사업이었다. 플랫처는 "고해상도 사진부터 레이더 사진까지, 우주 위성사진 시장의 가치는 약 30억 달러(한화 약 3조 6,000억 원 -옮긴이)에 이른다. 그러나 우리 위성이 활용되는 시장규모는 약 90억 달러에 달하며 대부분이 날씨 관련 정보다. 즉, 이 시장의 규모가 훨씬 크다."고 평가했다. 그 밖에 스파이어에는 선박과 항공기의 위치를 알려주는 사업이 추가된다. 그렇다면 이런 현상들이 전부 골드러시인 걸까? "그렇다고 볼 수 있다."[24] 이런 플랫처의 평가는 특히 크라우드펀딩 플랫폼 킥스타터 시절부터 2017년 말까지 수차례에 걸쳐 1억 5,000만 달러를 스파이어에 투자한 투자자들을 기쁘게 할 만하다.[25]

## 충돌 침로

현재 스파이어 위성 개수 및 콘스텔레이션(군집 위성)은 일목요연하다. 그러나 여전히 제작과 계획 단계인 원웹, 스페이스X, 보잉의 초대형 콘스텔레이션이 반드시 실현되고 적용되는 건 아니다. 이러한 군집 위성의 경제성에 대한 의문이 제기되면서, 우주에서 군집 위성의 유행이 식어버리거나 뉴스페이스 협회에서 다른 식의 불만이 터질 수 있기 때문이다.

우주 비행 엔지니어이자 오랫동안 에어버스에서 근무한 뤼디거 레스Rüdiger Ress 는 "위성은 지구 위의 비교적 얇은 층에서 비행한다. 지표 전역을 관리하기 위해 위성은 적도 부근을 다양한 각도로 기운 궤도를 따라 움직인다."고 지적했다. 여기서 레스가 주장하려는 것은 '적도를 기준점으로 삼는다면 위성은 각자 서로 다른 각도로 지구 주변을 회전한다는 것이었다. 그 결과 촘촘해진 궤도를 따라 비행하던 위성이 지구의 모든 지점에 도착할 수 있는 네트워크가 완성된다. "위성은 서로 교차되고 이리저리 비행하고 있는 것처럼 보이지만 각각의 위성이 부딪치지 않는다. 시점마다 정확한 위치가 알려지고 근방에 있는 모든 위성과의 거리, 특히 다음 궤도에서 마주칠 수 있는 위성과 위치정보를 공유한다. 이런 군집 위성의 충돌을 예방하려면 장애물 회피 조작을 전부 사전에 계산해야 한다."

최근 이러한 소모적인 제어방식이 위성 개수가 늘어날 때마다 기하급수적으로 늘어났다. 그에 따라 추가 비용은 물론 필수 위성 가이드와 관리용 소프트웨어도 늘어나기 마련이다. 또한 위성이 추락하거나 제어되지 않는 경우 상황은 더 복잡해진다. 개체 수가 많은 대형 군집 위성의 경우 그저 운이 없는 상황이 아니라, 확률적으로 충분히 일어날 수 있는 일이었다. 그 밖에도 비축해둔 연료가 전부 소모되거나 기술적인 오류로 추락하며 지구저궤도 위성의 수명이 끝날 때, 무슨 일이 벌어질지는 아직 불투명하다. 정지궤도의 위성은 대부분 적절한 시기에 그보다 높은 곳에 위치한 위성 무덤 궤도로 이동하며 이런 문제를 해결한다. 정지궤도 위로는 그 어떤 우주선도 비행하지 않기 때문에 실질적인 문제가 전혀 없다. 그렇지만 고도 1,000km에 위치한 궤도의 위성은 그런 식으로 해결할 수 없다. 그 근방에는 적절한 위성 무덤이 아예 없기 때문이다. 이것은 언젠가 수명을 다한 수천 개의 위성이 제어되지 않은 채로 혹은 제어 불가능한 상태로 우주를 떠돈다는 뜻이다. 레스는 "오늘날 이런 우주 쓰레기는 중대한 문제로 떠오르고 있다. 수천 개의 위성이 비교적 한정적인 특정 우주 공간에 몰려드는 지금은 더더욱 문제다."라고 생각했다.

이런 전망은 무엇보다도 우주감시기구를 놀라게 했다. 독일 라인강 하류 우에뎀 지역에 있는 독일 연방방위군 시설은 지구저궤도의 물체를 감시한다. 독일 연방방위군도 자체적으로 여러 정찰위성을 보유 중이기에 지구 주변을 돌고 있는 위성에 대한 관심이 높다. 2017년 본에서 개최된 국가 위성 콘퍼런스에 참석한 게랄트 브라운Gerald Braun은 "지구와 가까운 우주는 현재 여러 개체에 의해 오염됐다."라고 발표했다. 해당 기관의 본부장 보좌역으로 참석한 브라운은 민간 독일 항공우주연구소에서 파견되었기 때문에 소속된 군인이 아니었다. 브라운은 "현재 우리가 관찰하고 있는 대상은 거의 1,700만 개에 이른다. 그중에서도 오염 수위는 지구저궤도LEO가 가장 높았다."고 보고했다. 이런 위성 중 대다수가 전적으로 우주 쓰레기였기에 브라운은 우주환경오염을 강하게 주장했다. 전문가들은 그것을 우주잔해물space debris 혹은 우주 쓰레기라고 불렀다.

그러나 문제는 위치와 이동속도 및 이동 경로가 파악되고 있는 우주잔해물이 극히 일부에 그친다는 데 있다. 이런 우주 쓰레기를 관리하는 데 크게 일조하고 있는 국가는 미국이다. 미국은 냉전 시대부터 초대형레이더 네트워크를 구축하여 지속적으로 지구 인근 궤도를 측정하고 목록을 만들었다. 현재 미군은 지구 주변을 떠도는 약 3만 개 개체의 위치와 속도를 파악하고 있다. 이런 우주잔해물이 위성 근처로 접근하면 해당 위성 운영 기업에게 위성의 항로를 변경하도록 경고신호가 전송된다. 그렇지만 미국의 카탈로그에는 지름이 10cm 이상인 개체만이 올라 있으며 현시점으로는 그 이상을 해결하지 못하고 있다. 브라운은 "우리는 지름이 1cm 이상인 개체를 확인할 수 있기를 희망한다."라고 전했다. 1cm 크기의 위성만으로도 다른 위성을 완전히 파괴할 수 있기 때문이다. 1cm 지름의 물체와 충돌한 위성은 위성 내부로 수류탄이 던져진 것과 다름없다.

우주 쓰레기가 이렇게 엄청난 수로 불어나게 된 원인은 다 타버린 로켓과 낡은 위성뿐만이 아니라 충돌과 폭발로 생긴 잔해도 한몫했다. 2009년 러시아와 미국의 위성이 서로 충돌했고, 두 위성은 완전히 파괴됐다. 게다가 2007년 중국은 수명이 다한 기상위성을 로켓으로 격추했다(앞서 2차례 시도했었지만 전부 실패했다). 그 결과 예기치 못한 부작용이 이어졌다. 위성 폭발은 약 1,000개의 지름 10cm 잔해물과 약 4만 개의 지름 10cm 이하 잔해물을, 그리고 mm 단위의 수백만 개의 파편을 만들며 엄청난 우주 쓰레기를 제공했다. 현재 이 파편들은 10년이 넘도록 800km 상공에 머물러 있다. 실제로 중국에서 원인을 제공한 파편이 러시아 위성을 격추했고 무력화하기도 했다.[26] "중국의 신중하지 못한 위성 실험은 고도 500km 이상 궤도를 배회하는 위험한 개체 수를 50%나 증가시켰다."고 브라운은 평했다. 공정을 더하기 위해 언급하자면 1985년 미국도 로켓으로 위성을 격추했다.[27]

그러나 이 군집 위성 문제에 우주잔해물과 위성 충돌로 인한 위험만 있는 건 아니었다. 전문가들은 우주 쓰레기의 밀도가 일정 수준 이상이 되면 일명 케슬러 증후군Kessler Syndrome*이 일어날 것을 우려했다. 케슬러 증후군은 파괴된 위성의 파편이 지구 인근 궤도에 거대한 폐

---

* 이런 현상을 처음으로 발견한 우주비행사 도널드 케슬러의 이름이 붙어졌다.

허를 형성하여 그 어떤 우주선도 비행이 불가능할 정도의 또 다른 파편을 발생시키는 연쇄반응을 의미한다. 그러다 보면 언젠가 우주 쓰레기와 충돌하지 않고서는 우주선이 지구를 떠날 수 없는 상황에 이르러 우주 비행이 불가능해질 거라고 예측하는 전문가도 등장했다. 이에 브라운은 그것은 예견된 문제이며 이런 과실을 구체적으로 설명하기 위해 대담한 비교를 했다.

"800km 상공에서 우주 쓰레기의 자연적인 잔류기간은 약 100년이다. 이것은 우리가 기후연구 분야에서 다뤄야 하는 것과 유사한 규모다. UN은 지난 10년 이상을 대기와 해상오염을 언급하며 이산화탄소 배출량 감소를 위한 협정을 맺으려 노력 중이다. 당시 학계에서는 현재 대기층에 쌓인 것이 분해되는 데 50~60년, 어쩌면 100년이 걸릴 것으로 파악했다. 그러나 실제로 우리가 그 문제를 빠른 속도로 해결하고 있는가? 지구 인근 궤도를 떠도는 물체들의 체류 기간에 대해서도 같은 질문을 던져봐야 한다. 우리가 우주에 설치한 위성들은 장기간 활용이 가능하다. 그렇지만 위성 기업 대다수가 10cm 크기인 물체를 지구로 회수할 만한 기술력을 갖추지 못했다. 지금으로써는 현실적인 방안이 없다."

고도가 높아질수록 문제는 심각해진다. 1,000~1,200km 상공을 살펴보면 전체 우주 쓰레기의 잔류기간이 이미 1,000년까지 누적됐다. 이러한 관점에서 위성의 수가 1만 개 이상이 되면 사태가 더 심각해질 거라는 전망이다. 브라운은 "우리는 앞으로 예정된 메가 콘스텔레이션과 우주정거장 승인이 어떻게 되어있는지 미국 연방통신위원회의 계획을 확인했다. 그렇지만 개발 과정과 진척상황은 알 수 없었다. 반면 지구저궤도의 개체가 명시된 국제적 참고문헌인 TLE Tow Line Element 카탈로그에 이미 신청된 위성의 수만 봐도 배로 증가했다."고 덧붙였다.

거의 미니 쿠퍼 1대 크기인 스페이스X 위성의 중량은 385kg이다. 이 위성의 수명은 5~7년이다. 미션을 완수하고 나면 1년 이내에 궤도에서 벗어나게끔 설계되어 있다. 이는 다소 제어되지 않은 상태로 귀환하는 위성이 매년 약 1,000대에 이른다는 의미다. 위성이 대기에서 연소하도록 위성을 이동시키려면 위성사업자는 값비싼 연료 일부를 비축해둬야 한다. 스페이스X는 연료의 90%를 500km 고도 이하의 궤도이탈 과정을 위해 비축해뒀다고 하지만 500km 고도의 잔류기간도 20년이 넘는다는 점을 고려해야 한다. 그리고 이 궤도는 국방 파트너와 국가에서 선호하는 정찰궤도다.

대안으로 위성을 조종하여 지구대기권으로 유도하는 것은 인정할 만한 취지이지만 위험이 없는 건 아니다. 예컨대 원웹의 위성들은 500km 고도에서 로켓 본체와 분리한 후 목적지까지 최고 1,200km를 이동하는 최신식 전기 동력장치를 사용했다. 계획한 수명이 끝나면 동일한 원칙에 따라 다시 지구 방향으로 복귀한다. 전기 동력장치가 평균 이상의 효율을 보여주기는 하지만 그 대신 가속도는 매우 약해질 것이다. 브라운은 "그 말은 원웹의 계획은 위성이 이미 심하게 오염된 800~900km 궤도 구간을 매우 천천히 통과한다는 의미다. 군집 위성을 구축할 때만큼이나 궤도에서 벗어나는 과정도 위험이 크다."고 설명했다. 게다가 이 모든 것을 위성으로 운반하고 남은 로켓의 잔해도 추가된다. 우주전문가는 군집 위성을 계획 중인 800~1,200km 궤도에 단단한 물체가 몇 배로 늘어나는 상황을 계산했다. 그 결과 전력이 떨어지는 위성까지 전체적으로 본다면 비교적 밀도가 높을 것으로 추정했다. 이런 상황은 미군과 우주감시기구의 근심일 뿐만 아니라 원웹 경영진의 골칫거리가 될 것이다. 더욱이 모든 기업이 충분한 연료를(우주 쓰레기까지 처리할) 준비할 계획을 세우고 있지 않다. 추락을 제어하기 위해 연료를 비축해두면 위성이 수명이 줄어들고, 그로써 기업의 이윤도 감소하기 때문이다. 지금까지 위성 운영기업에 관련 법적 규제는 없었지만, 상황이 변할 수도 있다.

그러나 관련 규정이 제정된다고 해도 최종적인 해결책이 되기엔 역부족이다. 브라운은 "현재 궤도이탈 활동의 1%만 실패해도 엄청난 문제가 야기될 것이다."라고 강조했다. 국제우주정거장 승무원이 이런 우주 쓰레기로 인한 결과를 체감할 것이다. 만약 우주 쓰레기의 파편 하나가 국제우주정거장으로 접근하면 우주비행사는 구조선 역할을 하는 국제우주정거장에 도킹된 소유스 우주선을 타고 탈출해야 한다. 그리고 위험의 원인인 파편이 주변에서 사라질 때까지 우주선에서 대기해야 한다.

# 3부

# 음모와 사랑

## 뉴스페이스 그리고 NASA

# NASA 없이는
# 할 수 없다

**"** ———

**NASA 없이는 지금 같은 기업이 되지 못했을 것이다.**

그윈 숏웰, 스페이스X 사장

——— **"**

## 미션 성공

화성 탐사 로버 큐리오시티Curiosity를 발사한 지 8개월이 지나 화성 착륙을 시도하기 직전에도 관제실의 미션 분석전문가들은 로버 주변의 기류를 알아채지 못했다. 수석 엔지니어 애덤 스텔츠너Adam Stelzner만 이쪽저쪽으로 몇 미터를 뛰어다녔고 나머지는 모니터 앞에 꼼짝도 하지 않고 앉아 화성에서 약 14분 지연되는 데이터를 검토하는 데 집중했다.[1] 지구에서 2억 4,800만km 떨어진 곳에 있는 큐리오시티의 신호가 파사데나의 제트추진연구소에 도착하기까지는 그만큼의 시간이 걸렸다. 실제로 로버와 지구의 거리는 로버가 탑재된 캡슐 우주선에 오류가 생겨도 전문가들이 할 수 있는 것이 별로 없다는 의미이기도 했다. 탐측기에 답변을 재전송하는 데 그만큼의 시간이 소요됐기에 돌발 상황에 대처하기까지 30분이 훌쩍 지나가 버린다. 따라서 큐리오시티가 이미 산산조각 나버렸을 확률이 높았다. 이 미션에는 25억 달러(한화 약 3조 원 - 옮긴이)가 투여됐고 큐리오시티를 향한 기대도 몹시 높았다. 이내 우주로부터 통신이 들려왔다(화면에는 보이지 않았다). "낙하산 장착 완료." 그 순간 박수 소리와 두 주먹을 불끈 쥔 환호, 다소 점잖은 환성이 이어졌다. 탐측기가 다시 전환점 뒤로 이동한 순간 잠시나마 긴장이 느슨해졌다. "스카이크레인 준비 완료." 통신장비에서 또 다른 음성이 들려왔다. 큐리오시티가 이번 여정에서 가장 까다로운 부분을 완수한 것이다. 큐리오시티는 혼자 낙하산을 펼친 채, 거친 착륙을 피하기 위해 (낙하산을 버리고) 역추진하는 로켓 착륙선에 있는 고강도 케이블에 매달려 화성 표면으로 서서히 하강했다. 곧이어 "화성 착륙 무사히 성공!"이라는 통신이 이어졌다. 엔지니어들은 자리에서 벌떡 일어나 양팔을 붙잡고 비명을 지르며 눈물을 훔쳐냈다. 난폭했던 발사의 부담스러운 상황, 우주 공간의 얼음장 같은 추위, 발견하지 못한 공식 및 소프트웨어의 오류, 온갖 종류의 인간적 결함과의 전쟁에서 결국 승리한 것이다. 이제 큐리오시티의 본 미션, 즉 화성 탐사를 시작할 차례였다.

2012년 화성 착륙 성공의 흥분은 당시에도 굉장했지만, 여전히 뜨겁다. 무엇보다 큐리오시티가 여전히 가동 중이기 때문이다.[2] 이 로버는 외계탐사로봇계의 슈퍼스타였고 허블망원경, 보이저 탐사선과 동급으로 대우받았다.

그 외에도 큐리오시티는 비록 조금도 의도한 바는 없었지만, NASA에 있어 돈이 들지 않는, 성공적인 홍보수단이 되었다. 탐사 임무 전문가들이 데이터를 검사하는 동안 방송국 카메라는 관제실에서 이로쿼이족 헤어커트에 남은 머리카락을 미국 국기처럼 염색한 한 시스템엔지니어 보박 퍼도브시Bobak Ferdowsi를 발견했다. "저 사람 누구야? 뭐지?"라고 묻는 사람은 기자들뿐만이 아니었다. 그 뒤로 한동안 인터넷에는 NASA와 퍼도브시의 이로쿼이족 스타일을 놀리는 사진이 셀 수도 없이 퍼졌다. 1979년 출생의 매력적인 젊은이는 엄청난 수의 프러포즈를[3] 받았고 동시에 트위터 팔로워가 1만 명으로 급증했다 (현재 팔로워는 10만 명에 이른다).[4] 며칠 뒤 오바마 전 대통령이 화성 착륙 팀을 축하하기 위해 제트추진연구소를 방문하여 그에 관해 언급했다. "이 팀에 모호크 가이Mohawk Guy가 근무한다고 들었다. 그래서 나도 그런 스타일을 시도해볼까 고민해봤지만 수행팀에서 끝까지 반대해서 하지 못했다. 그런데 프러포즈와 트위터 팔로워가 폭발적으로 늘고 있다는 소식을 들은 지금은 정말 반대만 할 건지 수행팀과 다시 한번 논의해봐야겠다."[5] 그 이후 어디에서나 '모호크 가이'로 통하는 퍼도브시는 NASA의 젊은 피를 상징하는 명예를 얻었다.[*]

타고난 엔터테이너인 버락 오바마 전 미 대통령은 이런 사소한 일

---

[*] 관제실에는 언론에서 관심을 가진 인물이 2명 더 있었다. 스카이크레인 착륙시스템을 개발한 애덤 스텔츠너는 귀걸이, 뱀가죽 구두, 엘비스 프레슬리 헤어스타일을 한 외모 덕분에 NASA의 로큰롤 엔지니어라는 타이틀을 얻었고, 제트추진연구소에서 20년간 근무한 자세제어 엔지니어인 스티브 콜린스는 길고 헝클어진 헤어스타일로 NASA 히피라는 타이틀을 얻었다.

에도 의미를 부여했다. "이것은 이제까지 하얀 셔츠, 안경과 포켓 프로 텍션Pocket Protection(볼펜이나 연필이 셔츠에 묻지 않도록 상의 포켓에 넣어두는 작은 덮개로 현재는 테크놀로지 너드의 상징이 되었다)을 착용한 엔지니어의 이미지 가 우선이었던 NASA가 많은 변화를 거듭한 것을 상징한다. 젊은 세 대는 과거의 어느 때보다도 쿨하다."

솔직히 세간에 퍼진 NASA의 평판은 그들 사이 유행하는 너드 집 단으로 특별할 것이 없었다. 그리고 퍼도브시는 최소한 외적인 부분 으로라도 정부가 NASA에게 원하는 변화를 표현했다. 퍼도브시는 이 런 사실을 어렴풋이 느끼고 있던 것처럼 보인다. 어느 인터뷰에서 퍼 도브시는 예전에 상사에게 자신의 헤어스타일을 이해할 수 있는지 물 었다고 말했다. 이에 상사는 "보박, 당신은 반항아이지 않나. 반항아는 괜찮은지 아닌지를 묻지 않는다네. 로버를 화성에 착륙시키려면 모든 유형이 필요하지. 난 우리가 결국은 성과에 따라 평가되기를 바란다 네."라고 말했다고 한다.[6]


## 뉴스페이스를 위한 향성

NASA는 조금도 의도하지 않았던 이런 홍보를 남몰래 기뻐했을 것이 다. 설립된 지 60년이 된 NASA는 자신들이 새로운 시대를 맞아 변화 와 발전에 발맞춰 가는 기관으로 비치기를 원했다. 1만 7,000명의 임 직원과 180억 달러의 예산을 보유한 이 기관은 언제나 연구, 목표 그 리고 예산의 정당화라는 압박에 시달렸다. 따라서 정치적 여건에 적응하는 것이 NASA의 입장에서는 매우 중요했다. 그리고 지금은 무엇보다도 기술, 논리, 재정적인 측면을 포함하여 민간 항공우주산업이 가야 할 길의 기반을 다지라는 지시를 수행하고 있다. 반대로 어떤 경우에도 제동을 가하는 것은 NASA의 목표가 될 수 없다. 그것은 여러 분야에 걸친 NASA의 주권을 위협하기 때문이다. 결국 NASA는 독립적인 기관이 아니라 매년 미국 의회에서 책정한 예산을 받고, 주어진 정책지시를 따르는 기관이다. 민간 항공우주산업과 뉴스페이스 기업은 물론 머스크, 베조스와 같은 우주 비행 억만장자들에게 NASA는 잠재적인 재원이 될 하늘의 항성이다. 이 기관은 책정된 예산을 연구기관뿐만 아니라 민간 항공우주산업체에도 분배한다. 미국과 그리고 전 세계에서 민간 항공우주산업이 어떻게 시행되고 있는지 파악하려면 NASA, 미국 정부 그리고 미국 국방성이 어떤 역할을 하고 있는지 살펴보는 것이 중요하다.

미국의 우주산업은 탄생부터 이해관계가 복잡했으며, 의견이 극과 극인 국가 연구기관들의 긴장 관계에 얽혀있었다. 그러나 지난 몇십 년간은 NASA의 항공우주산업 분야의 상용화를 위한 명확한 의지를 읽을 수 있었고, 지금은 성공 사례가 증가하고 있다. NASA가 같은 눈높이에서 민간 기업을 허용하지 않았던 초창기, 정부는 지난 30년 동안 여러 법규를 제정하며 NASA에 민간 항공우주산업의 후원자 역할을 종용했다. 정치적 방향이 전환되거나 기관장이 바뀔 때마다 적응하는 것이 NASA라는 큰 조직에게는 어려운 문제였다. 때로는 여러 석학이 포진해 있는 학술 전문기관의 본질에 따라 NASA 고유의 목표를 실현하기 위해 정부의 요청을 놀라울 정도로 방어하기도 했다.

이런 우주 기관의 발목에 오랫동안 모래주머니를 달아 놓았던 미국 정부는 그들이 추진하려는 민간화 시도를 스스로 좌절시키기도 했다. 그것이 바로 스페이스셔틀 프로그램이다. 미국이 수년 동안 경쟁력 있는 시스템 개발을 중단하는 동안, 유럽은 훨씬 저렴한 시스템으로 스페이스셔틀 발사에 성공했다. 유럽의 스페이스셔틀은 아리안 로켓이었다. 셔틀이 최후를 맞은 후 공석이 된 국제우주정거장 내 미국 우주선의 입지가 민간 항공우주산업 기업에게 넘어오면서 미국 정부가 오랫동안 갈망했던 기회가 찾아왔다. 이전까지 올드스페이스라고 구별한 경쟁상대와 상호종속 체계가 형성된 것이다. 우선은 그 뿌리부터 살펴봐야 했다. 부유한 민간인이 우주선 제작을 위해 서슴없이 쌈짓돈을 건네는 일은 절대 당연하지 않다. 그리고 일론 머스크 같은 인물은 기회만 있었다면 실패할 가능성은 제쳐두고 스페이스X를 10년은 빨리 설립했을 것이다.


## 우주 경쟁의 연료

언젠가 베르너 폰 브라운Werhner von Braun에게 미국과 소련이 서로 협력한다면 달 탐사에 의미가 있지 않겠냐고 묻자 그는 "미국과 러시아가 함께 손을 잡는다면 달 프로그램 자체가 아예 존재하지 않았을 것이다!"[7]라고 대답했다. 폰 브라운은 경쟁이 사업을 활성화한다는 점을 말하고자 했다. 그것이 아무리 정치적 내막에 둘러싸여 있다고 해도 말이다. 소련이라는 적수가 없었더라면 미국은 1961년 케네디가 선포한 것처럼*세계최초로 달에 사람을 보내고 그를 건강하게 지구로 데려오는 이 프로그램에 1천억 달러(한화 약 120조 원 -옮긴이) 이상을 투자하고** 8 40만 명 이상이 그를 위해 종사하도록 지시하지 않았을 것이다.9

다시 말해, 이런 초강대국의 경쟁은 민간 항공우주산업이 시작된 배경이다. 불과 몇십 년 전만 해도 이 분야는 아예 존재조차 하지 않았다. 제2차 세계대전 동안 사람들은 로켓을 미사일과 같은 것으로 생각했다.10 전 세계 장성들과 특히 독일의 국가 사회주의자들은 대형로켓으로 하늘뿐만 아니라 장거리에 포진한 적에게도 사격할 수 있다는 것을 빠르게 습득했다. 결국 연합국은 탄도미사일 개발에 고도로 발전된 독일의 기술을 활용했다. 그리고 이는 훗날 첫 민간 우주발사체의 토대가 된다.

미국의 첫 위성 익스플로러1과 첫 머큐리 프로그램의 우주비행사

---

* 첫째, 나는 국가가 향후 10년이 지나기 전에 달에 사람을 상륙시키고 다시 안전하게 지구로 복귀시키는 목표에 전념해야 한다고 믿는다. 그 어떤 단일 우주 프로젝트도 인류에게 이보다 깊은 인상을 남기거나 우주의 장거리 탐사에 더 중요할 수 없다. 또한 완수하기가 이렇게나 힘들고 많은 돈이 투여되는 프로젝트도 없을 것이다(전 미 대통령 존 F 케네디의 국회 연설 中 1961년 5월 25일).

** 1973년 의회는 아폴로 프로젝트에 254억 달러가 투여됐다고 발표했다. 산출 기간의 시작이 언제부터이고 어느 부분까지 산출했는지에 따라 그 숫자는 현재 가치로 환산했을 때 약 1,090억 달러(1959~1973년을 기준으로 한 2010년의 산출액)에서 1,700억(2005년 기준) 사이를 오간다. 흥미롭게도 당시 원래 이 프로젝트에는 현재 가치로 600억 달러인 70억 달러가 책정되었다.

앨런 셰퍼드는 개량형 중장거리 로켓 주피터C에 탑승하여 우주로 날아갔다. 그러나 2인석의 제미니 캡슐 우주선의 중량이 이보다 훨씬 무거웠기 때문에 NASA는 결국 대륙간탄도미사일 타이탄II를 발사체로 선택했다. 이 미사일은 전시 상황에서 소련의 벙커시설을 파괴하는 용도로 제작됐으며 1987년 퇴역시켰다. 초기 민간 항공우주산업은 말하자면 원자폭탄을 등에 짊어진 채 우주여행을 한 것이었다.

훗날 우주 비행 추종자들은 초강대국 사이에 불붙은 경쟁이 우주비행 몰락의 시초가 될 거라고 보았다. 당시 사람들은 달 착륙이 우주비행 시대의 출발을 알리는 신호탄이라고 확신했다. 그러나 처음 달의 먼지를 덮어쓴 이래로, 국가 간 냉전체제가 결정 났으며 그렇게 지금까지 우주에 집중되었던 동기와 강도가 점차 수그러들었다. 첨단기술의 성능을 겨루던 각축장, 즉 우주 경쟁의 시대는 그렇게 막을 내렸다.[11] 게다가 세계대전 이후의 시대도 서서히 끝나가고 있었다. 세계경제는 미국 달러의 인플레이션, 베트남전으로 인한 재정문제와 싸워야만 했다.[12] 그런 이유에서 린든 존슨Lyndon Johnson 전 미 대통령은 NASA의 예산을 긴축했고, 그의 공화당 후임인 리처드 닉슨Richard Nixon 전 미 대통령은 예정보다 일찍 아폴로 미션을 종료시켰다.*

민간 항공우주산업은 학계의 관심사와 위성 통신이라는 한정적인 시장으로 축소됐다. 예산이 산발적으로 감축되었음에도 NASA는 승

---

* NASA의 역사학자 조앤 브롬버그(Joan Bromberg)는 닉슨 전 대통령이 아폴로 프로그램을 1960년 대통령선거에서 자신을 누르고 당선된 케네디를 상징하기 때문에 폐지했다는 설을 제기하며 비난했다.

인된 사안을 순순히 받아들이고 적응하며 옛 명성을 되찾으려 하지 않았다. 아폴로 미션이 최고조에 이르렀던 시기에 NASA의 예산은 국가 운영 전체 예산 중 4% 이상이었는데, 1966년은 현재 가치로 약 450억 달러(한화 약 54조 원 - 옮긴이)였다. 그 이후 1975년까지 1% 이하로 축소되었고, 지금 NASA의 예산은 국가 전체 예산의 약 0.5%를 유지하고 있다.[13]

그럼에도 약 190억 달러(2016년) 이상의 자금을 보유한 NASA는 세상에서 가장 부유한 항공우주기관이다. 미국은 다른 국가에 비해 월등한 차이로 우주산업에 많은 예산을 투여하고 있다. 2016년 한해에만 440억 달러[14], 국가운영예산의 약 1.1%[15]를 책정했다.* 이 금액은 다른 정부에서 항공우주산업에 투여한 금액 전부를 합산한 것보다도 많았으며, 전 세계 전체 거래금액의 7분의 1에 달했다. 그 이후 항공우주산업 시장은 엄청난 속도로 덩치를 키워나갔다. 2016년 전 세계 거래금액은 약 3,300억 달러에 달했고, 유로로 환산하면 2,730억 유로이며 그중 4분의 3이 민간 자본이었다.[16] 그 가운데 2,530억 달러는 대형 통신 기업 및 위성 서비스제공 기업 사이의 계약체결처럼 실질적인 우주 비행과 직접적으로 관계되지 않은 분야로 흘러 들어갔다.

총 760억 달러(한화 약 91조 2,000억 원 - 옮긴이), 유로로 환산하면 630억 유로라는 정부 예산은 특히 미래 항공우주산업을 위한 로켓 및 우주선 개발에 중추 역할을 한다. 유럽에 아리안5와 같은 대형 발사체는 단 하

---

* 그중 약 250억은 우주 비행 활동을 위해 미 국방성에 지급했다.

나뿐이었다. 아리안5는 비교적 성공적으로 상용시장에서 입지를 굳혔지만, 유럽우주기구ESA 자금으로 개발됐다. 그리고 ESA의 자금은 회원국의 국가 예산에서 책정된 것이다. 러시아와 아시아의 대형로켓 또한 국가에서 직접 관여하거나 출자하여 개발됐다.

올드스페이스나 뉴스페이스에서도 우주수송을 맡은 민간 항공우주산업 기업의 대다수가 실질적으로 정부 계약에 의존하고 있다. 뉴스페이스의 여행이 어디로 향할지 가늠하기 위해서는 미국 항공우주산업의 양대 발주자인 NASA, 미국 국방성과 상용 항공우주산업의 관계를 제대로 주시해야 한다.

# – ⟨14⟩ –

# NASA와
# 한 침대에서

> "
> 민간 항공우주산업 기업들은 포유동물이다.
> 그러나 보잉, 록히드, NASA로 구성된 '군산복합체'는 명백히 공룡이다.
>
> 피터 디아만디스, 스페이스십원 비행 1년 후
> "

## 집중포화 속 전설

일부 미국인들이 기함으로 그들의 첨단기술 산업을 다루는 모습은 가히 놀랄 만하다. 올드스페이스는 국방의 척추를 형성하는 항공우주산업 분야의 거인들을 보잉과 록히드 마틴 그리고 노스롭 그루만이라 부른다. 이 기업들은 수십 년째 점보제트jumbojet(보잉747기의 속칭 - 옮긴이)와 꼬리날개에 터빈 3대를 장착한 인상적인 L-1011 트리스타로 전설적인 민간 항공 기업의 이름을 달고 세계를 제패했다. 이 기업들은 NASA의 요청으로 항공우주산업 분야의 대스타를 제작했다. 이들의 격납고에서 달 로켓 새턴과 아폴로 캡슐 우주선, 스페이스셔틀, 국제 우주정거장의 대부분, 허블망원경이 완성됐다. 그들의 공로를 인정하지 않을 수 없다. 그러나 뉴스페이스 산업의 젊은이들 눈에는 이 역시 비효율적이고 터무니없이 높은 비용이 드는 항공우주산업의 일부였다. 또한, 지금까지의 과정으로 보아 이들은 민간 기업이라기보다는 반국영기업처럼 보였다. NASA와 한 침대에 누운 것이나 다름없는 이들은 독자적 발의가 매우 부족했고 국가 재원에 의존했다. 경쟁력이 부족했기에 이런 종속관계를 극복하려는 관심과 의지가 전혀 없었다.

국가와 항공우주산업이 서로 밀착되어 얽혀있다는 점은 의심의 여지가 없다. 물론 미국 정부가 바라는 방향이기도 했지만, 정부 외에는 우주선의 값을 치를 만한 곳이 없었기 때문이다. 당시에는 민간 우주산업이란 아예 존재하지 않았다. 이런 밀착 관계는 세계전쟁 이후 냉전시대를 맞아 비용이 얼마가 들든 최대한 빨리 성공적인 우주 비행 및 항공우주산업을 구축하려던 워싱턴의 결정에 따라 생겨났다. 당시 소련은 원자폭탄을 점화하고 사정거리가 미국까지 이르는 로켓을 개발했다. 이후에는 위성과 사람을 가장 먼저 우주에 보내는 것이 관건이었다. 그렇기에 우주 비행은 순수한 국정 문제였고 무엇보다 긴급했다.

50년대부터 우주선을 제작해온 기업에게는 꽤 오랫동안 국가가 유일한 발주자이자 고객이었다. 초장기에는 머큐리 및 제미니처럼 초대형 프로젝트를 수주할 수 있는 기업의 수가 한정적이었다. 싸이오콜 케미컬Thiocol Chemical Company은 캘리포니아 제트추진연구소가 싸이오콜의 제품이 고체연료 안정화에 최적이라는 사실을 발견하기까지 방수제를 생산했다. 그렇지만 싸이오콜은 챌린저의 불행을 일으킨 주범으로 지목되면서 스페이스셔틀 부스터의 제조사로 슬픈 오명을 얻었다(그사이 싸이오콜 케미스트리는 오비탈 ATK으로 인수됐다).

  NASA에서 발주한 일부 프로젝트는 요구하는 바가 많고 몹시 까다로웠기 때문에 중요한 공고가 있을 때면 경쟁자들이 손을 잡고 공동제안서를 제출하기도 했다. NASA는 선정에서 탈락한 기업도 2차 협력파트너로 계약했다. 노스 아메리칸 록웰North American Rockwell이 스페이스 셔틀 궤도 선회 우주선 선정을 위한 계약을 수주했을 때도 NASA는 하부 기업들이 참여할 수 있도록 계약을 안배했다. 그루만은 날개를, 페어차일드 인더스트리Fairchild Industries는 테일핀을, 제네럴 다이나믹스 콘베어General Dynamics Convair는 동체의 일부분을, 맥도넬 더글라스McDonnell Douglas는 무중력 상태에서의 위치제어시스템을 맡았다.[1] NASA는 공고에 참여하지 않은 기업들까지 일부 계약에 입장시켰는데, 마틴 마리에타Martin Marietta는 NASA의 사장 제임스 플랫처의 지시로 외부 탱크 제작을 맡았다. 그 이유는 간단했다. 우주 비행의 노하우를 분석하여 최대한 많은 기업이 제작에 참여하기를 바랐기 때문이었다.


## 협상: 정가 + 이윤

시장경제원칙에 다소 부합하지 않는 방식에 따라 보잉은 매우 편안하게 협상테이블에 앉을 수 있었다. "최소 80년대까지 서구의 우주 비행 프로젝트의 대다수가 원가+원칙이 적용됐다."고 당시 에어버스에서 프로젝트를 이끌고 국제우주정거장의 유럽 보조 우주선 ATV의 책임을 맡고 있었던 뤼디거 레스가 밝혔다. 그는 "수임자는 설정 가능한 모든 비용에 미리 계산해놓은 이윤을 더하여 우주산업기관에 신청했다. 이러한 수주는 항공우주산업 기업 입장에서 특정 제품을 그들의 필요에 의해 납품하는, 황금알을 낳는 거위나 다름없었다.”고 표현했다. 우주산업계에 공급자가 많지 않았으므로 더 좋은 일이었다. 훗날 결과물의 성과를 처음부터 정확히 고정해놓는 정가 원칙이 등장했다. 그에 따라 고정 이윤도 상승했다. ESA의 경우는 8%에 달했다. 기업은 그것을 가지고 연구비를 충당했다. 따라서 서로 협의한 금액이 높을수록 이윤도 그만큼 늘어났다. 로버트 주브린은 자신의 저서《화성으로》에 록히드 마틴 항공사 재직 당시 그곳의 엔지니어들 사이에서는 간접비가 기업의 효도 상품이라는 농담이 만연했다고 회고했다. 그 사례로 주브린은 2013년 덴버에 위치한 록히드 마틴 항공사와 스페이스X의 직원 수를 비교했다. 1만 5,000명 대 1,700명(현재는 약 4,000명이다)이지만, 실제 제작에 참여하는 직원 수는 약 1,300명으로 양사가 거의 비등했다.[2]

얼마나 오랫동안 제품을 판매할 것인지는 계약을 수주한 기업에게 큰 영향을 미치지 못했다. 기업은 곧바로 생산에 돌입한다. 보잉의 중장거리 로켓 델타IV처럼 터무니없을 정도로 높은 금액도 정치적 동기에 의해 수월하게 판매됐다. 견적이 승인되지 않을 경우 국가는 전체 프로젝트와 투자된 자금을 위해서라도 의혹이 제기된 부분을 시급히 조사했다. 그 배후에는 군대식 이유가 있었다. 미국 국방성은 초고가의 정찰위성을 위해 신뢰할 수 있는 대형 운반 로켓이 필요했고, 그 비용이 높아도 개의치 않았다. 일반적으로 기업이 절약 운영을 하도록 이끄는 시장경제 원칙은 정치, 국가 안보, 기술적 난관이 난무하는 곳에서 무효가 되었다. 당연하게도 이런 시스템은 경제적 위험이 현저히 낮은 탓에 기업은 높은 수익을 보장받았다.

## 처벌과 보수

상호종속을 위해 양측을 합병시키는 수준의 촘촘한 네트워크가 형성됐다. 기업은 계약을 의뢰한 기관이 사전에 정해둔 원칙을 엄격히 준수해야 했다. 독일에서는 이런 방식이 다소 낯설게 느껴지지만, 민간 협력사의 디자인 및 개발과 관련된 모든 것을 '꿰뚫어야 하는' NASA 에서는 충분히 가능했다.[3] 즉, NASA의 엔지니어는 우주선 제작과정의 세부사항을 일일이 감독했다. 독재자Big Brother 식의 모습을 보여주는 사례로 미국의 첫 위성을 우주에 운반한 뱅가드 프로젝트Vanguard project를 들 수 있다.

당시 로켓을 제작한 글렌 마틴 컴퍼니Glenn L. Martin Company에는 약 300명의 직원이 근무했다. 그중 180명이 미국 해군 연구소NRL 팀에 배정됐고, 약 60명의 엔지니어가 NASA의 감독 대상이었다.[4] 2015년 사망한 NASA 역사학자 조앤 브롬버그는 자신이 저서 《NASA와 우주산업NASA and the Space Industry》에 마틴의 직원들이 자신을 지켜보는 감시인들을 얼마나 언짢아했는지 설명했다. "마틴은 미 해군 연구소를 실패 혹은 성공할 때마다 그 원인을 분석하고 '괜찮은 편'에서 '훨씬 개선된' 결과물에 집착하는 사람들의 온상으로 보았다." 이런 사례는 기술적인 완성도를 추구하는 엔지니어 집단과 기업이 추구하는 원칙을 따르는 계약자 사이에 명확한 선을 그었다. 브롬버그는 그로부터 20년 후 NASA 엔지니어에 대한 노스 아메리칸 항공 경영자의 말을 이렇게 설명했다. "아폴로 프로그램을 진행하는 것은 피라미드 건설이나 다름없었다. (…) 못 올라갈 높은 하늘도 없었고, 충분한 것도 하나 없었다."[5] 오늘날 확고한 지위를 구축한 항공우주산업이 질책하는 것처럼 협력사를 국가의 입장에 무리하게 밀어 넣으려 했던 것이다.

특히 그들이 새로운 것을 실험해보려는 의지가 없었다는 것은 자명하다. 그러나 여기에는 계약자를 마치 버릇없는 아이를 훈육하는 것처럼 대하는 정부의 책임도 있었다. 이를테면 NASA가 우주선을 제작하려 할 때 엔지니어들은 새로운 우주선에 적용되어야 하는 모든 기술을 숙지하기 위해 우선 자신들의 아이디어를 고안해냈다. 그리고 민간 항공우주산업 기업은 그들이 제출해야 하는 제안서의 토대로 NASA의 초안을 활용했다. 민간 항공우주산업 기업은 NASA가 자신들이 제안했던 원래의 아이디어에서 크게 벗어나지 않은 제안을 채택한다는 사실을 깨달았기 때문이다. 독창적인 초안들이 반영되는 경우는 극히 드물었다. 브롬버그는 이런 민간 항공우주산업 기업의 제안서를 두고 '즉각적인 반응' 혹은 '오만한' 방식이었다고 설명했다. '즉각적인 반응'이 있다는 의미는 기업이 NASA의 사전원칙을 따르며 그와 밀접한 방식으로 개발을 진행한다는 것을 뜻했다. '오만한' 방식은 사전기준을 어디론가 날려버리고 자신만의 아이디어와 더불어 NASA보다 우주선 제작법을 자신의 엔지니어가 더 잘 알고 있다는 인상을 전

달하는 것이었다.[6]

　이런 보상체계에는 당연히 결과물이 따른다. NASA는 그들이 원한 걸 얻었다. 노스 아메리칸이 택한 '오만한' 방식 탓에 머큐리 미션에서 빈손으로 돌아서야 했던 그들은 아폴로 미션에 모든 전략을 총동원했다. NASA의 담당 엔지니어 맥심 파제트Maxime Faget와 자신의 아이디어 또한 정확히 파악하고 있던 노스 아메리칸 우주 비행팀 수장, 해리슨 스톰스Harrison Storms는 '즉각적인 반응'을 표명하는 초안 콘셉트를 재빨리 포기했다. 브롬버그는 스톰이 NASA의 사전 규제를 얼마나 준수하며 사업을 진행했는지 전했다. "파제트는 완성품의 모습이 어때야 할지 확고한 기준이 있는 자기중심적인 천재였다. 맥심은 개인적으로 머큐리 캡슐 우주선의 구조를 기획하고 그것을 모두에게 각인시키려 했다. 그리고 정황상 그가 아폴로 프로젝트에서도 그러하리라는 건 자명했다." 눈치가 빠른 스톰스의 제안은 우주선의 모습이 이랬으면 좋겠다는 NASA의 생각을 '거울처럼 반영' 했다. 이런 방식으로 노스 아메리칸은 거의 내정되었던 마틴 컴퍼니를 누르고 전혀 예상하지 못했던 계약을 따내는 데 성공했다.

　그러나 이러한 수준 높은 품질요구가 이뤄졌음에도 아폴로1호는 시험 도중 전기 배선 문제로 화재가 발생했고, 불꽃이 선실 내부로 스며들어 몇 초 만에 우주선이 튕겨 나갈 정도로 지옥 같은 화염에 휩싸였다. 그로 인해 아폴로1호에 탑승한 우주비행사 3명이 불에 타 질식하는 참사가 일어났다. NASA는 모든 책임을 노스 아메리칸에 돌렸고 결국 계약 파기를 막으려 해리슨 스톰스가 총대를 멨다. 아폴로11호

발사에도 스톰스는 케이프 케네디(지금은 케이프 커내버럴이라고 불린다)에 초대받지 못했으며 착륙하는 광경도 일반인처럼 지켜만 봐야 했다. 그것도 TV 중계방송으로 말이다.[7]

이는 아폴로 우주선을 둘러싼 기업경쟁을 매우 간략하게 축소한 것이다. 이런 역사적 과정이 지금의 뉴스페이스와 무슨 관계가 있는지 묻고 싶을 수도 있다. 그 답은 매우 간단하다. 이런 사례는 정부 기관이 그들이 '진리'라고 생각할 때 반복되는 문제를 지적한다. 이런 시스템으로 NASA는 수십 년 동안 그들보다 경쟁력 있는 민간 기업의 혁신적인 아이디어가 항공우주산업으로 흐르는 것을 저지했다. NASA에서 계약을 수주하려 했던 기업들은 비범한 혁신으로 빛을 뿜어내기보다 그들에게 맞추는 데 급급했기 때문이다.

기술 개발을 통한 완전한 NASA의 우위에서 여러 기업의 책임으로 가는 과도기는 1970년대부터 서서히 시작되어 80년대에 가속됐고 90년대에 정점에 이르렀다. 아폴로 프로젝트만 해도 모든 세부사항을 결정하고 감독하는 건 NASA의 몫이었다. 다만 틀의 개발과 제작과정은 산업 협력사에게 훨씬 더 큰 자유를 선사했다. 우주정거장 역시 마찬가지였다. 위성 제조사 TWA의 경영자 출신으로 당시 NASA의 수장이었던 대니얼 골딘Daniel Goldin은 민간경제 생리를 누구보다 훤히 알고 있었다. 골딘은 보잉을 개발 계약의 주계약자로 선정하고 제작, 감독을 위해 원래 계약했던 3,000명이 아닌 1,300명의 NASA 직원을 안배했다. 브롬버그는 "보잉은 재정 감독을 줄이고, 현실적인 원가산출

을 위해 기업 경제적 방식을 추구했다."고 전했다.[8]

　NASA의 감독 시스템은 결국 폐지됐다. NASA는 지난 10년 동안 큰 변화를 거듭했다. 그건 직원들의 헤어스타일뿐만이 아니었다. 오랜 시간 민간 협력사의 목줄을 짧게 쥐고, 미국의 민간 항공우주산업을 전적으로 감독한다는 방식이 지속되었던 만큼, 정권이 교체되고 들어선 여러 정부가 고집스럽게 NASA를 압박했다. 브롬버그는 "골딘의 시대와 비교하면 지난 30년간의 변화가 얼마나 서서히 일어났는지 놀라울 정도다."[9]라고 말했다. NASA와 비교하면 보잉 같은 기업은 90년대까지도 독자적인 항공우주산업 주자로 간주되지 않았기에 로켓과 발사 램프의 주권이 부족했다.


## 램프에 오르지 못하는 올드스페이스

항공우주산업 기업이 처음부터 우주산업에서 독립적인 선수가 될 수 없었던 결정적인 이유는 이 기업들은 우주선을 제작했지만 직접 발사와 운영을 맡지 않았기 때문이다. 80년대 중반까지는 항상 모든 비용을 지불하는 측이 발사를 담당했다. NASA와 국방성에서 로켓과 우주선을 구입하고 제 손으로 직접 발사하는 모양새가 일반적이었다. 나중에 살펴보겠지만 이런 업무분담에는 중요한 국제법이 배경으로 깔려 있다. 또한, 국방성이 극비리에 추진하는 정찰위성을 직접 발사하고자 했기 때문이기도 하다. 더 자세히 살펴보면 민간 기업의 엔지니어들 역시 NASA와 긴밀한 관계를 유지하기 위해 발사 램프에 직접

참석할 정도였다.[10]

　록히드와 마틴(당시에는 아직 독자적인 회사였다)이 관심을 표명했음에도 결국 1960년대 NASA가 상용 위성의 우주 발사 계약을 체결했다. 당시에도 이 사업은 수익성을 보장하는 노다지였다. 그로써 민간 기업은 초기 비즈니스에서 제외됐다.[11] 만약 당시 민간 발사를 허용했더라면 우주산업의 역사가 어떻게 흘렀을지는 아무도 모른다. 어쨌든 연구 및 개발기관인 NASA는 단숨에 상용 발사서비스제공자Launch Provider로 선정됐다. 그로부터 20년 뒤 NASA에게 민간 항공우주산업 분야를 일으켜 세우라는 지시가 내려오자 어처구니없는 상황이 연출됐다. NASA는 스페이스셔틀 비행을 자유 시장에 맡겼다. 그리고 NASA 자신도 스페이스셔틀의 직접적인 경쟁자가 되었다. 더욱이 경쟁자로 있으면서 민간 기업을 지원해야만 했다.[12]

　현재 NASA는 명백한 발사서비스제공자로 보이지만 당시에는 전혀 그렇지 않았다. 많은 이들이 NASA가 사업가적 방식에 젖어 학문적 의의를 상실하는 것은 아닌지 우려했다. 80년대에 이르러서야 미국 정부는 유럽 기구인 ESA처럼 NASA가 민간 제공기업으로부터 발사 의뢰를 진행한다는 '상용 우주 계획'을 확립했다.[13]

　1989년까지 NASA는 맥도넬 더글라스(현 보잉)와 오비탈 사이언스(현재 오비탈 ATK) 같은 민간 기업을 로켓발사제공자라는 무대에 올렸다. 그러나 그로부터 4년이 지난 시점까지도 스페이스셔틀은 우주로 향하는 운송 분야를 독점했다. 스페이스셔틀 발사와 비교하면 발사서비스제공기업은 비교적 저렴한 편이었지만, 가장 금액이 높은 수익체계는 조금도 변하지 않았다. 게다가 뉴스페이스는 아직 언급할 시기가 아니었다.

이런 전개는 글로벌 기준에 따라 실행됐다. 물론 냉전시대라는 세계 정치적 배경도 이면에 있었다. 소련이 붕괴되고 무엇보다 소련의 프로톤 로켓Proton Rocket, 소유스 로켓을 상업용으로 제공하던 (일시적이나마) 러시아-미국, 러시아-서유럽 조인트 벤처 기업이 등장했다.[14]

## 역경의 연속이었던 새 시대

뉴스페이스 기업은 창의적이고 저렴하며 빠르다는 생각이 든다면, 일명 올드스페이스는 왜 이런 뉴스페이스의 도전에 적극적으로 맞서지 않았는가 하는 의문이 들 것이다. 적어도 올드스페이스는 업계 최고의 인력과 수십 년간 쌓인 노하우를 가지고 있었다. 사실상 대서양 이쪽저쪽에 있는 대형 우주산업 기업들도 그들의 가격을 낮추려 노력한다. 에어버스는 ESA의 요청으로 저렴한 로켓 개발을 시도 중이다. 다음 후속 모델인 아리안6은 (의도적으로) 이전보다 낮은 비용과 적은 탑재량으로 기획 중이다. 주로 대형 위성 2기를 탑재해야 했던 아리안5는 운영적으로도, 화물의 비용 계산적으로도 복잡하기만 했다. 보잉과 록히드 마틴 역시 ULA와의 협력을 통해 불칸이라는 이름의 신형 로켓을 개발 중이다.

그러나 이 기업들은 빈손으로 시작하여 경쟁력을 갖춘 로켓과 우주선 개발에 성공한 스페이스X 혹은 블루 오리진과 같은 추진력을 보여주지 못하고 있다. 그 원인은 올드스페이스하면 연상되는 특징에 있었다.

그들은 지금까지 그래왔던 것처럼 관행에 젖어 '항상 이런 식이야.'로 대처하고, 주주와 정치적 영향력 때문에 계획을 중단하는 경우가 허다했다. 제로2인피니티의 CEO 디미트리스 보운톨로스는 항공우주산업의 거인들이 그들의 사업 분야 아래에 놓인 혁신적 테크놀로지를 반기지 않는 이유를 설명했다. "대기업들은 이런 것을 시도하지 못한다. 그러기에는 하나의 프로세스를 지연하는 규정이 너무 많다." 예컨대 장차 소형로켓 수천 대를 발사해야 하는 소형로켓 비즈니스에서 속도는 무엇보다 중요하다. 디아만디스는 이런 맥락에서 옛 우주 비행 거물들의 답답함을 토로하며, 군상 복합기업이 공룡처럼 멸종 위기에 놓일 것이라고 표현하기도 했다. 물론 말도 안 되는 얘기다. 이미 말했지만, ULA의 연간 수익은 몇억 달러 수준이며 로켓의 신뢰도는 지금까지 항공우주산업 경제의 생태계 중 높은 곳을 선점한 채 오랫동안 유지되어 오고 있다. 보잉과 록히드 마틴은 몇 년 전 상당히 유리한 인수조건을 거부한 ULA의 입장을 긍정적으로 평가하기도 했다.

$$-15-$$

# 우주를 위한 법칙

> "
>
> 달과 다른 천체가 있는 우주는 이용, 점령 혹은 또 다른 수단으로
> 주권을 요구하는 그 어떤 국가적 경향의 지배를 받지 않는다.
>
> 우주조약 조항II
>
> "

## 우주 계약 비판

미국의 진정한 민간 우주산업의 발단은 할리우드 서부 영웅 스타일의 로널드 레이건 전 미 대통령이 1984년 민간 우주 발사 법안을 승인하면서 시작됐다. 앞서 1962년 케네디 전 대통령이 민간 위성 운영자를 위한 시장을 열었지만, 우주수송 및 로켓과 관련된 항공우주산업과는 관련이 적었다.

반면 독자적인 항공우주 서비스의 제공을 허락하는 레이건의 법안은 혁명 그 자체였다. 당시 앨터네이티브 스페이스alternative space라고 불리던 민간 기업에게 하청공급에서 벗어나 로켓을 개발하고 발사하는 것은 물론 우주정거장을 구축하는 것도 허용했기 때문이다. 그리고 이들은 연구기관인 NASA가 이미 거친 과정을 다시 처음부터 시작

하지 않도록 NASA의 노하우를 사용할 수도 있었다.[1] 민간 항공우주산업을 장려하기 위해서 정부는 법안과 돈이라는 2가지 지렛대를 만들었다. 우선 법안을 살펴보자.

레이건 전 대통령은 항공우주산업에 관하여 미숙한 정치인이 아니었다. 1년 전 그의 정부는 방어벽 구축 계획을 조달했다. 소련의 핵 미사일이 미국 영토에 도착하기 전에 미사일을 격추시킬 수 있도록 지상과 우주에 로켓이 배치되는 것이었다. 전략방위계획Strategic Defence Initiative, SDI이라는 이름이 붙여진 이 프로그램은 적들에게 '전쟁의 별'로 일컬어진, 기술적으로 터무니없는 짓이라고 조롱받았던 레이저 광선이 장착된 대륙간 로켓을 발사한다. 레이건 정부는 전략방위계획이 대폭 수정될 때까지 거의 300억 달러를 투여했다. 러시아 로켓에 레이저 광선을 쏘지 않았어도(소련도 미국에 단 한 번도 발사하지 않았다) 보수적인 집단은 최소한 이런 전략방위계획이 냉전 시대의 종말을 가속화했다고 생각했다. 따라서 레이건과 그의 행정부는 전략방위계획이 결과적으로 우주산업을 민간 기업에게 이전하기 위한 전제조건이 되리라는 것을 정확히 인지하고 있었다.

레이건의 전략방위계획은 물론 우주산업의 민영화는 1967년 미국을 포함하여 거의 100개국이 협약한 우주조약*에 위배되는 사항이었다. 이 계약은 우주산업이 우주를 평화롭게 활용하고 누구도 소유권

---

＊　정식 명칭: 달과 다른 천체를 포함한 우주 연구 및 사용을 위한 국가들의 활동규정 원칙에 관한 협약.

을 주장하지 않아야 한다고 규정하며 그 책임이 전부 각 국가에게 있다고 정의했다. 아폴로 미션 과정에서 우주비행사들이 달 표면에 꽂은 미국 국기는 에스파냐인의 남아메리카 정복 혹은 영국 탐험가의 식민지 개척과 달리 우주조약에 의거한 소유권의 상징이 아니었다. 오히려 법률적으로는 역사적 관광지에서 흔히 칼로 낙서를 새기는 것처럼 '닐과 버즈가 이곳에 왔었다.'라고 흔적을 남긴 것에 가까웠다(그보다는 숭고한 취지이긴 했지만 말이다). 정확히 이런 맥락에서 미국과 러시아 사이에 음모가 타올랐다.

가장 근래에 미국 국회를 통과한 우주법안2015*는 미국 시민에게 우주의 자원을 채굴하고 소유할 수 있는 권한을 허용했다. 그 안에 숨은 법률적 책략이라면 점유권이 금속 광산이 있는 소행성 전체가 아니라 채굴한 금속에 한정되었다는 것이다. 이는 바다에서 물고기를 낚는 어부와 같은 이치다. 바다는 만인의 것이지만 물고기는 잡은 사람이 갖는다. 물론 이런 사례를 우주산업에 적용할 수는 없다. 우주법안은 발견한다는 가정 아래 (이론적으로) 생명체를 취하는 것을 금지했다. 따라서 목성 바다에서 물고기를 잡는 건 허용되지만 판매는 불가능하다. 그리고 상업적인 목적으로 사냥하거나 화성인을 전시하려는 행동 또한 불법이다.

기존의 미국 항공우주법안이 절반 정도 우주조약과 일치했다면, 우주조약의 자원 이용 관련 구절은 50년 된 옛 조항을 공격했다. 국제

---

* 정식 명칭: Spurring private Aerospace Competitiveness and Entrepreneurship Act of 2015(H. R. 2262).

공동체는 수년간 확신을 가지고 이 문제에 몰두했다. 게다가 일시적이지만 작은 사건이 일어나기도 했다.

UN은 '우주공간평화이용위원회UN Committee On the Peaceful Use of Outer Space, COPUOS'를 설치했다. 여기에는 우주법안의 효력이 발생하면 나타날 문제가 대두됐다. 러시아 대표는 관련 조약이 우주조약과 일치하지 않는다고 문제를 제기했다. 실제로 그랬다. 조약에는 천체는 상업적인 사용을 위해 소유할 수 없다고 명시되어 있었다.* 그 결과 흥미로운 사고가 등장한다. 우주채굴기업이 작은 소행성을 발견하여 그곳에 있는 모든 광물을 채굴한다고 가정해보자. 소행성 전체가 광물이어서 최후에는 아무것도 남지 않는다면 어떻게 해야 할까? 그렇다면 소행성에 있던 모든 것이 사라지고, 아무것도 남지 않은 이 상황이 법률적으로 아무 침해 없이 그저 소행성의 물질이 소유주를 만난 것이라고 할 수 있을까? 소행성이 채굴기업의 자산이 되는 것은 당연히 허튼소리다. 그럼에도 본 조약에 엄청난 공을 들였던 미국은 그들의 법안을 국제 협정에 맞춰야 하는 상황에 실망했다. 업계 전문 매거진 〈스페이스뷰〉는 미국은 아마 자신들이 '강아지가 귀엽다.'라고 주장했어도 이의를 제기했을 거라 불평했다고 전했다.[2] 완전히 틀린 말은 아니었다. 만약 러시아 기업이 미국과 같은 계획을 발표했을 때도, 이렇게까지 우주채굴에 반대할 것인지는 지켜봐야 한다. 더구나 이러한 상황이 아니더라도 우주조약의 본질에는 의심스러운 면이 많다. 이 조

---

* 제2조항. 달과 기타 천체 그리고 우주 공간으로 구성되는 외기권은 주권 주장, 사용 혹은 점령, 혹은 다른 그 어떤 수단으로도 국가영유의 대상이 되지 않는다.

약은 60년대에 체결됐다. 당시 잠재적 소유권 분쟁은 기술적으로 아주 먼 미래의 이야기였기 때문에 미국과 러시아가 인류의 평화를 위해 이 조약을 체결하는 것은 합당한 처사였다.

결국에는 사실적인 권력을 포함한 강대국의 세력 싸움이었다. 미국은 그들의 법안과 국제우주조약 사이에 존재하는 모순에도 막강한 국력을 등에 우주산업을 업고 추진할 수 있었다. 즉, 미국 기업들에게는 국가우주비행법안에 명시된 내용이 국제우주조약보다 더 중요하다는 뜻이다. ESA의 수석전략가 카이우베 슈로글은 "미국 산업은 수정사항을 반영시키는 정부의 압박이 있다."고 말했다. 솔직히 미국의 기업은 우주조약을 전혀 개의치 않는다. 미국법이 그들에게 우주조약보다 1,000배는 더 중요하기 때문이다. 그들은 오롯이 미국법이 우주조약에 적합하기를 바란다. 조금은 다르게 해석했을지라도 궁극적으로는 유효한 해석으로 인정받기를 바라는 것이다.[3]


## 환영받는 규제

뉴스페이스는 국가적인 입장에서도, 기업의 입장에서도 사실 절약만을 위한 재정정책 대상일 뿐만 아니라 진부한 기획정책의 산물이기도 하다. 수십억 달러를 투자하려는 사람은 로켓을 발사하고 위성 서비스를 제공할 때 그것이 합법적인 공간 내에서 추진되는지 알아야 한다. 슈로글은 이렇게 설명했다. "80년대 및 90년대 민간 기업이 우주산업을 시작하기까지 모든 활동은 국가 차원에서 진행됐기에 법적으로 문제될 사안이 없었다. 민간 경제가 스스로 활성화되려는 조짐을 보이자 정부는 이를 규제해야 할 의무가 생겼다. 이런 규제는 모두가 운전면허를 받아야 하는 도로교통시스템과 같았다."[4]

처음에는 편협한 관료정치처럼 들리기도 할 것이다. 그렇지만 임시 트럭 운전기사 전부가 책임보험도 들지 않고 정기검진도 받지 않은 채 무면허로 독일의 곳곳을 누비고 다니는, 영리한(?) 사업구상을 한다고 가정해보라. 정말 기묘한 일이지만 우주산업에서는 많은 국가들이 실제로 이런 상황이다. 이를테면 독일에는 특별한 규제 법안이 없기에 누구나 아무 문제 없이 위성을 운영할 수 있다. 슈로글은 "90년대에 들어서 각 국가는 우주산업 분야에 국가 차원의 입법이 필요하다는 것을 깨달았다. 그 아래로 등록, 위성 신호의 주파수분배 외에도 최근에는 우주 쓰레기처리 문제가 있으며 가장 중요한 것은 보험이다."라고 주장했다.

지금까지 다모클레스의 칼(환락 중에서도 늘 존재하는 위험에 대한 비유 - 옮긴이)이 모든 국가의 머리 위에 걸려있었다. 우주조약에 따르면 모든 국가는 민간 기업을 포함하여 각 국가에서 시행하는 우주비행 활동의 책임을 져야 한다.[5] 다시 말해 팰컨9 로켓이 함부르크 시내로 추락한다면 미국은 그로 인한 피해를 배상해야 한다. 사고가 난 집의 집주인은 국제규정에 따라 워싱턴에 있는 미국 정부에 직접적으로 보상을 요구할 자격을 얻는다. 상황에 따라 미국 정부는 스페이스X에서 이 보상금을 회수할 수도 있다. 그러나 그것도 스페이스X가 이런 보상금을 지불할 능력이 있어야 가능하다. 이런 대리 책임 문제에는 큰 단점이 있다. 국가의 보증에는 제한이 없는 데다 우주 비행 사고에는 몹시 많은 돈이 소모된다. 날아간 집 한 채에 대한 보상금을 지불하는 것이야 아무 문제도 아니지만, 사람들로 가득 찬 백화점 혹은 도시 한 구역 전체가 파괴됐다면 그 대가는 어떻게 책정해야 한단 말인가? 따라서 민간 우주 비행은 다른 업계와 같은 규제 시스템이 필요하다. 슈로글은 그 규제가 우주로 향하는 길목에서 장애물이 되지는 않을 거라 여겼다. "1984년 전에는 어떻게 손을 대야 할지 엄두도 내지 못해 아무도 민간 우주산업 분야에 관여하려 하지 않았고, 그로 인해 모든 것이 열려 있었다. 국가는 제약 없이 책임을 떠맡아야 하는 상황에서 어느 날 모든 화살이 국가에 되돌아오게 되는 것을 원하지 않았다. 따라서 이제는 규정에 따른 인가를 판단하는 법의 테두리가 존재한다. 진공 상태의 우주를 고려하면 이런 상황은 예전에 비해 1,000배는 낫다."[6]

슈로글은 이를 규정을 통한 장려라고 언급했다. "그게 뭔지 제대로 알지도 못하면서 뭔가를 위반했기 때문에 아래로 쏴야 할지 그대로 멈춰야 할지 감이 오지 않는다면 그냥 아예 시도조차 말아야 한다. 즉, 손에 허가증을 쥐는 순간부터 사업을 할 수 있어야 한다. 물론 우주산업에 1,000가지 규정을 정한다면 그 또한 잘못일 것이다. 하지만 국가는 민간 항공우주산업 기업을 탄압할 정도로 어리석지 않다."

그렇게 미국 정부는 입법 시 서서히 성장하는 민간 항공우주 산업을 과도하게 규제하지 않으려고 노력했다. 또 다른 우주 비행 관련 법안인 상업우주발사법 2004년 수정 조항으로 NASA는 민간 우주 비행을 허가하는 데 그치는 것이 아니라 최고 보장범위는 물론, 기업이 우

주비행사의 운송에 대한 경험을 쌓을 수 있는 일종의 '실습 기간'을 보장했다.[7]

스페이스십원이 안사리 X-PRIZE를 수상하고 난 후 일반적으로 곧 우주관광객이 정기적으로 우주를 방문할 것이라는 생각이 퍼졌다. 그러나 사고의 위험이 있거나 이미 무슨 일이 일어났다면 당국이 개입해야 한다. 국가에서 창업지원 자금을 받음으로써 기업은 우주비행사들이 인지하고 있는 우주 비행의 위험성에서 직원들의 안전을 고심하지 않는 만행을 저질렀다.[8] 물론 민간 항공우주산업 분야가 예상치 못한 방식으로 지연된다면 우주조약에 명시된 이 기간은 2025년으로 연장될 예정이다. 그 이후에야 워싱턴에서는 확고한 규정을 고민할 것이다. 여타의 산업에서는 지금까지 이런 규제의 진가를 인정했다. 그리고 그 누구도 이런 규제로 산업이 지체된다고 불평하지 않는다.[9]

# 회상:
# 우주 수송업자로서 국가

>
> "
> ─────
>
> **셔틀 프로그램은 우리를 그 어디로도 데려가지 못했다.**
>
> 로버트 주브린, 화성협회 회장
>
> ─────
> "

## 방해물이 되어버린 셔틀

우주산업 경제의 기반을 다질 법률적 규제와 달리 미국 정부와 NASA 는 민간 우주산업의 발전을 위해 우선 국가적 차원의 발사 시스템을 구축했다. 그러나 이런 행보는 저렴한 발사 시스템 개발 기회를 빼앗았을 뿐만 아니라 미국 위성의 발사 비용도 상승시키고, NASA에 자금 운용의 어려움을 주었다.

  60년대 말 이후는 물론, 아폴로 프로그램 중에도 우주수송 분야 모든 개발의 중심에는 스페이스셔틀이 있었다. 프로젝트 초창기 계획은 수평으로 착륙하는 날개 1쌍을 로켓 본체에 설치하는 것으로 화물 탑재량이 여러 톤에 이르는 우주선이었다. 이 우주선으로 주 단위 발사를 시행하고 착륙시키며 우주정거장을 운송하고 위성을 설치하는 우주연구실 역할을 하고자 했다. 여러 항공우주산업 엔지니어들에게 이런 스페이스셔틀은 기술적으로 우주로 가는 한 발자국의 진보가 분명했다. 애초에 예상했던 비용은(비행 관련 개발비 제외) 1년 50회 발사를 기준할 때 약 1,400만 달러로[1] 현재 가치로는 8,000만 달러에 이른다. 이는 당시 정부의 구두쇠들이 만족한 예산안이었다. 이렇게 스페이스셔틀은 상업적 배경이 두드러졌고 건설 중인 우주정거장 공급용만이 아니라 떠오르는 위성 시장에서 미국이 경쟁력을 갖추기 위한 대비수단이었다.[2] 그런 계획에 따라 고체 부스터 시스템이 개발됐고, 거대한 탱크의 연료를 공급하는 엔진을 장착한 궤도 선회 우주선이* 등장했다. 무엇보다 군에서 25t 이상의 수송능력을 요구했기 때문이다. 그러나 이런 지표는 오랫동안 유지되지 않았다. 첫 유인 비행을 1년 앞둔 시점인 1980년, 예상되었던 발사 비용이 계획했던 것보다 낮은 발사횟수로 말미암아 거의 2배 가까이 늘어났다.[3] 결국 매주로 계획되어 있었던 스페이스셔틀의 발사 간격이 최소 1달 반으로 연기됐고 끝내 평균 82일로 늘어났다. 또한 수송 화물도 평균의 절반밖에 되지 않았다.

스페이스셔틀은 우주산업 분야에 자주 등장하는 희망 사항과 현실 사이의 불일치를 극명히 보여주는 사례다. NASA는 물론 군의 요구사항을 모두 충족시킬 것이라는 기대를 한몸에 받은 스페이스셔틀은 처음부터 '만능우주선'으로 구상된 것이었기에 예기치 못한 복

---

\* 왕복우주선을 주로 스페이스셔틀로 표현한다. 이것은 특히 모든 요소를 포괄한 전체 운송시스템을 지칭했다. 정확히 표현하자면 우주선 자체는 궤도 선회 우주선으로 표시해야 한다.

합적인 시스템이 필요했다. 이를테면 궤도 선회 우주선은 궤도에서 2,600km를 비행하며 지구를 한 바퀴 일주한 다음 다시 지구대기권에 들어선 후 최대한 충격을 받지 않고 특정 지점에 착륙 가능하도록 계획되었다. 다른 셔틀 역시 비용이 낮거나 어렵지 않은 것이 없었다. 그리고 그만큼 사고가 날 가능성도 높았다. 막대한 비용이 드는 열 보호판과 고성능 엔진도 마찬가지였다. 스페이스셔틀의 터보 펌프는 상상할 수 없는 수소 수치인 7만 6,000PS와 연소실에서 500바$_{bar}$ 이상의 압력을 가하며 1분 동안 3만 7,000번 회전했다. 마치 자동차 크기의 동력장치를 보유하고 있는 초대형 유조선이나 다름없었다. 게다가 재진입 시 스페이스셔틀은 3만 장 이상의 세라믹 타일들이 불에 붙지 않도록 보호해야 했다. 이런 요소는 스페이스셔틀 개발을 수년간 지연시켰을 뿐 아니라 대기 비용도 천정부지로 상승시켰다. 미국은 비용이 저렴한 화물차 대신에 비싸고 까다로운 리무진을 제작한 것이었다.

또한 스페이스셔틀에는 처음부터 심각한 문제가 있었다. 바로 스페이스셔틀의 존재 목적 자체가 사라져버린 것이다. 원래 주요계획은 스페이스셔틀로 우주정거장의 보급을 수행하려는 것이었다. 특히 아폴로 미션 이후 예산이 제한되면서 스페이스셔틀 제작을 위한 예산이 아닌 우주정거장 예산이 부족했다. 스페이스셔틀이 계속해서 지연되는 바람에 우주정거장 스카이랩$_{Skylab}$은 스페이스셔틀이 발사되기 전에 잿더미가 되어버렸다. 따라서 80년대에는 우주선이 우주를 방문해도 궤도에 머무를 수 있는 정거장이 존재하지 않았다. 수천 명이 거대한 우주정거장에서 근무하는 비전은 환상이 되어버린 것이다.

물론 이런 상황일수록 대담하게 대처해야 한다. NASA의 역사학자 브롬버그는 "경제 분석에 따르면 스페이스셔틀이 우주로 향하는 저렴한 길을 열어준다는 약속을 지키기 위해서는 허용탑재량을 모두 채운 채 최대한 자주 발사되어야 가능하다."고 설명했다. 적재 한도까지 화물을 탑재하려면 스페이스셔틀은 국방성의 대형 정찰위성만 싣고 발사하는 일을 자제해야 했다. 때문에 NASA는 모든 미국 위성 운영기업에게 그들의 위성을 스페이스셔틀에 탑재하라고 억지로 떠넘겼다. 이에 스페이스셔틀은 상용 화물을 독점하기에 이르렀다. 이는 NASA가 스페이스셔틀을 위해 기존 로켓 개발마저 중단하고, 발사 시스템의 모든 옵션 또한 후처리되었다는 사실을 의미했다. 비록 이제 와서는 황당무계한 계획이라는 평을 듣지만, 당시에는 호응을 얻었다. 스페이스셔틀 초기에 NASA가 역대 급의 저렴한 발사 비용을 책정했기 때문이다.

첫 3년 동안 NASA는 500kg 위성 수송을 위한 발사에 약 1,100만 달러(한화 약 132억 원 -옮긴이)를 책정했다. 동시에 기존 로켓의 비용이 오르기 시작했다. 브롬버그는 "70년대의 높은 인플레이션이 가격상승의 주요 요인이었다. 그러나 보조금이 삭감된 NASA의 저렴하거나 무상으로 진행된 발사시설과 보관창고처럼 델타와 아틀라스 때 고민했었던 문제들도 있었다."[4]라고 평했다.

이는 위성 운영기업에게 나쁜 소식이었다. NASA가 그들의 우주비행사 및 탑재화물을 보호하고 보험료를 낮추기 위해 최선을 다할 것이라고 생각한 사람들은 스페이스셔틀이 유인 시스템 이상의 퍼포먼스를 보여줄 것이라고 확신했다. 그러나 발사 시스템을 한 가지로 고정한 상황에서는 경쟁이 붙고, 그 비용이 낮아지는 효과를 기대할 수 없게 될 것이 분명했다.

이런 고민에는 또 다른 문제들이 있었다. NASA는 스페이스셔틀을 위성 보수서비스, 즉 몇 년간의 위성 운영 후 수리를 위해 위성을 지구로 다시 가져오는 재탑재 계획을 세웠다. 이러한 보수서비스가 의미를 갖기 위해서 개발자는 모듈식 유니트 공법으로 위성을 제작해야 했다. 그러나 당시만 해도 위성은 최대 10년 동안 유지할 수 있는 상태였고, 따라서 보수가 필요한 위성은 없었다. 그리고 여러 값비싼 위성들이 스페이스셔틀의 도달거리를 벗어난 곳에 위치한다는 사실은 솔직히 어처구니가 없다. 대부분의 위성이 3만 5,786km 상공의 정지궤도에 위치한다. 그렇지만 지표에서 약 650km 이상을 비행하지 못하는 스페이스셔틀의[5] 임무는 처음부터 지구저궤도에 위치한 정거장의 공급을 담당하는 것에 불과했다(국제우저정거장은 약 400km 고도에 위치한다[6]).

새로운 위성 발사 시스템 자체로서도 스페이스셔틀의 모습이 그리 좋지 못했다. 로켓은 위성을 일반적으로 정지천이궤도GEO인 타원형 궤도에 올려놓았다('위성 궤도' p.103 참조). 그곳에서부터 위성은 항로를 변경하고 작은 추진 장치로 동력을 공급하며 목적지까지 비행한다. 그러나 스페이스셔틀은 위성을 불안정한 타원형에 내어놓았기 때문에 목표지점까지 비행하려면 고가의 추진장치가 추가로 필요했다. 스페이스셔틀을 위성 수송 및 정비서비스에 활용하려던 의도는 처음부터 여러 단점이 있었으며 그렇지 않다고 해도 비현실적이었다.

## 유럽의 비상

당연하게도 미국은 많은 돈을 들여 개발한 스페이스셔틀을 쉽게 포기하지 않으려 했다. 미국은 고객이 사라지는 것을 방지하기 위해서 단순히 발사금액을 낮췄다. 그렇지만 이는 장기적으로 경쟁력 있는 발사 시스템을 개발하기에 적절하지 않은 처사였다. 이런 상황에서 스페이스셔틀의 경쟁자가 등장하면서 NASA에 역효과가 일어났다. 개발 난조와 끝없는 정치적 방향 전환을 겪으며 유럽이 마침내 경쟁력 있는 대형로켓, 아리안 제작에 성공한 것이다. 아리안은 미국 스페이스셔틀에 패자 및 개발 실패의 낙인을 찍었다. 최소한 위성 수송 분야에서 만큼은 그랬다.

수십 년 동안 유럽은 혁신적이고 발 빠른 항공우주산업 분야의 사례로 거듭나지 못했으며, 초창기에는 아무 역할도 맡지 못했다. 기술적인 측면에서 그럴 만한 능력을 갖췄거나 얼마 전까지 우주산업 분야의 선두에 있었던 여러 국가가 경제적, 정치적으로 혹은 특히 독일처럼 이념적으로 힘든 시기를 겪고 있었다. 우주산업을 고집한 강대국은 50년대의 국가적, 군사적 방식으로 이 분야를 이끌어갔다. 첫 목적은 원자폭탄이었고 그다음은 중장거리 로켓이었다. 이런 토대를 기반으로 위성을 우주에 쏘아 올렸고, 감소한 식민지에서 활용하기 위해 로켓 개발에 뛰어들었다. 오스트레일리아의 아웃백에서 영국의 블랙 애로우Black arrow 로켓은 처음으로 (그리고 유일한) 영국 위성을 궤도에 쏘아 올렸고, 알제리(훗날 쿠루)에서 위성 아스테릭스Asterix를 탑재한 프랑스의 디아망Diamant이 발사됐다. 이 두 국가는 이런 프로젝트를 단독으로 장기간 지속하기를 원하지 않았다.

그 해결책으로 두 세계조직이 등장했다. 이미 1961년 독일을 포함하여 유럽 10개국이 유럽우주연구기구European Space Research Organisation, ESRO를 설립하여 학문적으로 뛰어난 위성 제작에 성공했다. 위성 발사를 위해 유럽 우주로켓개발기구European Launcher Development Organisation, ELDO가 설립되었지만, 성과는 미약했다. 이들의 핵심프로젝트 유럽산 로켓은 초기 우주산업에 관한 유럽 통합과 분열, 기술적인 약점의 상징이었다.

기술적인 면에서 유럽 우주로켓개발기구는 영국 및 프랑스 로켓에서 비롯되었고, 독일은 3번째 단계의 로켓인 아스트리드Asterid만을 새롭게 제작했다. 유럽에서의 4번째 발사 중 탑재화물을 지구저궤도에 수송하는 데 실패하자 프로젝트의 분위기는 더욱 침울해졌다. 이 프로젝트에 지원을 중단하는 회원국이 점점 늘어나며 결국에는 프랑스와 독일만이 남았고, ELDO는 1973년 해산되었다. 비할 데 없는 실패였다. 가이아나 지역의 한 농부는 더 이상 발사 램프에 들어가지 못하게 된 마지막 남은 유럽의 지역을 그의 닭장을 만들기 위해 사용할 수밖에 없었다.[7]

ELDO의 실패가 유럽에 미친 영향은 훨씬 극적이었다. 급성장하고 있는 이 시장을 완전히 미국에게 넘기지 않으려면 유럽 로켓이 유럽 위성을 수송해야 했다(당시 공산국가였던 소련은 이런 관점에서 배제됐다). 그러나 의도와 달리 유럽의 통신위성 심포니1과 심포니2는 케이프 커내버럴에서 미국 로켓 델타에 탑재되어 발사했다. 미국은 완벽하게 유럽의 체면을 실추시킬 만큼, 이 위성들을 상업용으로 쓰지 않는다는 조건 아래 발사 계약을 체결했다.[8] 1976년 프랑스 파리에 본사를 둔 유네스코의 나이로비 회의에 의거하여 유럽의 심포니 위성은 테스트용으로만 사용되어야 했다.

그러나 유럽의 후속 모델은 놀라울 정도로 빠르게 이런 치욕을 청산했다. 1979년 크리스마스이브에 첫 발사를 시도한 아리안1은 3번째 시도 만에 메테오샛2Meteosat2 위성을 우주에 수송하는 데 성공했다! 이런 복덩이는 어디서 갑자기 굴러온 걸까?

프랑스 정부는 유럽 로켓의 약진이 다시 반복되지 않도록 심혈을 기울였다. 우선 거진 프랑스 로켓이라 할 수 있는 아리안1은 파리에서 개발비용의 3분의 2를 지불했고, 계약 당사자로 선정된 프랑스 기업 에어로스파시알Aérospatiale이 대부분의 운영과 책임을 양도받았다. 독일은 전체 개발비의 5분의 1만을 투자했으며 아리안의 3번째 로켓 단을 제작했다.[9] 다시 말해 프랑스는 또다시 반복되려는 유럽의 불협화음을 잠재울 만한 카드를 손에 쥐고 있었다. 프랑스는 호주 대신 마지막으로 유럽이 선택했던 발사 장소인 기아나의 쿠루를* 선정했다. 그곳에서 화물을 몇 kg이라도 더 탑재할 수 있었고, 날이 갈수록 통신위성의 중량이 증가하고 있었기에 이것은 매우 중요한 이점이었다. 게다가 아리안은 처음부터 상용 정지궤도 위성 운반용으로 기획되고 제작한 것이기에 핵탄두를 수송하는 다른 여러 로켓과 비교하면 결정적인

---

* 프랑스어로 Centre Spatial Guyanais(CSG)라고 표기하는 기아나우주센터는 적도에서 불과 600km 남짓한 남아메리카의 프랑스령 기아나 해안에 위치한다.

장점이 있었다.[10] 유럽은 이때까지 이런 성과를 낸 사례가 없었다. 그렇기에 국가 재정가들이 이 프로젝트에 열정적으로 임하지 않았다는 점도 실패의 주요 원인으로 평가된다.

프랑스의 성공적인 사례를 기점으로 유럽 협력국은 1975년부터 다시 유럽우주기구ESA를 설립했다. ESRO의 위성 개발자들도 이 기구로 흡수됐다. 본거지가 파리로 결정된 데에는 이유가 있었다. 하지만 탄탄대로를 걸을 것만 같았던 ESA의 출범도 자세히 들여다보면 시끄러운 잔치였다.

첫 ESA 수장 자리를 놓고 독일과 프랑스 정부는 서로를 헐뜯었다(프랑스는 프랑스인을 독일은 베네룩스 대표를 놓고 경쟁했다). 또한 그들의 정부 내각의 경제부, 재정부, 외교부 및 과학부 장관들이 아리안 프로그램의 비용과 의미를 두고 살벌한 설전을 벌였다.[11] 1974년 회담에서 헬무트 슈미트Helmut Schmidt 전 독일 총리가 그랬던 것처럼 때때로 대통령 혹은 수상의 엄명이 동원되기도 했다. 당시 여러 장관이 여기에 투여되는 예산과 관련하여 합의하지 못하면서 프랑스령 기아나의 쿠루에 발사 기지를 증축하는 데 문제가 생겼다.

60년대에 이르러 유럽 내에 수송용 로켓을 제작하려는 움직임이 일자 독일은 극도로 망설였다. 전 독일 총리 브란트와 슈미트가 여러 단으로 이뤄진 로켓에는 미래가 없다고 생각했기 때문에 독일은 아리안 제작의 극히 일부분만을 지원했으며 자발적으로 프랑스에 이 영역을 넘겼다.[12] 그때만 해도 누구도 유럽이 상용 우주산업의 역사에 성공 사례로 이름을 올릴 것이라 상상하지 못했다.

유럽의 하이라이트는 1980년 아리안스페이스가 설립되면서부터 시작됐다. 아리안스페이스는 아리안1의 9번째 비행부터 모든 로켓을 직접 제작하고 발사했으며 특히 처음으로 이런 서비스를 상용화한 민간 기업이다. 이는 신세계였다. 물론 전권을 가지고 있는 아리안스페이스의 핵심 주주는 유럽 국가(특히 프랑스) 혹은 국영기업이었다. 그러나 아리안스페이스는 반국가적 체계로서도 성공을 거뒀다. 니클라스 라인케는 다시 한번 '이 시스템의 신뢰도는 96.4%로 상승했고 아리안은 우주산업 분야 시장점유율의 60%를 차지하며 세계에서 가장 성공적인 수송책 중 하나로 성장했다. 프랑스는 그것으로 첨단과학에 대한 국가의 투자는 장기적인 관점에서 이득이라는 점을 입증했다. 80년대 아리안4까지 이어진 개발에 투여된 전체 비용은 약 45억 도이치마르크였고, 약 90회의 상용 발사는 180억 도이치마르크 가치를 냈다. 아리안1에서 아리안4가 개발된 1973년에서 1986년까지 독일이 기여한 부분은 약 5억 7,000만 도이치마르크였다. 아리안스페이스의 보고에 따라 1983년에서 1985년에만 정점에 이른 수송 로켓 제작을 위해 독일에 약 20억 도이치마르크가 할당됐다.'고 설명했다.[13] 여기에는 2가지 주요한 정보가 들어있다. 첫째, 독일은 당시 이런 대형 수송기가 어느 날 유럽과 독일에 얼마나 중요한 의미가 될지 그리고 우주산업이 얼마나 중요한 시장으로 부상할지 조금도 예측하지 못했다는 점이다. 둘째, 아리안의 성공으로 서로 우호적인 유럽 우주산업 정책 내에 상업적이고 독립적인 발사제공기업이 필요하다는 경향이 어느 정도 감지되기 시작했다.

대서양의 반대편에서는 지금까지의 독점시장을 공격하는 전개에 거부와 적응이 동시에 이어졌다. 유럽에서 충분한 양이 생산되지 않는 아리안 로켓의 연료 UDMH* 공급처를 물색해야 했던 ESA가 그들에게 도움의 손길을 건넸다(UDMH는 지금까지 미국이 공급했지만 70년대 중반부터 공급을 중단했다). 흥미롭게도 유럽은 지금까지도 그들이 보유한 대형 프로톤 로켓에 UDMH를 사용하고 있는 소련에서 이 귀한 연료를 공급받았다.[14] 모스크바는 군사적, 이념적 측면에서는 적수였지만 위성 시장에서만큼은 미국과 달리 경쟁자가 아니었다. 프랑스국립우주센터 CNES와 1993년까지 기아나우주센터의 부사장을 역임했던 장 피에르 모랭Jean-Pierre Morin은 저서 《아리안의 출현La Naissance d'Ariane》에 미국이 아리안1의 발사 지점까지 러시아로 위장한 정찰함대 2척을 보냈다고 기록했다. 그것은 만약 아리안1이 "오케이, 이제 이동합니다!"라는 멘트와 함께 제때 발사지대를 벗어나지 않았더라면 자폭 신호를 송신할 수도 있는 상황이었다.[15]

미국 비밀정보부가 아리안 프로그램을 주시했으며 미국 정부도 아리안의 성공 가능성과 아리안스페이스 임직원의 판매방식을 평

---

* UDMH는 1,1-다이메틸하이드라진(dimethylhydrazine)의 약자로 무색에 생선 냄새가 나는 액체다. 건강에 몹시 해로운 물질이지만 보관하는 데 비교적 문제가 없었기 때문에 50년대부터 로켓연료로 사용됐다.

가 분석하고 있었기에 그런 일이 생길 가능성도 배제할 수는 없었다. 1983년 7월 〈ASLV: 미국 스페이스셔틀에 대한 유럽의 답변〉[16]이라는 제목의 비밀정보국 파일철을 통해 오늘날 우리는 당시 미국이 유럽 로켓을 명백한 위협으로 파악했으며 아리안스페이스의 판매정책을 불공정하다고 판단한 것을 확인할 수 있다. 현재 일부 공표된 파일을 보면 신원 미상의 작성자는 NASA와 미국 산업계에서 아리안을 유럽 로켓의 초기 실패작으로 간주하며 진지하게 생각하지 않았다고 기록했다. 아리안이 성공적으로 발사되고 미국 로켓은 스페이스셔틀에 밀려 갈수록 시장에서 사라지고 있는 상황에서도 미국의 패권적인 생각은 변하지 않았다. 여기서 가격은 그리 큰 비중을 차지하지 못했다. 파일 작성자는 아리안1 고객은 아리안 발사 1회를 위해 약 2,500~3,000만 달러를 지불했다고 추측했다. 비교하자면 NASA의 스페이스셔틀에 탑재될 화물비용은 약 2,000만 달러 그리고 델타는 3,000만 달러 상당이었다. 그러나 아리안스페이스는 특히 고객이 이미 위성에 금액을 쏟은 상태라면 수송서비스에 지불할 금액의 상당 부분을 발사 직후 결제하는 방식으로 고객의 구미가 당길 만한 제안을 했다. 이것은 발사 33개월 전에 전체 금액을 요구하는 NASA와는 180도 달랐다.

해당 파일은 1982년 5월 당시 프랑스 아리안스페이스 사장이었던 프레데릭 달레스트Frédéric d'Allest가 한 통의 편지로 콜롬비아 전자통신 장관을 설득시키려 한 방식을 설명했다. 달레스트는 스페이스셔틀의 단점을 열거하며 아리안 예약을 종용했다. 스페이스셔틀은 여러 기술적 불확실성으로 인하여 발사지연이 발생할 수도 있으며 미군이 그들의 위성을 우선할 가능성도 있다는 것이다. 게다가 고객이 요금을 선불로 지불하는 것 외에도 위성이 발사 시기까지 완성되지 않은 경우에도 비용을 지불해야 한다는 단점을 지적했다. 또한 스페이스서틀의 요금이 곧 대폭 인상될 것이라고 강조했다. 도대체 해당 논문의 저자가 이 편지에 쓰인 내용을 어떻게 알고 있으며, 저자의 이름이 CIA에서 발표한 문서뿐만 아니라 정보의 출처에서도 밝혀지지 않고 있다는 점이 흥미롭다. 달레스트가 장관의 비위를 맞추러 온갖 노력을 다했음에도, NASA의 공무원은 고객을 식사에 초대하는 것도 허락하지 않았으며 하물며 일종의 할인은 언급조차 하지 않았다.[17]

미국이 고정가로 발사를 고집하는 동안 유럽은 마음 닿는 대로 가격을 낮추며 미국보다 낮은 금액을 유지했다. 또한 ESA 회원국의 합의하에 일반 고객보다 25% 높은 비용을 받으며 적자를 메웠다. 우주 산업 역사학자 T. A. 헤펜하이머T. A. Heppenheimer는 당시 아리안스페이스의 대표이사 샤를 비고트Charle Bigot의 말을 인용했다. "고객을 대하는 NASA의 태도는 마치 소작농을 부리는 대지주 같다. 반면 아리안스페이스는 상인처럼 행동한다."[18]

콜롬비아의 첫 비행 후 3년도 흐르지 않은 1985년, NASA는 금액을 대폭 인상했다. 하지만 스페이스서틀 비용은 그리 오르지 않았다. NASA는 비행을 할 때마다 더 많은 비용이 발생한다는 것을 알고 있었지만, 상용 고객을 위한 발사 비용을 7,100달러(현재 가치 1억 6,000만 달러)로 책정했다. 우주 정찰용을 위한 비용은 2억 5,000만 달러였다.[19]

다행히도 우주산업의 처참한 도마 위에 오르기 전 NASA는 스페이스서틀을 위한 다른 여러 상용 계획을 끝냈다. 정기적 우주 운항서비스가 시행되던 초기에는 민간 스페이스서틀을 제작하는 계획을 세울 정도로 모든 것이 낙관적이었다. 그러나 비단 스페이스서틀의 부족한 경제성만이 아니라 궤도 선회 우주선, 즉 우주선의 제작비용도 함께 구설수에 올랐다는 것이 문제였다. 1982년 10억 달러에 달하던 금액은 1년도 지나지 않은 1983년에 23억 달러로 상승했기 때문이다.[20]

## 우주산업을 리부트시킨 불행

1986년 챌린저의 탱크가 보조 부스터 속에 제 기능을 못 한 고무링의 문제로 폭발했다. 이 사고는 예고되어 있던 대참사였다. 책임 엔지니어 로저 보이스졸리Roger Boisjoly는 고무링이 저온에서 제대로 작동하지 않을 수도 있다는 사실을 알고 있었다. 발사 하루 전 주변 기온이 영하로 떨어지자 그는 경고 알람을 울리며 발사를 연기하려 했다. 보이스졸리의 상사는 NASA에 보고했지만 이런 정보는 무시되고 발사가 강행됐다. 발사 직후 뜨거운 배기가스가 문제가 있는 고무 패킹 사이로 스며들어 거대한 수소탱크로 돌진했다. 발사 후 73초 만에 15km 상공에서 챌린저는 굉음과 함께 폭발했다. 이에 레이건 정부는 앞으로 우주왕복선의 상용 화물수송을 전면적으로 금지한다고 발표했다. 스페이스서틀 시스템은 그렇게 퇴역했다. 정부는 그때를 기점으로 NASA에 해당 서비스의 직접 운영을 금하고 민간 기업에 예약할 것을 지시했

다. 70년대 말 개발이 중단된 로켓을 최첨단기술을 빌려 개조할 때가 도래한 것이다.[21]

이렇게 180도 역전된 상황은 대형 항공우주산업 기업을 다시 비즈니스 한복판으로 이끌었다. 무엇보다도 미국 정부 내의 격렬한 논쟁 끝에 얻은 결과였다. 스페이스셔틀에게는 독점적인 위성을 수송하는 비용이 터무니없이 높다고 생각하는 교통 및 경제부가 막강한 적수였다. 챌린저 대참사로 레이건 정부는 우주비행사를 요구하지 않는 위성 수송을 더 저렴한 비용으로 실행하기를 원했다. 보잉과 마틴 마리에트와 같은 항공우주산업 기업도 공장의 해당 생산 라인이 녹슬지 않는 일회용 로켓의 새 시대가 열릴 거라고 예감했다. 이에 대기업은 마침내 서랍장에서 옛 로켓 기획안을 꺼내고 로켓개발에 착수했다. 그렇게 80년대 중반부터 지금까지 그 후속 모델이 하늘을 날고 있는 델타II와 지금은 퇴역한 타이탄IV가 등장했다.

그 밖에도 미국 국방성은 스페이스셔틀에 대해 NASA가 고수하던 원칙은 의무적인 발사 시스템으로 여기고 우선 타이탄 로켓을 주문했다.[22] 군에게 있어 스페이스셔틀은 그저 불확실한 후보였다. 그 밖에도 미국 군사령관들은 군사적 갈등상황이 생겨도 유인우주선을 파견할 수 없다는 점을 고려했다. 더불어 적군에게도 군사 위성이 탑재된 우주선은 대단히 적절한 목표가 될 것이 분명했다. 이런 하늘을 나는 표적에는 가능하다면 사람을 태우지 말아야 한다. 이후에 위성 및 쾌속 비행하는 우주선을 격추시킬 장비를 보유했다는 것을 증명하려 시도한 중국은 이런 우려를 입증했다.

챌린저의 비극으로 2가지 상황이 전개되었다. 우선 스페이스서틀을 염두에 두었던 여러 민간 우주 활용 분야가 막을 내렸다. NASA의 수장 제임스 플랫처와 그의 사람들은 스페이스서틀을 다시 부흥시키고 민간 기업이 세금으로 거머쥔 권력의 뒷배라는 말을 듣지 않게 하는 것이 과제라고 생각했다. 그러나 이런 전제는 벤처 캐피털을 회의적으로 만들었고 필연적인 자금이 민간 우주산업으로 흐르는 것을 방해했다.[23] 한편으로는 민간이지만 유난히 관습적인 우주수송산업 분야가 태동하기 시작했다. 이는 일론 머스크와 제프 베조스가 새로운 로켓을 개발할 수 있었던 바탕이 되었다. 상용 화물이 계속해서 스페이스서틀로 수송됐다면 그들은 새롭고 저렴한 로켓 개발을 고려할 이유가 없었을 것이기 때문이다.

우리는 챌린저가 대서양에 추락하기도 전에 우주를 생산 입지로 보는 여러 구체적인 아이디어가 사장됐다는 점도 짚고 넘어가야 한다. 그중 한 사례가 에리스로포이에틴Erythropoietin의 전기이동 구상이다. 에이스로포이에틴은 빈혈 예방 및 개선을 위한 약물로 사용 가능한 호르몬이다(적혈구 생성을 자극하기 때문에 도핑수단으로 활용될 수 있다). 지상에서 전기이동 방식의 효과는 제한적이다. 그러나 우주라면 훨씬 효율적인 생산이 가능하다. 맥도널 더글라스McDonnel Douglas는 무상으로 우주 수송을 약속한 NASA의 도움으로 전기이동 방식 시설을 건설할 계획이었다. 그리고 생산된 전량을 존슨 앤 존슨Johnson & Johnson의 자회사가 구입하기로 합의한 상태였다. 브롬버그에 따르면 NASA는 의회에 스페이스서틀을 위한 근거로 제시하기 위해 조인트 벤처를 활용하고 수천 명의 목숨을 살릴 수 있음을 강조했다. 브롬버그의 추측으로는 의회의 의원들은 일반적으로 연령대가 높았고 새롭고 삶을 연장해주는 응용방안에 대해서는 과반수가 호의적이었다.[24] 그리고 실제로 맥도널 더글라스의 입회하에 진행된 테스트는 성공적이었다. 그러나 우주 공장의 프로토타입을 건설하면서 파트너사인 오르소 제약회사Ortho Pharmaceutical에서는 계약을 해지했는데, 지구에서의 생산이 훨씬 이윤이 높았기 때문이었다.[25]

1980년대는 뉴스페이스 사업의 성과가 미미했던 시기였지만 친기업화 정책이 이어지면서 민간 우주산업 기업의 수는 3배로 늘어났다.[26] NASA와 미국 정부가 우주정거장을 고려하던 시기가 도래하자 민간 기업은 앞다투어 제안서를 내며 스페이스서틀의 생존권을 보장했다. 이를테면 테스트 결과의 교환을 위해 정기적으로 스페이스서틀에 부착된 로봇 팔을 이용하여 연구 위성을 붙잡아야 하는 일명 '우주 공장' 사업도 그중 하나였다. 그 외에도 아폴로 우주선 개발자 맥심 파제트는 민간 우주정거장 아이디어를 선보였다.

1981년 파제트는 자신이 설립한 기업, 스페이스 인더스트리로 민간 우주정거장을 홍보하기 위해 NASA를 떠났다. 이 프로젝트에는 스페이스서틀이 도킹하고 수명을 유지하는 시스템 추가되었으며, 남은 기간 동안 이 소형 우주 공장은 독립적으로 가동되어야 했다. 즉, 우주산업시설Industrial Space Facility, ISF이라는 이름이 붙여진 이 스테이션은 항상 유인으로 운영되는 것이 아니었다. 그러나 주시하다시피 NASA의 의도는 상업용 우주정거장이 아니었기에 그들이 러시아와 유럽을 이 프로그램에 참여시키며 상황은 예상과 다른 방향으로 흘러갔다. 결국 우주정거장은 국제적 프로젝트로 탈바꿈했다. 그렇지만 국제우주정거장의 후속 프로그램인 '딥 스페이스 게이트웨이Deep Space Gateway'는 아직 실행에 옮기지 못하고 있다.

이후 스페이스서틀과 관련하여 흥미로운 아이디어가 수면 위로 떠올랐다. 특히 소형 위성 제조사는 자신들의 위성이 탑재 시 우선순위에서 밀리기 때문에 정확한 위성 발사 시기와 장소를 예측하기 힘들다는 스페이스서틀의 문제점을 알고 있었다. 그래서 일부 기업은 소형 위성을 위한 로켓 개발을 또 하나의 기회로 판단했다. 어떤 면으로 보면 이런 문제는 현재까지도 지속되고 있으며, PLD 혹은 로켓 랩에서 제작한 신형 마이크로 런처로 어느 정도 해소할 수도 있을 것이다. 물론 이 비즈니스모델이 수익성이 있다면 말이다.

어쨌거나 1980년대 소형화물용 민간 (그리고 첫 번째) 로켓 제작 시도는 몇 차례 실패했다. 스페이스 서비스 오브 아메리카Space Service of Inc. America는 페르슈롱Percheron을 제작했지만 테스트 과정에서 폭발했다. 그 후 이 기업은 군용 대륙간탄도미사일 미니트맨에 속한 오래된 개발용 로켓을 구입한다. 1982년 민간 로켓으로써 코네스토가Conestoga는 처음으로 우주에 도달했고, 313km를 비행한 뒤 성공적으로 화물을 분리했다. 흥미롭게도 브롬버그는 이 시기 다수의 NASA 엔지니어들이 은퇴 후 스페이스 서비스에서 시간제로 근무하기 위해 복귀했다고 전했다. 아마도 이들은 로켓 전체를 제작할 수 있는 기회가 다시 생겼다고 판단한 것으로 보인다.[27] 이런 모습은 젊은 시절 대형 우주산업 기업의 안정적이고 고수입의 자리를 마다하고 작은 중소기업을 택한 엔지니어들을 떠올리게 한다.

　스페이스 서비스는 소형 위성만이 아니라 사망한 고인의 유골을 수송대상으로 삼았다. 농담이 아니라 이는 분명 수익성이 높으나 확립되지 않은 사업모델이었다. 그럼에도 현재 많은 기업이 고인의 유골을(다수가 하드코어 우주 광팬, 전 SF 영화배우, LSD 구루이자 괴짜로 명성이 높은 티모시 리어리와 같은 기인들) 우주에 수송하는 우주장宇宙葬 서비스를 제공하고 있다. 그램 단위의 유골을 우주로 쏘아 올리는 비용은 5,000유로 정도인 것으로 알려졌다. 일정 시간이 지나면 유골을 모신 위성은 대기권에 진입한 후 불타 없어진다. 화장산업2.0 버전이라 할 수 있다. 셀레스티스Celestis, 엘리시움 스페이스Elysium Space, 어센딩 메모리즈Acending Memories처럼 의미심장한 이름의 기업이 해당 서비스를 제공한다.

---
**17**
---

# 새로운 시작

> **"**——
>
> 이 나라는 오래전부터 수송부문에 보조금을 투자했다.
> 철도에도 공적자금이 투여됐고, 항공사업도 마찬가지였다.
> 그리고 이제 우리는 약간의 돈으로 우주 운수를 지원한다.
>
> 제임스 M. '짐' 벡스, 전 NASA 국장
>
> ——**"**

## 러시아의 굴레 및 거래의 볼모가 되어버린 ISS

국제우주정거장과 고가의 스페이스서틀. 공교롭게도 신 우주산업 추종자들이 비평을 마다하지 않는 미국 및 국제 항공우주산업의 이 메가 프로젝트는 직간접적으로 횡재이자 신뢰할 만한 고수익 상품임을 입증했다. 국제우주정거장은 인류의 영웅적 외부 초소일 뿐만 아니라 환대받을 만하고 믿음직한 수입원이기도 했다. 국제우주정거장 운영국 중 누구도 어느 날 포기를 선언하고 타인의 손에 넘기기 힘들 만큼의 투자금 1,000억 달러(한화 약 120조 원 -옮긴이)라는 막대한 건설비용이 투여됐다. 다시 말해 이는 지금부터 2024년까지는 꾸준히 화물과 우주인을 우주정거장에 운송해야 한다는 뜻이다. 우주정거장의 승무원은 정기적인 보급품, 식료품, 하드웨어, 실험재료 공급이 필요했고,

우주정거장에도 궤도에서 그 위치를 유지하기 위한 연료가 필요했다. 우주정거장은 전혀 움직이지 않는 것처럼 보인다. 그러나 대기권의 가장 바깥층을 따라 비행하기 때문에 그곳에서 생기는 마찰로 제동이 걸려 하루에 약 150m 정도씩 지구를 향해 떨어진다. 따라서 주기적으로 원 목표궤도인 고도 400km로 되돌려놓아야 한다. 우주정거장은 이를 위해 지구에서 지속적으로 공급해야 하는 연료를 매년 약 7t씩 소모한다. 그리고 이것은 당연히 수십억 달러의 비즈니스다.

게다가 전 미국 대통령 조지 W. 부시는 2003년에 콜롬비아 대참사가 발생한 지 1년 뒤인 2010년 스페이스셔틀 프로그램을 중단하겠다고 선언했다.[1]* 그것으로 NASA는 몹시 우울한 입장에 놓였다. 당시 NASA는 비록 고가이지만 성능이 좋으며 위성 수송이 가능한 로켓 델타IV와 아틀라스V를 보유하고 있었지만, 국제우주정거장에 보급품을 운반할 우주왕복선도, 우주비행사도 없었다. 부시는 동시에 '우주개발의 미래상Vision of Space Exploration' 계획의 일환으로 우주비행사를 처음에는 국제우주정거장으로 이후에는 달로 운송할 유인우주선 개발을 선포했다. 여기서 우주선 오리온의 콘스텔레이션 프로그램이 탄생했다. 하지만 2014년 전까지 발사는 허용되지 않았다. 따라서 수년 동안 유럽, 러시아 그리고 일본을 비롯한 다른 여러 국가에서 미국을 대신해 우주정거장에 식량을 공급했다. 그러나 러시아의 소유스 캡슐 우주선이 정거장에 우주인을 운송하는 유일한 방법이었다는 점은 훨씬 더

---

\* 국제우주정거장에 헤비 듀티(Heavy Duty) 부품이 필요했기 때문에 실제로는 부시 전 미 대통령이 통보했던 것에 추가로 1년 연장 운항했다.

심각했다. 끝내 러시아가 우주비행사의 국제우주정거장 왕복 티켓 1장에 약 6,200만 유로를 요구하는 상황에 이르렀다. 그렇게 미국은 우주에 진입 가능한 새로운 통로가 필요했다. 그것도 최대한 신속하고 지금보다 저렴한 비용으로. 그렇게 뉴스페이스인의 시대가 찾아왔다.

## 경쟁에 빠지다

어떤 개발 및 A/S 프로그램은 유인우주선을 도입하여 미국의 우주여행이 다시 열리도록 노력하고 있다. 대다수 미국인이 그렇게 생각한다. 따라서 NASA는 2006년 상업용 궤도 운송서비스, 줄여서 COTS Commercial Orbital Transportation Services(상용제품을 뜻하는 'Commercial Off-the-Shelf'의 약자와 혼동하지 않길 바란다)라는 제목의 공고를 냈다. 여기에도 새로운 콘셉트가 등장했다. 지금까지 그래왔던 것처럼 이윤이 날 수 있는 가격을 흥정하는 대신 특정 임무를 완수하는 조건으로 민간 기업은 분담금을 지불했다. NASA 역사학자 레베카 해클러 Rebecca Hackler 는 당시 NASA 국장이었던 마이클 그리핀 Michael Griffin 과의 인터뷰에서 COTS는 새로운 원칙으로 집을 짓는 것과 같다고 설명했다. "나는 매우 비싼 집을 짓는 상황을 떠올려봤다. 처음에 건설업자는 신용을 위해 약간의 계약금을 받는다. 그리고 기본 골격을 건설하고, 외벽, 지붕 그리고 칸막이벽을 쌓아 올릴 때마다 일부 대금을 추가로 받는다. 그렇지만 집이 완성될 때까지는 전체 공사비용을 받지 못한다."[2]

이 프로그램은 특히 미국 항공우주산업의 부흥을 위해[3] 스페이스

X와 같은 기업이 도움을 주는 방식처럼 여러 소형 기업의 짐을 덜어주려 했다. 지금까지 NASA는 오랜 경험과 성과를 기준으로 업체를 선정해야 할 법적 의무가 있었다.[4] COTS 프로그램은 로켓과 캡슐 우주선 시스템이 필요하며 이를 통해 실험재료, 식량, 물, 연료 등 연간 약 10t의 화물을 국제우주정거장으로 수송하고, 그곳에서 4t의 화물을 다시 지구로 가져와야 했다. NASA는 그들의 요구사항이 얼마나 까다로운지 잘 알고 있었던 것으로 보인다. 기술적인 난이도뿐만 아니라 수천 가지 요청사항이 기록된 카탈로그를 이해하는 것만 해도 매우 번거로운 일이었다. 지원업체에서 자료를 읽다가 포기하는 상황을 방지하기 위해 NASA는 그런대로 수월하게 읽히는 130쪽 분량의 문서[5]를 새로이 작성했다. 솔직히 말하자면 지원업체는 90쪽 이상을 뛰어넘지 못했다고 한다.[6] NASA는 총 22곳에서 보낸 제안서 중 6개를 추렸다. 그중 전통적인 항공우주산업 기업은 단 한 곳도 없었다. NASA 국장 마이클 그리핀(2005~2009년 임기)이 깜짝 놀랐을 정도로 약간의 뉴스페이스 산업 면면에 기인한 기업들 전부였다.[7]

첫 라운드는 팰컨9과 드래건 공급선을 세운 일론 머스크의 스페이스X와 로켓플레인 키슬러Rocketplane Kistler의 기획안이었다. 우주선 제작에 스페이스X는 2억 7,800만 달러, 로켓플레인은 2억 100만 달러의 지원금[8]을 요청했다. 그렇지만 로켓플레인 키슬러는 낙오하고 말았다. NASA에서 수백만 달러를 지원했음에도 민간 자금을 충분히 조달하지 못했던 것이다. 결국 NASA는 이 업체를 리스트에서 제외했다. 두 번째 라운드의 지원금은 안타레스Antares 로켓[9]과 시그너스

<sub>Cygnus</sub> 우주선의 오비탈 ATK에 전달됐다. 미국 우주산업 플레이어 중 귀족이라 할 수 있는 보잉은 너무 높은 요청 금액 때문에 후보에서 제외됐다.

2012년 2월 22일 미국은 드디어 게임에 복귀했다. 일론 머스크의 잠 못 이루는 밤을 대가로 스페이스X는 드래건 캡슐 우주선을 우주에 쏘아 올리는 것뿐만 아니라, 국제우주정거장과도 성공적인 랑데부(인공위성이나 우주선이 우주 공간에서 만나는 일 -옮긴이) 훈련을 이뤄냈다. 이것은 민간 기업으로서는 처음 있는 획기적인 사건으로 특히 젊고 이례적인 면이 부각됐다. 버락 오바마 전 미 대통령이 머스크에게 직접 전화를 걸어 축하할 명분은 충분했다. 이후 머스크는 트위터에 당시 발신 번호 불명의 전화가 와서 처음에는 광고성 전화일 거라고 여기고 끊어버릴까 생각했다고 말했다. 그건 물론 백악관에서 발신 번호를 통제했기 때문이다.[10]

1년 뒤 안타레스에서 발사한 시그너스 캡슐 우주선도 도킹에 성공한다. 그리고 NASA는 최종보고서에 기재한 것처럼 이 모든 과정에 단 8억 달러(한화 약 9,600억 원 -옮긴이)를 투여했다는 것에 남다른 자부심을 보였다.[11] NASA는 일부 궤도 선회 우주선을 위한 지구 인근 궤도에도 2가지 수송시스템 기획안을 접수했다. 그리고 승리자를 위한 상은 스페이스X의 경우 16억 달러에 달하는 국제우주정거장 공급 비행 임무 12회, 오비탈 ATK의 경우는 19억 달러 상당의 임무 8회 및 추가로 후임 미션이 더해졌다.[12] 전부 무인 미션이었다. 미국인을 직접 우주로 운송한 캡슐 우주선은 아직 없다.

## 늙은 영웅의 반대

2012년 3월 CBS 뉴스는 일론 머스크와 60분간의 인터뷰를 진행했다. 리포터 스콧 펠리Scott Pelley는 머스크에게 달 우주비행사 닐 암스트롱과 진 서난이 머스크가 우주산업을 선도하는 방식을 그리 탐탁지 않아 한다고 언급하며 이에 대해 어떻게 생각하는지 물었고, 머스크는 그 질문에 이렇게 답변했다. "그 모습을 지켜보는 내내 몹시 서글펐다. 그들은 내 우상이다. 그래서 정말 힘들었다. 나는 그들이 내가 지금 제작하고 있는 하드웨어를 보러온다면 얼마나 좋을까 하는 생각을 한다. 그러면 분명 그들의 마음도 바뀔 것이기 때문이다." 무엇보다 머스크의 표정과 초롱초롱 빛나는 눈빛은 주목할 만했다. "이 모든 영감을 직접 내신 게 맞으시죠?" 리포터가 숨 가쁘게 물었다. "그렇죠!" 짧게 대답하며 재빨리 고개를 끄덕이는 머스크는 눈에 띄게 기진맥진해 보였다. 하지만 펠리는 녹록한 상대가 아니었다. "그것이 당신을 얼마나 곤경에 빠트리는지 확인하기 위함인가요?" 이에 머스크는 입술을 움직이기 시작했지만 아무 말도 하지 않았다. 그의 눈가에는 눈물이 맺혔다. 입을 꽉 다문 머스크는 딱 세 마디 말로 답했다. "이 일은 정말 어렵다." 그 이후 펠리는 이 분야의 조상 격인 우주비행사들이 그를 격려해주기를 기대했느냐는 질문을 이어갔다. 이에 머스크는 최소한 그러기를 바랐다고 대답했다. 보아하니 머스크는 심기일전하여 자신의 분야로 돌아온 사람 같았다. "나는 우주산업을 발전시키고, 거의 누구나 접근 가능하도록 시도하고 있다. 따라서 가능한 많은 후원과 지지를 바란다."[13]

도대체 무슨 일이 있었던 걸까? 암스트롱과 서난이 뭐라고 했길래, 냉철한 경영자이자 연쇄 창업가이며 기업가인 동시에 억만장자인 일론 머스크가 돌연히 마음의 평정을 잃고 카메라가 돌고 있는 상황에서 눈물을 흘릴 뻔한 지경까지 이른 걸까?

인터뷰가 있기 2년 전인 2012년 5월 12일, 닐 암스트롱과 진 서난은 상원위원회에 출석하여 유인 우주 비행에 대한 우려를 전했다. 미국 우주 비행의 숨은 실력자인 이들이 정치적인 범주에서 몹시 비외교적인 발언을 서슴지 않았던 것만 봐도 당시의 상황에 매우 격분했던 것으로 보인다. 그러나 이런 돌격의 원인은 일론 머스크가 아니라 새로 선출된 미국 대통령 버락 오바마 정부의 우주 비행 정책이었다. 오바마는 스페이스셔틀을 4차례 탑승한 이력이 있는 우주비행사 출신 찰스 볼든Charles Bolden을 NASA의 국장으로 임명했지만 2011년 예산안에서 콘스텔레이션 프로그램 예산을 대폭 삭감했다. 오바마는 여러 로켓과 우주선 1대, 그리고 달착륙선 1대로 구성된 이 '우주 조합space set'에 지나친 자금이 투여된다고 보았다. NASA는 이 프로그램에 2010년 한 해 동안 90억 달러를 지출했고, 추가 예산이 필요한 상태였다. 이에 정부는 단순히 NASA의 예산을 싹둑 잘라버리기보다는 무게중심을 다른 곳으로 옮겼다. 오바마 정부는 다른 우주 지역까지의 수송체계와 수송 미션을 요구했다. 처음에는 소행성, 그리고 그 이후에는 화성이 그 대상이었다.[14] 그때부터 우주비행사를 국제우주정거장까지 수송하는 임무는 민간 기업에게 맡겨졌다.

유진 서난은 "닐과 짐 로벨Jim Lovell(미션에 실패한 아폴로13호 달 탐사의 사령관) 그리고 나는 만장일치로 오바마 정부의 예산안은 아무런 도전도 있지 않은 상태로, 일관성도 없고 마지막에는 아무 의미 없는 미션의 청사진에 불과하다고 판단하네."라고 불평했다. 이런 노장의 비난은 오바마 정부를 향한 것이었지만 그 과정에서 머스크와 민간 우주비행 산업을 완전한 부수적 피해(군사 행동으로 인한 민간인의 인적·물적 피해)처럼 간주했다. "조금도 공감할 수 없는 계약을 두고 경쟁하는 그들의 가정과 진술을 참조하면 지구저궤도를 위한 상업용 유인우주선 개발에만 수십억 달러가 투여된다고 한다. 그리고 그들은 이 목표를 3년 이내에 시행할 수 있으며 50억 달러 이하의 예산으로 실현 가능하다고 주장한다. 그러나 개인적인 경험에 의하면 그 계획에는 최소 10년 이상이 걸릴 것이며 비용 역시 그들이 예측한 금액의 2~3배에 이를 것이다. (…) 이 제한된 프로그램구조를 제안한 사람들은 그들이 무엇을 모르고 있는지조차 생각하지 않는 것 같다."[15]

더욱이 청문회가 있던 시점에 팰컨9은 발사조차 하지 않았다. 따라서 서난은 머스크가 2년 뒤 드래건 캡슐 우주선을 국제우주정거장 도킹에 성공시킬 것임을 받아들일 근거가 조금도 없었다. 한편 닐 암스트롱의 입에서도 쓴소리가 나왔다. "50년 이상을 로켓 분야에서 경험을 쌓았다. 하지만 확신이 들지 않는다."[16] 찰스 볼든 NASA 국장의 전임자였던 마이클 그리핀마저도 그 말에 동조했다. 상용 국제우주정거장 공급책을 위해 해당 프로그램을 촉진했던 그리핀이었지만 스페이스X와 오비탈 ATK와 같은 민간 기업들이 사람을 수송하는 위험한 임무에 아직 충분히 준비되지 않았다는 의견이었다. 그리핀은 우주 비행도 언젠가는 민간 항공업처럼 되겠지만 지금은 아니라고 여겼다. 그는 "지금은 마치 1920년대 같다. 린드버그가 대서양을 횡단하기 전이었지만 그들은 팬아메리칸 항공*에 747를 판매하려 시도했다."[17]라고 했는데, 이것은 미국 우주산업의 핵심 인사가 던진 충격적인 평가였다. 머스크가 우울해질 만한 이유는 충분했다. NASA 계약으로 재빠르게 붙잡은 성공이 얼마나 큰 성과인지와는 별개로 유인 미션이 그만큼 힘들어졌다는 뜻이었다. 저 높은 곳을 향해 쏘아 올려지면 공기는 희박해지고, 얼음장 같은 찬바람이 불어온다. 머스크는 그의 사업구상으로 우주 산업의 올림포스 신들을 설득하지 못했다.

또한 오바마 정부는 '합의는 준수되어야 한다.'라는 조항에 따라 이미 제작 중인 오리온 우주선으로 전임자인 부시 전 대통령이 추진하던 콘스텔레이션 프로그램을 부분적으로 실행했다. 하지만 로켓과 착륙선 개발은 중단됐다. 그 대신 NASA는 국제우주정거장까지 우주비행사를 운송하는 상업용 수송 개발프로그램을 시작했다. 공급 비행과 같은 원칙에 따라 민간 기업은 기획안을 제시하고 그중에서 기술적 이정표를 낸 승자를 선별하여 고정 개발지원금을 지급한다. 특히 유인우주선 개발 원조 프로그램 CCDevCommercial Crew Development의 요구 사항은 유독 많았다. 우주선이 국제우주정거장에 화성 물질이 아니라 사람을 수송해야 했기 때문이었다. 이를테면 화재 혹은 침수와 같은 국제우주정거장의 사고에도 24시간을 버티는 피난용 요새이자 구조

---

* Pan American Airways. 파산한 다국적 항공사로 1970년대에는 세련된 대륙간 항공 교통의 상징이었다.

선으로써 최소 210일을 견딜 수 있어야 했다.*

여러 회에 거쳐 거의 40곳에 이르는 기업이 다양한 기획안을 제출했다. NASA 내에서 수십억 달러를 집행하고 분배하는 사무실을 C3PO Commercial Crew and Cargo Program Office라고 부른다. 머스크는 기꺼이 이곳에 자신의 이름을 올렸을 것이다. 지금 입가에 미소가 걸리지 않은 사람을 위해 설명하자면 이 사무실의 별칭은 스타워즈 서사시에 등장하는 수다스럽지만 예의 바른 안드로이드의 이름과 같다. 다른 말로는 수십억 달러의 신경전이 펼쳐지는 동시에 너드들의 즐거움이 가득한 공간이다. 결국 40곳 중 두 기업만이 지원금의 최대 몫은 물론 독점 계약을 획득했다. 스페이스X는 드래건 우주선과 팰컨 로켓 개발 지원금으로 약 32억 달러를, 보잉은 CST-100 스타라이너 우주선 및 아틀라스V 로켓 개발지원금으로 48억 달러를 획득했다. 이는 여러 횟수의 국제우주정거장으로 향하는 유인 비행 임무가 포함된 금액이었다.

미국이 우주비행사를 우주로 보낼 능력이 되지 않던 시기는 35년 전으로 거슬러 간다. 당시 아폴로 프로그램이 출범했고 나머지 새턴 달 로켓은 폐기되거나 박물관에 진열됐다. 처음에는 6년 그리고 3년의 지연 끝에 우주 비행의 궁핍은 1981년 콜롬비아호 발사로 해소됐다. 한동안 이런 기조가 지속되는 것처럼 보였다. 2004년 부시 전 대통령은 2010년 스페이스셔틀의 끝을 선언하고 동시에 첫 오리온 미션을 2014년에 시행할 것이라고 발표했다.[18] 그렇지만 이 미션은 시행되

---

* 스페이스셔틀은 국제우주정거장에 최고 12일 동안 도킹이 가능하다. 지금까지 구조선은 소유즈 캡슐 우주선이 맡아왔다.

지 못했다. 상업용 후속 프로그램 또한 2015년부터 이륙해야 했다. 그 사이 첫 시험비행은 2018년으로 연기됐다.[19] 우주비행사를 국제우주정거장으로 수송하는 첫 정규비행은 그다음 해부터 시작될 예정이다. 현재까지 2가지 면에서 서난의 판단은 옳았다. 일정은 제대로 지켜지지 않았고 원래 요청했던 금액으로는 충분하지 못했다.

그런데도 선별절차만큼은 NASA의 성공으로 이야기할 수 있다. NASA는 현재 가용할 수 있는 비교적 저렴한 83억 달러[20]짜리 우주선 2대를 보유 중이며, 앞으로 국제우주정거장에 48명의 우주비행사와 화물을 수송하고 왕복할 예정이다. 물론 이 프로그램이 아무 문제 없이 진행될 경우지만 말이다. 이 프로젝트의 모순이라면 전체 금액을 앞으로 예정된 비행과 우주비행사별 비용으로 나누면 약 1억 4,000만 달러(한화 약 1,680억 원 - 옮긴이)가 산출되는데, 이것이 현재 미국인이 러시아의 소유스 캡슐 우주선에 좌석을 확보하기 위해 송금해야 하는 금액보다 높다는 것이다. 무엇보다 여기에는 테스트비행과 시스템 자격 취득 비용이 포함되어 있다.

머스크의 스페이스X에도 궁극적으로 그의 기업을 별까지 쏘아 올릴 수 있을 부스터 프로그램이 있다. NASA가 국제우주정거장으로 저렴한 접근 방안을 모색하는 동안 스페이스X는 로켓과 유인우주선을 보유했다. 스페이스X 사장 그윈 숏웰은 "NASA가 없었더라면 우리는 지금의 기업이 아니었을 것이다."라고 말했다. "물론 우리는 전진했을 테지만 지금처럼 뛰는 것이 아니라 목발을 짚고 걸었을 것이다."[21]

# 4부

# 창업자
파괴하라!

# - ⬥18⬥ -

# 파괴의 결과,
# 뉴스페이스 진입 장벽이 낮아지다

> ❝ ───
>
> 창업자 혹은 기업가로서 시장독점을 목표로 삼을 수밖에 없다.
> 그와 필적할 만한 것을 추구하는 기업을 일으켜야 한다.
> 그리고 끝에는 다시 한번 참여하지 못할 방식으로 경쟁을 시작한다.
>
> 피터 틸, 페이팔의 공동창업자이자 스페이스X의 투자자
>
> ─── ❞

## 실리콘밸리에서 시작된 자극

현재 항공우주산업에서는 이미 설명했던 것처럼 일론 머스크와 제프 베조스 같은 개인을 중심으로 강력한 자극이 일고 있다. 주로 기업가인 이들은 실리콘밸리 영향권에서 탄생했다. 그들이 관습적인 경쟁자들에 비해 더 신속하고, 비용 효율이 높으며 대담하고 새로운 경영 방식을 도입하는 것은 결코 우연이 아니다. 이런 지식은 거대 기관인 NASA의 문서에도 드러난다. 최소한 스페이스X와 관련해서는 그랬다. "스페이스X의 경제적 및 기술적 강점은 기업의 실리콘밸리식 철학에 녹아있다. 실리콘밸리식 철학은 그들을 진두지휘하며 혁신적이지만 위험성이 높은 기업으로 이끄는 일론 머스크의 캘리포니아 경력에서 비롯됐다."[1] 실리콘밸리를 가장 성공적인 테크놀로지 시장으로

만든 필수 불가결한 힘, 즉 모험자본risk capital은 우주산업을 새로운 활동분야로 선정했다. 실리콘밸리에 거주하는 창업자들의 지성을 바탕으로 한 뉴스페이스는 누구라도 질투할 만한 추진력을 얻었다.

실리콘밸리는 단순히 기업이 줄줄이 위치한, 평범한 지역이 아니다. 지역과 함께 성장하는 집단이며 역사적 지역 중심으로 고속도로, 공업단지 그리고 다양한 사람들의 거주지역을 가로지른다. 그중에는 녹음이 짙은 가로수길에서 "해냈어!"라고 환호하며 인생의 꿈을 이룬 이들과 자그마한 프로그래머 주거지에서 생활하며 미국식 라이프스타일의 화려한 면을 맛보지 못한 이들이 교차하여 살고 있다. 실리콘밸리는 4개의 경계선으로 나뉜다. 북쪽에 위치한 샌프란시스코는 반도를 코르크 마개처럼 덮고 있다. 서쪽에는 숲으로 뒤덮인 산등성이가 바다와 실리콘밸리를 가로지른다. 캘리포니아 주민들은 이 가파른 측면에 에메랄드 힐스Emerald Hills라는 예쁜 이름을 붙였고 그곳에 목재로 된 높은 집을 지었다. 에메랄드 힐스에 사는 주민들은 구글, 페이스북과 같은 세계적인 대기업이 입주해 있는 실리콘밸리뿐만 아니라 샌프란시스코만의 남쪽 뒤편으로 약 80km 길이와 30km의 폭으로 동쪽 경계선을 구축한 산맥을 주목했다. 남쪽 끝에는 산에 둘러싸인 분지인 세너제이가 위치한다. 세련된 팰로앨토보다 가난하고, 때로는 구름 가장자리에 걸리기도 하는 계곡의 북쪽 지역보다 훨씬 더 덥고 건조하다. 북부에는 옅은 안개가 샌프란시스코를 덮고 있고 남부지역에는 뜨거운 햇볕이 내리쬔다.

사실 실리콘밸리라는 지명은 존재하지 않는다. 이것은 미국 IT 및 첨단기술 산업의 메카인 연구단지를 부르는 명칭이다. '실리콘'이란 단어는 초창기 실리콘을* 원재료로 사용하는 반도체 연구에서 비롯됐다. 제정신이 아닌 듯한 사업구상과 개인의 창업가 정신, 강도 높은 업무, 모험적인 캐피털이 한데 뒤섞인 실리콘밸리의 기업문화는 근본적으로 현 뉴스페이스의 상업적 후광에 크게 기여했다. 실리콘밸리의 기업가들은 부엌에서 기다리다가 간혹 사람들에게 무엇을 원하는지 묻는, 그런 경우가 없었다. 대신에 그들은 미래의 고객이 알지 못하는 그런 제품을 스스로 개발했다. 헨리 포드Henry Ford는 이런 기업가의 마음가짐에 관해 (이제는 전설적인) 풍자로 대답했다. "내가 사람들에게 무엇을 원하는지 묻는다면 아마 그들은 '빠른 말'이라고 대답했을 것이다." 포드는 '빠른 말' 대신 만인을 위한 자동차를 제작하며 이동수단에 혁신을 일으켰다. 그가 마치 실리콘밸리의 조상이라도 되는 듯이.

## 파괴-신뢰-파괴

실리콘밸리에는 그들만의 사고방식을 위한 표현이 있다. 바로 기존의 첨단기술 혹은 비즈니스모델을 밀어내는 새로운 기술과 제품을 추구하는 파괴적 혁신disruptive innovation이다. 그리고 실제로 스스로 뉴스페

---

* '실리콘밸리'라는 명칭은 1971년 1월 11일 돈 회플러(Don Hoefler)가 업계 신문인 〈일렉트로닉 뉴스〉에 글을 연재하면서 탄생했다. 회플러의 지인은 그에게 동쪽 해안 사업가들이 방문하려는 특정 산업의 기업이 모여 있는 지역을 지칭할 때 이런 표현을 사용한다는 얘기를 들려줬다고 한다. 즉 실리콘밸리는 뉴스페이스와 유사한 방식으로 지리학적, 사회적 정보를 내포하고 있다.

이스 기업이라고 말하는 여러 기업의 특징이 이런 '파괴적 성향'이다. 파괴는 가벼운 대화는 물론 특히 투자자와의 상담에서 빠질 수 없는 실리콘밸리의 중요한 개념으로 자리 잡았다. 기업가들 가운데 경제적 지식이 전무한 젊은 사업가들조차 투자처를 찾으려면 깨우쳐야 하는 개념이기도 하다.

파괴적 혁신은 하버드대학교 경영대학원 교수 클레이튼 크리스텐슨Clayton M. Cristensen이 처음 소개한 개념이다. 90년대 중반 크리스텐슨은 혁신이 새로운 시장을 형성하며 기존 시장을 밀어내고 그 과정에서 대기업도 주저앉을 수 있다는 이론을 전개했다. 크리스텐슨은 대기업이 주로 그들의 사각지대에 새로운 제품과 새로운 시장이 형성되고 있다는 것을 적시에 제대로 파악하지 못하는 경우가 많다는 걸 깨달았다. 혹은 알았다고 해도 실질적인 이윤이 없어 보이거나 충분하지 않다고 판단하여 진지하게 검토해볼 흥미를 느끼지 못한다. 그 전형적인 사례가 바로 컴퓨터다. 물론 이미 예전부터 있었던 제품이기에 컴퓨터 자체가 파괴적 혁신은 아니었다. 그러나 지금까지 있었던 몇몇 버전은 건물을 가득 채울 정도로 몹시 무거웠고 가격도 수백만 달러에 달했다.*

가장 파괴적이었던 것은 대학 혹은 국가기관이 아닌 개인용 컴퓨터의 발명이었다. 한때 세계 양대 컴퓨터 제조사였던 디지털 이퀴프

---

* 가장 큰 컴퓨터는 미국 국방성의 세이지(Semi-Automatic Ground Environment, SAGE) AN/FSQ-7 이었다. 이 컴퓨터의 무게는 275t으로 약 2,000㎡ 크기를 차지했고 3MW 전력을 소모했다. 이 컴퓨터의 처리속도는 7만 IPS였다. 해당 컴퓨터 모델은 1953년에서 1984년까지 러시아의 원자폭탄 공격을 감지하는 미국 조기경보체제의 일부분으로 사용됐다.

먼트Digital Equipment Corporation의 공동창업주 켄 올슨Ken Olsen은 1977년 "PC를 집에서 사용해야 할 이유가 전혀 없다."라고 말했다. 그리고 몇 년 뒤 PC의 시대가 펼쳐진다. 그는 당시 PC를 언급한 것이 아니라 컴퓨터로 집을 제어하는 것을 의미한 것이라고 자신의 주장을 방어했다. 그렇지만 인터넷과 스마트홈으로 봐도 그의 잘못된 예측에 대한 피드백으로는 부적절했다. 1998년 올슨의 기업은 컴퓨터제조사인 컴팩Compaq에 인수됐다.

기업의 제품으로 시장을 정복한 대기업도 상대적으로 작고 저렴한 시장에서 등장한 경쟁자들에게 취약했기에 장기간 제동이 걸리기 일쑤였다. 예전에는 소기업들이 훨씬 좋은 성능 혹은 저렴한 가격을 무기로 한 같은 제품을 내놓지 못했다. 그들은 기존 제품이 시장에 남아돌 정도로 완전히 새롭거나 전혀 다른 제품을 들고 시장에 뛰어들었다. 파괴적 혁신은 꼭 첨단기술을 활용하는 것만을 일컫지 않는다. 이미 기존에 존재하던 두 부품을 새롭게 조합하는 것만으로도 충분하다. 핵심은 그것으로 새로운 비즈니스모델이 가능해지는가이다. 파괴적 첨단기술은 확고한 기반을 닦은 기성 제품에 기술적 발전을 접목시켰다(대체로 초기에는 기성 제품에 기능을 덧붙이는 방식이었다). 특히 파괴적 혁신은 항공우주산업에 적극 활용되었다. 이에 따라 뉴스페이스 기업은 무엇보다 기존에 개발된 첨단기술과 부품을 가지고 새로운 비즈니스모델을 구축하려 했다. 여기서 파괴적 혁신은 잘 다듬어진 기술이 아니라 단순하면서 작고 가격경쟁력을 갖춘 소형화물용 로켓이다. 경량 화물용 소형로켓을 개발하고 실질적으로 우주에 쏘아 올리는 데 성공한 기업은 아마 장기적으로 대형 위성과 탐측기까지도 접근할 수 있을 것이다.

크리스텐슨은 자신의 주장과 이론을 담아 《혁신기업의 딜레마》를 집필했다.* 뉴욕타임스 선정 베스트셀러로 등극한 그의 저서는 10개국 언어로 번역되어 출간됐으며 주간지 〈더 이코노미스트〉에 따르면 지금까지 출간된 경제학 분야 도서 중 톱 6안에 드는 결과를 냈다(이 순위에는 공식적인 의미는 없다).[2]

이 책의 제목은 대형 항공우주산업 기업이 마주할 수 있는 문제점을 명시했다. 크리스텐슨에 따르면 이미 기반이 잘 잡힌 대기업은 소규모 스타트업에 비해 혁신적인 면모가 부족했다. 일반적으로 이런 기업은 오랫동안 구축해온 고객층에게 고품질 제품을 판매한다. 그들의 관심사는 더 높은 가격에 판매하기 위해 제품의 성능을 업그레이드하는 것에만 있었다. 그 가운데 역동적인 직원이 혜성처럼 등장하여 저렴하고 단순한 제품을 개발하자는 아이디어를 내어놓는다고 한다면, 기업은 딜레마에 빠질 수밖에 없다. 기업은 이미 확보된 고객에게 기존 제품을 개선하여 더 많은 돈을 받고 판매할 것인지, 새로운 제품을 개발할 것인지 결정해야 한다. 또한 대기업은 다른 기업이 파괴적 혁신을 일으킬 수 있음을 경계하며 등골이 서늘해지는 상황도 감수해야 한다. 더욱이 새로운 제품으로 혁신을 일으키려면 또다른 고객을 확보해야 한다. 그리고 신제품의 초기 이익률은 높지 않으며 지

---

* 그의 이론을 뒷받침하는 사례로 크리스텐슨은 디스크 산업의 발전을 택했다. 이 사례는 생물학자에게 초파리가 그러하듯 경제학자에게 있어 특히 흥미로운 연구대상이다.

금까지 가장 중요한 수입원이었던 기존 제품마저 위험에 빠질 수 있다는 점도 매우 중대한 사안이다. 우주산업 분야의 사례를 들자면 NASA의 COTS 개발프로그램이 딱 그 모습이었다. 항공우주당국은 원래 5억 달러 예산으로 국제우주정거장을 위한 저렴한 공급책을 개발하려 했다. 그러나 이 프로그램에 처음으로 선발된 건 뉴스페이스 기업들뿐이었다. 대형 항공우주산업 기업이 수익성이 낮은 사업에 큰 흥미를 보이지 않았기 때문이다. NASA 전문가 레베카 라이트Rebecca Wright는 NASA가 소규모 뉴스페이스 기업에게 이 분야를 넘겨주었다고 설명했다. 그 사이에 스페이스X는 해당 프로그램을 통해 개발한 팰컨 로켓으로 보잉과 록히드 마틴의 사업이었던 미 공군 정찰위성까지 수송했다.

　다른 학술적 이론과 달리 크리스텐슨의 주장은 기업가에게 빠르게 흡수됐다. 또한 예기치 못한 상황으로 시장에서 밀려나는 것은 아닐까, 원초적인 불안을 느낀 대기업의 경영자들도 마찬가지였다. 이 이론은 젊고 야생인 기업과 오래됐지만 입지를 구축한 기업 양측의 결과를 설명한다. 하버드대학교의 강연에서 크리스텐슨은 어느 날 인텔 CEO이자 전설이 된 앤드 그로브Andy Grove가 전화를 길어온 사례를 소개했다. 그로브는 자기는 학계의 잡담에 동참할 시간이 없지만 (크리스텐슨의 말에 의하면) 크리스텐슨이 그로브와 그의 팀을 위해 10분(!)간 파괴적 혁신의 원리를 설명하고 인텔이 거기서 무엇을 배울 수 있을지 짚어줬으면 좋겠다고 했다는 것이다.[3] 자신이 세운 이론을 실제 경영자에게 설명할 기회가 생긴 크리스텐슨은 인텔을 방문해 자신의 이론을 소개했다. 꽤 무례한 인텔의 오너는 정말 10분 뒤 그의 말을 가로막았다. 그는 크리스텐슨이 하려는 말을 이해했다며 그것이 인텔에 무슨 의미가 있는지를 물었다. 크리스텐슨은 인텔에 대해 떠오르는 구체적인 견해는 없지만 한 가지 이론은 있다고 답했다. 대기업이라면 시장 생태계의 밑에 위치한 작은 경쟁자도 제대로 살펴야 한다는 것이었다. 결과적으로 크리스텐슨은 그로브에게 그가 무엇을 생각해야 하는지가 아니라 어떻게 생각해야 하는지를 설명했다.

이것이 현재 파괴적 혁신 개념을 흡수하지 않은 경제 분야가 거의 없는 근본적인 이유일 것이다. 파괴적 혁신은 사회, 정치적인 성찰 과정에서도 여운을 남겼다. 실리콘밸리 기업가들은 점점 그들의 제품이 대중화될 것이라고 목소리를 높였다. 예컨대 휴대전화만 해도 특권층에게만 허락되었던 과거와는 달리 지금은 누구나 가질 수 있다.

또다른 관점은 앞서 제한된 집단만 공유할 수 있던 것이 지금은 모두에게 개방되는, 기술의 '민주화'이다. 예를 들어 아이폰에서 사용되는 앱Apps이 있다. 애플이 외부 개발자들에게 아이폰을 위한 앱 개발을 허용하자 혁신의 물결이 폭발적으로 일어났다. 이는 뉴스페이스 기업이 그들의 로켓과 제품을 '부유한' 국가기관에 소속시키지 않고, 보편적이고 대중적인 우주산업을 장려할 것이라고 주장하는 것과 동일한 관점이다. 메이드 인 스페이스의 CEO 앤드류 러시는 "우주의 대중화를 떠올리면 진입장벽을 낮추어야 한다는 생각이 가장 먼저 든다. 우주는 특정 산업을 위해 예약되어 있거나 국가의 깃발만 꽂혀야 하는 곳이 아니다."라고 생각했다.[4] 이 개념을 정치가 아니라 경제적 측면에서 이해해야 한다는 것이다.

우리가 아는 세상은 수많은 파괴의 결과물이다. 최근의 일들을 떠올려 봐도 누군가 알아차리기도 전에 사라져버린 제품이 수두룩하다. 그 이유는 단순하다. 새롭게 떠오른 기술이 훨씬 좋았기 때문이다. 파괴적 혁신의 또 다른 사례로는(그리고 희생양) 워드 컴퓨터EDV, (전자) 타자기, 디지털 및 아날로그(화학식) 사진 촬영, TV의 스크린, 평면화면 등이 있다. 컴퓨터와 켄 올슨에 이르기까지 '이상한' 제품을 내어놓는, '파괴적인' 선구자들의 파괴적 혁신과 관련된 사례는 셀 수 없을 정도다. 한때 업계에 지배적 위치에 있던 이들은 거만한 표정으로 '파괴하려는' 도전자를 내려다봤다. 물론 후에 있을 일을 생각하며 웃어넘길 수도 있겠지만, 이런 오만한 생각은 다음 세대 CEO에게 기업가의 유연성이 필수적이라는 힌트를 주었다.

한편, 크리스텐슨의 주장에 대한 비판도 존재한다. 이들은 경험에 근거한 체계적인 과정으로 인증하기보다 일화처럼 들어맞는 사례를 선정했다고 지적했다. 게다가 이런 식의 공격에도 살아남아서 계속 유지 중인 대형 첨단기술 기업이나, '파괴적' 기업임에도 결국 도산한 사례가 무수히 많다는 것이다. 그렇지만 크리스텐슨이 학술적으로 옳고, 그른지와는 별개로 그의 개념은 이미 여러 사람의 사고에 뿌리를 내렸고 실질적인 효력을 발휘했다.

## 뉴스페이스, 스타트업 커뮤니티

소규모에 별 볼 일 없어 보이는 스타트업에 뛰어난 비즈니스모델과 관련한 첨단기술이 더해지면 파괴적이 되기도 한다. 뉴스페이스에서는 잘 알려진 바와 같이 새로운 항공우주산업 경제가 등장하기 때문에 이 개념은 몹시 중요하다.

2017년 말까지 우주산업 분야에서 활동하며 스타트업 단계에서 뉴스페이스의 굴지로 간주되는 기업은 전 세계적으로 대략 1,000곳에[5] 이르렀다. 사실 우주산업 스타트업을 명확히 정의하기란 쉽지 않다. 독자적인 비즈니스모델을 개발하고, 그 시장에서 입지를 구축하려는 단계에 있는 기업을 스타트업이라고 정의하는 것도 틀린 것은 아니다. 그리고 스타트업 과정이 끝나는 시점은 유동적이다. 고객에게 완제품을 선보이는 순간부터 시작하여 기업이 어느 정도 관련 시장을 구축하면 완성된다. 이때 여러 기업이 초창기 기업 정신과 민첩하게 변해가는 기업의 구조를 최대한 오랫동안 유지하려고 노력한다(과소평가하지 말아야 할 것이 이 시기에는 초기보다 고용된 임직원의 수가 평균 이상이며 임금도 평균 이상이다). 스페이스X의 경우 팰컨1을 개발하고 발사시도를 하기까지가 스타트업이었다. 로켓이 4번째 시도 끝에 2008년 9월 28일 궤도에 도달하는 순간 스페이스X의 스타트 단계는 끝이 났다. 2010년 팰컨9의 발사 성공으로 스페이스X의 스타트업 시기는 완전히 종료됐다. 무엇보다 이것으로 수십억 달러 비즈니스에 올라탔기 때문이다. 스페이스X의 8년간의 스타트업 단계는 몹시 길었다고 말할 수 있다. 태어날 때부터 디지털 기기에 둘러싸여 성장한 세대인 디지털 네이티브Digital Native로서 머스크는 야심만만한 일정표를 밀어붙였다.[*] 그러나 팰컨1이 마침내 이륙에 성공할 때까지 머스크의 계획은 원래 일정에서 5년이나 뒤처졌다. 여러 스타트업이 스페이스X만큼 성장하지 못한다고 해도 그들은 최소한 미래 발전의 토대이며, 우주산업 경제의 회춘을 보여주는 척도이기도 하다.

반면 이런 소규모 기업가들은 항상 자금을 찾아다녔다. 투자자는 재차 스타트업의 창업자가 기업의 가치와 그들이 투자할 자금을 몇 배로 불릴 능력이 있는지 고심해야 했다. 한때 마이크로소프트 CEO 스티브 발머Steve Ballmer가 외쳤던 "개발자, 개발자, 개발자!" 대신에 이제는 모두가 소리 높여 한목소리로 "파괴하라, 파괴하라, 파괴해!"를 외쳤댔다. 그리고 이러한 현상은 실리콘밸리 주변뿐만 아니라 민간 상업용 우주산업 기업 창업자가 있는 전 세계에서 일어났다. 그러나 모든 스타트업의 첨단기술과 비즈니스모델이 기존 시장을 붕괴시켜 버릴 정도로 파괴적이지 않다 보니 때때로 '파괴적 반사 작용disruptive Reflex'은 허무맹랑한 곳에서 등장하기도 했다.

"파괴하라."라는 슬로건이 나온 데에는 여러 이유가 있다. 그중 하나는 파괴적 혁신의 원칙이 젊은 창업자들의 시야를 넓혀주고 그들이 언젠가 거물과 함께할 기회를 열어주기 때문이다. 최소한 이론적으로

---

[*]   엄격히 말하면 머스크는 아날로그 세대로 성장했고 존 발로(John P. Barlow)의 사이버스페이스 독립선언에(Grateful Dead) 따라 항상 디지털 이미그런트(디지털 이주자, digital immigrant)로 남았다(당신은 자신이 항상 이주자일 수밖에 없는 곳에 네이티브가 존재하는 한 항상 자신의 아이를 두려워할 것이다). 하지만 디지털 세상의 창조자로서 머스크는 자신이 이 세계에 완전히 동화된 디지털 원주민임을 입증했다.

는 그렇다. 이는 재능, 노동력, 그리고 정신적으로 적절한 시점에 드물지 않게 자신이 가진 재산 전부를 수단으로써 투입하는 사람들에게 동기를 부여한다. 항공우주산업은 지난 수십 년간 여러 다양한 콘스텔레이션의 '스페이스 케이크'를 서로 나눠 가졌던, 거대하고 넓게 뻗은 첨단기술 기업의 특징이 뚜렷하다. 이렇게 구축된 시장을 부수고 진입하려 할 때는 무엇보다 자기 확신, 용기, 인내, 의지가 요구된다. 따라서 관련자들은 담이 높은 성곽을 가리키는 경제학적 이론을 몹시 반긴다.

두 번째(가장 중요한 이유)는 돈이다. 모든 우주산업 기업은 대규모이든 소규모이든, 혹은 올드스페이스이든 뉴스페이스이든, 성공적이든 아직 성공을 거두지 못했든 자본금에 대한 갈망이 몹시 크다. 서비스업 혹은 디지털 기업과 비교하면 우주산업계는 신뢰할 만하며, 값비싼 하드웨어가 필요하다. 과거에 이런 조합은 투자자들에게 매력적이지 않았지만 앞으로의 투자 시장이 어떻게 변할지는 지켜봐야 한다. 따라서 이런 파괴적 혁신은 돈을 투자하는 벤처 캐피털 세상의 스포트라이트를 받기 좋고, 때문에 많은 스타트업이 기업의 사업구상을 최대한 파괴적으로 설명한다.

# — 19 —

# 실리콘밸리 괴짜들의
# 절대적 물주

"

누군가 첨단기술의 아름다움에 대해 말한다면 난 회의적이다.
하지만 누군가 자신이 얼마나 똑똑한 아이디어로
시장에 접근하고 있는지 말하면 구미가 당긴다.

프랑수와 오크(Francois Auque), 에어버스 벤처스 회장

"

## 머니 스트릿

실리콘밸리의 특징은 분산이다. 이를테면 마운틴 뷰Mountain View를 중심으로 병렬하는 건 흡사 독일 북서부 공업지대인 루르 지방의 중심이 겔젠키르헨Gelsenkirchen이라 주장하는 것과 같은 맥락이다. 틀리지는 않았지만 꼭 맞는 것도 아니다. 실리콘밸리의 정신적 지주격인 중심지가 있다면 그건 아마도 스탠퍼드대학교일 것이다. 이 사립대학교는 20명 이상의 노벨상 수상자와 구글의 래리 페이지, 안드레아 벡톨샤임Andreas Bechtolsheim(선 마이크로시스템 창업자), 페이팔의 피터 틸과 같은 성공적인 창업가이자 세계적인 기업가들을 배출했다. 스탠퍼드대학교가 실리콘밸리 지성의 세포핵이라면 미토콘드리아 격인 샌드 힐 로드Sand Hill Road는 동력이었다. 이 계곡의 벤처 캐피털 없이는 실리콘밸

리가 글로벌 첨단기술 산업의 전진기지로 성장하는 것을 상상조차 할 수 없었을 것이다. 부유층, 보험, 각계 투자자의 돈을 한데 긁어모은 모험자본 기업의 대부분이 이곳 4차선의 커다란 도로를 중심으로 위치했다. 샌드 힐 로드는 남부 계곡의 측면에서 시작하여 스탠퍼드대학교의 서북부 경계선이 맞닿은 중심부를 가로질렀다. 좋은 사업구상이 자산의 전부인 젊은 졸업생들이 이곳을 찾는 것은 매우 유익했다. 대학행사에 모습을 드러낸 벤처 캐피털 담당자들도 똑같이 환영받았다. 그들은 그곳에서 졸업 전에 혁신적인 기업으로 발돋움할 비즈니스모델을 구상한 전도유망한 학생들을 찾았다.

풍족하게 흐르는 모험자본이 없었더라면 구글, 페이스북, 트위터 그리고 그 밖의 여러 기업의 성공신화는 탄생하지 않았을 것이다. 처음에 이런 기업들 전부 소규모로 시작했지만, 그들에게 전달된 글로벌 차원의 창업지원금은 수백만 달러 혹은 수십억 달러 수준에 이르렀다. 졸업 후에도 막대한 자금이 흐르는 기업가의 장은 실리콘밸리와 이웃하고 있었다. 가진 거라고는 고작 괜찮은 아이디어와 프로그램 코드 몇 장밖에 없는 신생 기업에 막대한 금액을 투자한 이들은 그 돈으로 진행되는 경과를 지켜봤다. 그렇기에 투자자들은 자신이 투자한 기업이 본사 근처에서 멀지 않은 곳에 입주하도록 했다. 이에 캘리포니아로 본사 이전을 고려하지 않는 스타트업은 샌드 힐 로드의 자금을 운용할 수 없었다. 그렇게 실리콘밸리는 마치 자석처럼 전 세계 기업들을 끌어들였다. 우주산업 분야의 촉망받는 스타트업인 뉴질랜드의 로켓 랩 역시 앞서 설명한 것처럼 자금투자처의 공식적인 요구

436                                                          4부

를 따랐고 실리콘밸리에서 600km 떨어진 로스앤젤레스에 본사를 이전했다. 이러한 벤처 캐피털의 노하우는 NASA가 뉴스페이스 스타트업을 자세히 평가할 수 있는 노련한 전문가를 고용하게 될 정도로 수요가 있었다. NASA의 전문가는 크리스텐슨의 《혁신기업의 딜레마》를 손에 쥐여주며 어리둥절한 엔지니어들에게 작은 계약 상대자들은 계획의 자금조달이 첨단기술을 능통하게 다루는 것보다 훨씬 중요하다고 설명했다. 이는 지금까지 이어온 NASA의 철학을 완전히 뒤집는 것과 다름없었다.[1]

## 큰 꿈을 가져라

일종의 조인트벤처(여러 기업이 공동으로 사업을 하기 위하여 세우는 기업 -옮긴이) 방식인 모험 캐피털의 원칙은 70년째 이어져 왔다. 모험 캐피털은 명확한 분류가 가능한 디지털 비즈니스모델을 내세운 실리콘밸리에서 효력을 제대로 과시했다. 실리콘밸리가 글로벌 수준으로 확장되었고, 해당 분야의 구조적 측면을 독점 상태로 관통했기 때문이다. 출자자는 디지털 기업이 몇 년 안에 기업 가치는 물론 자신이 투자한 자본금을 상식 밖의 수준으로 끌어올릴 것이라고 확신했다. 예컨대 여러 고가의 부품을 조립하여 완성하는 자동차 제조사와는 반대로 디지털 제품사는 한번 개발하면 끝인 동일한 프로그램 코드를 사용했다. 따라서 이런 제품은 한 번의 비용으로도 무한대로 생산이 가능하며, 판매자에게 전달하기 위한 값비싼 공급망이 필요하지 않았다.

사업 초기 IT 스타트업이 조달받는 투자금은 해당 서비스의 사용자 수로 결정되었다. 유료서비스 사용자가 아니었다. 그렇기에 페이스북은 수년 동안 무시무시한 적자를 감당해야 했다. 반면 투자자들은 신규 사용자 수가 천정부지로 치솟는 추세를 지켜보며 만족했고, 기대했던 광고사업의 수익은 점차 증가했다. 창업자와 모험 캐피털이 일치했던 부분은 실리콘밸리에 적합한 방식인 '큰 꿈을 가져라shooting for the moon'였다. 한 조각만의 케이크를 노리는 것이 아니라 케이크를 통째로 삼키라는 뜻이다.

IT 기업 시스템의 태양이나 마찬가지인 구글도 이러한 단계에서 크게 벗어나지 않았다. 70년대 말 실리콘밸리에 둥지를 틀고, 선 마이크로 시스템의 공동창업자로 백만장자 반열에 오른 안드레아스 벡톨샤임*은 래리 페이지와 10분간 대화한 후 흔쾌히 검색엔진 개발에 10만 달러 수표를 건넸다.** 구글이 검색엔진을 독점하다시피 하는 오늘날 벡톨샤임이 보유한 지분의 평가가치는 약 500만 달러에 이른다(시장가치에 따른다).

---

* 그의 본명은 안드레아스 마리아 막시밀리안 프라이헤어 폰 마우헨하임 일명 벡톨샤임이다. 미국에서 이런 길고 긴 이름은 강렬한 인상을 주었지만 누구도 제대로 발음할 엄두를 내지 못했다.
** 벡톨샤임은 당시 수표의 수신인에 존재하지도 않았던 기업인 구글의 이름을 적어 넣었다. 기업명이 없던 페이지와 그의 파트너 세르게이 브린은 수표를 사용할 수 없었기에 그 즉시 수신인에 적힌 기업명으로 기업을 설립했다.

# 죽음의 계곡에서

이런 식으로 눈덩이처럼 돈이 불어나는 결과는 기본적으로 사업구상 상태인 기업에 투자한 초창기 투자자만 경험할 수 있다. 그만큼 일명 시드 단계라 불리는 이 초기 단계의 리스크가 가장 높다. 업계에서 엔젤 투자자란 창업 초기 단계의 벤처기업에 투자하는 개인투자자를 지칭하는 용어로 벡톨샤임처럼 부유한 사업가들이 이런 아이디어에 종종 투자하고, 그들의 경험을 거름 삼아 사업계획을 세우는 데 도움을 주기도 한다. 그렇지만 이 시기에는 많은 자금이 필요하지 않기 때문에 유입되는 현금흐름은 그리 크지 않다. 보통 초기 단계에서 투입되는 투자금이 크지 않은 데다 이후에 실현될 수익이 상상 이상이었기 때문에 실리콘밸리에서 엔젤 투자자들은 때때로 무차별 원칙에 따라 일했다. 베르두는 실리콘밸리에서의 경험담을 얘기할 때면 매혹과 당황이 뒤섞인 반응을 보였다. "그곳에서 난 창업자들이 휴대전화로 50만 달러(한화 약 6억 원 -옮긴이)를 송금받는 모습을 지켜봤다."고 베르두는 말했다. 로켓 제조사는 자금조달 단계의 기회를 제대로 잡기 위해서 스스로 실리콘밸리에 입주했다. 이곳에서 기업은 모험자본 투자자들이 젊은 기업가를 두고 경쟁하는 것을 피부로 느낄 수 있었다. "소파에 앉아서 우리가 예약한 상담 시간을 기다리고 있는 동안 몇 미터 거리에서 사람들이 자금을 받는 모습을 지켜볼 수 있었다. '거래은행 계좌번호가 어떻게 되신다고요? 자, 이제 확인해보세요. 돈이 입금됐습니다.' 같은 식이었다."

이런 시드 과정을 성공적으로 완수하면 곧이어 다음 시험 관문이 열린다. 사업계획이 실행되며 직원을 고용하고 관련 기술을 개발하는 단계에 이르면 많은 자금이 필요하기 때문이다. 투자자는 양날의 검이다. 그들은 투자한 자금만큼 기업의 지분을, 그것도 창업주의 지분 중 일부를 받는다. 따라서 더 많은 자금을 받을수록 그만큼 창업가의 지분은 줄어들며, 지분이란 기업에 미칠 수 있는 영향력을 의미한다. 자기 집에서 권력을 잃어버리는 쓴 경험을 해야 했던 창업자가 비단 일론 머스크만은 아니었다.

몇백만 달러가 유입되는 중요한 초기투자 시기는 그만큼 리스크가 컸고 3분의 1에 달하는 기업이 모험 캐피털 자금을 활용했다. 그리고 신생 기업이 수익 일으키는 대신 자금을 공중에 날려버리는 이 기간을 '죽음의 계곡'이라 부른다(우주산업 스타트업에는 주변의 모든 것을 삼켜버리는 블랙홀이라는 표현이 적절해 보인다). 기업의 성공이 가시적일수록 기업이 상장하거나 매각할 시에 투자자가 회수하는 금액은 줄어들지만, 이때는 리스크가 낮은 투자를 추구하는 투자자(사모펀드)들이 줄지어 등장한다.

## - ◆20◆ -

# 우주를 향한 아이디어가
# 돈이 되는 시대

**"**————

**우리는 메일에 '로켓 전체를 3D 인쇄로! 우주는 핫하다.'라는 내용을 썼다.**
**5분 뒤 마크는 우리에게 회신했다.**

투자자 마크 큐반에게 쓴 이메일 내용을 묻자 렐러티비티 스페이스의 공동창업자 팀 엘리스가 한 답변

————**"**

## 자본주의의 매치 메이킹

앞서 언급한 '디스럽트 스페이스 서밋'은 유럽 우주산업 창업자들의
소규모 콘퍼런스다. 뉴스페이스 창업자들을 투자자의 시각으로 판단
하고 현실의 모습은 어떠한지 살펴볼 유익한 기회를 제공한다. 이 회
의에서는 자본금을 구하는 스타트업 창업자들과 그런 기업을 찾고 있
는 투자자들이 만나는 모습을 엿볼 수 있다. 즉 기업과 투자자를 이어
주는 자본주의의 매치 메이킹인 것이다. 서로에 대한 이해를 돕기 위
해 주최자는 특히 투자자들이 중요시하는 디자인과 브랜딩 주제로 워
크숍을 제공하며 에어버스와 같은 대기업과의 거래를 위한 협상의 기
술을 소개한다. 강연이 끝날 때마다 청년들은 강연자와 개인적으로
상담하기 위해 줄을 섰다.

창업자: 파괴하라!

특히 벤처 캐피털의 대표자가 연설할 때면 줄이 길었다. 사실 스타트업 창업자들이 회의에 참석한 이유가 이것이기 때문이다. 이를테면 오랫동안 에어버스의 전신 아스트리움Astrium의 CEO를 역임한 후 에어버스 스페이스 디펜스 시스템의 부사장으로 재직한 유럽 항공우주산업의 귀인, 프랑수와 오크의 경우가 그랬다. 현재 오크는 에어버스에서 놀랍게도 신생 스타트업 투자를 위해 조성한 1억 5,000만 유로의 투자풀investment pool 자금으로 설립된 자회사인 에어버스 벤처Airbus Ventures의 최고경영자다. 오크가 강연에서 전하려는 메시지는 '창업자는 자신이 구상한 아이디어를 최종시점에서부터 개발해야 한다!'였다. 에어버스 벤처의 원조를 원한다면 논리적인 비즈니스모델을 제시할 수 있어야 했다. 멋진 첨단기술만 가지고는 절대 불가능했다.

그런 오크의 말은 공허하고 상투적으로 들리지만, 사실 구체적인 내용이었다. 기술의 세계에서는 기술적으로 수준 높은 아이디어를 가지고 접근하는 엔지니어들이 모여들었지만, 그들은 종종 그 기술을 어떻게 활용하여 판매할 수 있는 제품을 만들 것인지 잊어버린다. 오크가 주문한 것은 명확했다. "우리는 에어버스를 전략적으로 보완하기 위해 투자하는 것이 아니라 수익 창출을 위해서 투자한다." 훌륭한 사업구상 외에 모험자본 투자자에게는 무엇보다 동기부여, 유연성, 창의성 등이 핵심 평가 기준이었다. 기술적인 아이디어도 중요했지만 그것은 최종 협상의 여지가 있는 부분이었다.

스페이스 엔젤 투자자 중 한 명인 채드 앤더슨Chad Anderson은 특별히 우주산업 스타트업들을 위해 구축하고 투자한 네스트워크를 이렇게 표현했다. "나는 단순히 아이디어에 투자하는 것이 아니라 그런 아이디어를 내는 사람들에게 투자하는 것이다. 안타깝지만 경쟁자가 좋은 아이디어를 그대로 따라 하는 건 시간문제이다." 그의 메시지는 단순히 좋은 아이디어만으로는 어느 한 기업을 성공으로 이끌 수 없다는 것이다. 경제적 시장이 변하면 사업 아이디어 또한 그 변화에 맞춰 새롭게 고안해야 한다. 앤더슨은 그런 시점에도 고집스레 원래의 사업계획을 고수하는 사람은 미래가 없다고 말했다.

최소한 투자자의 시각에서 성공한 창업자들은 스스로 무엇을 할 수 있는지 파악했고, 특히 그보다 더 중요한 건 '불가능한 것'을 인지하게 되었다는 것이다. 엔지니어들 모두가 전략과 행정 능력을 양손에 쥐고 있는 훌륭한 최고경영자가 될 수는 없다. 실제로 기업의 브레인인 창업자들이 기업의 조타실을 자신이 아닌 누군가에게 넘겨야 하는 이유를 납득하지 못하여 문제가 생긴다. 엔지니어가 아니었더라면 해당 기업이 아예 존재조차 하지 않았을 것이라는 생각 때문이다. 창업자의 관점에서 보면 마땅한 주장이지만 지극히 개인적인 감정이 반영된 것이다. 기업의 목표와 투자자의 입장에서 그런 취지는 무의미했다. 탄탄한 스타트업은 (기술 전문) 창업자가 최고기술책임자Chief Technical Officer, CTO를 맡고 전문 교육을 받은 인재에게 최고경영자CEO를 맡긴다고 앤더슨은 강조했다.

같은 맥락에서 여러 기업의 엔지니어이자 CEO를 겸임하고 있는 일론 머스크를 비난하는 이들도 많다. 머스크가 기업의 수장으로서 보낸 시간 내내 논쟁의 여지가 끊이지 않았고, 결국 쓰라린 경험을 해야 했다. 집2Zip2 개발 당시 투자자들은 머스크를 정상에서 밀어냈고, 그를 '오롯이' 최고기술책임자 자리에 앉혔으며 훗날 감사위원회의 의장으로서 맡은 회장직도 박탈했다.[1] 페이팔의 경우 그것도 머스크의 신혼여행 동안 경영진이 '쿠데타'를 일으켰다. 머스크가 신혼여행에서 복귀했을 때, 그는 더 이상 CEO가 아니었다. 페이팔의 최고경영자 자리에는 독일 프랑크푸르트 출신으로 현재 실리콘밸리에서 영향력 있고 저명한 투자자로 활동하는 피터 틸이 앉아있었다.[2] 실리콘밸리에는 승자와 그 밖의 사람들만 있다.[3]

결국 마지막에 지분의 운명을 결정짓는 것은 매우 인간적인 질문이다. 버지니아주에 위치한 우주산업 컨설팅 기업 브라이스Bryce에 따르면 투자자들은 최소한 창업자와의 사적인 관계가 재정적인 동기만큼이나 결정적이라고 밝혔다. 그러나 이것을 조화로운 관계에 집착하는 관계설정으로 오해하지 말아야 한다. 오히려 개인의 성향을 참고하여 가장 적절한 인물을 거르기 위한 시도로 접근해야 한다.

## 투자자들이 품은 욕망의 대상

이상적인 창업자들의 한 편에는 진정한 사람들이 마주 서 있다. 투자자들의 탐욕이 향하는 대상은 주로 우주산업 기술의 졸업생들로 그중 일부는 20대이다. 그들은 집중적으로 활동에 몰입하다가도 어느 순간 휴식을 취하기도 한다. 법학도에게 때때로 보이는 오만한 자만심 혹은 경영학도의 야심가다운 경쟁심도 느껴지지 않는다. 여러 스타트업이 투자자를 찾아 경쟁하고 있는 상황에서도 마찬가지다. 모두가 마음의 준비가 되었다고 말하며 그들의 아이디어와 비즈니스모델을 청했다. 이 사회에 속한 이들은 대부분 우주산업이 유행이며 그 일원이 되고 싶고, 될 것이라는 확신이 있는 것처럼 보였다. 그 안에는 실질적인 낙천주의가 녹아있었다. 이들은 기술에 빠삭한 사람들을 떠올릴 때 흔히 연상되는 여드름투성이 너드와는 거리가 멀었다. 그들은 자신만의 멋과 개성을 중시하며 얼굴의 절반을 수염으로 뒤덮고 유행을 선도하는 타이트하고 조금은 짧은 정장을 입은 힙스터들이다. 여기서 여전히 고루한 면모가 보이는 부분은 여성의 수가 적다는 것이다. 업계에서 기반을 잡은 기업이 여론에 홍보하는 것과는 정반대로 스타트업에서 여성의 수는 많지 않다.

그렇다면 창업자들은 대부분 자본가가 일반적으로 바라는 모습일까? 그렇기도 하고, 아니기도 하다. 이는 때때로 그들이 어디에서 왔는지에 따라 결정되기도 한다. 스페이스 엔젤 투자자 채드 앤더슨은 이를테면 유럽 우주산업 기업가들에게서 전문화가 필요하다고 보았다. 유럽의 우주산업 기업가들은 누군가 그들의 사업 아이디어를 훔칠까 봐 두려워서 세부사항을 세세하게 표현하지 않는 것처럼 보였다. 그렇지만 투자자들은 돈을 투자하기 전에 그들의 돈이 어디서 어떻게 쓰이는 것인지 제대로 파악해야만 했다. 결국 이러한 모습은 서로에 대한 신뢰 결핍으로 이어진다. 신뢰가 형성되지 않으면 돈과 아이디어 사이에는 아무런 자극도 일어날 수 없다.

반면 미국의 젊은 창업자들은 평소 대학 인근에 거주하며 학생들에게 적극적으로 접근하는 투자자들의 대리인과 마주친다. 미국의 '창업도'들은 투자 진행 과정에 정통했기 때문에 이런 상황에서도 크게 당황하지 않았다.

그들이 항상 단정한 슈트를 입는 것이 아니라 때로는 문신에 꽃무늬 셔츠를 입은 에어로스페이스의 크리토퍼 릴란트처럼 등장한다는 것은 문제가 되지 않았다. 새로운 항공우주산업에서 좋은 투자기회를 탐색하는 사람들은 피상적인 면에 속지 않는다. 이들은 주로 기술에 집중하며 상업계에서의 활동 경험이 드문 창의적이고 젊은 창업자들과 호흡을 맞춘다. 벤처 캐피털 비즈니스의 사람들은 그들이 대상으로 삼은 목표 집단을 정확히 파악한다.

# 우주 속 죽음의 성지로
# 쏟아부은 돈

"

**나는 50세이며, 3번째로 뉴스페이스를 지켜본다.**

피엘 리오네(Pierre Lionnet), 우주산업 애널리스트

"

## 발할라식 투자

"항공우주산업에 투자한다는 것은 역사적인 측면으로 봤을 때 돈을 스칸디나비아 신화 속 전사들이 죽은 후 머무는 장소인 발할라에 써버리는 것과 같다." 우주산업 정보 서비스업체 뉴스페이스 글로벌 NewSpace Global의 리처드 로켓Richard Rocket은 항공우주산업은 "로켓에 돈을 넣고 다시는 볼 수 없는 하늘로 쏘아버린다."라고 생각했다.[1] 모험 자본은 더 이상 전적으로 디지털 비즈니스모델에 시선을 두지 않고 그들의 투자가 빛을 발휘할 곳을 전부 쫓고 있다. 그리고 현재 무엇보다 바이오테크놀로지, 인공지능 그리고 작은 범위의 우주산업 분야가 바로 그 대상이다. 그러나 우주산업은 그 전까지 투자자들이 선호하는 업계로 꼽히지 않았다. 그리고 리처드 로켓은 그 점을 지적하려 했

다. 그가 전하는 말의 의미는 지금까지의 투자자들이 그들의 돈을 하드웨어에 비중을 둔 업계에 투자하길 꺼렸다는 것이다. 소프트웨어 설계자, 프로젝트 매니저를 비롯한 개발 인력이 자금에 관한 이해가 있는 사람들(투자자)의 감독 아래에서 프로그램 코드를 개발하고 그로써 인터넷에 압축하여 상품화한 소프트웨어가 훨씬 전도유망한 분야로 비친 것이다. 이는 매우 합리적인 관심사의 문제였고, 더욱이 실리콘밸리 투자자 중에도 디지털 분야에서 몸담았던 이들이 적지 않았다.

반면 우주산업 분야는 기술 부문에 투자를 요했고, 게다가 이를테면 위성처럼 각각의 제작형태로 진행되는 산업이었다. 우주로 향하는 모험의 길은 훨씬 불투명했다. 지난 20년간 비행 실패율은 6.8%였다. 무엇보다 리스크는 로켓의 선택에 달려있었다. 2017년 말까지 총 96회의 발사 중 94회를 이륙에 성공한[2] 로켓 아리안5의 성공률은 97.9%였다.* 같은 기간 러시아 프로톤은 이륙 실패횟수가 180회 중 17회로 성공률은 94.4%이다. 1965년부터 비행 중인 프로톤 로켓 계열인 UR-500은 총 417회 발사시도 가운데 48회가 미션을 실패했다. 이 로켓의 성공률은 여전히 88.5%다.[3] 위성 공급기업의 관점에서 미션의 실패는 꼭 우주선이 장관을 연출하며 폭발했다는 것만을 의미하지 않는다. 위성의 상층부가 잘못된 위치에 놓이면서 위성이 제 기능을 할 수 없는 것도 실패로 간주했다. 위성운영기업에게 이런 상황

---

* 로켓마다 스스로 확실하다고 판단한 실행횟수가 전부 다르다는 것이 상황을 더 복잡하게 만든다. 여기서는 예증을 위해 모든 경우를 계산했고 비교 가능성을 낮추는 위험요소까지 반영했다.

은 완전한 결손이었다. 위성의 결말은 우주 쓰레기가 되거나 일정 기간이 지난 뒤 대기에서 불타올랐다. 운이 좋다면 잘못된 위치에 설정됐음에도 위성은 자신의 수명 일부를 사용하여 본래 목표궤도에 자력으로 도달하기도 한다. 이때 규칙적인 간격을 두고 올바른 고도로 위성을 끌어올리는 데 소중한 연료 중 일부를 소모한다. 위성 서비스 제공기업은 이것을 부분적 성공으로 평가한다. 예컨대 아리안5에서 부분성공이 두 차례 있었다면 이것을 실패 1회로 간주하면 미션 성공률이 95.5%로 낮아진다. 즉 미션의 성공은 해석하기 나름이다. 그렇지만 발사 실패로 파괴된 위성의 보험문제가 거론되면 예상되는 수익에 대한 보상은 이뤄지지 않는다. 그리고 그건 비단 우주산업 경제뿐만이 아니라 지구상의 기업가적 리스크에 공통적으로 적용된다.

대다수 투자자에게 우주산업을 매력적이지 않고 여러 방면에서 불가능에 가깝게 이끈 것은 필요 자본금 규모였다. 위성의 제작, 발사 그리고 운영에는 수십억 달러의 비용이 든다. 통신위성의 시대가 시작되면서 국가가 감수했던 자금 부족 위험을 이제 민간 기업이 넘겨받았다. 그리고 그것이 지금까지 관련 프로젝트 수가 제한적으로 축소된 원인이었다. 2차례의 초대형 위성 콘스텔레이션 실패작은 이런 투자에 상당한 실패 가능성이 있음을 몸소 입증했다. 글로벌스타Globalstar와 이리듐Iridium은 무선 이동통신 전신주가 없는 사막 혹은 남극과 같은 오지를 비롯한 전 세계 어디에서나 통신을 가능케 하는 위성 네트워크 시스템이다. 하지만 두 프로젝트 모두 발사 시점부터 순탄치 않았다. 이리듐 프로젝트의 실패는 오늘날 여러 경제 수업에서 실패한 비즈니스모델의 표본으로 언급되며, 지금까지 우주산업 분야에서 전부가 아니면 전무한 방식의 투자만 진행됐던 민간계약의 민낯을 보여주는 선례가 되었다.


## 수십억짜리 무덤인 투자자의 허수아비

2000년 11월 에드 스타이노Ed Staino와 댄 콜러시Dan Colussy는 단돈 2,500만 달러(한화 약 300억 원 -옮긴이)에 위성운영기업 이리듐을 매수했다. 매우 흡족한 거래를 체결한 두 사람은 몹시 즐거웠을 것이다. 이 기업은 개발과 수송에만 무려 50억 달러(한화 약 6조 원 -옮긴이)가 투자된 최신식 통신위성 66기를 운영하고 있었다.* 에드 스타이노는 누구보다 그 사실을 잘 알고 있었다. 스타이노는 1999년 CEO 자리에서 물러나기 전까지 이 기업의 수장이었다. 1999년은 이리듐 위성이 서비스를 개시한 지 6개월이 되는 시점이며 과도한 부채가 있는 채권기업에 지급불능 상태가 되기 4개월 전인 시점이었다. 팬아메리카 항공의 사장을 역임하고 한때 미국 항공사들 가운데 거물이었던 댄 콜러시는 은퇴 후 아내의 반대를 무릅쓰고 기업과 특히 위성들을 구하고자 이리듐 프로젝트에 복귀했다. 이리듐 프로젝트의 최대지분소유주인 미국 통신기업 모토로라가 위성을 태워버리기 위해 대기권으로 로켓을 발사하기 직전이었기 때문이었다. 모토로라 경영진은 통제 불능상태로 추

---

* 원래는 위성 77기를 쏘아 올릴 예정이었다. 77은 이리듐의 원자번호이며 프로젝트의 이름도 여기서 기인했다.

락하는 위성 파편이 거주지역에 떨어지며 자신의 기업에 상상을 초월한 손해배상청구가 들어오는 건 아닐지 우려했다. 그리고 이런 그의 고민은 사실무근이었다.

어떻게 이렇게까지 상황이 악화될 수 있었던 걸까? 80년대 중반 모토로라 엔지니어의 부인은 카리브해로 향하는 길에 이동통신 단말기에 신호가 잡히지 않는 경험을 했다. (이동통신 초창기였던 것을 생각하면 놀랄 일은 아니다) 이에 이 여성의 남편은 동료들과 함께 지구저궤도용 위성 네트워크 시스템 개발안을 기획했다. 이 위성 네트워크 시스템의 무선통신 범위는 세계 어느 곳에서라도 통화가 가능하도록 했다. 모토로라는 이 프로젝트 개발을 추진하며 수십억 달러를 투자할 투자자들을 유치하고 컨소시엄을 열었다. 그리고 1998년 11월 1일부터 서비스를 시행했다. 그렇게 이리듐 네트워크가 가동됐지만 큰 반응이 없었다. 이리듐 프로젝트가 손익분기점을 넘기려면 최소 40만 명의 가입자가 필요한 상황이었는데, 출시 전 예상했던 매월 약 5만 명의 가입자 대신 이듬해 5월까지 단 약 1만 명만이 가입신청서에 서명했다. 문제는 방대한 전파범위 및 통화품질뿐만이 아니었다.[4] 이리듐 서비스는 통화 1분당 약 4~7달러였으며 전화기가 무려 3,000달러가 넘었다. 게다가 더 심각한 건 이 기기의 부피가 꽤 크기도 했거니와[*] 전파를 수신하는 데 여러 부속 기기가 필요했다는 점이다. 전설처럼 떠

---

[*]  미국 언론에서는 이것을 '벤츠 엔진을 장착한 덤프스터 혹은 바게트 모양의 벽돌'로 표현했다.

도는 일화에 따르면 에드 스타이노는 그날 경영진 회의에서 사납게 날뛰며 사무용품들을 붙잡고 불평을 쏟아냈다고 한다. "여러분들은 여러 기업인이 우리를 이렇게 똥을 싼 채로 그냥 둘 거라 생각하십니까?"

한때 50달러였던 기업의 주가는 6달러로 곤두박질쳤다. 부채를 더 이상 감당하지 못한 이리듐은 8월에 채권자보호신청을 했다. 그리고 하필이면 미국 경제사에서 가장 큰 규모의 파산의 사례로 우주산업 기업이 남게 되었다. 이리듐은 2000년 3월 고객들에게 서비스 중단을 통보했다. 원양어선, 산악인 및 약 30개의 탐험대처럼 사람이 거주하지 않고 척박한 지역을 여행하므로 위성 서비스만 믿고 해당 단말기를 예약한 사람들에게는 엄청난 공포였다.*5 다행히도 그런 지경까지는 이르지 않았다. 몇 차례의 회생절차 시도 후 혜성처럼 콜러시가 등장했기 때문이다. 콜러시는 스타이노와 함께 지급 불가 상태인 이리듐을 매수했을 뿐 아니라 새로운 법인으로 재설립한 후 수백만 달러 가치의 미군 계약을 체결했다. 원래 이 프로젝트를 기획했던 기업은 물리적으로 위성 콘스텔레이션 시스템 형태를 살릴 수 있었지만, 그렇게 되고 나니 여러 투자자와 기업들은 설치과정에서 막대한 투자금의 손실을 입었다. 최대 주주이자 채권자인 모토로라는 이 프로젝트

---

*  무엇보다 프랑스 조정선수 조 르 구앵(Jo Le Guen)과 덴마크 황태자 프레데릭 왕세자는 보유한 위성 전화기로 며칠 후면 서비스가 종료될 것이라는 통보를 받았다. 이 시점에 구앵은 남아메리카 해안에서 5,000km 떨어진 태평양 한가운데였고, 프리데릭 왕세자는 개 썰매로 그린란드를 누비고 있었다. 독일 매거진 〈슈피겔〉은 위성 전화가 이미 한 차례 그의 일행을 보호하는 데 유용한 효과를 입증했다고 설명했다. 심하게 얼어붙은 곰돌이 셸리를 먹다가 치아가 부러졌을 때 위성으로 그 즉시 연결한 치과의사의 도움을 받았기 때문이다.

에서 거의 25억 달러의 손실을 봤다. 우리가 살펴본 것처럼 과거에 우주 비행 프로젝트에 투자하려는 사람에게는 수십억 달러뿐만 아니라 그보다 높은 가치의 낙관이 필요했다. 이리듐 프로젝트의 실패는 기술 구현가능성의 문제보다는 과도한 개발비와 잘못 예측한 비즈니스 모델이 원인이었다.

현재 이리듐은 위성의 기능을 제대로 수행하며 수익을 창출하고 있다. 당시 이리듐은 스페이스X의 팰컨9과 대규모 계약을 체결했던 2번째 위성세대였다. 그 후 일명 이리듐 플레어Iridium Flares라 불리는 현상이 관측됐다. 인공위성 안테나의 알루미늄 부분에 태양이 반사되면서 일어나는 플레어는 지구표면에서 보면 별똥별처럼 빛을 뿜어낸다. 일부 지역에서는 한밤에 이리듐 위성이 몇 초 동안 가장 밝게 빛나기도 하고 때로는 낮에도 육안으로 확인할 수 있는 곳도 있다. 그러나 이리듐 2세대 위성Iridium NEXT satellite은 기존과 다른 방식으로 제작됐기에 예전처럼 태양빛을 한데 모으지 않는다.

## 무너진 약속

여러 비평의 목소리와 더불어 오늘날 투자 붐은 거품처럼 사라져버릴 수 있다. 2016년 애널리스트 연구에는 여러 세대를 거친 우주산업 전문가들이 소환됐다. 불행히도 여러 스타트업은 그들의 약속이 제때 지켜지지 않을 것이라는 사실이 가시화될수록 자금 압박을 받는다. 그들이 신속하지 못했거나 그들의 비즈니스모델이 제 기능을 하지 못했기 때문이다.[6] 현실적으로 미리 발표한 로켓 중 다수, 그리고 특히 개발자들이 발사과정에 요구하는 비용은 단지 약속에 불과했다. 질 좋은 하드웨어와 투자한 금액이 부족하여 로켓이 하늘에서 밝게 빛났다가 불에 타서 한 줌의 재가 되어버리는 기업이 적지 않았다.

우주선을 제작하기에는 충분하지 못한 자금 확보는 주로 콘셉트 과정에서부터 시작된다. 특히 2016년 파스칼 자우시Pascal Jaussi가 자신의 기업에 결과물이 불타오르는 장관을 남긴 사례를 들 수 있다. 전 항공기 조종사이자 시험 비행 엔지니어인 자우시는 2013년 개조한 에어버스330의 제로G항공편으로 제공 가능한 사항을 발표했다. 해당 항공편은 에일반 항공사처럼 이코노미클래스는 2,000유로, 퍼스크클래스는 5만 유로였다. 그러나 에어버스330은 훨씬 야심만만한 목적지 스위스에 도달하기 위한 토대에 불과했기 때문에 여러 단으로 구성된 우주선의 일부분이자 재사용 가능한 우주수송 시스템이 되어야 했다. 애니메이션으로 제작한 영상에서 알 수 있듯이 우선 에어버스는 저궤도 우주산업선 SOAR를 등에 짊어지고 순항고도까지 이륙한 후 위성이 탑재된 소형로켓을 다시 발사하기 위해 약 80km 높이를 더 올라갔다. 동시에 슈퍼여객선인 SOAR는 지구의 반 바퀴를 비행하는 데 2시간도 걸리지 않았다. 예정됐던 테스트비행은 2017년이었다. 그러나 2016년 여름 경찰이 프라이부르크 주 오몽 근처 숲에서 심한 화상을 입은 자우시를 발견하고, 누군가 자신을 납치하고 불을 질렀다는 그의 진술과 동시에 2013년에 설립된 이 기업에 커다란 문제가 있다는 사실이 수면 위로 드러났다. 자우시는 기자들에게 자신이 우주를 두고 격전을 치르고 있다고 말하며 자신의 납치도 이런 경제 전쟁의 결과라고 주장했다.[7] 그러나 몇 주 뒤 이 기업이 파산상태이며 수많은 임직원이 벌써 여러 달째 급여를 받지 못하고 있다는 사실이 알려졌다. 마지막에 검사는 자우시가 수백만 유로에 달하는 부채를 다른 쪽으로 돌리려고(그중 일부로 에어버스 1대를 매입했다) 이런 사건을 조작했다는 결론을 내렸다. 그는 자신에게 불을 지를 의도는 없었지만 불길을 과소평가한 탓에 상해를 입었던 것이다.

검사의 의견이 옳다면(물론 자우시가 보여주려 했던 방식은 아니지만), 그것은 비극적이고 무자비한 민간 우주산업의 면모를 고스란히 입증한 사례다. 자신이 발표한 내용을 구현하지 못하는 이는 곧바로 잊힌다. 혹은 수년간 각설이 작전으로 사람들의 시선을 끌려고 하는 경우도 드물지 않았다. 로켓플레인 글로벌Rocketplane Global이 바로 그런 사례였다. 그와 거의 똑같은 기업명을 지녔던 로켓플레인 키슬러는 자우시처럼 일종의 로켓항공기로 위성과 관광객을 우주로 수송하려는 계획을 추진했었다. 파산하기 전까지 수천만 달러가 투여됐지만 9년 동안 이뤄낸 결과물은 하드웨어의 모형 제작에 불과했다. 실제로 이 기업의 전신은 2006년 NASA가 개발프로그램에 국제우주정거장 화물공급용으로 재활용 로켓 K-1 플랜을 채택하자 대형 우주산업 사업을 시도하려 했다.[8] 기업은 2억 달러의 지원금을 배정받았지만 충분한 자본금을 마련하지 못하면서 1년 뒤 NASA는 위탁계약을 해지했다(413쪽 참조). 그때까지 로켓플레인은 NASA 지원금 중 3,000만 달러를 사용한 상태였다. 그런 상황에서 반백이 된 대표이사는 세계 곳곳을 다니

며 옛 계획을 위한 새로운 자금을 조달하려 여러 TV프로그램에 출연했다.[9]

　뉴스페이스의 여러 기업이 쓰러지고, 기업의 단계별로 투자자들이 많은 돈을 잃어버리고 있다는 것은 현실이다. 그렇지만 이런 스타트업의 좌절이 민간 우주산업 전체의 실패로 이어진다고는 확언할 수 없다. 닷컴 거품은 사라졌지만 여전히 인터넷 산업은 건재하다. 그저 업계에서 생존하지 못한 기업의 비즈니스모델만 잊혔을 뿐이다. 게다가 모험자본기업 또한 그들이 투자하는 기업의 대다수가 실패할 수도 있다는 것을 미리 계산해야 한다. 결국 성공하는 기업은 투자한 기업의 약 1%에 불과하다고 가정하는 것이다. 물론 이런 10% 기업의 가치는 이해득실을 따졌을 때 기업의 매각 후 단순히 실패한 기업에 투자 금액의 감가상각 수준이 아니라 수익을 남길 정도가 되어야 한다.

　우주산업, 말하자면 점유한 궤도 밖에서도 그만큼의 수익을 올리는 것이 가능할까? 학문적 접근 및 군사적 필요성과 멀리 떨어진 민간 기업이라면 그 답은 결국 숫자에 달렸다. 이런 숫자 전문가로는 피에르 리오네Pierre Lionnet가 있다. 리오네는 유럽의 우주산업 관련 업체들의 비영리 연합체인 유럽우주산업연합회에서 연구 분야를 이끌고 있다. 레오네는 현재 뉴스페이스에 관한 대대적인 광고를 회의적인 시선으로 바라봤다. "시장에 여러 경향이 떠올랐다 사라지는 광경을 전부 지켜봤다. 시장에 막대한 자금이 쏟아질 때마다 그 사업은 항상 실패했다."[10] 대형 위성 프로젝트 이리듐, 글로벌스타, 오브콤Orbcomm 그리고 텔레데식Teledesic은 90년대에 수십억 달러를 공중에 날려버렸다고 리오네는 설명했다. 이런 위성 콘스텔레이션 사업은 부분적으로 여러 차례 파산절차를 밟으면서 램프에 남겨진 위성들을 거의 무상으로 획득할 수 있었기에 그나마 명맥을 유지했다. "이런 프로젝트는 여러 차례 등장했다가 사라졌지만 그 관련 기술은 아직 급진적으로 발전하지 않았다. 이런 병목의 원인은 여전히 동일하다. 바로 발사 비용이다. 지난 20년 동안 관련 비용은 줄어들지 않고 있다." 위성이 갈수록 소형화되면서 그 수요도 증가했다. 원웹의 경우만 해도 초기에는 648기, 후에는 2,000기를 지구저궤도에 쏘아 올리려고 계획했다. 그 말인즉 우주산업 기업이 화물을 좀 더 저렴하게 우주로 수송이 가능해진다면 뉴스페이스에 미래가 있다는 것이다. 실제로 지난 15년 간 민간 상용 미션의 수는 평균 20회의 로켓 발사로 비교적 일정한 횟수를 유지했다. 그러나 1997년에서 2000년 사이 이 수치는 약 40회로 급격한 오름세를 보였다(32쪽 그림3 참조).

　리오네는 그 밖의 다른 문제점도 지적했다. "예컨대 원웹이 공식적으로 발표한 위성 전부를 동시에 발사하려고 한다면 이론적인 발사수용력을 감안했을 때 약 1년 반이 필요하다." 그렇지만 얽혀있는 상황이 매우 복잡하기 때문에 단순히 로켓 제작만으로는 수용력을 2배로 올리는 것조차 어려운 실정이다. 또 다른 문제점은 발사 장소다. 월 2회 이상의 로켓발사는 많은 발사가 이뤄지는 러시아의 바이코누르 기지에서도 수용하지 못한다. 따라서 연이은 발사가 계획되어 스페이스X와 같은 기업은 발사대를 임대하고, 설치하고, 운영해야 하므로 그 발사 비용을 낮추기가 힘들다. 케이프 커내버럴 기지, 바이코누르 기지에 이어 앞으로 러시아의 완공될 새로운 발사 기지 보스토치니도 기존의 우주기지처럼 활기차게 운영된다면 곧 우주정거장의 명성도 지금과는 달라질 것이다.* 따라서 지구저궤도의 메가 위성 콘스텔레이션 프로젝트의 붐은 고객 확보가 아니라 향후 충분한 발사 수용력이 갖춰진 후에야 가능하다.

이런 이의 제기는 일반적으로 잘 알려져 있다. 무엇보다도 PLD, 제로2인피니티, 로켓 랩과 같은 소형로켓 개발자들이 이 시장에 그들의 로켓을 투입하려고 전력을 다해 매진하고 있는 이유기도 하다. 케이크의 가장 큰 조각이 분배되는 시점까지 로켓을 완성하고 준비하려는 것이다. '미리 준비하고 있는 것이 무엇보다 중요하다'라고** 강조하던 파괴의 조상 헨리 포드의 격언처럼.[11] 지금까지 저렇게 많은 엔진을 동시에 개발하는 것은 돈과 자원 낭비라고만 생각한 사람들도 이제 어느 정도 베조스, 머스크 그 밖에 다른 이들이 자체적 계획으로 경쟁에서 우위를 선점하고, 재활용 부스터로 로켓 효율을 극대화하려는 이유를 파악할 수 있을 것이다.

---

\* 에어버스와 원웹은 오롯이 자사의 위성 발사를 위해 소유스 우주선 20회를 예약했다.

\*\* 포드는 자신이 거둔 성공의 비밀을 이렇게 표현했다. "시작을 준비하라. 그러려면 준비가 되어있어야 한다. 에디슨과 린드버그는 시작 전에 채비를 단단히 했다. 나도 그런 식으로 찾아야만 했다. 따라서 시작한 후 10년을 멈춰있었다. 10년 동안 중단하고 준비했다. 첫 자동차를 1893년에 완성했지만 상용화 준비를 끝낸 건 1903년이었다. 젊은 세대라면 누구나 알 만한 간단한 일이지만 선뜻 실행하기가 몹시 힘들기도 하다. 따라서 그 무엇보다도 준비하라. 다른 뭔가를 말하기 전에."

# 10년 안에 테슬라는
# 1조 달러 기업이 될 것이다

**"**————

**민간 우주산업은 21세기 미국 산업의 성장을 이끄는 동력이 될 것이다.**

찰스 볼든(Chales F. Bolden), 전 NASA 국장

————**"**

## 우주 독점시장의 소소한 베팅

고되고, 과거 거대광巨大狂 같았던 환경이 변하고 있다. 앞서 언급했던 원웹과 같은 대형 프로젝트가 진행되고 있긴 하지만 그 밖에도 다수의 소규모 기업들이 이 시장에 뛰어들었다. "현 뉴스페이스가 거둔 성공은 소규모 민간투자가 가능해졌다는 것이다."라고 채드 앤더슨은 주장했다. 지금 형성되는 네트워크가 이를 입증했다. 특히 유럽에서는 괄목할 만한 성장세가 두드러졌고, 부유층은 비록 수십억 달러 단위는 아니지만 수천만 달러를 이 산업에 투자했다.

2016년 조사결과도 이를 방증했다. 그 사이 우주 투자 컨설팅 기업 브라이스 스페이스 앤드 테크놀로지Bryce Space and Technology로 이전한 타우리 그룹의 분석전문가들은 우주산업 기업에 투자한 여러 투자자에

게 그 이유를 물었다. 이에 그들은 무엇보다 적은 금액으로 우주산업에 투자가 가능하기 때문이라고 답했다. 수천만 달러 혹은 수십억 달러가 아닌 불과 수십만 달러로 소형 위성을 제작하고 그것으로 수천만 달러 규모의 시스템을 구축할 수 있었던 것이다. 이름을 밝히지 않은 한 투자자는 이에 대해 좀 더 소상히 털어놓았다. "일종의 실험을 하는 거다. 위성 발사에 (예전 같았다면) 3억 달러(한화 약 3,600억 원 - 옮긴이)를 투자했다면 뭐가 어떻게 진행되고 있는지 정확히 알아야 한다. 이럴 때는 그 어떤 위험부담도 감수할 수 없다. (…) 우주에서 아직 테스트 안 된 새로운 첨단기술을 사용하는 것은 특히 위험하다. 그렇지만 많은 돈이 투여되지 않았다면 그렇게까지 위축되지 않기에 다소 실험해볼 여지가 있다."[1]

그 밖에 현재 활성화되고 있는 투자의 주된 이유로 소형 위성과 연계된 빅데이터 제품을 꼽을 수 있다. 이는 실리콘밸리 투자자들을 사로잡는 이유이기도 하며 담보와 같은 기능을 한다. 빅데이터 제품 기업은 위성 콘스텔레이션 프로젝트를 진행하고 있는 기업임에도 비우주산업 기업으로 정의되었다. 스파이어의 CEO 피터 플랫처는 "우리는 데이터 기업이다. 전형적인 데이터 분석 기업처럼 지적 재산을 살펴보면 그 안에 소프트웨어 분야가 있다. 그것이 빅데이터고, 수학이다."라고 말했다. 플랫처에게 디지털 코드란 기업의 핵심이었다. 위성의 하드웨어는 목적을 이루기 위한 수단에 불과하다. "우리는 다른 분석 기업이 그들의 데이터를 제대로 통제하지 못한다는 것을 깨달았다. 이를테면 트위터는 다른 기업들이 그들의 제품 플랫폼에 적용할 수 있도록 인터페이스를 공유했다. 그러나 시간이 흘러 어느 순간 트위터에서 해당 인터페이스를 중단하는 순간 모든 것은 사라진다. 우리가 말했던 것처럼 우리의 목표는 핵심데이터를 스스로 통제하는 것이다. 그 뜻은 우리에게는 기업의 데이터 분석에 앞서 기업의 데이터를 수집하는 장치가 있다는 의미다. 그것이 바로 위성이다. 우리는 원해서가 아니라 해야만 하기에 위성을 제작한다."

뉴스페이스 기업에서 주로 관찰되는 이런 특징을 경제학에서는 수직적 통합이라고 한다. 스파이어는 이런 가치사슬의 핵심 분야를 2가지나 지배하고 있다. 그렇지만 위성 발사 부문은 제외됐기에 스파이어도 자신의 위성을 발사하기 위해서는 로켓을 예약해야 했다.

또한 플랫처는 우주산업에서 자주 마주하는 정서적 확신과는 조금 거리가 있어 보인다. "우리는 지금까지 발사를 12회 진행했지만 단한 차례도 지켜본 적이 없다. 관심이 없기에 동영상마저도 확인하지 않는다. 그렇지만 새로운 컴퓨터는 화물차가 들어올 때부터 긴장된다." 플랫처는 우주산업을 좀 더 크게 보아 인터넷도 포함되는 정보처리 산업의 일부분으로 간주했다. 단지 시행 장소가 특이하게도 우주인 것일 뿐이다. 돈을 위성에 투자한 사람들 모두가 이런 플랫처의 엄격한 정의에 따라 우주산업이 아니라고 생각한다. 플랫처의 입장에서 보면 실리콘밸리가 투자하고 있는 분야는 우주산업이 아니다. 실리콘밸리는 데이터와 데이터 활용 분야에 투자하는 것이다. 데이터를 수집하는 방식은 전혀 개의치 않는다. 물론 어쨌거나 위성을 우주로 수송하고 목표지점까지 조종하는 것은 로켓이기 때문에 플랫처의 주장을 반박하는 투자자들도 있다. 그리고 플랫처 역시 "위성 콘스텔레이션을 건설하고 발사하는 과정은 믿을 수 없을 정도로 어렵다."라고 시인했다. 2017년 말 스파이어 위성 10기와 대형 기상 위성을 탑재한 러시아의 소유스 로켓이 이륙했다. 이후 위성통제센터에서 신호를 보냈지만 발사된 위성에서는 아무 회신도 돌아오지 않았다. 미션이 실패한 것이다. 이후 러시아 전문매체는 프레가트Fregat라는 명명의 로켓 상층부가 궤도를 향해 날아가지 않고 불행히도 지구 방향으로 진로를 변경하고는 곧이어 불타올랐다고 전했다.

다시 말해 플랫처와 같은 위성 사업이 데이터를 수집하는 것이라고 보기에는 그 데이터를 축적하는 위성의 많은 부분이 우주산업과 연관되어 있다는 것이다.[2] 수십 곳에 이르는 위성 서비스 기업을 어느 선까지 우주산업 기업으로 정의할 것인지는 여전히 이견이 많다. 하지만 분명한 건 플랫처의 견해가 투자자들이 우주산업에 주목하고 있는 이유를 설명해준다는 점이다.


## 투자자용 포르노

우주산업의 새로운 비즈니스모델 대다수가 위성 활용 방식을 채택하면서 특히 머스크와 같은 로켓 제조사는 투자의 출입문 자동 개폐 장치 같은 역할을 했다. 그리고 한편으로는 발사 비용을 낮추는 기능도 있었다. 기업 자체에서 발사금액을 저렴한 비용으로 책정했을 뿐만 아니라 전체 업계의 가격을 누르는 효과가 있었기 때문이다. 그 외에도 유명세와 성공으로 이름을 날린 기업들의 소식을 통해 대중에게 뉴스페이스의 소식이 각인됐다. 우주산업에 대한 베조스, 머스크의 투자는 우주산업에 관한 평가를 바꿔놓았다.[3]

DFJ 벤처 캐피털Draper Fischer Jurvetson의 공동창업자 스티브 주벳슨Steve Jurvetson은 스페이스X는 이미 흑자를 기록하고 있다고 말했다. 주벳슨의 말은 투자자들 사이에서 스페이스X의 기업 신뢰도를 월등히 향상시켰다. 주벳슨은 2017년까지 스페이스X의 감사위원회에 속한 이사회 사람이었다. 그 밖에 DFJ 벤처 캐피털은 위성 서비스 기업 플래닛Planet에 투자했다. 어느 한 인터뷰에서 주벳슨은 이런 뉴스페이스의 유망 기업이 그의 동료들에게 어떻게 비치는지 설명했다. "두 기업은 몹시 성공적으로 활동하고 있으며 앞으로의 전망은 더 낙관적이다. 나는 업계에서 옛 학교의 동창생 위원회를 맡고 있다. 그들은 자료의 숫자를 보며 그저 '이거 완전 투자자용 포르노네!'라고 외쳤다."[4]

구글은 이미 언급했던 스페이스X의 투자 외에 특히 위성기술 관련 스타트업 스카이박스 이미징Skybox Imaging(현재 테라 벨라Terra Bella)을 인수했다. 2009년 설립된 스카이박스 이미징이 그때까지 보유하고 있던 지분을 5억 달러에 매각한 사례는 모험자본 투자자들에게 성공적인 매각, 즉 벤처 캐피털 사업의 화려한 퇴장이 우주산업 분야에서도 가능하다는 것을 보여준 계기가 됐다.* 우주산업 전문 컨설팅업체 타

---

* 그 사이에 구글은 향후 다시 위성사진을 매입한다는 계약조건으로 테라 벨라를 플래닛에 매각했고 거래금액은 알려지지 않았다.

우리 그룹은 익명의 투자자의 '항공우주산업의 투자로 수익을 올릴 수 있다. 그러나 얼마 전까지만 해도 그렇지 않았다.'라는 말을 인용했다. 첨단기술의 발전과 새로운 시장의 결합은 많은 투자자에게 확신을 심어주었다. 더욱이 우주산업 스타트업은 이를테면 볼베어링(기계의 굴대와 축대 사이에 몇 개의 강철 알을 넣어 마찰을 적게 하는 베어링 - 옮긴이) 산업에는 없는 장점이 있었다. 토랜 그린핀은 "사람들은 우주산업 비즈니스의 모든 면에 애정을 갖고 있다."고 말했다. 그리핀은 실리콘밸리의 정통한 전문가로 현재 마이크로소프트의 경영진으로 근무한다. 그리핀은 초대형 위성 스타트업 텔레데식Teledesic의 흥망성쇠를 가까이서 보았다. 별이 밝게 빛나는 밤하늘을 보며 꿈꾸지 않을 사람이 어디 있겠는가? 그리핀의 주장에 따르면 투자자의 일부는 부자가 되겠다는 생각보다는 우주산업에 참여하는 데 더 많은 이의를 두고 있다고 한다.

항공우주산업을 비교적 유용한 투자대상으로 보는 것은 전문가들뿐만 아니라 업계의 거물들도 마찬가지였다. 2017년 4월 항상 어디에 황금이 숨어있는지 기막히게 아는 것으로 유명한 골드만 삭스Goldman Sachs는 기업의 고객들을 위해 90쪽 분량의 분석 보고서를 작성했다. 이 분석 보고서를 작성한 골드만 삭스 연구분석팀이자 항공우주산업 애널리스트인 노아 포포낙Noah Poponak은 각 비즈니스모델의 전망을 조사하며 깜짝 놀랐다고 밝혔다. "소행성 채굴사업을 조사하기 시작했을 때 도저히 가능하지 않다고 생각했다. 그렇지만 건실한 과학자들과 진지한 투자자들이 얼마나 이 주제에 매진하고 있는지 깨닫는 순간 뭔가 가능할 수도 있겠다는 생각이 들었다."[5] 단, 포포낙은 보고서에서 캘리포니아 공과대학 방문을 충고했다. 캘리포니아 공과대학은 소행성에서 대량의 백금 채굴사업에 필요한 우주선 제작비용이 30억 달러도 들지 않는다고 판단했다. 제트추진연구소에도 속한 캘리포니아 공과대학의 과학자들의 말에는 무게가 있다. 이곳은 국가의 최고 엔지니어의 산실로 평가받고 있다. 엄청난 액수를 듣고 나면 다른 분야에 그만큼의 투자를 했을 경우와 비교하게 된다. 2004년에서 2011년 페이스북 약 23억 달러, 에어비앤비 43억 달러,[6] 스냅챗 46억 달러[7]가 투자됐다. 그렇지만 전부 우버에 패배했다. 이 차량공유 앱은 투자자들에게 현재 220억 달러를 상회하는 시장가치를 선물했다.[8]

모건 스탠리Morgan Stanley의 애널리스트들 또한 항공우주산업 경제의 강한 성장세를 예측하고 있다. 모건 스탠리의 투자자용 보고서에는 항공우주산업 시장이 2016년 3,300억 달러에서 2040년까지 1조 달러 규모로 확장될 것이라는 분석이 수록되어 있다. 그중 3분의 1은 위성 인터넷 사업 분야로 전개될 것이다. 우주 진입 비용과 더불어 데이터 관련 비용이 전체적으로 떨어지고 있다. 반면 데이터의 수요는 지수적 성장세를 거듭하고 있기 때문이다.[9]


## 우주의 넘버 러시

지난 몇 년 새 항공우주산업을 향한 여론의 변화, 디지털화 그리고 창업 붐은 숫자로 증명됐다. 뉴 이코노미New Economy 거품이 사라진 2000년부터 2017년 말까지 최소 200억 달러가[10] 뉴스페이스 기업에 초기투입자본, 모험자본, 사모펀드, 인수, 은행 신용장 형태로 투자됐다.[*] 편집 마감 일정까지 2017년 투자형태에 관한 신뢰도 높은 정확한 데이터를 입수하지 못했다. 2017년 한 해 동안 누적된 여러 크고 작은 투자는 최소 40억 달러 이상인 것으로 추정되고 있다. 그 규모는 실제 투자 수치에 근접할 것으로 보인다. 브라이스는 한 관련 조사 보고서에서[11] 기업이 자금을 확보할 때마다 전부 고시하는 건 아니라고 언급했다. 따라서 총액은 이것보다 훨씬 높을 수 있다. 또한 올드스페이스 항공우주산업의 투자는 이 정도 금액에 이르지 못했다. 최근에 성장

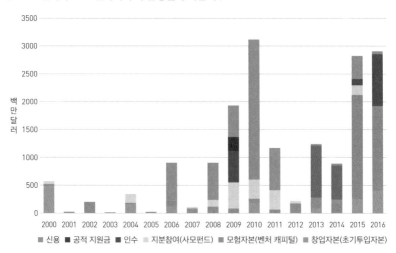

| 2000년에서 2016년까지 투자 유형별 투자금액 |

**그림9** · 2000년 이후 민간 우주산업 스타트업의 투자금액 및 유형(출처: 브라이스 스페이스 앤드 테크놀로지: 우주 스타트업-민간 우주 벤처투자 업데이트 2017. brycetech.com, p.13.).

---

[*]  은행은 일반적으로 손실위험이 대출이자에 비해 몹시 큰 데다 아이디어를 절반쯤 실현한 스타트업을 신용하지 못하기 때문에 대출을 잘 해주지 않는다.

세가 가장 가파르고 두드러진 셈이다. 모든 투자의 3분의 2에 달하는 금액인 120억 달러(한화 약 14조 4,000억 원 - 옮긴이)가 2012년 이후로 투여됐다.

특히 모험자본 지분이 크게 상승했다. 2015년 및 2016년을 합치면 2000년 이후 총투자금액의 86%에 달하는 약 36억 달러가 투자됐다. "지난 2~4년 동안 매해 평균 10억 달러 이상이 항공우주산업 벤처 캐피털에 투여됐다."고 포프낙은 전했다. 물론 전 세계와 비교하면 그리 큰 금액처럼 보이지는 않는다.* 그러나 2014년 이전의 투자금액은 매년 1억 2,500만 달러를 넘기지 않았다. 표를 살펴보면 그 전의 10년에 비교하면 최근 몇 년 동안에 투자가 명백히 집중된 것을 확인할 수 있다.[12] 2017년까지 새로운 민간 항공우주산업 투자의 최대 부분을 사모펀드의 형태로 받은 건 4곳의 기업이었다. 스페이스X는 약 16억 달러를 확보했고, 그중에서 10억은 구글 관련 집단이었다.[13] 원웹은 두 차례에 걸쳐 일본 소프트뱅크와 에어버스 및 리처드 브랜슨의 버진 그룹 등이 포함된 사모펀드에서 약 17억 달러[14]를 받았다.

뷔페에 차려진 음식이 많을수록 배고픔에 몰려드는 사람도 많다는 말처럼 투자자의 수도 증가하고 있다. 2000년과 2006년 사이 매년 평균 8곳의 투자처에서 항공우주산업에 투자했지만 2013년에서 2016년 사이에는 투자자 수가 무려 93곳에 이르렀다. 최고 기록은 89곳의 벤처 캐피털 기업을 포함하여 거의 160곳의 투자자가 등장한 2016년이

---

* 2015년을 예로 들면 실리콘밸리에서만 약 320억 달러 상당이 모험자본으로 투자됐으며, 독일은 39억 달러였다.

었다. 우주 투자 단체의 수치를 달러로 표시한 데는 그럴 만한 이유가 있다. 총 400여 곳 이상인 투자처 중 3분의 2가 미국에 본사를 두고 있기 때문이다. 전체 우주산업 투자자의 약 3분의 1에 가까운 수가 캘리포니아에 위치했다. 그 밖의 나머지 투자처는 32개국에 퍼져있다.[15]

이런 투자 열기는 한동안 계속될 것으로 보인다. "이런 조짐이 멈출 것이라는 징후가 어디에도 없다."라고 스페이스 엔젤의 채드 앤더슨은 말했다. 모험자본 기업이 이 업계의 신뢰도를 각오해서라기보다 단순히 뉴스페이스 기업이 대규모로 등장하면서 선택의 폭이 늘어났기 때문이다. 브라이스 연구조사에 따르면 2000년대 초반 자본금을 지원하던 기업은 평균 3곳에 불과했지만 그사이 17곳으로 대폭 상승했다.[16] 지원을 받은 기업은 총 140곳 이상이다. 뉴스페이스 분야를 다루는 온라인 네트워크 뉴스페이스 벤처 아카이브NewSpace Venture Archive는 전 세계의 뉴스페이스 우주산업 기업이 1,000곳이 넘으며 그중 대다수가 2000년 이후에 설립됐다고 밝혔다. 따라서 실제 수치는 그 이상일 수도 있다.[17] 또한, 경쟁사에게 노출되는 것을 꺼려 스텔스 모드Stealth Mode에 돌입한 기업들도 적지 않다. 이런 기업들은 브라이스의 조사에도 등장하지 않는다. 2017년 거래금액과 횟수는 십중팔구 2016년을 상회할 것으로 보인다. 다음 해에는 스타트업 생태계가 변환될 가능성도 있다.[18] 이런 모든 투자가 쌓여 결국에는 효력을 발휘하는 것은 물론 붐을 일으킬 것이다. 다시 한번 포포낙의 말을 인용해보자. "나는 향후 20년 이내에 초창기에 투자하여 멋진 수익률을 낸 투자자들이 등장할 거라 생각한다."[19]

## 억만장자로 시작한다는 것은

투자자들의 귀에는 분명 매력적으로 들릴 것이다. 그렇지만 우주산업으로 진정 부자가 될 수 있을까? 그렇지만은 않다. 이미 살펴본 것처럼 정말 많은 사람이 투자한 돈을 전부 잃어버리기도 한다. 초창기 투자, 다시 말해 기업의 초기 단계에 투자하는 것에도 단점은 있다. 단순히 모험자본 비율이 높다고 해서 그것이 우주산업 붐이 지속된다는 지표는 아니다. "많은 돈은 그 아이디어를 믿는 사람들이 여럿이라는 의미일 뿐 그 구상이 제 기능을 한다는 보장은 없다."고 벤처 캐피털 업계의 어느 한 전문가는 말했다. "모험자본 비즈니스에는 중요한 규칙이 있다. 좋은 아이디어에 투자하는 사람의 수익률이 가장 좋은 것이 아니라 적절한 시점에 자신의 지분을 매각하는 사람이 돈을 번다." 그 말인즉슨 실패하기 전에 돈을 회수할 수 있다면 다소 부족한 아이디어라도 투자가 가능하다는 소리다. 물론 이는 업계 전반의 윤리적인 측면에서 썩 좋아 보이지 않는 판단이다. 기업이 무너지면 누군가는 값을 치러야 한다. 이는 우주산업뿐만 아니라 모든 경제 분야에 공통적으로 적용된다. 피터 디아만디스가 한때 암시했었던 것처럼 1조 단위의 갑부가 될 정도로 부자가 될 수 있는지는 또 다른 문제다.

우주비행사 토마스 라이터는 처음으로 우주산업 커리어를 시작하던 때 머스크를 알게 된 사연을 털어놓았다. "내가 미션을 위해 훈련을 받던 중 어느 날 오후 휴스턴 공항에서 모스크바로 향했다. 그때 우연히 신문 키오스크의 잡지 하나가 눈에 들어왔다. 일론 머스크로 장식된 표지의 헤드라인은 '우주 백만장자가 되는 법'이었다. 그렇게 구매했고, 가져갔다. 비행기에 탑승한 후 잡지를 펼치자 '우주 백만장자가 되는 법… 우주 억만장자로 시작하기'라는 헤드라인이 보였다.[20] 업계에서 이런 문구는 러닝 개그running gag(희극적 요소나 동작이 계속 반복해서 나오는 것 -옮긴이)나 다름없었고 일론 머스크조차 이런 문구를 인용하는 걸 고심했다고 한다(사실 정반대였기 때문이다). 그것으로 머스크는 창업자가 자체적인 우주 수송을 통해 수익을 올릴 수 있다는 것을 입증했다. 머스크는 제때 적절한 제품을 개발했다. 조지 부시 미국 전 대통령이 스페이스셔틀을 은퇴시키겠다는 발표를 하고 2년 뒤 팰컨1은 보람 없이 실패로 끝이 났지만 처음으로 이륙한 로켓이었다. 그리고 이를 계기로 NASA의 시선은 머스크에게 향했다.

NASA는 민간 발사 대안을 찾고 있었다. 그들이 궤도에 도착하기 전에 스페이스X는 NASA의 도움으로 국제우주정거장의 화물 공급을 위해 팰컨9과 전망대를 개발했다. 그것은 여태껏 스페이스셔틀과 국제우주정거장으로 흐른 자금이 일정 부분 스페이스X와 일론 머스크에게로 흐른다는 의미였다. 게다가 그는 민간 시장의 일부분을 정복하는 데도 성공했다.

예전부터 우주산업의 기반을 닦고 있던 경쟁자 ULA는 높은 금액 탓에 단 한 번도 성공하지 못했지만, 팰컨9은 불가리아, 룩셈부르크, 태국, 이스라엘, 칠레, 버뮤다의 통신위성과 딥 스페이스 인더스트리의 큐브샛도 탑재했다. 인프라를 가장 먼저 지배하는 사람은 쉽게 추월당하지 않기 때문에 큰돈을 벌 수 있다(그에게 다른 목표가 있다고 해도). 다르다넬스 해협을 횡단하려던 모든 선박의 세금을 올렸던 고대 트로 이의 사례가 그런 경우였다.* 미국의 서부에서는 전설적인 철도 실세는 물론 검색엔진 시장을 독점하고 있는 구글이 있다.

제프 베조스, 리처드 브랜슨, 폴 앨런 등 모두가 새로운 수송시스템을 개발하며 민간 우주 수송산업이 나아가야 할 기틀을 제공했다. 항공우주기관이 비용문제로 머지않은 미래에 이 책의 내용에서 완전히 사라진다면, 지금 열거한 사람들이 앞으로 항공우주산업의 우위를 차지할 것이다. 이들은 우주 수송산업에서 멈추지 않을 것이다. 딥 스페이스 인더스트리의 피터 스트브래니는 "또 다른 비즈니스모델을 찾는 기업이 늘어나는 것은 당연한 일이다."라고 강조했다. 구글이 가히 현재 구글의 절대적인 상품이라 할 수 있는 구글 맵을 도입하지 않았다면, 검색엔진으로 얼마나 버틸 수 있었을까? 안드로이드 개발을 하지 않았더라면 그리고 검색기능이 불필요한 다른 여러 서비스를 제공하지 않았더라면 어땠을까?[21] 일론 머스크와 제프 베조스는 그들의 목표가 우주 내 인류의 확장이라고 강조했다. 기회만 있으면 그들은 한 치의 망설임 없이 그 계획을 다방면으로 추진할 것이다. 머스크는 우주 수송과 위성 서비스 사업으로 이미 첫발을 내디뎠다. 최종 목적지는 그저 방식과 수익성에 차이가 있을 뿐 딥 스페이스 인더스트리, 플래니터리 리소스와 동일하다.

그렇지만 항공우주 사업으로 1조 달러 갑부 대열에 오를 수 있

---

* 아무리 운항이 활발하게 이뤄졌다고 해도 그 시절 트로이가 세금으로 과연 부유한 강국이 될 수 있었을지 고고학자들 사이에서 논란이 이어지고 있다. 이는 민간 우주산업 경제와 유사하다.

을까? 2017년 비상장 기업의 정보를 전문으로 다루는 '이퀴데이트 Equidate'는 스페이스X의 가치를 약 210억 달러(한화 약 25조 2,000억 원 - 옮긴이)로[22] 평가했다. 일론 머스크의 자산도 몇 배로 증가했지만 1조 달러에 이르기까지는 아직 500배 더 충족시켜야 한다. 더욱이 머스크가 스페이스X의 지분을 100% 보유하고 있는 것도 아니다. 머스크가 보유한 또 다른 기업인 테슬라 또한 최고기의 시가총액이 600억 달러에 머물렀다. 그렇지만 머스크는 테슬라가 언젠가 장벽을 뚫을 것이라 확신했다. "나는 10년 안에 테슬라가 1조 달러 기업으로 성장할 잠재력이 있다고 생각한다."[23]

더불어 특정 기업이 해당 분야에 준 독점시장을 구축할 때 국가와 사회가 그 정도의 힘을 허락할지 여부가 의문이다. 근대사에서 1조 달러에 근접했던 기업인이라면 그건 단연코 존 록펠러John Rockefeller일 것이다. 인플레이션을 고려한 그의 자산은 3,000억 달러(한화 약 360조 원 - 옮긴이)로 추정된다. 결국 압박을 느낀 정부는 20세기 초 석유 시장을 장악했던 그의 기업 스탠더드 오일Standard Oil을 격파했다. 미국 정부는 지난 150년간 압도적인 위험으로 분류될 정도로 급성장한 대기업을 규제했다. 벨Bell, 스탠더드 오일, 아메리칸 토바코American Tobacco, AT&T 등 그 희생양은 세간에 잘 알려져 있다. 그만큼 스페이스X 혹은 블루 오리진 역시 같은 상황에 다다른다면 그들은 주저하지 않을 것이 분명하다.

나오머

# 뉴스페이스와 인류 그리고 나

향후 항공우주산업의 발전을 다방면으로 고찰해보면 그 끝은 항상 다음과 같은 질문들로 귀결된다. 지금 일어나고 있는 붐이 인류의 일상생활에 어떤 결과를 가져올까? 일론 머스크와 뉴스페이스 비즈니스모델이 개인에게 어떤 의미가 있는가? 우선 가장 큰 맥락은 만인에게 허락된 우주산업과 우주 정착일 것이다. 이 책을 읽은 독자라면 이런 수천 톤의 연료를 실은 로켓에 탑승하고 우주를 향해 이륙할까? 우주복을 입고 공중에서 자유롭게 움직이며 무한을 만끽할까? 화성에 이주하여 거기서도 아늑한 집을 꾸밀까?

위성 충돌 이후 그 잔해들 가운데 우주선에서 홀로 살아남은 생존자의 모습을 그린 산드라 블록 주연 영화 '그래비티'는 극적인 아름다움을 뿜어내며 우주의 존재감을 과시했다. 우주복을 입은 주인공은 무중력 상태로 궤도를 떠다니고, 바다와 대륙을 고스란히 품은 푸른 지구가 그녀의 발밑에 있었다. 꿈결 같은 순간은 모든 지구인의 황홀경을 자아냈다. 그러나 주인공에게는 문제가 있었다. 홀로 남은 그녀에게는 산소가 부족했고 구조는 아직 먼 이야기였다. 이 장면은 실제로 우주에서 사람이 마주하게 될 상황을 명확히 표현했다. 끝없는 우주, 무중력 및 산소가 없는 상태, 우주를 여행하는 영웅, 복합적인 우주선 문제, 이런 모든 것들이 사람들을 강한 매력으로 끌어당겼다. 조금은 편안한 자세로 TV 앞에 앉아 그 장면을 지켜볼 때는 짜릿함에 전율이 흐를지도 모른다. 그러나 우주의 현실은 편안함과는 거리가 멀다. 이것 또한 우주를 정복할 시점에는 극복해야 할 문제가 될 수 있다. 셀 수 없을 정도로 수많은 죽음의 고비를 넘기며 우주로 향할 마음이 있는 사람이 많지 않기 때문이다. 우주는 익숙하고 아늑함을 주는 환경과는 정반대다. 신선한 공기도 없고, 식물과 동물도 기를 수 없다. 지저귀는 새소리 대신 밤낮으로 들리는 건 각종 장비의 기계음뿐이다. 사람의 생명을 지키는 데 필요한 모든 장치가 장착된 만큼 우주선은 전혀 쾌적하지 않다. 화장실에 가는 것만 해도 공포 그 자체다.[*]

머스크, 베조스 등 유명 인사들은 열광하고 감격에 차 있지만 실상 대다수의 사람은 달과 화성이 아니라 초록 정원이 딸린 아늑한 집을 꿈꾼다. 이런 머스크, 베조스의 꿈은 (물론 먼 미래의 일이겠지만) 모험가의

---

* 이와 관련하여 매리 로치(Mary Roach)는 자신의 저서 《우주 비행사는 화장실에 가려면 어떻게 하지?》에 매우 흥미롭게 묘사했다. 몇 년 전 NASA는 3만 달러의 상금을 걸고 설득력 있는 우주복속 화장실 아이디어 공모전을 열었다.

유전자를 가진 사람들의 선택지 중 하나로 남을 것이다. 제프 베조스와 리처드 브랜슨의 관광용 우주선 프로그램도 마찬가지다. 많은 사람이 원한다고 해도 우주여행 티켓을 손에 거머쥘 수 있는 건 극소수에 불과하다.

뉴스페이스의 경제적 관점은 이와는 조금 다르다. 우주산업과 그 제품은 이미 오래전부터 일상에 스며들며 소켓에 흐르는 전기처럼 당연하게 받아들여지고 있다. 우주산업의 중요성은 언젠가 위성 하나가 블랙아웃(전력 공급의 일시적 중단) 되었던 사건으로 확인할 수 있었다. 어디에 착륙해야 할지 난감해진 항공기는 연신 조난 무선 신호인 '메이데이' 신호를 보냈다. 수천 명의 승객이 탑승한 항공기는 암초에 부딪혔고 구급차와 소방차가 사고현장에 늦게 출동했으며 악천후 및 폭풍 경보가 전혀 작동하지 않았다. 집에서 텔레비전만 보는 사람들에게도 생명의 위협이 올 정도로 치명적이지 않은 여파가 닥쳤다. 거의 모든 방송에서 이런 우주 폭발의 배후관계를 앞다투어 다뤘다. 죽어버린 전화선, 충돌사고를 일으킨 운전자들, 물 폭탄에 망쳐버린 가든파티, 수백만 달러를 날려버린 사업가 등 사건, 사고가 이어졌다.

그렇다면 지구관측, 달 거주지 건설, 소행성 금속채굴 사업 등은 개인과 무슨 관련이 있을까? 그 답은 구체적인 면부터 추상적인 면까지 아우른다. 지구관측이 대기의 보호뿐만 아니라 지구의 존속 자체에 유용하다는 사실을 깨닫는다면 그 중요성이 피부에 와 닿을 것이다. 그러나 문제는 대기 오염 및 위험성을 제대로 인지하지 못하고 그 증거를 요구하는 사람들도 있다는 것이다. 그리고 지능적인 글로벌 지구관측위성이면 이런 문제도 해결할 수 있다.

또한, 위성 데이터는 전반적으로 삶의 질을 높여주는 여러 제품의 가격을 낮추는 데 유용하게 활용된다. 위성이 농작물 상태를 감시하며 적절한 시기에 농부가 수확할 수 있도록 정보를 제공한다면 수확량은 증가하고 그로써 곡물의 값은 내려갈 것이다. 이는 로마 클럽의 맥락에서 보면 분명 올바른 해결책은 아니지만 현실적으로 세계인구가 증가하고 있는 이상 우리는 이들을 먹여 살려야 한다. 위성으로 산불과 자연재해를 적시에 발견하는 것도 손해를 배상하기 위해 국가와 보험사가 허비해야 할 비용을 줄여준다. 그것으로 다른 부분에 사용할 공적자금이 늘어나고, 보험료 인상이 저어된다. 우주의 희귀금속 채굴 및 가공 사업으로 환경 부담이 감소한다. 그리고 고도로 발전한 항공우주산업의 첨단기술이 소행성과 지구의 충돌을 막을 날이 올 수도 있다. 글로벌경제처럼 신 우주산업의 결과물은 간접적으로 활용되기도 하고, 드물지만 위성 기반 위치확인 시스템인 GPS처럼 직접적으로 사용되기도 한다. 표면 위로 드러나지 않았던 과거와 달리 우주산업은 여러 조명을 받으며 대중에게 훨씬 강력한 신호를 보내고 있다. 더불어 우주에서 인류가 맡을 역할에 대한 의식이 새로이 확장되는 계기를 제공한다.

여러 경제적 고찰과는 별개로 NASA 혹은 민간 로켓 제조사, 항공우주산업 기업이 우리에게 가치가 있는 이유는 따로 있다. 그건 가장 인간적이며 동시에 오래된 것인 순수한 호기심이다. 우리가 알고 있는 우주 경계 밖의 세상은 어떤 모습일까? 민간 항공우주산업 분야도 우리에게 그 답을 안겨주고, 또 새로운 질문을 던질 수 있다. 어쩌면 소행성의 물 채굴사업은 석탄채굴사업으로 카본기紀 세계가 밝혀졌던 것처럼 우주 공간에 생명체가 존재했었는지 알려주는 열쇠가 될 수도 있다. 일론 머스크와 제프 베조스의 저렴하고 강력한 로켓은 어쩌면 태양계를 넘어설지도 모른다. 발사 비용이 현저히 낮아지면서 대학연구기관은 태양계 밖에 위치한 미지의 행성 탐사를 위해 여러 연구용 탐측기를 발사할 수 있었다. 물론 이런 지식은 지구에 봉착한 문제를 직접적으로 해결하지 못한다. 그렇지만 분명 인류 정신의 무한한 세계를 확장시킨다.

– ◇ –

## 감사의 말

일반적으로 민간 항공우주산업은 비교적 포괄적인 집단이라고 말한다. 그렇지만 나는 매우 복합적인 삼라만상의 이 분야가 그 경계를 파악하기 힘들 정도로 현재 급격히 팽창하고 있으며, 사람들 사이에 오르내려지는 여러 흥미로운 사건들로 가득하다는 것을 발견했다. 이에 그 조사과정에서 나를 도와준 수많은 이들의 정보, 보고서, 세부사항 그리고 지적마다 고마움을 느낀다.

가장 먼저 예전부터 이 책을 위한 출판사를 찾아야 한다고 조언해준 내 에이전트, 한나 라이트게브Hanna Leitgeb에게 감사의 말을 전한다. 또한 뉴스페이스와 항공우주산업의 억만장자들의 이야기를 나만큼이나 흥미진진하게 생각하며 관심을 보여준 피난츠부흐 출판사의 게오르그 호돌리취Georg Hodolitsch에게도 고마움을 전한다. 이 책은 현 민간 우주산업과 중심인물들의 모습을 묘사했다. 특히 많은 기업이 기업의 진척상황과 계획에 대해 침묵하는 편임에도 내게 주저 없이 설명해준 그들에게 감사를 전한다. 여기서 나는 그중에서도 딥 스페이스 인더스트리의 피터 스티브래니, PTS의 카르스텐 베커, 제로2인피니티의 디미트리스 보운톨로스, PLD 스페이스의 라울 베르두, 라이플 에어로스페이스의 크리스토퍼 릴란트, 스파이어의 피터 플랫처, 인터오비탈시스템의 란다 밀리론, 메이드 인 스페이스의 앤드류 러시에게 감사의 말을 전한다.

민간 우주산업의 이해를 위한 독일 및 유럽 항공우주산업의 대표자와의 만남은 특히나 흥미로웠고 유익했다. 그중에서도 게르트 그루페Gerd Gruppe, 랄프 야우만Ralf Jaumann, 구이도 요르만Guido Joormann, 슈테판 슐레히트림Stefan Schlechtrim, 틸만 스폰Tilman Spohn, DLR의 장 피에르 드 베라Jean Pierre de Vera, 슈투트가르트대학교의 스테파노 파소울라스Stefanos Fasoulas, TU 베를린의 클라우스 브리스Klaus Brieß, ESA의 카이-우베 규로글, 유로스페이스의 피에르 리오네에게 깊이 감사한다. 특히 흥미로운 에피소드로 많은 도움을 준 DLR의 엘리자베스 미텔바흐Elisabeth Mittelbach와 ESA의 베른하르트 폰 베이에Bernhard von Weyhe에게 감사한다. 적재적소에 필요한 말로 지금까지 아무도 몰랐던 영역의 문을 열어줬다.

MIR, 스페이스셔틀, 국제우주정거장에 탑승하며 우주에서 독일 항공우주산업의 토대를 마련한 토마스 라이터와 현 항공우주산업 개발 단계를 토론할 수 있었던 것은 내게 큰 명예였다.

책을 집필하는 사람은 마지막 문장을 쓰는 순간에도 이것으로 끝이 아니라는 사실을 재빨리 깨닫는다. 이때부터 원고 교정팀, 특히 편집부의 노고가 시작되니 말이다. 누구보다 린다 밥스트Linda Babst, 마리안 클로에스Marian Cloers, 니코 펠드만Nico Feldmann, 귄터 후제만Günther Husemann, 루카스 일제Lukas Ilse, 뤼디거 레스Rüdiger Ress, 다니엘 쉴러Daniel Schiller, 아네테 그리고 디르크 발트리히Anette und Dirk Waldreich, 안드레아스 볼파르트Andreas Wohlfart에게 고마움을 전한다.

그리고 항상 이른 아침에 일어나시는 내 어머니 콘스탄틴과 어머니의 지인이신 하이데 여사에게 이 책을 받친다.

물론 가장 큰 버팀목이 되어 준 건 내 아내 에바의 후원이다. 항상 내 뒤를 지키며 집필할 수 있는 환경을 조성해줬다. 아이들이 한창 아빠와 놀고 싶어 하는 시기에 집중한다는 것이 얼마나 어려운지 부모라면 누구나 공감할 것이다. 그에 비하면 로켓 제작은 그저 어린이 놀이에 불과하다.

들어가며

1   Jeff Bezos. 2015. *twit*. 21 December.

2   Elon Musk. 2015. *twit*. 24 November.

3   Tauri Group. 2016. 'Stat-up Space-Rising Investment in Commercial Space Ventures', *brycetech.com*(현재 Bryce Space and Technology). Januar 2016. p. 4. and Chad Anderson. 2017. '2016 another record-breaking year for the entrepreneurial space industry'. *spaceangels.com*(Blog). 25 Januar.

## 1부 우주를 향한 자아: 억만장자들의 전쟁

### 1장 우주산업의 원동력, 슈퍼리치

1   National Geographic. 2016. "SpaceX Makes History-Mars". *YouTube.com*. 19 December.

2   Melody Petersen. 2015. 'SpaceX rocket makes historic landing after launch, "Welcome back, bab", Musk tweets'. *latimes.com*. 21 December.

3   Bryce Space and Technology. 2017. 'Start-up Space: Update on Investment in Commercial Space Ventures 2017'. *brycetech.com*. p. IV.

4    Giancarlo Genta. 2017. *Next Stop Mars: The Why, How, and When of Human Missions*. Springer Praxis Books. p. 51,  Stephen Engle and Lulu Yilun Chen. 2017. 'Tencent's Start-up Investment Frenzy Now Reaches Outer Space' *bloomberg.com*. 21 June.

5    'The World's Billionaires'. forbes.com

6    OneWeb, 2015. 'OneWeb Announces $500 Million of A-Round Funding With Group of Leading International Companies'. Prnewswire.com. 25 June.

7    2014. 'Israel space project gets $16 million boost from casino mogul Adelson'. *reuters.com*. 9 April.

8    Carl Bialik, 2011. 'As Shuttle Sails Through Space, Costs Are Tough to Pin Down'. *wsj.com*. 9 July., Roger A. Pielke, Jr. 2008. 'The Rise and Fall of the Space Shuttle'. *American Scientist*. Vol. 96.

9    Andrew Rush Interview.

10    Peter Stibrany Interview.

11    Jeff Bezos. 2016. "Jeff Bezos vs. Peter Thiel and Donald Trump Code Conference 2016". *YouTube.com*. 31 May.

12    Ashlee Vance. 2015. *Elon Musk: Tesla, PayPal, SpaceX. Wie Elon Musk die Welt verändert*. FinanzBuch Verlag. p. 78.

13    2017. 'Crunchbase: SpaceX'. *crunchbase.com*.

14    fcc.gov, Fred Lambert. 2016. 'Elon Musk's stake in SpaceX is actually worth more than his Tesla shares'. *electrek.co*. 16 November.

15    Jeff Foust. 2015. 'Bezos Not Concerned About Competition, Possible ULA Sale'. *spacenews.com*. 15 September.

16    Nicholas St. Fleur. 2017. 'Jeff Bezos Says He Is Selling $1 Billion a Year in Amazon Stock to Finance Race to Space'. *nytimes.com*. 5 April.

17    Richard Branson. 2015. *The Virgin Way: How to Listen, Learn, Laugh and Lead*. Virgin Books. 서문

18    Peter Platzer Interview.

2장  머스크 vs. 베조스, 로켓 개발사의 정면승부

1    일론 머스크가 스페이스뉴스에 보낸 이메일 전문, "스페이스X의 관점에서, 우리는 블

루 오리진과 ULA의 행동을 명백한 가짜 차단 전술로 본다. 블루 오리진은 개발에 10년 이 넘는 시간을 투자했음에도 아직 믿을 수 있는 궤도 우주선을 만들지 못했다. 따라서 이들이 임대 기간인 향후 5년 내 NASA의 까다로운 기준에 부합할 궤도 차량 개발에 성공할 가능성은 낮다. 그러나 나는 블루 오리진의 행동이 악의에서 비롯된 것인지는 확실히 말할 수 없다. ULA의 동기는 의심의 여지가 없다. 그러나 이문제와 싸우기보다 는 단순히 그들의 허세 가득한 진상을 판별하는 쉬운 방법이 있다. 만약 그들이 향후 5 년 안에 우주정거장에 도킹하고, NASA의 유인 등급 기준에 적합한 차량을 가지고 나 타난다면, 우리는 그들의 요구를 기꺼이 수용할 것이다. 솔직히, 나는 우리가 유니콘들 이 불꽃 도관에서 춤추는 것을 발견할 가능성이 더 높다고 본다."

2   Dan Leone. 2013. 'Musk Calls Out Blue Origin, ULA for ›Phony Blocking Tactic‹ on Shuttle Pad Lease'. *spacenews.com*. 25 September.

3   Mike Gruss. 2016. 'Bezos to donate Heinlein Prize winnings to student group'. spacenews.com. 16 September.

4   Elon Musk. 2016. "Full interview Code Conference 2016". *YouTube.com*. 2 June.

5   Jeff Bezos. 2016. "Donald Trump, Peter Thiel & space Code Conference 2016". *YouTube.com*. 2 June.

6   Ashlee Vance. 앞의 책. p. 210.

7   Bloomberg. 2016. "Elon Musk: How I Became The Real 'Iron Man'". *YouTube.com*. 10 June.

8   United States Securities And Exchange Commission Form 10-K. Commission File Number: 000-49603. PayPal, INC.

9   Ashlee Vance. 앞의 책. p. 102.

10  Brian Berger. 2002. 'Web Entrepreneur Eyes Small Launcher Market'. *spacenews.com*. 11 November.

11  같은 책.

12  오스트레일리아 애들레이드에서 개최된 68. International Astronautical Congress 에서 일론 머스크. 2017. "SpaceX: Making Life Multiplanetary". *YouTube.com*. 29 September.

13  CBS News 60 Minutes. 2012. "SpaceX: Entrepreneur's race to space". *YouTube.com*.

14   Ashlee Vance. 앞의 책(오디오북). 8:45:45.

15   워싱턴 DC에서 개최된 ISS R&D Conference 2017에 참석한 일론 머스크. 2017. "Elon Musk NEW Interview". *YouTube.com*. 19 July.

16   Richard Feloni. 2014. 'Former SpaceX Employee Explains What It's Like To Work For Elon Musk'. *businessinsider.com*. 24 June.

17   같은 책.

18   Ashlee Vance. 앞의 책. p. 26.

19   CBS News 60 Minutes. 2012. "SpaceX: Entrepreneur's race to space". *YouTube.com*.

20   Dolly Singh. 2016. 'What is it like to work with Elon Musk?'. *Quora.com*. 11 August.

21   2010. 'UFO Spotted Over Australia Likely a Private Rocket'. *space.com*. 7 June.

22   'SpaceX Falcon 9 v1.2 Data Sheet'. *spacelaunchreport.com*

23   Greg Autry. 2016. 'Op-ed | Despite SpaceX setback, future of private space exploration is bright'. *spacenews.com*. 8 September.

24   'Completed Missions'. *spacenews.com*.

25   'Capabilities & Services'. *spacenews.com*.

26   Commercial Orbital Transportation Services - A New New Era in Spaceflight, Position 1250

27   워싱턴 DC에서 개최된 ISS R&D Conference 2017에 참석한 일론 머스크. 2017. "Elon Musk NEW Interview". *YouTube.com*. 19 July.

28   같은 곳.

29   'Atlas 5 Data Sheet'. *spacelaunchreport.com*

30   Elon Muskvor dem Subcommittee of the Committee on Appropriations 2014. .gpo.gov. 5 May.

31   Merryl Azriel. 2012. 'Update: Dragon Launched with One Engine Out'. *spacesafetymagazine.com*. 9 October.

32   Marcia Smith. 2012. 'Orbcomm Satellite Reenters: Was Stranded By Falcon 9 Anomaly'. *spacepolicyonline.com*. 11 October.

33   Mike Gruss. 2014. 'SpaceX Protest Challenges U.S. Air Force Plan To Buy 22 Rocket Cores from ULA'. *spacenews.com*. 29 April.

34 Mike Gruss. 2015. 'SpaceX, Air Force Settle Lawsuit over ULA Blockbuy'. *spacenews.com.* 23 January.

35 Amy Svitak. 2012. 'Dragon's "Radiation-Tolerant"-Design'. *Aviation Week Blog-Interview.* 18 November.

36 YUAA. 2014. 'YUAA Sponsors Talk by SpaceX Engineer John Muratore '79'. *yaleaerospace.com.* 27 January.

37 Elon Musk. 2016. 'beim 67 International Astronautical Congress in Guadalajara, Mexiko'. 27 September., Bloomberg. "Elon Musk Reveals His Plan for Colonizing Mars". *YouTube.com.*

38 Caleb Henry. 2017. 'SpaceX aims to follow a banner year with an even faster 2018 launch cadence'. *spacenews.com.* 21 November.

39 Thomas Reiter Interview.

40 Peter B. de Selding. 2016. 'SpaceX wins 5 NewSpace station cargo missions in NASA contract estimated at $700 million'. *spacenews.com.* 24 January.

41 Elon Musk. 2016. "Full interview Code Conference 2016". *YouTube.com.* 2 June.

42 Elon Musk. 2016. "Full interview Code Conference 2016". *YouTube.com.* 2 June.

43 Elon Musk. 2017. *Instagram-Post* 23 August.

44 James Dean. 2017. 'Bezos offers peek inside Blue Origin capsule'. *floridatoday.com.* 6 April.

45 Seymourpowell. 2008. "Virgin Galactic VSS Enterprise". *YouTube.com.* 6 August.

46 Elon Musk. 2017. *twit.* 19 July., Loren Grush. 2017. 'Elon Musk plans to put all of SpaceX's resources into its Mars rocket'. *theverge.com.* 29 September.

47 워싱턴 DC에서 개최된 ISS R&D Conference 2017에 참석한 일론 머스크. 2017. "Elon Musk NEW Interview". *YouTube.com.* 19 July.

48 Elon Musk, 2014. 'bei der Vorstellung der Dragon-2-Kapsel am 29. Mai 2014'. *Rede-Transkript unter shitelonsays.com.* 29 May.

49 Elon Musk Interview.

50 Daniel Terdimann. 2013. 'Elon Musk at SXSW: I'd like to die on Mars, just not on impact'. *cnet.com.* 9 March.

51 워싱턴 DC에서 개최된 ISS R&D Conference 2017에 참석한 일론 머스크. 2017.

"Elon Musk NEW Interview". *YouTube.com*. 19 July.

52   Elon Musk. 2016. "Full interview Code Conference 2016". *YouTube.com*. 2 June.

53   SpaceX. 2017. "Orbital Test Vehicle 5(OTV-5) Mission". *YouTube.com*. 7 September.

54   'History of the Royal Aeronautical Society'. *aerosociety.com*.

55   Elon Musk. 2015. *Twit* 1 October.

56   Mike Wall. 2015. 'Elon Musk Names SpaceX Drone Ships in Honor of Sci-Fi Legend'. *space.com*. 4 February.

57   워싱턴 DC에서 개최된 ISS R&D Conference 2017에 참석한 일론 머스크. 2017. "Elon Musk NEW Interview". *YouTube.com*. 19 July.

58   2012. '왕립 항공학회에 선 엘론 머스크 연설'. *shitelonsays.com*

59   Sea landing of space launch vehicles and associated systems and methods«. U.S. Patent 8.678.321. Google-Patentsuche

60   Ashlee Vance. 앞의 책. p. 361.

61   Chris Anderson. 2012. 'Elon Musk's Mission To Mars'. *wired.com*. 21 October.

62   Cho Jin-young. 2017. 'S. Korea to Complete Three-stage Space Launch Vehicle in 2021'. businesskorea.co.kr. 22 November.

63   Brad Stone. 2013. *Der Allesverkäufer: Jeff Bezos und das Imperium von Amazon*. Campus Verlag. p. 92.

64   George Packer. 2011. 'No Death, No Taxes: The libertarian futurism of a Silicon Valley billionaire'. *newyorker.com*. 28 November.

65   David Weigel. 2013. 'Jeff Bezos, Inscrutable Libertarian Democrat'. *slate.com*. 5 August.

66   Brad Stone. 앞의 책. p. 176, Position 2800

67   같은 책. p. 175. Position 2781

68   같은 책. p. 78. Position 1198

69   같은 책, p. 38. Position 533

70   2007. "Amazon boss shows off spacecraft". *BBC News*. 4 January.

71   Andy Pasztor. 2011. 'Amazon Chief's Spaceship Misfires'. *wsj.com*. 3 September.

72   Jeff Foust. 2011. 'Blue Origin has a bad day (and so do some of the media)'. *newspacejournal.com*. 2 September.

73  Elon Musk. 2015. *Twit*. 24 November.

74  Brian Berger. 2015. 'Bezos Boast Draws Musk into Twitter Tiff'. *spacenews. com*. 24 November.

75  Jeff Bezos: 2015. *Twit*. 21 December.

76  워싱턴 DC에서 개최된 ISS R&D Conference 2017에 참석한 일론 머스크. 2017. "Elon Musk NEW Interview". *YouTube.com*. 19 July.

77  Aalan Boyle. 2016. 'Get a look at Amazon CEO Jeff Bezos as an alien in ›Star Trek Beyond'. *geekwire.com*. 20 July.

78  Mylene Mangalindan. 2006. 'Buzz in West Texas is about Jeff Bezos space craft launch site'. *Wall Street Journal* n.d. November.

79  Brad Stone. 2013. *Der Allesverkäufer: Jeff Bezos und das Imperium von Amazon*. Campus Verlag. p. 225.

80  Michael Graczyk. 2005. 'Blue Origin Spaceport Plans are Talk of Texas Town'. *Associated Press*.

81  Jeff Foust. 2015. 'Blue Origin's New Shepard Vehicle Makes First Test Flight'.

82  Michael Cotignola. 2015. '독자편지'. *thevanhornadvocate.com*. 26 March.

83  Pastor Rodney Tilley. 2017. 'Givers and Takers'. *thevanhornadvocate.com*. 5 January.

84  Matthew Hart. 2017. 'Amazon Boss Jeff Bezos Rocks 1.5-Ton Mech At Mars Conference 2017'. *nerdist.com*. 20 March.

85  Julie Bort. 2017. 'Amazon threw another invite-only robot conference in Palm Springs last week'. *Businessinsider.com*. 28 March.

86  Chris Bergin, William Graham. 2016. 'Blue Origin introduce the New Glenn orbital LV'. *nasaspaceflight.com*. 12 September.

87  Nicholas St. Fleur. 2017. 'Jeff Bezos Says He Is Selling $1 Billion a Year in Amazon Stock to Finance Race to Space'. *nytimes.com*. 5 April.

88  시애틀 항공 박물관에서 개최된 2016 Pathfinder Awards에서의 제프 베조스 인터뷰, 그릭와이어와의 대화, 2016. "Jeff Bezos discusses space flight and his vision for Blue Origin". *YouTube.com*. 23 October.

89  Jeff Bezos. 2017. *Instagram-Post* 20 July.

90  Alan Boyle. 2017. 'Jeff Bezos' Blue Origin space venture has plans for big

expansion of Seattle-area HQ'. *geekwire.com*. 22 February.

91 Federal Aviation Administration. 2017. 'The Annual Compendium of Commercial Space Transportation'. p. 1.

92 Caleb Henry. 2017. 'SpaceX aims to follow a banner year with an even faster 2018 launch cadence'. *spacenews.com*. 21 November.

93 2017. 워싱턴DC에서 개최된 인터넷협회 2017 Annual Charity Gala에 참석한 제프 베조스의 인터뷰. *YouTube.com*.

94 오스트레일리아 애들레이드에서 개최된 68. International Astronautical Congress 에서 일론 머스크. 2017. "SpaceX: Making Life Multiplanetary". *YouTube.com*. 29 September., Peter B. de Selding. 2016. 'SpaceX's new price chart illustrates performance cost of reusability'. *spacenews.com*. 2 May., onathan Amos. 2013. "Recycled rockets: SpaceX calls time on expendable launch vehicles". *BBC News*.

95 Peter B. de Selding. 2016. 'SpaceX's new price chart illustrates performance cost of reusability'. *spacenews.com*. 2 May.

96 'Capabilities & Services'. *spacex.com*.

97 Ulrich Walter. 2017. *Höllenritt durch Raum und Zeit: Astronaut Ulrich Walter erklärt die Raumfahrt*. Komplett Media GmbH. Positionen 1961-1966.

98 워싱턴 DC에서 개최된 ISS R&D Conference 2017에 참석한 일론 머스크. 2017. "Elon Musk NEW Interview". *YouTube.com*. 19 July.

99 Jeff Foust. 2017. 'NASA sees »equivalent risk« of flying reused SpaceX booster'. *spacenews.com*. 11 December.

100 Stephen Clark. 2017. 'SpaceX flies rocket for second time in historic test of cost-cutting technology'. *spaceflightnow.com*. 31 March.

101 Wikipedia. 'Eintrag Orion (spacecraft): Funding'. *wikipedia.org*.

102 Peter B. de Selding. 2016. 'Europe commits to the space station and ExoMars as part of $11 billion in commitments to ESA'. *spacenews.com*. 2 December.

103 워싱턴 DC에서 개최된 ISS R&D Conference 2017에 참석한 일론 머스크. 2017. "Elon Musk NEW Interview". *YouTube.com*. 19 July.

104 Blue Origin. 2017. *Twit*. 14 May.

105 워싱턴 DC에서 개최된 ISS R&D Conference 2017에 참석한 일론 머스크. 2017. "Elon Musk NEW Interview". *YouTube.com*. 19 July.

106 Microsoft. 2017. 'Bill Gates spendet 4,6 Milliarden US-Dollar an Microsoft-Aktien und ist jetzt auf Instagram'. *Microsoft windowsarea.de.* 16 August.

107 Kate Vinton. 2017. 'Jeff Bezos Sold Nearly $1 Billion In Amazon Stock This Week, His Most Lucrative Sale Yet'. *forbes.com.* 5 May.

108 AFP. 2017. 'Bezos sells $1 bn in Amazon stock yearly to pay for rocket firm'. *dailymail.co.uk.* 6 April.

109 Chris Dubbs. Realizing Tomorrow - The Path to Private Spaceflight. Positionen 2304-2305

110 Rich Smith. 2017. 'How Profitable Is SpaceX, Really?'. *fool.com.* 5 February.

111 Rich Smith. 2017. 'Wall Street Journal Spills the Beans on SpaceX's Big Loss'. *fool.com.* 24 January.

112 Caleb Henry. 2017. 'SpaceX crests double-digit marker, notching tenth launch this year'. *spacenews.com.* 5 July., 'Launch Vehicle Data Sheets'. *spacelaunchreport.com*

113 Tim Fernholz. 2017. 'SpaceX's leaked finances show Elon Musk is betting big on satellite internet'. *qz.com.* 13 January., 'reddit r/SpaceXLounge Complete SpaceX Launch Manifest'. *reddit.com.*

114 Tim Fernholz. 2017. 'SpaceX's leaked finances show Elon Musk is betting big on satellite internet'. *qz.com.* 13 January.

## 3장 화성, 여러 계획의 계획

1 Chris Anderson. 2012. 'Elon Musk's Mission To Mars'. *wired.com.* 21 October.

2 Tony Horwitz. 2006. *Cook: Die Entdeckung eines Entdeckers.* Piper. p. 73.

3 'Papeete Climate & Temperature'. *climatemps.com.*

4 Anna Gosline. 2008. 'Survival in Space Unprotected Is Possible'. *scientificamerican.com.* 14 Februar.

5 Erik Seedhouse. 2015. *Virgin Galactic: The First Ten Years.* Springer. Position 2199.

6 워싱턴 DC에서 개최된 ISS R&D Conference 2017에 참석한 일론 머스크. 2017. "Elon Musk NEW Interview". *YouTube.com.* 19 July.

7 'The Apollo Lunar Surface Journal: Orange Soil'. *hq.nasa.gov* and Lucas Reilly.

2017. 'The Apollo Astronaut Who Was Allergic to the Moon'. *mentalfloss.com*. 6 February.

8   Thomas Reiter Interview.

9   Stephen Petranek. 'Why Don't We Have a Mars Colony Yet? Blame Nixon'. *bigthink.com*. and Mark Wade. 'Von Braun Mars Expedition: 1969'. *Astronautix.com*.

10  James Freef Interview.

11  Brian Berger. 2016. 'The 5 most bizarre »questions« Musk was asked after his Mars talk'. *spacenews.com*. 28 September.

12  Zach Rosenberg. 2012. 'SpaceX aims big with massive new rocket'. *flightglobal.com*. 15 October.

13  Mike Wall. 2016. 'Yes, NASA's New Megarocket Will Be More Powerful Than the Saturn V'. *space.com*. 16 August.

14  오스트레일리아 애들레이드에서 개최된 68. International Astronautical Congress 에서 일론 머스크. 2017. "SpaceX: Making Life Multiplanetary". *YouTube.com*. 29 September.

15  같은 곳.

16  같은 곳.

17  Ashlee Vance. 앞의 책. p. 43.

18  Alejandro G. Belluscio. 2016. 'ITS Propulsion-The evolution of the SpaceX Raptor engine'. *nasaspaceflight.com*. October.

19  Alan Boyle. 2016. 'SpaceX's Elon Musk geeks out over Mars interplanetary transport plan on Reddit'. *geekwire.com*. 23 October.

20  오스트레일리아 애들레이드에서 개최된 68. International Astronautical Congress 에서 일론 머스크. 2017. 'Rede-Transkript unter'. *shitelonsays.com*. 29 September.

21  Eric Ralph. 2017. 'Elon Musk teases an update to SpaceX's Mars architecture later this year'. *teslarati.com*. 13 July.

22  오스트레일리아 애들레이드에서 개최된 68. International Astronautical Congress 에서 일론 머스크. 2017. "SpaceX: Making Life Multiplanetary". *YouTube.com*. 29 September.

23  reddit r/SpaceXLounge. 'Online-Fragestunde mit Elon Musk'. *reddit.com.*

24  Wikipedia. 'Eintrag: Gnomes (South Park)'. *wikipedia.org.*

25  2011. "South Park Underpants Gnomes Profit Plan". *YouTube.com.* 5 October.

26  오스트레일리아 애들레이드에서 개최된 68. International Astronautical Congress
    에서 일론 머스크. 2017. "SpaceX: Making Life Multiplanetary". *YouTube.com.*
    29 September.

27  BBC Newsnight. "Astronaut Chris Hadfield on SpaceX's ambitious plans-BBC
    Newsnight". *YouTube.com.*

4장  우주선의 전망: 우주 여행객

1   Chris Impey. *Beyond: Our Future in Space*(Kindle-Version). W. W. Norton &
    Company. p. 82.

2   Julian Guthrie. *How to Make a Spaceship: A Band of Renegades, an Epic Race
    and the Birth of Private Space Flight.* Bantam Press. p. 99.

3   Anousheh Ansari. 2009. 'Launching Commercial Space Flight: Part Four-
    Anousheh Ansari and Her $10 Million Purse'. *nextprize.xprize.org.* 24
    September.

4   Julian Guthrie. 앞의 책. Transworld Digital. p. 78.

5   Sarah Gordon. 2014. 'Sir Richard Branson launches search for the boy
    who inspired Virgin Galactic... in a 1988 phone-in to TV show Going Live!'
    *dailymail.co.uk.* 7 May.

6   Julian Guthrie. 앞의 책. Transworld Digital. p. 208.

7   Erik Seedhouse. 2015. *Virgin Galactic: The First Ten Years.* Springer.
    Positionen 844-845.

8   Tom Leonard. 2011. 'Secret life of a bitter billionaire: For years, Microsoft co-
    founder Paul Allen hid his decadent lifestyle so why is he now telling all...
    and turning on Bill Gates?' *dailymail.co.uk.* 25 April.

9   Michael Belfiore. 2009 *Rocketeers: How a Visionary Band of Business Leaders,
    Engineers, and Pilots is Boldly Privatizing Space.* HarperCollins. pp. 81-2.

10  Chris Dubbs. *Realizing Tomorrow: The Path to Private Spaceflight.* Positionen
    2707-2708

11  Erik Seedhouse. 2015. *Virgin Galactic: The First Ten Years.* Springer. Positionen 985-986.

12  같은 책. Positionen 1053-1068.

13  Michael Belfiore. 같은 책. pp. 145-6.

14  Amateur-Video. 2011. "Rob Patton: SpaceShipOne Launch". *YouTube.com.*

15  스페이스십원의 첫 우주 항해 중 촬영한 Cockpit-Video. 2006. "DougInBoulder: SpaceShipOne Flight 15P (first civilian space flight)". *YouTube.com.*

16  Julian Guthrie. 앞의 책. Transworld Digital. p. 360.

17  Amateur-Video. 2011. "Rob Patton: SpaceShipOne Launch". *YouTube.com.*

18  Antonio Regalado. 2012. "'Durchbrühe fü sieben Milliarden Menschen'". *heise. de.* 9 October.

19  Chris Dubbs. Realizing Tomorrow-The Path to Private Spaceflight. Position 2966

20  Erik Seedhouse. 앞의 책. Positionen 873-880.

21  Julian Guthrie, Peter Diamandis, Burt Rutan 상업 우주 비행에 대한 담화를 진행하다. How to Make a Spaceship: What's New For 2017. Webinar. *YouTube. com.* 2017. 01. 19

22  Chris Dubbs: Realizing Tomorrow-The Path to Private Spaceflight. Positionen 3040-3043

23  Leonard David. 2005. 'Richard Branson and Burt Rutan Form Spacecraft Building Company'. *space.com.* 27 July.

24  BBC. 2000. 'Virgin tycoon is knighted'. *bbc.co.uk.* 30 March.

25  Richard Branson. 2011. *Losing my Virginity.* Virgin Digital. p. 49.

26  'The World's Billionaires'. *forbes.com.*

27  Richard Branson. 2015. 'Virgin Atlantic Challenger II: adventure for sale'. *virgin.com.* 7 April.

28  Christian Tiedt. 2011. '1986: Virgin Atlantic Challenge'. *boote-magazin.de.* 2 December.

29  Matt White. 2015. '1987: First People to Cross the Atlantic in a Hot-air Balloon'. *guinnessworldrecords.com.* 15 August.

30  2008. 'Space plane's mothership makes a splash'. *nbcnews.com.* 28 July.

31 Tariq Malik. 2006. 'Virgin Galactic Unveils SpaceShipTwo Interior Concept'. *space.com*. 28 September.

32 2005. 'Starck and GBH put Virgin Galactic identity into orbit'. *designweek. co.uk*. 15 December.

33 Alan Boyle. 2013. 'NBC to air Virgin Galactic founder Richard Branson's trek to space'. *today.com*. 8 November.

34 Blog der Luxusreiseagentur Blue Fish. 2010. 'Virgin Galactic: Out Of This World!' *thebluefish.com*. 31 March.

35 Michael Belfior. 2006. 'SpaceShipTwo interior mockup unveiled'. *michaelbelfiore.blogspot.de*. 28 September.

36 Website Virgin Galactic. 'This Is How You Will Prepare For Space'. *virgingalactic.com*.

37 Richard Siklos. 2008. 'Branson's sky-high plans for Virgin'. *fortune.com*. 1 August., Chris Dubbs. *Realizing Tomorrow: The Path to Private Spaceflight*. Positionen 3295-3297

38 Erik Seedhouse. 앞의 책. Position 2361.

39 같은 책. Positionen 56-58.

40 Michael Belfiore. 앞의 책. p. 146-7.

41 Jim Clash. 2016. 'I Am Paying $200,000 for Five Minutes in Space'. *popularmechanics.com*. 13 December.

42 Jeff Foust. 2017. 'Suborbital space race? Virgin Galactic, Blue Origin will get there when they get there'. *spacenews.com*. 14 June.

43 Preeti Kannan. 2007. 'Dubai woman reaches North Pole'. *khaleejtimes.com*. 22 April., Ashfaq Ahmed. 2008. 'Resident braves -39C to reach South Pole'. *gulfnews.com*. 18 January.

44 Jim Clash. 2016. 'I Am Paying $200,000 for Five Minutes in Space'. *popularmechanics.com*. 13 December.

45 미국연방교통안전위원회(The National Transportation Safety Board)의 사고리포트. Aerospace Accident Report NTSB/AAR-15/02 PB2015-105454

46 Sky News. 2014. "Sir Richard Branson Attacks Reporting Over Virgin Galactic Crash". *YouTube.com*.

47  Wikipedia. 'Eintrag: Pitch-up'. *wikipedia.org*.

48  미국연방교통안전위원회(The National Transportation Safety Board)의 사고리포트: Aerospace Accident Report NTSB/AAR-15/02 PB2015-105454

49  2014년 10월 31일 Virgin Galactics사의 공식 성명 중 일부: "버진 갤러틱의 파트너인 스케일드 컴포지드가 오늘 오전 스페이스십투의 동력 시험 비행을 실시했다. (…) 현지 당국은 스케일드 컴포지드 조종사 2명 중 1명이 사고로 사망한 사실을 확인했다."

50  "하이브리드 로켓은 비행 중 어느 지점에서나 안전하고 빠르게 정지할 수 있기 때문에 스페이스십투에 특히 적합하다." 2017. Virgin Galactic. 'These Are The Vehicles That Will Take You To Space'. *virgingalactic.com*.

51  Randa Milliron Interview.

52  Virgin Galactic. 2016. "Professor Stephen Hawking Welcomes VSS Unity". *YouTube.com*.

53  Doug Messier. 2011. 'A Look at Cost Overruns and Schedule Delays in Major Space Programs'. *parabolicarc.com*. 4 May.

54  Adam Schreck. 2009. 'Abu Dhabi partners with Virgin Galactic spaceship firm'. *abcnews.go.com*. 28 July., Nour Malas. 2011. 'Abu Dhabi's Aabar boosts Virgin Galactic stake'. *marketwatch.com*. 19 October.

55  Michael Sheetz. 2017. 'Saudi Arabia invests $1 billion in Richard Branson's space companies'. *cnbc.com*. 26 October.

56  Chris Dubbs. $Realizing Tomorrow: The Path to Private Spaceflight. Positionen 3047-3048

57  Jeff Foust. 2016. 'Virgin Galactic unveils second SpaceShipTwo'. *spacenews.com*. 19 February.

58  같은 곳.

59  Erik Seedhouse. 앞의 책. Positionen 1526-1530.

60  thekinolibrary. 2014. "Richard Branson in Drag at 1996 Virgin Brides Launch, Archive Footage". *YouTube.com*.

61  Annabel Grossman and Mia de Graaf. 2014. 'At least 24 Virgin Galactic passengers demand refund after catastrophic crash that killed test pilot Michael Aylsbury'. *dailymail.co.uk*. 8 November.

62  Jeff Foust. 2016. 'Virgin Galactic unveils second SpaceShipTwo'. *spacenews*.

*com*. 19 February.

63  Virgin Galactic website. 'This Is How You Will Prepare For Space'. *virgingalactic.com*.

64  Video. 2014. 'Virgin SpaceShipTwo crash 'a massive setback', says Branson'. *bbc.com*. 1 November.

65  Erwin James. 2011. 'Richard Branson champions employment of ex-offenders'. *theguardian.com*. 15 November.

66  Richard Feloni. 2014. 'Former SpaceX Employee Explains What It's Like To Work For Elon Musk'. *businessinsider.com*. 24 June.

67  Richard Bransons과 Chris Anderson의 대화 TED. 2007. '9000m 상공의 삶 (Video)'. *ted.de*.

68  James Quinn. 2017. 'Sir Richard Branson vows to have Virgin Galactic passengers in space by the end of 2018'. *telegraph.co.uk*. 2 April.

69  Foster와 Partner의 Website. 2011. 'Dedication ceremony for the Virgin Galactic Gateway to Space'. *fosterandpartners.com*. 18 October.

70  Associated Press. 2011. 'Welcome to the world's first spaceport! Richard Branson opens $209m terminal where tourists will blast into orbit'. dailymail. co.uk. 18 October.

71  Michael Belfiore. 앞의 책. Position 2228.

72  Charles Q. Choi. 2007. 'Virgin Galactic Strikes Deal with Swedish Government'. *space.com*. 28 January.

73  Jeff Foust. 2015. 'Spaceport America Signs Up Teleport Customer To Diversify Customer Base'. *spacenews.com*. 27 May.

74  Jeff Foust. 2017. 'Suborbital space race? Virgin Galactic, Blue Origin will get there when they get there'. *spacenews.com*. 14 June.

75  Blue Origin. 2018. 'Inspired By The Potential Of Space And The Incredible Human Feats That Technology Enables'. *blueorigin.com*.

76  Jeff Foust. 2017. 'Suborbital space race? Virgin Galactic, Blue Origin will get there when they get there'. *spacenews.com*. 14 June.

77  Jeff Foust. 2017. 'Blue Origin flies next-generation New Shepard vehicle'. *spacenews.com*. 13 December.

78 Blue Origin. 2017. "Mannequin Skywalker's ride to space onboard Crew Capsule 2.0". *YouTube.com.*

79 Jeff Bezos. 2017. *Twit.* 12 December.

80 Blue Origin. 2017. "Crew Capsule 2.0 First Flight". *YouTube.com.*

81 Jeff Foust. 2017. 'Suborbital space race? Virgin Galactic, Blue Origin will get there when they get there'. *spacenews.com.* 14 June.

82 같은 곳.

83 같은 곳.

84 Leonard David. 2007. 'Amazon Founder's Rocket Plans Take Flight as New Details, Images Emerge'. *space.com.* 4 January.

85 Caleb Henry. 2017. 'Blue Origin enlarges New Glenn's payload fairing, preparing to debut upgraded New Shepard'. *spacenews.com.* 12 September.

86 Alan Boyle. 2016. 'Jeff Bezos describes future space tours-and explains why he passed up a moon trip'. *geekwire.com.* 12 April.

87 Stephen Clark. 2016. 'Expandable room installed on space station'. *spaceflightnow.com.* 16 April.

88 Lara Logan. 2017. 'Bigelow Aerospace founder says commercial world will lead in space'. *cbsnews.com.* 28 May.

89 Erin Mahoney. 2017. 'First Year of BEAM Demo Offers Valuable Data on Expandable Habitats'. *nasa.gov.* 26 May.

90 NASA website. 'Bigelow Expandable Activity Module(BEAM)'. *nasa.gov.*

91 Mike Wall. 2016. 'Private Space Habitat to Launch in 2020 Under Commercial Spaceflight Deal'. *space.com.* 11 April.

92 ESA Info-Onlinesite. 'European Columbus Laboratory'. *esa.int.*

93 'Bigelow Aerospace Info-Dokument'. http://images.spaceref.com.

94 Justin Ray. 2016. 'Atlas 5 to launch commercial space habitat for Bigelow Aerospace'. *spaceflightnow.com.* 11 April.

95 Rand Simberg. 2010. 'Bigelow Aerospace Shows Off Bigger, Badder Space Real Estate'. *popularmechanics.com.* 28 October.

96 Stephanie Schierholz. 2015. 'NASA Releases Plan Outlining Next Steps in the Journey to Mars'(NASA press release). *nasa.gov.* 8 October.

97 NASA-concept. 2015. 'NASA's Journey to Mars: Pioneering Next Steps in Space Exploration'. *nasa.gov.* October.

98 NASA Advisory Council Human Exploration, Operations Committee. 2017. 'Cislunar Habitation &Environmental Control & Life Support Systems'. *nasa. gov.* 29 March.

## 5장 달 2.0을 향한 경쟁

1 Werner Pluta. 2012. 'LRO 달표면분화구 새클턴에서 물의 존재를 발견하다'. *golem. de.* 22 June.

2 Roman Polak. 2005. 'Achtung Mondstaub!'. *raumfahrer.net.* 22 April.

3 Ute Kehse. 2005. 'Mysteriöser Mondstaub'. *wissenschaft.de.* 26 November.

4 워싱턴 DC에서 개최된 ISS R&D Conference 2017에 참석한 일론 머스크. 2017. "Elon Musk NEW Interview". *YouTube.com.* 19 July.

5 오스트레일리아 애들레이드에서 개최된 68. International Astronautical Congress 에서 일론 머스크. 2017. "SpaceX: Making Life Multiplanetary". *YouTube.com.* 29 September.

6 Jeff Foust. 2017. 'A short history of lunar space tourism'. *spacenews.com.* 27 March.

7 Space Adventures website. 2017. 'Circumlunar Mission'. *spaceadventures.com.*

8 Dmitri Strugovets, TASS News Agency. 2017. 'Vladimir SOLNTSEV: "It's not only the US that are interested in flying on Soyuz"'. *energia.ru.* 2 May.

9 Susan Karlin. 2014. 'Inside The Dragon With Elon Musk'. *fastcompany.com.* 6 October.

10 Anatoly Zak. 2017. 'Russia's Plan To Build a Luxury Hotel on the ISS' . *popularmechanics.com.* 21 October.

11 Mark Hanrahan. 2014. 'Boeing ›Space Taxi‹ Will Have A Seat For Paying Tourists'. *ibtimes.com.* 17 September.

12 X-Prize website. 2017. 'Competition Results: Winning teams Armadillo Aerospace and Masten Space Systems. lunarlander'. *xprize.org.*

13 같은 곳.

14 Jeff Foust. 2013. 'Carmack: Armadillo Aerospace in "hibernation mode"'.

*newspacejournal.com.* 1 August.

15  Renee Eng. 2017. 'Masten Space Systems Wins Nasa Contract'. *spectrumlocalnews.com.* 7 April.

16  https://lunar.xprize.org.

17  Matthew Busse und Reuters. 2007. 'Google sponsors $30 million Moon landing prize'. *newscientist.com.* 13 September.

18  2014. 'Hollywood gala raises a record $33 million for IDF'. *timesofisrael.com.* 8 November.

19  Elad Benari. 2011. 'Adelson Foundation Gives Taglit An Extra $5 Million Boost'. *israelnationalnews.com.* 1 December.

20  X-Prize lunar.xprize.org., Leah Crane. 2017. 'Google-sponsored private moon race delayed for the fourth time'. *newscientist.com.* 16 August.

21  Greg Freiherr. 2017. 'Will Anyone Win the Google Lunar X-PRIZE?'. *airspacemag.com.* April.

22  Doug Messier. 2017. 'Potential Snag for Team Indus Bid to Win Google Lunar X-Prize'. *parabolicarc.com.* 21 June.

23  Susan Adams. 2013. 'Entrepreneur Naveen Jain Put Together His Top-Flight Meteorite Collection At Warp Speed'. *forbes.com.* 14 June.

24  Crunchbase. 2017. 'Moon Express, Inc'. *crunchbase.com.*

25  ideacity. 2017. "Bob Richards: Moon Express". *YouTube.com.*

26  Sam Howe Verhovek. 2017. 'The Next Moon Landing Is Near: Thanks to These Pioneering Engineers'. *National Geographic Magazin.* August.

27  Karri Ferron. 2014. 'Science Channel highlights a NewSpace race in "Man vs. the Universe"'. *cs.astronomy.com.* 13 August.

28  Jeff Foust. 2018. 'Rocket Lab Electron reaches orbit on second launch'. *spacenews.com* 20 January., Jeff Foust. 2017. 'Telemetry glitch kept first Electron rocket from reaching orbit'. *spacenews.com.* 7 August.

29  Karsten Becker Interview, PTA-Factsheet.

30  Karsten Becker Interview.

31  Jan Wörner. 2016. 'Moon Village: Menschen und Roboter gemeinsam auf dem Mond(ESA video)'. *esa.int.* 1 March.

32  Avaneesh Pandey. 2017. 'NASA's Mission To Mars: Boeing Unveils Concept Images For Cislunar Habitat, Deep Space Transport vehicle'. *ibtimes.com*. 5 April.

33  Orbital ATK. 2016. "Cislunar Space Habitation: Paving the Way to Mars". *YouTube.com*.

34  Alan Boyle. 2017. 'Blue Origin space venture slips in a sneak peek at design of Blue Moon lunar lander'. *geekwire.com*. 5 April.

35  Phillip Swarts. 2017. 'Blue Origin ready to support NASA lunar missions with Blue Moon'. *spacenews.com*. 17 April.

36  Mike Wall. 2018. 'President Obama's Space Legacy: Mars, Private Spaceflight and More'. *space.com*. 19 January.

37  Immanuel Jotham. 2018. 'Nasa wants government to stop hitting reset button after Trump admin shifts target from Mars to Moon'. *ibtimes.co.uk*. 10 January.

6장  젊은 야심가들: 마이크로 런처 전쟁

1   Micro launchers. 2017. 'what is the market? Analysis of the micro-launcher sector'. *PricewaterhouseCoopers*.

2   Caleb Henry. 2017. 'Spain's GMV takes a stake in PLD Space's reusable rocket quest'. *spacenews.com*. 9 January.

3   Caleb Henry. 2016. 'Spanish propulsion start-up wants to build Europe's first reusable rockets'. *spacenews.com*. 30 November.

4   US-Government Accountability Office. 2017. 'Surplus Missile Motors: Sale Price Drives Potential Effects on DOD and Commercial Launch Providers'. *gao.gov*. 16 August.

5   Peter B. de Selding. 2012. 'Vega Expected to be Price-competitive With Russian Rockets'. *spacenews.com*. 23 January.

6   Caleb Henry. 2017. 'Spain's GMV takes a stake in PLD Space's reusable rocket quest'. *spacenews.com*. 9 January.

7   Kristoffer Liland Interview.

8   같은 곳.

9   같은 곳.

10  Dimitris Bountolos Interview.

11  Zero-2-Infinity. 2017. "The Day Trip of a Lifetime | Bloon by Zero-2-Infinity". *YouTube.com.*

12  IRaúl Verdú Interview.

13  Rocket Lab 언론 키트 2017.

14  Jeff Foust. 2017. 'Stratolaunch rolls out giant aircraft'. *spacenews.com.* 31 May.

15  Megan Gannon. 2017. 'Stratolaunch's Monster Jet Completes First Test-Drive Down Runway'. *space.com.* 19 December.

16  Jeff Foust. 2017. 'Stratolaunch rolls out giant aircraft'. *spacenews.com.* 31 May.

17  Jeff Foust. 2017. 'NASA agreement sign of Stratolaunch engine development program'. *spacenews.com.* 15 November.

18  Christian Davenport. 2017. 'Richard Branson starting a new venture dedicated to launching small satellites into space'. *washingtonpost.com.* 2 March.

19  Matt White. 2015. '1987: First People to Cross the Atlantic in a Hot-air Balloon'. *guinnessworldrecords.com.* 18 August.

20  Jeff Foust. 2015. 'Virgin Galactic Acquires Boeing 747 for LauncherOne Missions'. *spacenews.com.* 4 December.

21  Yvonne Gibbs. 2014. 'Former Pilots: Kelly J. Latimer'. *nasa.gov.* 8 May.

22  Stefanos Fasoulos Interview.

23  Vulcan Inc. 2011. "Burt Rutan talks about Stratolaunch". *YouTube.com.*

24  Jeff Foust. 2017. 'Stratolaunch rolls out giant aircraft'. *spacenews.com.* 31 May.

25  Clive Irving. 2014. 'Paul Allen's Stratolauncher, the Biggest Airplane Ever, Gets Ready for Takeoff'. *thedailybeast.com.* 24 November.

26  Jeff Foust. 2017. 'Stratolaunch rolls out giant aircraft'. *spacenews.com.* 31 May.

27  Christian Davenport. 2017. 'Richard Branson starting a new venture dedicated to launching small satellites into space'. *washingtonpost.com.* 2 March.

7장 와우 시그널을 찾아서

1  Ian Sample. 2015. 'Stephen Hawking launches $100m search for alien life beyond solar system'. *theguardian.com.* 21 July.

2  Calla Cofield. 2015. 'Stephen Hawking: Intelligent Aliens Could Destroy Humanity, But Let's Search Anyway'. *space.com.* 21 July.

8장 스페이스 마이너: 우주의 억만장자?

1    Bart Leahy. 2006. 'Book Review: Mining the Sky'. *nss.org*.

2    John S. Lewis. 1996. *Mining the Sky*. Helix Books. p. 112.

3    Planetary Resources website. 2018. 'Products'. *planetaryresources.com*.

4    Dan Leone. 2012. 'Next NASA Robotic Satellite Servicing Demo Pushed to August'. *spacenews.com*. 4 June.

5    Markus Becker. 2012. 'Mysteriöse Firma will Asteroiden ausbeuten'. *spiegel.de*. 21 April.

6    Sarah Scoles. 2017. 'Luxembourg's Bid To Become The Silicon Valley Of Space Mining'. *wired.com*. 1 October.

7    Peter B. de Selding. 2016. 'Luxembourg invests to become the ›Silicon Valley of space resource mining'. *spacenews.com*. 3 June.

8    룩셈부르크 대공국 웹사이트. 2016. '룩셈부르크 정부와 딥스페이스 산업계의 양해각서(MOU) 체결'. *luxembourg.public.lu*.

9    DPA. 2016. '스페이스 법안을 검토 중인 룩셈베르크'. *handelsblatt.com*. 11 November.

10   Professor Tilman Spohn Interview.

11   John S. Lewis. Asteroid Mining 101: Wealth for the NewSpace Economy. Positionen 148-151

12   같은 책. Position 1765.

13   같은 책. Position 1459.

14   같은 책. Position 1430.

15   Peter Stibrany Interview.

16   2018. 원자재 도매가격. *finanzen.net*. Januar.

17   John S. Lewis. 앞의 책. Position 1709.

18   '룩셈부르크 스페이스채굴산업에 뛰어들려 한다'. *tagesspiegel.de*., '룩셈부르크가 스페이스채굴 산업을 지배한다'. *n-tv.de*.

19   John S. Lewis. 앞의 책. Position 1760.

20   Peter Stibrany Interview.

21   John S. Lewis. 앞의 책. Position 1121.

22   CNEOS(Center for Computing Asteroid and Comet Orbits and their Odds of Earth Impact). 2017. 'Discovery Statistics' *cneos.jpl.nasa.gov*.

23  John S. Lewis. 앞의 책. Position 1326.

24  같은 책. Positionen 1290-1334.

25  같은 책. Position 1340.

26  같은 책. Position 1306.

27  NASA Ames Research Center. 'Trajectory Browser'. *trajbrowser.arc.nasa.gov.*

28  John S. Lewis. 앞의 책. Positionen 1526-1541.

29  Planetary Resources. 2012. 'Asteroids... Alien Planets... Or Your House?' *planetaryresources.com.* 23 July.

30  Ernst Messerschmid, Stefanos Fasoulas. 2017. *Raumfahrtsysteme: Eine Einführung mit Übungen und Lösungen.* Springer. p. 184, 289.

31  Instituts für Raumfahrtsysteme Universität Stuttgar. 'Widerstandsbeheizte Triebwerke'. *irs.uni-stuttgart.de.*

32  Peter Stibrany Interview.

33  Jim Wilson. 2017. 'What Is NASA's Asteroid Redirect Mission?' *nasa.gov.* 4 August.

34  Jeff Foust. 2017. 'NASA closing out Asteroid Redirect Mission'. *spacenews.com.* 14 June.

35  Tariq Malik. 2013. 'Obama Seeks $17.7 Billion for NASA to Lasso Asteroid, Explore Space'. *space.com.* 10 April.

36  John S. Lewis. 앞의 책. Position 2172.

37  Peter Stibrany Interview.

38  John S. Lewis. 앞의 책. Positionen 1147-1150.

39  같은 책. Position 2192.

40  오스트리아 통신사. 2010. 'Von Facebook wird in füf bis sechs Jahren kein Mensch mehr reden'. *derstandard.at.* 9 July., Matthias Horx. 2010. 'Meine wirklichen Thesen zum Internet'. *horx.com*(blog). 9 July.

41  The Limits to Growth. 1972. *A Report for the Club of Rome's Project on the Predicament of Mankind.* pp. 56-8.

## 2부 뉴스페이스: 새로운 우주산업

9장 더 쉽게, 저렴하게, 빠르게

1  Federal Aviation Administration. 2017. *The Annual Compendium of Commercial Space Transportation 2017*. p. 1.

2  NASA History. 2017. 'Women in Space'. *nasa.gov*. July.

3  W. J. Hennigan. 2013. 'How I Made It: SpaceX exec Gwynne Shotwell'. *latimes.com*. 7 June.

4  Caroline Howard. 2017. 'The World's 100 Most Powerful Women'. *forbes.com*. 1 November.

5  Julian Guthrie. *How to Make a Spaceship: A Band of Renegades, an Epic Race, and the Birth of Private Spaceflight*. Bantam Press. p. 108.

6  Brad Stone. 앞의 책. p. 181.

10장 COTS: 저렴한 비용으로 우주를 향하다

1  Guido Joormann und Dr. Andreas K. Jain: EEE-Bauteile-Kleine Teile-große Wirkung. elib.dlr.de/ in: DLR Newsletter Countdown 16 Heft 3/2011 Nr. 16 2001. 09.

2  Blogeintrag bei Stackexchange. 2014. 'What is the rough breakdown of rocket costs?' *space.stackexchange.com*. 14 September.

3  Dave Baiocchi und William Welser IV. 2015. 'The Democratization of Space-New actors need new rules'.(Essay) *foreignaffairs.com*. 6 May.

4  Rajan Bedi. 2013. 'You guys are dinosaurs!' *edn.com*(blog). 17 July.

5  Sally Cole. 2015. 'Small satellites increasingly tapping COTS components'. *mil-embedded.com*. 8 June.

6  Sebastian Anthony. 2014. 'Can a loud enough sound kill you?' *extremetech.com*. 4 February.

7  Dan Friedlander. 2017. 'The use of COTS components in space: debunking 10 myths'. *intelligent-aerospace.com*. 5 July.

8  Dan Friedlander. 2016. 'COTS/EEE parts in space applications: evolution overview, revolution forward view'. *intelligent-aerospace.com*. 4 November.

9  Ross Bannatyne. 2017. 'The challenges and evolution of CubeSat electronics'.

*embedded.com*. 23 January.

10  Dan Friedlander. 2017. 'COTS/EEE parts in space: component engineering challenges'. *intelligent-aerospace.com*. 13 January.

11  Dan Friedlander. 2017. 'COTS/EEE parts in space: component engineering challenges'. *intelligent-aerospace.com*. 13 January., John McHale. 2015. 'COTS procurement, 20 years after the Perry Memo'. *mil-embedded.com*. 15 January.

12  Caleb Henry. 2017. 'Army wants »adapt and buy« approach to speed telecom acquisition'. *spacenews.com*. 10 October.

13  Rajan Bedi. 2017. 'Using and selecting COTS components for space applications'. *edn.com*. 13 April.

14  Dan Friedlander. 2017. 'COTS/EEE parts in space: component engineering challenges'. *intelligent-aerospace.com*. 13 January., NASA. 'Tin Whisker(and Other Metal Whisker) Homepage: nepp'. *nasa.gov*.

15  Dan Friedlander. 2017. 'COTS/EEE parts in space: component engineering challenges'. *intelligent-aerospace.com*. 13 January.

16  같은 곳.

17  Dan Friedlander. 2017. 'The use of COTS components in space: debunking 10 myths'. *intelligent-aerospace.com*. 5 July.

18  ESA website. 2002. 'ECS 4: Ende einer Erfolgsstory'. *esa.int*. 2 December.

19  Bryce Space and Technology. 2017. *State of the Satellite Industry Report*. p. 18.

20  Sitzungsberichte der Leibniz-Sozietät der Wissenschaften zu Berlin (108(2010), 93-104). Gerhard Banse: Nicht so exakt wie möglich, sondern so genau wie nötig! Das Einfachheitsprinzip in den Technikwissenschaften. 가능한 만큼 정확한 것이 아니라 딱 필요한 만큼! leibnizsozietaet.de. 2010

21  NASA-문서 NASA/TP-2003-212242: EEE-INST-002: Instructions for EEE Parts Selection, Screening, Qualification, and Derating. pg. 6. nasa.gov. Mai 2003

22  NASA THE NESCC 2014 Technical Update. 2014. 'COTS Components in Spacecraft Systems: Understanding the Risk'. *nasa.gov*.

23  2004. 'Hearing Before The Committee On Commerce, Science, And Transportation, United States Senate One Hundred Eighth Congress, Second Session: NASA's Future Space Mission'. *gpo.gov*. 28 January.

24   Keith Cowing. 2004. 'The Danger of Perpetuating False Urban Myths in Space'. *spaceref.com*. 29 January.

25   Dan Friedlander. 2017. 'COTS/EEE parts in space: component engineering challenges'. *intelligent-aerospace.com*. 13 January.

11장 디지털 공간에서

1    McKinsey. 2015. 'GE's Jeff Immelt on digitizing in the industrial space'. *mckinsey.com*. October.

2    오스트레일리아 애들레이드에서 개최된 68. International Astronautical Congress 에서 일론 머스크. 2017. "SpaceX: Making Life Multiplanetary". YouTube.com. 29 September.

3    Michelle Moyer. 2016. 'NAS-Developed Pegasus 5 Wings Its Way to NASA's Software of the Year'. nasa.gov. 26 August.

4    Marta Lebrón Gaset Interview.

5    NewSpace Ventures. 전 세계 뉴 스페이스 기업 도표.

6    Sandrine Ceurstemont. 2017. 'Crumb-free bread will mean ISS astronauts can now bake in space'. newscientist.com. 8 June.

7    Rocket Lab website. 2015. 'Rocket Lab Reveals First Battery-Powered Rocket for Commercial Launches to Space'. *rocketlabusa.com*. 31 May.

8    Alejandro G. Belluscio. 2016. 'ITS Propulsion-The evolution of the SpaceX Raptor engine'. *nasaspaceflight.com*. 3 October.

9    Karsten Becker Interview.

10   Karsten Becker Interview.

11   Jeff Foust. 2017. 'Relativity Space aims to 3D print entire launch vehicles'. *spacenews.com*. 5 December.

12   DPA. 'Aus wie vielen Einzelteilen besteht ein Auto?' *focus.de*.

13   Ashlee Vance. 2017. 'These Giant Printers Are Meant to Make Rockets'. bloomberg.com. 18 October.

14   NASA Facts. 2014. 'Space Tools On Demand: 3D Printing in Zero G'. *nasa.gov*.

15   Pressemitteilung Made In Space. 3 April. 2017.

16   Avery Thompson. 2017. '3D-Printed Tools Will Soon Brave the Vacuum of

Space'. *popularmechanics.com*. 24 July.

17  Andrew Rush Interview.

18  Rob Pegoraro. 2014. 'White House Hosts Its First Maker Faire, with Robotic Giraffe in Attendance'. *yahoo.com*. 18 June.

19  Andrew Rush Interview.

20  Made in Space: Made In Space, Inc. To Demonstrate Manufacture Of Exotic Optical Fiber In Space. 보도자료 Made In Spac2. pr.com. 2016. 07. 18.

21  Andrew Rush Interview.

22  Made In Space. 2017. "Made In Space: Archinaut: ULISSES". *YouTube.com*.

23  Andrew Rush Interview.

24  Jeff Bezos. 2016. "Jeff Bezos vs. Peter Thiel and Donald Trump Code Conference 2016". *YouTube.com*.

25  Andrew Rush Interview.

## 12장 작고 위대한 형제: 큐브위성 혁명

1  DRadio Wissen Redaktionskonferenz. 2013. 'Raumfahrt-Billigsatelliten erobern den Orbit'. *deutschlandfunknova.de*. 2 December.

2  2017. 'ISRO launches 104 satellites in one go, creates history'. *thehindu.com*.

3  'NASA Earth Observatory'. *earthobservatory.nasa.gov*.

4  Lynn Jenner. 2017. 'NASA Sees Washington State "Under Fire"'. *nasa.gov*. 30 August.

5  Kimberly A. Zarkin, Michael J. Zarkin. 2006. *The Federal Communications Commission: Front Line in the Culture and Regulation Wars*. Greenwood. pp. 166-7

6  Landinfo. 'Buying Satellite Imagery: Pricing Information for High Resolution Satellite'. *imagerylandinfo.com*.

7  Debra Werner. 2017. 'Launch bottleneck keeping smallsat growth in check'. *spacenews.com*. 6 March.

8  Andreas Menn. 2017. 'Die Vermessung der Welt'. *Wirtschaftswoche* 27 January.

9  Union of Concerned Scientists. 2017. 'UCS Satellite Database'. *ucsusa.org*.

10  Bundesanzeiger. 2007. 'Gesetz zum Schutz vor Gefährdung der Sicherheit

der Bundesrepublik Deutschland durch das Verbreiten von hochwertigen Erdfernerkundungsdaten– SatDSiG'. *bgbl.de*. 23 November.

11 Debra Werner. 2017. 'Planet unveils satellite imagery online tool'. *spacenews.com*. 10 March.

12 Planet. 2018. 'High Resolution Monitoring'. *planet.com*.

13 2017. 'Planet's satellites offer customers a new world view every day'. *economist.com*.

14 Tereza Pultarova und Caleb Henry. 2017. 'OneWeb weighing 2,000 more satellites'. *spacenews.com*. 24 February.

15 Peter B. de Selding. 2016. 'One year after kickoff, OneWeb says its 700-satellite constellation is on schedule'. *spacenews.com*. 16 July.

16 Caleb Henry. 2016. 'OneWeb gets $1.2 billion in SoftBank-led investment'. *spacenews.com*. 19 December.

17 Crunchbase. 2017. 'OneWeb'. *crunchbase.com*.

18 Peter B. de Selding. 2016. 'SpaceX's Shotwell on Falcon 9 inquiry, discounts for reused rockets and Silicon Valley's test-and-fail ethos'. *spacenews.com*. 5 October., Dominic Gates. 2015. 'Elon Musk touts launch of ›SpaceX Seattle‹'. *seattletimes.com*. 20 January.

19 Jon Brodkin. 2017. 'SpaceX's worldwide satellite broadband network may have a name: Starlink'. *arstechnica.com*. 20 September.

20 Vortrag Dr. Gerald Braun, stellvertretender Leiter Weltraumlagezentrum Dr. 2017. 'Gefährden Mega-Konstellationen die Raumfahrt?' Nationale Konferenz Satelliten-Kommunikation in Deutschland. 29 March.

21 Kickstarter. 'ArduSat-Your Arduino Experiment in Space'. *kickstarter.com*.

22 Paul Voosen. 2016. 'NOAA issues first contracts for private weather satellites'. *sciencemag.org*. 16 September.

23 National Oceanic and Atmospheric Administration.

24 Peter Platzer Interview.

25 Crunchbase. 2017. 'Spire'. *crunchbase.com*.

26 2013. 'Debris from Anti-satellite Test Hits Small Russian Satellite'. *spacenews.com*.

27 NASA HEASARC. 'Oberservatories: P78-1'. *heasarc.nasa.gov*.

## 3부 음모와 사랑: 뉴스페이스 그리고 NASA

13장 NASA 없이는 할 수 없다

1   "Landung Curiosity Rover am 6. August 2012: Full Video of Curiosity Landing on Mars". *YouTube.com*

2   'Jet Propulsion Center Mars Science Laboratory Curiosity Rover: Where is Curiosity?'. *mars.jpl.nasa.gov.*

3   Meredith Bennett-Smith. 2012. 'Mohawk Guy Bobak Ferdowsi Gets Shout-Out From President Obama'. *huffingtonpost.com.* 14 August.

4   Bobak Ferdowsi bei Twitter.

5   Meredith Bennett-Smith. 2012. 'Mohawk Guy Bobak Ferdowsi Gets Shout-Out From President Obama'. *huffingtonpost.com.* 14 August.

6   Angela Watercutter. 2012. 'NASA Mohawk Guy Bobak Ferdowsi on Sci-Fi, Legos and Becoming a Meme'. *wired.com.* 9 August.

7   MIT OpenCourseWare. 2008. 'Vorlesung Richard Batten: Some funny things happened on the way to the moon'. *ocw.mit.edu.*

8   Claude Lafleur. 2010. 'Costs of US piloted programs'. *thespacereview.com.* 8 March., NASA. 'The Joint Confidence Level Paradox: A History of Denial. 2009 NASA Cost Symposium(Tuesday, April 28th)'. *nasa.gov.*

9   'NASA History: Excerpt from the ›Special Message to the Congress on Urgent National Needs'. *nasa.gov.*

10  Joan Lisa Bromberg. 1999. *NASA and the Space Industry (New Series in NASA History)*. John Hopkins University Press. Position 80.

11  같은 책. Position 104.

12  같은 책. Positionen p. 93,102,1033.

13  Wikipedia. 'Eintrag: Budget of NASA'. *wikipedia.org.*

14  Space Foundation Report 2017.

15  U.S. Congressional Budget Office. 2016. 'Monthly Budget Review: Summary for Fiscal Year 2016'. *cbo.gov.* 6 November.

16  Carol Hively. 2017. 'Space Foundation Report Reveals Global Space Economy at $329 Billion in 2016'. *Pressemitteilung spacefoundation.* 3 August.

## 14장 NASA와 한 침대에서

1 Joan Lisa Bromberg. 앞의 책. Position 1340.

2 Robert Zubrinm, Mars Direct. *Space Exploration, the Red Planet, and the Human Future*. Penguin Publishing Group. Positionen 342–5.

3 *Commercial Orbital Transportation Services: A New Era in Spaceflight*. p. 2.

4 Joan Lisa Bromberg. 앞의 책. Position 364.

5 같은 책. Position 854.

6 같은 책. Position 597.

7 Mike Gray. 1980. *Angels of Attack: Harrison Storms and the Race to the Moon*. W. W. Norton & Co., Alex Roland. 1992. 'The Wrong Stuff'. *nytimes.com*. 18. October.

8 Joan Lisa Bromberg. 앞의 책. Position 2470.

9 같은 책. Position 2521.

10 같은 책. Position 2027.

11 같은 책. Position 718.

12 같은 책. Position 720.

13 같은 책. Position 2183.

14 T. A. Heppenheimer. 1997. *Countdown: A History of Space Flight*. Wiley. pp. 342-3


## 15장 우주를 위한 법칙

1 Jeremy Byellin. 2015. 'Today In 1984: The Commercial Space Launch Act Is Passed'. *blog.legalsolutions.thomsonreuters.com*(Blog). 30 October.

2 Jeff Foust. 2016. 'Mining issues in space law'. *thespacereview.com*. 9 May.

3 Kai-Uwe Schrogl Interview

4 Kai-Uwe Schrogl Interview

5 우주계약 조항 IV: "조약 당사자들은 달과 다른 천체를 포함한 우주에서의 국가 활동에 대한 국제적 책임을 진다. 그러한 활동은 정부 기관이나 비정부 기관에 의해 수행된다. (…) 달과 다른 천체를 포함한 우주에 있는 비정부 단체의 활동은 조약에 대한 해당 국가의 승인과 지속적인 감독을 필요로 한다."

6 Kai-Uwe Schrogl Interview

7 *Commercial Orbital Transportation Services: A New Era in Spaceflight,* Position 1980.

8 Jeff Foust. 2015. 'Congress launches commercial space legislation'. *thespacereview.com.* 26 May.

9 Kai-Uwe Schrogl Interview

16장 회상: 우주 수송업자로서 국가

1 Roger A. Pielke, Jr und Radford Byerly, Jr. 1992. *The Space Shuttle Program: Performance versus Promise. Chapter 14 aus: Space Policy Alternatives Radford Byerly, Junior.* Westview Special Studies and Science, Technology, and Public Policy. p. 241.

2 Joan Lisa Bromberg. 앞의 책. Position 1054.

3 David H. Moore. 1985. *Pricing options for the space shuttle.* United States Congressional Budget Office. p. 4.

4 Joan Lisa Bromberg. 앞의 책. Positionen 1515-19.

5 NASA. 2005. 'Space Shuttle Basics'. *spaceflight.nasa.gov.* 15 February.

6 Heavens Above. 'Höhe der Internationalen Raumstation(ISS)'. *heavens-above. com.*

7 Niklas Reinke und Michael Müller. 2010. 'Geschichte der deutschen Raumfahrt'. *dlr.de.* May. p. 34.

8 같은 곳., Brian Harvey. 2003. *Europe's Space Programme: To Ariane and Beyond.* Springer. p. 160.

9 Brian Harvey. 앞의 책. p.161.

10 같은 책. pp. 161-6

11 Niklas Reinke. 2015. 'Geschichte der deutschen Raumfahrtpolitik- Konzepte, Einflussfaktoren und Interdependenzen 1923–2002 (Schriften des Forschungsinstituts der Deutschen Gesellschaft für Auswärtige Politik e.V., Band 71)'. De Gruyter Oldenbourg. p. 160.

12 Niklas Reinke, Michael Müller. 2010. 'Geschichte der deutschen Raumfahrt'. dlr.de. p. 39.

13 Niklas Reinke. 2015. 'Geschichte der deutschen Raumfahrtpolitik-

Konzepte, Einflussfaktoren und Interdependenzen 1923–2002 (Schriften des Forschungsinstituts der Deutschen Gesellschaft für Auswärtige Politik e.V., Band 71)'. De Gruyter Oldenbourg. pp. 155-6

14  Sheng-Chih Wang. 2013. *Transatlantic Space Politics: Competition and Cooperation Above the Clouds (Space Power and Politics)*. Routledge. p. 71.

15  Jean-Pierre Morin. 2009. *La naissance d'Ariane*. Edite. p. 172.

16  US-Directorate of Intelligence. 1983. 'The Ariane Space Launch Vehicle: Europe's answer to the US Space Shuttle. An intelligence assessment'. *cia.gov.* July.

17  Joan Lisa Bromberg. 앞의 책. Positionen 1528–1532.

18  T. A. Heppenheimer. 앞의 책. p. 342.

19  Chris Peterson. 1985. 'Shuttle Pricing and Space Development'. *nss.org*(L5 News). Januar/Februar., David H. Moore. 1985. *Pricing options for the space shuttle*. United States Congressional Budget Office. p. 22.

20  Joan Lisa Bromberg. 앞의 책. Position 1859.

21  같은 책. Positionen 2193-2195.

22  같은 책. Position 1805.

23  같은 책. Positionen 2319-2327.

24  같은 책. Positionen 1464-1465.

25  같은 책. Position 2303.

26  같은 책. Position 2442.

27  같은 책. Position 1588.

17장 새로운 시작

1  The White House, Office of the Press Secretary. 2004. 'President Bush Announces New Vision for Space Exploration Program'. *nasa.gov.* 14 January.

2  NASA. *Commercial Orbital Transportation Services: A New Era in Spaceflight*. Positionen 310-314.

3  같은 책. Positionen 489-491.

4  같은 책. Position 327.

5  같은 책. Position 544.

6  같은 책. Position 582.

7   같은 책. Position 645.

8   같은 책. Position 673.

9   안타레스의 첫 버전은 다소 기묘한 이력이 있다. 추진장치 NK-33은 소련에서 만들어졌다. 이 엔진은 1970년대 초 달 로켓 N1을 위해 제작됐다. 그렇지만 발사 4회 만에 폭발하고 그밖에도 암스트롱이 달에 상륙하면서 소련은 이 프로그램을 중단했다. 90년대에 들어 이 엔진을 박스에서 다시 꺼내 미국에 팔기 전까지 보관 중이었다. 원래 우주비행사들의 달 착륙을 위해 사용되었을 구소련의 엔진을 탑재한 미국 로켓이 거의 40년 지난 후에 발사됐다는 점이 역사의 아이러니한 면이 아닐 수 없다. 2014년 10월 안타레스는 이륙에 실패했다. 로켓의 제1단이 폭발하는 순간 로켓은 여전히 발사 타워에서 벗어나지 못한 상태였다. 로켓은 국제우주정거장을 위한 화물 공급선 시그너스와 함께 바닥으로 쓰러지며 주변을 불바다로 만들었다. 오비탈 ATK는 그 이유를 알 수 없는 낯선 물체에 손상된 터보 펌프의 고장 때문이라고 밝혔다. 그 이후로 안타레스는 새로운 구소련의 RD-170의 후속 모델 RD-181을 엔진을 탑재했다.

10  Elon Musk. 2012. *Twit.* 23 May.

11  Jerry Wright. 2014. 'NASA Releases COTS Final Report'. *nasa.gov.* 3 June(Update July. 2017).

12  John Yembrick, Josh Byerly. 2008. 'Contract Release: C08-069-NASA Awards Space Station Commercial Resupply Services Contracts'. *nasa.gov.* 23 December.

13  CBS News. 2012. "SpaceX: Entrepreneur's race to space". *YouTube.com.*, CBS News 60 Minutes. 2012. "SpaceX: Entrepreneur's race to space". *cbsnews.com.*

14  2010. 'National Space Policy of the United States of America'. *nasa.gov.* 28 June.

15  상원 청문회 The Future of U.S. Human Spaceflight. Committee on Commerce, Science, and Transportation에서 닐 암스트롱의 발언. 12 May. 2010. Washington.

16  상원 청문회 The Future of U.S. Human Spaceflight. Committee on Commerce, Science, and Transportation에서 닐 암스트롱의 발언. 12 May. 2010. Washington.

17  Joel Achenbach. 2010. 'NASA budget for 2011 eliminates funds for manned lunar missions'. *washingtonpost.com.* 1 February.

18  The White House, Office of the Press Secretary. 2004. 'President Bush Announces New Vision for Space Exploration Program'. *nasa.gov.* 14 January.

19   Linda Herridge. 2018. 'NASA Commercial Crew Program Mission in Sight for 2018'. *nasa.gov.* 4 January.

20   Commercial Crew Program. 2016. 'The Essentials'. *nasa.gov.* 25 June.

21   NASA. *Commercial Orbital Transportation Services: A New Era in Spaceflight.* Positionen 44-48.

## 4부 창업자: 파괴하라!

### 18장 파괴의 결과, 뉴스페이스 진입 장벽이 낮아지다

1   같은 책. Positionen 1126-1128

2   2011. 'Aiming high'. *economist.com.*

3   Clay Christensen Interview., Harvard Business Review. 2012. "Disruptive Innovation Explained". *YouTube.com.*

4   Andrew Rush Interview.

5   전 세계 뉴스페이스 기업 리스트(NewSpace Ventures)t)

### 19장 실리콘밸리 괴짜들의 절대적 물주

1   NASA. *Commercial Orbital Transportation Services: A New Era in Spaceflight.* Position 462.

### 20장 우주를 향한 아이디어가 돈이 되는 시대

1   Ashlee Vance. 2015. *Elon Musk: Tesla, PayPal, SpaceX. Wie Elon Musk die Welt verändert.* FinanzBuch Verlag. p. 68.

2   같은 책. p. 86.

3   Tauri Group. 2016. 'Stat-up Space-Rising Investment in Commercial Space Ventures', *brycetech.com*(현재 Bryce Space and Technology). Januar 2016. p. 36.

### 21장 우주 속 죽음의 성지로 쏟아부은 돈

1   C1. Cromwell Schubarth. 2015. 'Silicon Valley start-ups enter the space race'. *bizjournals.com.* 19 June.

2   'Ariane 5 Launch History'. *spacelaunchreport.com*

3  'Proton Launch Log'. *spacelaunchreport.com*

4  Mark Athitakis. 2016. 'Eccentric Orbits‹ chronicles the stunning failure (and improbable revival) of the Iridium satellite phone'. *latimes.com*. 17 June.

5  Hilmar Schmundt. 2000. 'Funkstille im Eis'. Der Spiegel.

6  Tauri Group. 2016. 'Stat-up Space-Rising Investment in Commercial Space Ventures', *brycetech.com*(현재 Bryce Space and Technology). Januar 2016. p. 37.

7  Andrea Kucera. 2017. 'Der rätselhafte Fall des Pascal Jaussi' *nzz.ch*. 6 February.

8  NASA. *Commercial Orbital Transportation Services: A New Era in Spaceflight.* Positionen 1357-1847.

9  Chuck Lauer, Vice President Business Development와 담화.

10  Perre Lionnet Interview.

11  Barry Popik. ' "Before everything else, getting ready is the secret of success"'. *barrypopik.com.*

## 22장 10년 안에 테슬라는 1조 달러 기업이 될 것이다

1  Tauri Group. 2016. 'Stat-up Space-Rising Investment in Commercial Space Ventures', *brycetech.com*(현재 Bryce Space and Technology). Januar 2016. p. 35.

2  Jeff Foust. 2017. 'Contact lost with satellites after Soyuz launch'. *spacenews. com*. 28 November.

3  Jeff Foust. 2017. 'Investor interest in space companies remains strong despite no big deals'. *spacenews.com*. 5 December.

4  Cromwell Schubarth. 2015. 'Silicon Valley start-ups enter the space race'. *bizjournals.com*. 19 June.

5  Goldman Sachs Podcast. 2017. 'Exchanges At Goldman Sachs Episode 64: Space: The Next Investment Frontier'. *goldmansachs.com*. May.

6  Crunchbase. 2017. 'Airbnb'. *crunchbase.com.*

7  Crunchbase. 2017 'Snapchat'. *crunchbase.com.*

8  Crunchbase. 2017 'Uber'. *crunchbase.com.*

9  Morgan Stanley. 2017. 'Investment Implications of the Final Frontier'. Research Report. 12 October.

10  Bryce Space and Technology: Start-up Space-Update on Investment in Commercial Space Ventures 2017. brycetech.com. pg. 1/crunchbase.com

11  Bryce Space and Technology: Start-up Space-Update on Investment in Commercial Space Ventures 2017. brycetech.com

12  Goldman Sachs Podcast. 2017. 'Exchanges At Goldman Sachs Episode 64: Space: The Next Investment Frontier'. *goldmansachs.com*. May.

13  Crunchbase. 2017. 'SpaceX'. *crunchbase.com*.

14  Crunchbase. 2017. 'OneWeb'. *crunchbase.com*.

15  Bryce Space and Technology. 'Start-up Space: Update on Investment in Commercial Space Ventures 2017'. *brycetech.com*. p. 21.

16  Tauri Group. 2016. 'Stat-up Space-Rising Investment in Commercial Space Ventures', *brycetech.com*(현재 Bryce Space and Technology). Januar 2016. p. 4.

17  전 세계 뉴스페이스 기업 리스트(NewSpace Ventures)

18  Bryce Space and Technology. 'Start-up Space: Update on Investment in Commercial Space Ventures 2017'. *brycetech.com*. p. IV.

19  [http://www.goldmansachs.com/our-thinking/podcasts/episodes/05-22-2017-noah-poponak.html]

20  Thomas Reiter Interview.

21  Peter Stibrany Interview.

22  Katie Benner & Kenneth Changjuly. 2017. 'SpaceX Is Now One of the World's Most Valuable Privately Held Companies'. *nytimes.com*. 27 July.

23  Andrew Ross Sorkin. 2018. 'Tesla's Elon Musk May Have Boldest Pay Plan in Corporate History'. *nytimes.com*. 23 January.

# 우주를 향한 골드러시

2021년 1월 27일 초판 1쇄 | 2022년 12월 26일 5쇄 발행

**지은이** 페터 슈나이더 **옮긴이** 한윤진
**펴낸이** 박시형, 최세현

**마케팅** 양봉호, 양근모, 권금숙, 이주형 **온라인마케팅** 신하은, 정문희, 현나래
**디지털콘텐츠** 김명래, 최은정, 김혜정 **해외기획** 우정민, 배혜림
**경영지원** 홍성택, 이진영, 김현우, 강신우
**펴낸곳** (주)쌤앤파커스 **출판신고** 2006년 9월 25일 제406-2006-000210호
**주소** 서울시 마포구 월드컵북로 396 누리꿈스퀘어 비즈니스타워 18층
**전화** 02-6712-9800 **팩스** 02-6712-9810 **이메일** info@smpk.kr

ⓒ 페터 슈나이더 (저작권자와 맺은 특약에 따라 검인을 생략합니다)
ISBN 979-11-6534-282-1 (03320)

쌤앤파커스(Sam&Parkers)는 독자 여러분의 책에 관한 아이디어와 원고 투고를 설레는 마음으로 기다리고 있습니다. 책으로 엮기를 원하는 아이디어가 있으신 분은 이메일 book@smpk.kr로 간단한 개요와 취지, 연락처 등을 보내주세요. 머뭇거리지 말고 문을 두드리세요. 길이 열립니다.

©Autor

**사진1**: L.A. 중심부의 로켓. 로스앤젤레스 공항에서 멀지 않은 인근 지역, 호손Hawthorne에 스페이스X 본사 공장이 있다. 재착륙에 성공한 팰컨9의 본체가 본사 정문 앞에 설치되어 있다.

©Autor

**사진2**: 호손은 삶의 질이 다를 것 없는 평범한 지역이다. 스페이스X 엔지니어들은 점심시간에 본사 건물을 벗어나 약간의 오락을 누릴 수 있다. 그리고 잠시 회사 밖으로 벗어나도 쉽게 돌아올 수 있다. 어디에서나 보이는 팰컨9의 기체가 길잡이 역할을 하기 때문이다.

**사진3**: 귀환한 팰컨9의 제1단이 트레일러에 실려 플로리다를 통과하고 있다. 트럭과 미사일의 높이가 몹시 높아 전선마저 들어 올려 통과해야 하는 이례적인 일까지 발생했다.

**사진4**: B1021이라는 이름의 팰컨9의 제1단은 2016년 4월 8일, 우주 경계에서 귀환한 뒤 처음으로 대서양 해상에 뜬 플랫폼 'Of Course I Still Love You' 착륙에 성공한다.

**사진5**: 2017년 3월 20일 팰컨9의 B1021은 또다시 SES-10 위성을 최상단에 장착한 채 하늘로 날아올랐다. 플랫폼에서 사용되는 다량의 물은 로켓 발사 시 발생하는 엄청난 소음을 줄여주고, 민감한 위성 장비들을 각종 음파로부터 보호해준다.

**사진6**: 2017년 4월 4일 팰컨9의 제1단 발사체 B1021는 포트 커내버럴의 크레인 갈고리에 고정된 채 내륙 플랫폼 'Of Couse I Still Love You'에 세워졌다. 이 제1단 발사체의 특별한 점은 해상 플랫폼에 착륙을 성공한 첫 작품이라는 것 외에도 재활용된 첫 발사체라는 것이다.

**사진7**: 자부심 넘치는 정신적 지주. 2014년 스페이스X의 로스앤젤레스 전시관에 전시된 드래건2 앞의 일론 머스크. 팰컨9 상부에 장착될 이 '우주 택시'는 언젠가 우주인들을 국제우주정거장으로 운송할 것이다. 이 우주선은 스테이션에 자동으로 도킹할 예정이지만 귀환 시에는 낙하산에 매달려 바다에 착지한다. 애초에 로켓 엔진을 통해 육지에 착륙하도록 설계되지 않았기 때문이다.

**사진8**: 뉴멕시코 사막에 매장된 클링곤 우주전함. 공중에서 보았을 때 독특한 형태의 구조물인 스페이스포트 우주선 운영기지Spaceport America는 가치를 인정받고 있다. 이 건물을 설계한 건축가는 주변의 열기에 영향받는 공간을 최소화하기 위해 건물의 일부를 지하로 만들었다.

**사진9**: "그때 앨런 셰퍼드가 느꼈던 기분을 예상하실 수 있으십니까?" 아마존 창립자 제프 베조스가 2017년 4월 콜로라도 스프링스에서 개최된 스페이스 심포지엄에서 관광객을 태우고 떠날 그의 뉴 셰퍼드 우주비행시스템에 대해 설명하고 있다. 1단으로 구성된 이 로켓은 이미 한 번 로켓엔진으로 우주를 비행한 후 귀환에 성공했던 궤도 로켓이라는 걸 한눈에 알 수 있다.

**사진10**: 스탠퍼드 토러스의 일러스트와 1970년대에서 바라본 미래 비전. 지름 1.8km인 이 스테이션은 우주에서도 쾌적한 주거공간을 제공한다. 도넛 형태의 외형 탓에 수용 인원은 1만 명이며 어지러움이 느껴지지 않을 정도로 천천히 회전하도록 설계되어 있다. 이론상 토러스는 지구와 유사한 중력을 생성하기 위해 1시간에 1회 회전한다.

**사진11**: 화성 앞에서 포즈를 취한 일론 머스크. 2016년 멕시코에서 남아프리카 태생인 머스크가 열광적인 청중에게 우리의 이웃한 행성에 관한 프로그램 계획을 소개하고 있다.

사진12: "소스에 난 너무 관대했어!" 일론 머스크는 시트콤 '빅뱅이론'에 일론 머스크 역으로 출연했다. 머스크는 영화 '아이언맨', '마세티 킬즈Machelte Kills', '영 셸든Young Sheldon'을 비롯하여 여러 방송에 카메오로 출연했다. 최근에 출연한 '빅뱅이론'의 주인공 셸던 쿠퍼는 어렸을 적 자신의 우상에게 재활용 로켓 기획안을 보냈지만 답을 받지 못한다. 이 에피소드의 끝에서 머스크가 은밀히 셸던의 기획안을 읽는 장면을 볼 수 있다.

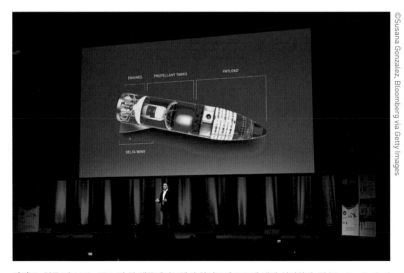

사진13: 일론 머스크는 2017년 말 애들레이드에서 화성로켓 BFR에 대해 설명한다. 이 'Big F.... Rocket'은 곧 팰컨9이 되어, 아직 상용되지 않은 팰컨 헤비를 대체할 것이다. 그로써 머스크의 화성 계획 자금조달에 이바지할 것이다.

**사진14**: 뉴스페이스 기념관. 로스앤젤레스 북부 사막지대에 있는 모하비 항공 및 우주기지Mohave Air & Space Port의 입구에 설치된 로톤Roton 테스트 차량. 관목 뒤로 스페이스십투의 우주비행사 마이클 앨스버리를 비롯하여 지난 수십 년간 사고로 목숨을 잃은 우주비행사들을 추모하는 작은 기념 공원이 숨어 있다.

**사진15**: 스페이스십원의 설계자와 재정가. 2005년 10월 버트 루탄과 폴 앨런이 워싱턴DC에 소재한 국립항공우주 박물관에 전시된, 처음으로 우주 경계를 넘은 민간 우주선 아래에 서 있다. 박물관에는 찰스 린드버그의 비행기 '스피릿 오브 세인트루이스'와 최초의 초음속비행기 Bell X-1이 전시되어 있다.

**사진16**: 2004년 6월 21일 우주를 향한 민간 우주비행선의 첫 비행은 모하비 사막에 수많은 관중을 모이게 할 만큼 센세이션을 일으켰다. 뒤편으로 모하비의 항공기 무덤이 보인다.

**사진17**: PR à la Richard. 2001년 시드니에서 개최된 버진 그룹 계열사의 기념행사에 참석한 브랜슨은 우주비행사 코스프레 후, 경품 행사에 당첨된 우승자는 버진 갤럭틱을 탑승하게 될 것이라고 발표했다.

**사진18**: 컴백. 2016년 2월 푸른 조명과 웅장한 사운드 속에 등장한 리처드 브랜슨은 새로운 스페이스십투 VSS 유니티를 선보였다. 그것으로 모두의 의심은 사라졌다. 이 박애주의자는 위대한 말을 골라했다. "함께 힘을 모으면 우주에 접근할 수 있고, 그로써 지구의 삶을 더 좋게 개선할 수 있다."

**사진19**: 밧줄에 매달린 채 샴페인을 터트리며 2011년 스페이스포트 아메리카의 개관을 축하하는 리처드 브랜슨. 벽면에 작열하는 뉴멕시코의 풍경이 비친다. 특히 여름에는 탑승객들에게 우주 공간으로 떠나기 전 준비하는 과정에서부터 에어컨이 설치된 객실 사용이 허락된다.

**사진20**: 2013년 4월 VSS 엔터프라이즈VSS Enterprise 로켓의 비행을 앞두고 항공모함 화이트나이트투 가 시험비행을 위해 이륙했다. 1년 반이 지나 VSS 엔터프라이즈는 추락했고 두 조종사 중 한 명이 사망 했다. 다른 한 명은 간신히 살아남았다.

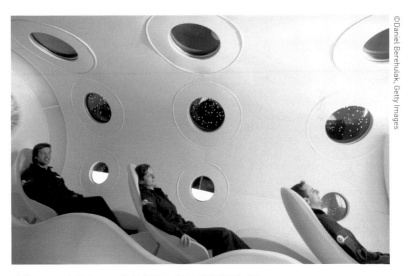

**사진21**: 2007년 런던 로드쇼에서 선보인 스페이스십투 모형의 내부

**사진22**: 라스베이거스에 있는 비글로우의 에어로스페이스 공장에 설치된 공기 주입식 스테이션 모듈. 집채만한 모델은 우주비행 조건에 따라 여러 우주비행사가 동시에 거주하고 일할 수 있을 정도로 공간이 충분하다.

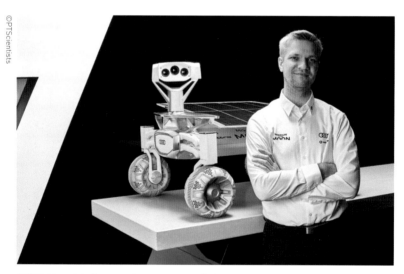

**사진23**: 문 로버와 마주 보고 있는, PTScientists의 카르스텐 베커는 NASA 엔지니어가 제트추진엔진 연구소에서 경탄한 바 있는 로버 앞에서 포즈를 취하고 있다. 3D 프린터로 만들어진 이 로버의 알루미늄 바퀴는 속이 거의 비어있다.

**사진24**: 아폴로17호의 달 탐사차를 방문한 아우디 루나 콰트로Audi lunar quattro. 마르잔 지구에 있는 PTS는 로버의 미션을 예술적으로 묘사한다. 특히 달 탐사선은 그곳에 가까이 접근하는 것이 허락되지 않았다. 1972년 착륙지점은 현재 세계문화유산으로 지정되어 있다.

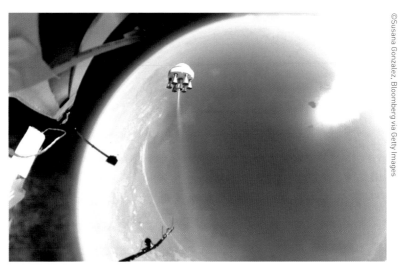

**사진25**: 2만 6,070m 높이에서 바라본 광경. 블루스타에서 탈착된 벌룬의 모습. 2017년 3월 시험비행에서는 엔진 13기 중 하나만 점화되었다.

**사진26**: 다가올 먼 미래, 우주자원 채굴 기업의 딥 스페이스 산업의 모습. 소행성을 포획한 뒤 그것을 재활용할 수 있는 곳으로 운반한다.

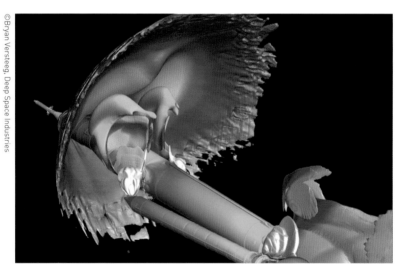

**사진27**: 혁신. NASA의 아메스 연구센터Ames Research Center에서 과학자들은 슈퍼컴퓨터 플레이아데스Pleiades를 사용하여 스페이스런치시스템 SLS 발사 시 보조 부스터가 제1단 로켓에서 분리되는 과정에 작용하는 공기역학의 힘을 계산한다. SLS는 탐사용 연구 위성과 딥 스페이스 캡슐 우주선 오리온처럼 무거운 장비를 운반하는, NASA의 중장비 우주 운송시스템이다.

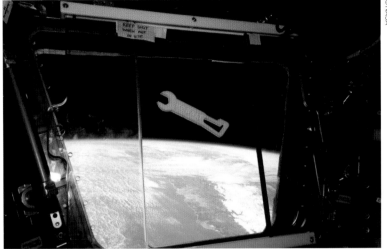

**사진28**: 국제우주정거장 전망대를 떠다니는 3D 프린터로 만든 메이드인 스페이스의 렌치. 우주비행사들의 농담처럼 "사용하지 않을 때는 닫아두십시오."라는 쪽지가 안 붙어있었는지 혹은 다른 배경이 있었는지는 알아차릴 수 없다.

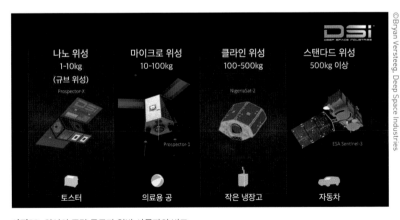

**사진29**: 위성의 중량 등급과 일반 사물과의 비교.

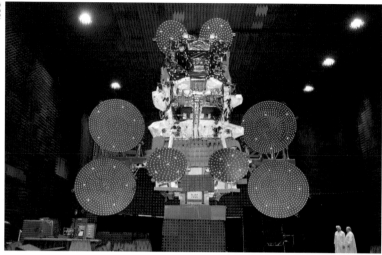

**사진30**: 현대 통신위성 스카이 무스터II Sky Muster II는 아직 지상의 팰로앨토에서 음향테스트 중이다. 이 위성은 오스트레일리아 근처의 지구정지궤도에서 인터넷 보급에 사용될 두 위성 중 하나다. 6t에 달하는 이 위성은 지구 인근 궤도에서 움직이는 큐브 위성에 비하면 크기가 매우 큰 편이다.

**사진31**: 원웹 위성 콘스텔레이션Satellite constellation의 궤도와 범위. 지구 인근 궤도에 위치한 이 위성의 안테나는 지구표면 일부에만 닿는다. 따라서 인공위성의 수가 많아야지만 빈틈없이 지구 전역을 뒤덮을 수 있다.